KB040057

영상, 역사를 비추다

한국현대사 영상자료해제집 Ⅱ

대한뉴스 해제집 2

영상, 역사를 비추다
한국현대사 영상자료해제집 Ⅱ

대한뉴스 해제집 2

초판 1쇄 발행 2017년 5월 31일

엮은이 | 허 은
펴낸이 | 윤 관 백
펴낸곳 | 도서출판 선인

등 록 | 제5-77호(1998.11.4)
주 소 | 서울시 마포구 마포대로 4다길 4 곶마루 B/D 1층
전 화 | 02)718-6252/6257
팩 스 | 02)718-6253
E-mail | sunin72@chol.com

정가 56,000원

ISBN 979-11-6068-095-9 94910
ISBN 979-11-6068-093-5 (세트)

"이 저서는 2011년 정부(교육과학기술부)의 재원으로 한국학중앙연구원의
지원을 받아 수행된 연구임(AKS-2011-EAB-3101)"

영상, 역사를 비추다

한국현대사 영상자료해제집 Ⅱ

대한뉴스 해제집 2

허 은 편

도서출판 선인

해제집을 펴내면서

한국현대사 영상자료해제집은 고려대 한국사연구소 역사영상융합연구팀이 2011년부터 3년에 걸쳐 진행한 '한국 근현대 영상자료 수집 및 DB구축' 프로젝트의 결과물 중 하나이다. 6년 전 30여 명으로 구성된 역사영상융합연구팀은 세 가지 목표를 가지고 토대연구를 추진했다.

첫째, 한국 근현대사 관련 기록 영상자료를 최대한 망라하는 영상물 데이터베이스(DB) 구축을 목표로 삼았다. 사업을 시작할 때까지 이는 국내의 어떤 기관도 수행하지 못한 일이었다. 프로젝트가 완수되면 국내외 한국 근현대사 관련 기록 영상자료의 정보가 최초로 종합·정리되고, 특히 해외에 산재된 상당분량의 영상물이 새롭게 발굴·정리될 것이라 기대했다.

둘째, 역사학, 언론정보, 영화문화를 전공한 연구자들이 결합하여 체계적인 해제를 수행하고 주요 영상을 선별하여 해제집을 발간하는 것을 과제로 삼았다. 역사연구와 영상연구가 결합된 해제가 수행되어야 향후 역사학 분야뿐만 아니라 각 분과학문 연구에도 유용하게 활용될 수 있는 깊이 있는 DB를 구축할 수 있다고 보았기 때문이다.

셋째, 훼손이나 소멸될 가능성이 높은 자료를 우선 수집하고, 수집된 자료를 체계적으로 보존하며 동시에 그 활용을 극대화 하는 방안을 강구하고자 했다. 사적으로 수집된 영상자료는 논외로 하더라도 공공기관에서 수집한 해외소재 영상물조차 '공공재'로서 접근성이나 활용도가 크게 떨어지는 경우가 많았다. 당연한 언급이지만, 연구자와 대중이 영상자료를 수월하게 활용할 수 있을 때 영상을 활용한 새로운 역사쓰기의 가능성이 크게 확장될 수 있다.

이상의 세 가지 목표를 가지고 진행한 연구는 한국학중앙연구원, 한국영상자료원 등과 협조하에 부족하나마 가시적인 성과를 이룰 수 있었다. 해외수집영상물의 안정적인 보존은 한국영상자료원이 맡아주었고, 영상자료의 접근성과 활용도를 극대화하기 위해 누리집(고려대학교 한국사연구소 '한국근현대 영상아카이브' http://kfilm.khistory.org)을 구축하여 수집한 기록영상물을 쉽게 접근하고 활용할 수 있도록 했다. 학문 융합적인 접근을 통해 체계적인 해제를 수행한다는 목표는 단계별 카탈로깅 진행과 한국 현대사 영상자료 해제집의 발간을 통하여, 일단락을 맺은 셈이다.

9권의 해제집은 크게 뉴스영화와 문화영화 해제로 구성되어 있다. 이 영상물들을 해제하는데 집중한 이유는 사료적 가치가 높음에도 불구하고, 역사학을 포함한 인문학 분야는 말할 것도 없고 한국영화사 연구 분야에서도 큰 주목을 받지 못했기 때문이다. 해제 범위는 8·15해방 이후부터 박정희 정권시기까지 대한민국 현대사와 관련된 영상자료로 한정했고, 다양한 역사적 사실들을 다루기 위해 연구팀이 소장하지 않은 영상자료에서도 선별하여 해제를 진행했다. 해외수집영상에 일제 강점기 영상도 일부 있으나, 해제집의 주안점은 한국현대사에 대한 이해를 높이는데 두었다. 움직이는 영상을 활자로 옮기는 작업은 영상미디어史를 쓰기 위한 불가결한 과정이지만, 활자화된 영상 정보가 다양한 해석의 가능성을 차단하지 않을까 우려된다. 이러한 우려를 최소화하기 위해 '한국근현대 영상아카이브' 누리집에서 가능한 한 많은 영상물을 시청할 수 있도록 했으니 함께 활용해 주기를 바란다.

토대연구의 완료가 예상보다 3년을 더 경과한 셈이니 늦어도 많이 늦었다고 할 수 있다. 역사-영상 연구의 기반을 마련한다는 원대한 목표를 갖고 진행한 토대연구는 일사천리로 진행될 수 없었다. 역사학 분야에서 영상 연구가 일천하여 두 번의 국제학술회의와 연구서 발간을 통하여 문제의식을 공유하고, 영상 독해력도 갖추어 가야했다. 여기에 홈페이지 구축과 해제집 발간까지 병행한 6년은 프로젝트팀에게는 짧기만 한 기간이었다.

영상 자료의 수집과 해제 과정은 많은 인내와 높은 집중력을 지속적으로 요구하는 작업이다. 하나의 영상을 사료로 만드는 과정은 영상과 관련된 문헌정보, 영상 속 시각·청각 정보 등을 종합적으로 정리할 때 가능하다. 연구의 정량적 평가에 시달리는 요즘, 지리하고 힘들뿐만 아니라 생색내기도 어려운 토대구축 연구를 같이 해준 전임연구원·공동연구원 선생님들과 녹취, 번역, 해제 집필 등 다양한 방식으로 참여한 모든 분들께 진심으로 감사를 드린다. 특히 각각 문화영화, 미국지역 수집영상물, 유럽지역 수집영상물의 최종 책임 편집을 맡아 정리하고, 각 해제집의 소개글을 작성해 주신 박선영, 양정심, 박희태 세 분께 다시 한번 감사드린다.

기초해제에서부터 최종 교정까지 대학원생들이 많은 수고를 해 주었다. 대학원 박사, 석사 지도학생들의 헌신적인 참여가 없었다면 이러한 규모의 토대연구는 엄두도 내지 못했을 것이다. 충분한 장학금을 주며 연구에 전념할 수 있는 여건을 마련해 줄 수 없는 현실에서 연구 프로젝트는 계륵과도 같은 존재이다. 특히 영상자료는 문헌사료가 중심인 역사학에서 연구외적 작업이 되기 십상이라 우려가 컸는데, 참여 대학원생들은 인내와 성실로 여러 난관을 끝까지 함께 극복해 주었다. 이주호, 금보운, 서홍석 세 명의 박사과정 학생들은 마지막까지 마무리 작업을 하느라 수고가 더 컸다.

이외에도 다 열거할 수 없을 정도로 많은 분들의 도움이 있었다. 영상자료 수집에서 조준형 팀장님을 비롯한 한국영상자료원의 도움이 컸으며, 연구 진행과 자료수집 그리고 해제에 공동연구원분들이 많은 힘을 실어주셨다. 일본 및 중국 현지에서 자료조사와 수집을 맡아 주었던 도쿄대의 정지혜, 남의영 연구원, 푸단대 순커즈 교수에게 감사드린다. 또한 사업기간 지원을 아끼지 않았으며, 해제집 발간도 인내심을 갖고 기다려 준 한국학중앙연구원에 감사의 뜻을 전하지 않을 수 없다. 끝으로 한국근현대 영상자료 해제집 발간을 흔쾌히 맡아주신 선인출판 윤관백 사장님과 편집교열에 수고해 주신 편집부 여러분께 감사드린다.

많은 분들의 헌신적인 참여와 도움으로 해제집을 발간할 수 있었지만, 새로운 시도에 따른 내용적 오류나 분석방법의 미숙함이 많이 눈에 띄리라 본다. 여러분들로부터 질정을 받으며 향후 지속적으로 수정, 보완해 나가도록 하겠다.

한국인뿐만 아니라 수많은 외국인들이 격동적으로 전개된 한국현대사를 영상으로 담았고, 그 결과 방대한 분량의 영상자료들이 전 세계 각국에 흩어져 한국현대사를 우리 앞에 펼쳐 보이고 있다. 이 해제집은 그중 일부를 다루었을 뿐이다. 여기서 거의 다루지 못한 북한과 구 공산진영 국가들에 흩어져 있는 영상들은 여러 연구자와 관계기관에 의해 수집·정리되고 있다. 남북한 각각의 역사가 아닌 20세기 한반도사 또는 한민족사를 위한 영상DB 구축이 머지않아 이루어지기를 고대한다.

21세기 초입에 우리는 개항, 식민지배, 분단과 전쟁, 산업화와 민주화 등 좌절과 희망의 20세기를 차분히 재성찰하며 냉전분단시대가 남긴 질곡과 유제를 극복·청산할 방향을 모색해야 한다. 한국현대사 영상자료 해제집이 20세기 냉전분단시대를 넘어서는 역사, 그리고 활자 미디어를 넘어서는 새로운 역사쓰기를 모색하는 이들에게 디딤돌이 된다면 이는 연구팀원 모두에게 큰 기쁨일 것이다.

2017년 5월
연구팀원을 대표하여
허은 씀

차 례

대한뉴스

혁명재판 개정 (1961년 2월 17일)

제작정보		영상정보	
출 처	대한뉴스 301호	제공언어	한국어
제 작 사	공보처	컬 러	흑백
제작국가	대한민국	사 운 드	유

영상요약

1961년 2월 10일 서울 필동의 특별재판소에서 '혁명재판'이 시작되었다는 소식을 전하는 뉴스이다. 이날에는 3·15 부정선거 당시 충청남도 지사와 내무국장, 경찰국장이었던 피고들에 대한 사실 심리가 있었다는 내용이다. 뉴스에서는 이 '혁명재판'에 국민들의 관심이 집중되고 있다고 전하고 있다.

내레이션

서울 시내 필동에 새로 마련된 특별재판소 대법정에서는 2월 10일을 기해 반민주행위자의 처벌을 목적으로 한 혁명재판이 시작됐습니다. 첫날에는 충청남도의 부정선거 관련 피고 사건을 맡은 제3심판부에 의해서 개정됐는데, 3·15부정선거 당시 충청남도 지사와 내무국장 그리고 경찰국장을 지낸 바 있는 피고 세 사람이 출정해서 사실 심리를 받았습니다. 이날부터 막을 올린 혁명재판에는 이른바 반민주행위의 원흉들이 계속 등장할 것인데 전국민의 이목이 바야흐로 여기에 집중되고 있습니다.

화면묘사

00:00 자막 "혁명재판 개정"
00:03 "特別檢察部(특별검찰부)", "特別裁判所(특별재판소)"라고 쓰인 현판이 걸린 재판소 입구로 입장하고 있는 사람들
00:08 솜 둔 한복 차림의 피고인들이 버스에서 내린 후 경찰들에게 이끌려 재판소로 향하고 있는 모습
00:13 특별재판소 입구로 들어가는 사람들
00:17 특별재판소 내부 전경. 태극기가 걸려 있는 재판석과 그 앞에 기립해 있는 피고 2인, 방청석의 방청인들
00:20 재판석에 착석해 있는 판사들
00:24 취재하고 있는 기자들
00:28 재판석의 판사들과 그 앞에 기립해 있는 피고인들, 방청석의 방청인들
00:32 발언하고 있는 한 판사
00:36 기립해 있는 두 피고인
00:38 사실심리를 받고 있는 피고인들의 다양한 모습
00:45 관용차가 서 있는 재판소 입구

연구해제

이 영상은 1961년 2월 10일 특별재판소에서 개최된 전 충청남도 지사, 내무국장, 경찰국장 피고인들에 대한 사실 심리 재판 모습을 담고 있고, 내레이션으로 혁명재판의 시작을 알리고 있다.

1960년 11월 28일, 장면 정부는 4월혁명 이후 자유당 시기의 부정선거 원흉을 처벌하고자 하는 국민적 열망에 의해 특별법을 제정하기로 공포하였다. 그리고 1960년 12월 23일, 정부는 '특별재판소 및 특별검찰부 조직법안'을 공포했다. 그러나 특별검찰부는 부장에 물망이 오른 사람들의 기피로 구성에서부터 난관에 부딪혔다. 민의원은 1961년 1월 12일에야 특검부장으로 검사장인 김용식을 선임했다. 그는 원래 대구고법원장이었으나 이승만의 법관 연임 거부로 물러났다가 4월혁명으로 특별히 검사장에 임명되었다. 상경한 김용식 특검부장은 먼저 30명의 검찰관과 도마다 15명씩으로 구성된 조사위원 인선에 착수하였고, 1월 17일 특별검찰부가 육군 헌병감실 건물에서 정식 출범했다. 특검은 25일경부터 본격적인 활동에 들어갔으나 공소시효 만료일이 2월 28일이어서 활동기간이 34일 밖에 되지 않았다. 예상대로 정부는 비협조적이었고, 피의자를 체포해 심문하고 관계 증거를 확보해 기소해야 하는 일은 순조롭지 않아 특검 수사는 제대로 이루어지지 않았다. 경무대 앞 발포명령 사건의 경우 홍진기, 조인구, 곽영주 등이 상호 모의했는가가 핵심이었는데, 당시 국방부장관이었던 김정렬이 입을 열지 않아 수사는 겉돌았다.

특검은 250여 건을 입건해 전 법무부차관 신언한, 전 민의원 김철안, 전 성균관대 총장 이선근 등 26명을 구속 기소하고, 참의원 한광석, 민의원 이재현 등 13명을 불구속 기소했다. 특별재판소장에는 전주지방법원장으로 있을 때 민주당 이철승 의원에게 무죄판결을 내려 법복을 벗었던 문기선 변호사가 선임되었다. 1월 25일 5부 재판부가 모두 구성되어 2월 4일부터 본격적인 재판에 들어갔다. 재판부는 특별법 제정 이전에 일반법원 소관이었던 부정선거 관련자들 재판까지 맡아 쿠데타 전날인 5월 15일까지 103건에 263명을 접수했지만, 4월 17일 내무부사건에 대해 최인규 사형, 이강학 징역 15년 등의 판결을 한 것이 고작이었다.

2월 1일 군부의 부정선거 수사에 들어갔으나 장면 정권과 매그루더(Carter B. Magruder) 미8군사령관이 반대해 고작 3일밖에 안 된 2월 4일 벌써 수사보류 결정을 내렸다. 특검은 송사리만 잡고 용두사미 격으로 끝내고 말았다는 비판을 면치 못하였다. 여기에는 공소시효 기간이 너무 짧았고, 정부 · 국회 · 법원이 비협조적인데다 정치적인 압력이 적지 않았으며, 부정선거를 저지르는 데 앞장섰던 일반 경찰이 태업 상태에 있었다는 점이 중요하게 작용했다. 그와 함께 특검의 내부 불화가 끊이지 않았고, 특검이 검사와 변호사로 구성되는 바람에 양자의 성격 차이로 혼선이 빚어졌다.

이 외에 〈대한뉴스〉 제302-03호 '혁명재판'에서는 최인규, 이강학, 한희석 등에 대한 재판의 모습을, 〈대한뉴스〉 제311-03호 '최인규에 사형언도'에서는 3 · 15부정선거 책임자인 최인규 등에 대해 형을 결정하는 공판 모습을 영상으로 볼 수 있다.

참고문헌

「민의원 특검부장에 김용식씨」, 『동아일보』, 1961년 1월 14일.
「특검, 독자적재수사에 착수」, 『동아일보』, 1961년 1월 21일.
서중석, 『지배자의 국가/민중의 나라』, 돌베개, 2010.

한미경제원조협정 조인 (1961년 2월 17일)

제작정보		영상정보	
출처	대한뉴스 301호	제공언어	한국어
제작사	공보처	컬러	흑백
제작국가	대한민국	사운드	유

영상요약

1961년 2월 8일 한국과 미국 사이에 경제원조협정이 조인되었다는 소식을 전하는 뉴스이다. 이 한미경제원조협정은 기존의 복잡한 경제와 원조 협정을 통합한 종합적인 협정으로 원조 자금의 사용과 원조 절차를 간소화함으로써 이후 한국의 경제 부흥을 보다 더 촉진시킬 것이라는 내용을 담고 있다.

내레이션

우리나라와 미국 사이에 종합적인 경제원조 협정이 이루어져 2월 8일 외무부 장관실에서 정 외무부장관과 매카나기(Walter P. McConaughy) 미국대사가 조인을 했습니다. 이번 새로운 협정은 지금까지의 한미 간의 여러 가지 복잡했던 경제와 원조 협정을 통합한 것인데, 그것은 즉 미국의 대한 경제원조 자금의 사용과 그 원조 절차를 간소화해서 보다 더 한국의 경제 부흥을 촉진시키는 데 이바지한 것이라고 합니다. 한편 장면 국무총리는 기자회견 석상에서 일부 인사들이 협정의 내용을 잘 파악하지 못하고 있으므로 정부는 이를 이해시킨 후에 국회에 동의안을 제출하겠다고 말했습니다.

화면묘사

00:00 자막 "한미경제원조협정 조인"
00:02 협정에 서명하고 있는 매카나기 미국대사. 그 뒤에 서서 이를 지켜보고 있는 관계자들
00:12 매카나기 미국대사를 비롯한 미국 측 인사들과 악수를 하는 정일형 외무부장관
00:22 정일형 외무부장관이 기자회견을 하는 다양한 모습
00:40 장면 국무총리가 기자회견을 하는 다양한 모습

연구해제

이 영상은 1961년 2월 8일 체결된 '한미경제원조협정' 조인식을 담고 있다. 이날 정일형 외무부장관과 매카나기 주한미국대사는 외무부에서 협정에 조인하였다. 1948년 12월 10일 '한미경제원조협정'이래 1949년 '대한민국과 경제협조처와의 협정', 1952년 '대한민국과 통합사령부간의 경제조정에 관한 협정', 1953년 '경제재건과 재정안정계획에 관한 합동경제위원회 협약', 1954년 '대한군사 및 경제협조에 관한 한미 간의 합의의사록' 등 한국과 미국은 정세 및 미국의 대외원조정책 변화에 따라 협정을 체결해 왔다. 1961년의 경제원조협정은 이 같은 한미협약의 내용을 통합하여 단일화하기 위한 협정이라 할 수 있다. 이와 함께 1950년대 후반 미국의 대한원조정책이 역시 군사원조를 강조하는

상호안전보장계획으로 변환되면서 이를 실현하기 위한 협정이기도 했다.

이 같은 특징을 반영하고 있는 1961년의 한미경제원조협정은 ① 원조자금사용과 한국의 자체자원활용에 있어서의 미국의 감독권 강화, ② 원조사업을 위하여 한국에 거주하는 미국인 또는 그 가족들에 대한 외교관 대우(면세, 협조 등의 각종 특전) 및 원조사업을 위하여 공사 등 사용되는 기계, 기구, 자재 등 반출입물자에 대한 편의제공과 전면적 면세, ③ 그 고용인들에 대한 외교관 이상의 후대 등을 주요 내용으로 하고 있다.

이에 대해 신민당은 미국정부가 원조를 중단할 수 있다는 규정(7조), 미국정부 및 그 대행기관의 고용인이 외교관 대우를 받는 조항(6조), 원조자금 사용에 대해 미국의 관찰을 받고 관계정보를 제공한다는 조항(3조)에 대하여 '경제적 식민지화'가 될 수 있다며 반대의사를 표명하였다. 신민당 외에도 국회에서는 한미경제원조협정의 조항이 한국의 주권을 침해할 여지가 있다며 반대하는 의원들이 있었다. 매카나기 주한미대사를 비롯하여 미국 측 인사들은 성명서를 보내는 등 미국의 의도를 해명하여 원조협정의 비준을 촉구했다. 결국 한미경제원조협정은 2월 28일에야 민의원의 결의를 통과하여 비준될 수 있었다. 그리고 약 두 달 후 군사정변으로 인해 군사정부가 집권하게 되면서 논의주체가 변경되었다. 박정희 의장은 1961년 11월 워싱턴에서 한미정상회담을 갖고 한미경제원조협정에 따른 경제원조 규모 등을 재논의하였다.

참고문헌

「미의 감독권 강화」, 『동아일보』, 1961년 2월 6일.
「한미경제협정 동의에 반대」, 『동아일보』, 1961년 2월 9일.
「맥카나기 대사 성명서도 발표」, 『동아일보』, 1961년 2월 16일.
「민의원 한미경제협정을 비준」, 『동아일보』, 1961년 3월 1일.
「오늘 새벽 한미정상회담」, 『동아일보』, 1961년 11월 15일.

해당호 전체 정보

301-01 혁명재판 개정

상영시간 | 00분 49초

영상요약 | 1961년 2월 10일 서울 필동의 특별재판소에서 '혁명재판'이 시작되었다는 소식을 전하는 뉴스이다. 이날에는 3·15 부정선거 당시 충청남도 지사와 내무국장, 경찰국장이었던 피고들에 대한 사실 심리가 있었다는 내용이다. 뉴스에서는 이 '혁명재판'에 국민들의 관심이 집중되고 있다고 전하고 있다.

301-02 한미경제원조협정 조인

상영시간 | 00분 52초

영상요약 | 1961년 2월 8일 한국과 미국 사이에 경제원조협정이 조인되었다는 소식을 전하는 뉴스이다. 이 한미경제원조협정은 기존의 복잡한 경제와 원조 협정을 통합한 종합적인 협정으로 원조 자금의 사용과 원조 절차를 간소화함으로써 이후 한국의 경제 부흥을 보다 더 촉진시킬 것이라는 내용을 담고 있다.

301-03 대학생들의 신생활 운동

상영시간 | 00분 28초

영상요약 | 이 영상은 1961년 2월 6일 서울시내 대학생들이 성균관대학교에서 회합을 갖고 신생활운동에 관한 논의를 했다는 소식을 전하고 있다. 참석한 대학생들이 자율적으로 신생활운동에 나설 것을 논의했으며 3월부터 시행되는 국토건설사업에도 참가할 것을 결의하였다는 내용이다.

301-04 고 조병옥 박사 1주기 추도식

상영시간 | 00분 41초

영상요약 | 1961년 2월 14일 서울 시공관에서 열린 조병옥 박사 서거 1주기 추도식 소식을 전하는 뉴스이다.

301-05 새로운 통신 항공기

상영시간 | 00분 36초

영상요약 | 1961년 2월 13일 윤보선 대통령이 김포공항에 내린 미 공군의 새로운 통신 항공기를 방문했다는 내용의 뉴스이다. 항공기에 탑승한 윤보선 대통령이 무전 장치를 통해 미국 주재 한국 대사와 통화하는 장면이 포함되어 있다.

301-06 해군 원양 훈련단

상영시간 | 02분 04초

영상요약 | 1961년 1월 진해항을 떠난 해군원양훈련단의 소식을 전하는 뉴스이다. 미해군과의 유류 공급 훈련, '하이라인' 훈련, 대공포화, 연막 훈련 등 각종 훈련을 했다는 소식과 태국 방문 소식을 담고 있다.

301-07 원숭이 실은 미국의 우주탐험

상영시간 | 03분 16초

영상요약 | 미국의 우주기지에서 원숭이를 실은 로켓을 발사해 우주 비행에 성공한 소식을 전하는 뉴스이다. 뉴스는 이 우주 비행의 성공이 생물의 우주 비행 가능성을 재확인한 것이라고 하면서 가까운 장래에 인간의 우주 비행도 성공할 것이라고 전망하고 있다.

301-08 뉴욕에서 열린 밀로즈 체육대회

상영시간 | 00분 44초

영상요약 | 1961년 2월에 뉴욕에서 열린 밀로즈 체육대회에 관한 소식을 전하는 뉴스이다. 윌마 루돌프 등 주요 참가 선수들의 기록을 전하고 있다.

국토건설사업 추진요원 훈련 종강식 (1961년 3월 3일)

제작정보		**영상정보**	
출 처	대한뉴스 303호	제공언어	한국어
제 작 사	공보처	컬 러	흑백
제작국가	대한민국	사 운 드	유

영상요약

중앙청 광장에서 열린 국토건설사업 추진요원 훈련 종강식 소식을 전하는 뉴스이다. 국토건설사업 추진요원들에게 사령장을 교부하는 신현돈 내무부장관과 정헌주 국무원 사무처장, 윤보선 대통령, 장면 국무총리의 연설 모습과 함께 국토건설사업 추진요원들의 시가행진 모습 등이 포함되어 있다. 윤보선 대통령은 황폐한 이 땅을 하루 속히 건설해서 큰 성과를 거두기 바란다는 치사를 했으며 장면 국무총리는 비상한 각오와 단결, 노력으로 가혹한 현실을 타개해 복지 국가를 이루자고 하였다.

내레이션

3월부터 시작되는 국토건설사업을 앞두고 지난 번 정부에서 실시한 시험에 합격해서 소정의 실무교육을 받아오던 국토건설사업 추진요원의 훈련 종강식이 지난 2월 27일 중앙청 광장에서 거행됐습니다. 검정색 무명 작업복으로 단장한 2,000여 명의 국토건설사업 추진요원들에게 먼저 신 내무부장관으로부터 사령장이 교부됐으며 식순에 따라 정 국무원 사무처장의 식사가 있었습니다. (정헌주 국무원 사무처장 육성 식사) 이 자리에 참석한 윤 대통령은 황폐한 이 땅을 하루 속히 건설해서 큰 성과를 거두기 바란다는 치사를 통해 (윤보선 대통령 육성 치사). 이어서 장면 총리는 민주 수호의 힘을 온 세계에 과시한 이들에게 국가의 국무원으로 봉사할 기회를 마련해 준 것은 자랑스럽고 기쁜 일이라고 말한 다음 (장면 국무총리 육성 연설). 식에 이어서 젊은 국토건설사업 추진요원들은 국민들의 건설적인 계몽을 촉구하는 플란카드를 높이 들고 서울의 큰 거리를 행진했습니다. 그런데 이들은 3월 초하루부터 전국 각 지방에 배치되어 국토건설사업에 종사한 다음 오는 6월에는 정부 각 부처에서 새로운 일을 맡게 된다고 합니다.

화면묘사

00:00 자막 “국토건설사업 추진요원 훈련 종강식”

00:04 국토건설사업 추진요원 훈련 종강식이 열리고 있는 중앙청 광장 전경. 태극기가 걸려 있고 “국토건설사업 추진요원 연합종강식”이라고 쓰여 있는 단상에 착석해 있는 정부 인사들과 단 아래 광장 가득 정렬해 있는 작업복 차림의 국토건설사업 추진요원들. 중앙청 건물 외벽에는 구호가 적힌 현수막이 걸려 있음

00:08 단상에 착석해 있는 윤보선 대통령, 장면 국무총리 등 정부 인사들

00:13 단 아래 광장에 정렬해 있는 작업복 차림의 국토건설사업 추진요원들과 그 뒤편에 “오라! 모두 일하자” 등의 구호가 적힌 현수막을 들고 서 있는 참석자들

00:16 단상에서 국토건설사업 추진요원들에게 사령장을 교부하는 신현돈 내무부장관의 다양한 모습. 연설대 옆 탁자에는 사령장이 쌓여 있음. 사령장을 받은 국토건설사업 추진요원이 신현돈 내무부장관에게 거수경례를 하고 있음

00:29 정부 인사들이 착석해 있는 단상과 작업복 차림의 국토건설사업 추진요원들이 정렬해 있는 광장 전경

00:34 단상 연설대의 마이크 앞에서 식사를 하는 정헌주 국무원 사무처장 (정헌주 국무원 사무처장의 육성 식사 : 이 국토건설사업이라는 것이 새 시대의 사명을 맡는 진보와 번영과 자유를 우리가 이룩하느냐 그렇지 않으면 노예와 암흑의 상태로 우리가 전락하느냐 하는 이러한 중대 기로에서 우리 자신들이 스스로 우리 운명을 결정하고자 하는 이러한 엄숙한 순간에 처해있기 때문이라고 본인은 생각하는 것입니다)

01:09 단 아래 정렬해 있는 작업복 차림의 국토건설사업 추진요원들

01:13 정부 인사들이 착석해 있는 단상과 작업복 차림의 국토건설사업 추진요원들이 정렬해 있는 광장

01:16 단상 연설대의 마이크 앞에서 양복 상의 주머니에 양손을 넣은 채 치사를 하는 윤보선 대통령 (윤보선 대통령의 육성 치사 : 우리는 이 나라를 훌륭한 나라로 만들겠다고 결심을 해야 될 것입니다. 우리 전 국민은 지금까장은 어떤 방향을 걸어왔든지 오늘부터는 새 사람이 되고 새 결심을 해서 이 나라를 훌륭한 나라로 만들어볼 그 의기가 충천하지 아니하면은 안되겠소이다. 나는 이 대한민국 사람은 결심할 그 시기가 지금 왔다고 이렇게 믿습니다. 우리 청년 여러분, 이 대한민국을 맡아 줄 우리 청년 여러분, 이 흥망은 우리 청년에게 달렸소이다. 오늘 제군은 이 정부로서 가장 큰 사업이고 또 막대한 돈을 들여서 하는 이 국토개발사업을 말할 것도 없이 이것은 많은 실업자에게 일을 주는 것이고 또한 이것이 근본이 돼서 이 나라는 모든 중요한 산업이 여기서 뿌리를 붙여가지고 일어나게 될 것입니다)

01:32 단 아래 광장에 정렬해서 치사를 듣고 있는 작업복 차림의 국토건설사업 추진요원들. 그 뒤편으로 여러 개의 국기게양대에 걸린 태극기와 현수막이 보임

01:38 단상에서 양복 상의 주머니에 양손을 넣은 채 치사를 하는 윤보선 대통령

01:50 단 아래 광장에 정렬해서 치사를 듣고 있는 작업복 차림의 국토건설사업 추진

요원들. 뒤편에 "오라! 모두 일하자"라고 쓰여 있는 현수막이 보임

01:54 단상에서 양복 상의 주머니에 양손을 넣은 채 치사를 하는 윤보선 대통령

02:37 "兄(형)들이 가는길 우리도 따를길"이라고 쓰인 현수막을 들고 서 있는 교복 차림의 남학생들

02:40 미국 측 인사로 보이는 인물들이 단상에 착석해 있는 모습

02:43 단 아래 광장에 정렬해 있는 작업복 차림의 국토건설사업 추진요원들

02:48 단상 연설대의 마이크 앞에서 연설문을 들고 연설하는 장면 국무총리 (장면 국무총리 육성 연설 : 이제 다시 국토 건설의 최전선에서 일할 기회를 가지는 여러분은 독재와 싸워 이겼을 때 그것보다 오히려 더 큰 국민의 감사와 치하를 받을 대업을 맡고 나서는 것이고, 여러분의 씩씩한 참여로 그 대업은 반다시 소기의 목적을 이룩하여 국민에게 크나큰 복지를 마련해 줄 것입니다. 우리의 앞길이 평탄하고 편하기만 하라고 생각하는 것은 우리 스스로를 기만하는 것입니다. 우리를 괴롭히고 우리를 해치려는 외적이 바로 우리 이웃에서 침략의 기회를 엿보고 있을 뿐 아니라 우리를 돕는 민주 우방의 우의와 원조 없이는 우리의 힘만으로 피폐된 민생을 재건시키기 어려운 딱한 사정에 있습니다. 우리의 현실은 매우 가혹한 것이고 이 현실을 타개해서 우리가 바라는 복된 나라를 만들기 위해서는 비상한 각오와 비상한 단결과 비상한 노력이 요구되는 것입니다. 나는 오늘 온 겨레의 성원 밑에서 장도에 오르는 여러분에게 건강과 성공이 함께 깃들기를 빌면서 여러분의 분투를 다시 한번 당부하는 바입니다)

03:06 단 아래 광장에 정렬해서 연설을 듣고 있는 작업복 차림의 국토건설사업 추진요원들

03:10 단상 연설대의 마이크 앞에서 연설문을 들고 연설하는 장면 국무총리

03:51 단 아래 광장에 정렬해서 연설을 듣고 있는 작업복 차림의 국토건설사업 추진요원들

03:58 단상 연설대의 마이크 앞에서 연설문을 들고 연설하는 장면 국무총리

04:12 봉화와 대형 태극기를 앞세우고 각종 구호가 적힌 현수막을 세워 든 채 중앙청 앞 거리를 행진하는 국토건설사업 추진요원들. 구호를 써 붙인 지프차가 행진을 따르고 있고 연도에서 시민들이 시가행진을 지켜보고 있음

04:17 "都市(도시)에서 방황말고 향토로 돌아가자" 등의 구호가 적인 현수막을 들고

시가행진을 하는 국토건설사업 추진요원들과 연도에서 이를 지켜보는 시민들의 다양한 모습. 시가행진을 하는 거리에도 각종 문구가 적힌 현수막이 걸려있음

연구해제

이 영상은 1961년 2월 27일 중앙청 광장에서 열린 국토건설사업 추진요원 훈련 종강식을 전하는 뉴스이다. 종강식에는 2,000여 명의 추진요원과 윤보선 대통령, 장면 국무총리 등 정부의 주요 인물들이 참석했다. 제2공화국 지도부가 역사적 전환기에 주체적 행위로서 국토건설사업을 중요시 하고 있었음을 알 수 있는 대목이다.

국토건설사업은 4월혁명 직후 김영선, 태완선, 장준하 3인이 모여 새로운 국가의 새로운 경제개발방식으로서 구상하였다. 따라서 국토건설사업의 근간이 될 추진요원의 선발과정은 이전과 다른 제도적 형태를 띠었다. 재무부장관이었던 김영선은 경제4부 장관회의에서 인사쇄신책을 제안하고 '신인등용소위원회'를 구성했다. 1960년 11월 29일 「신인등용선발요강에 관한 건」을 근거로 병역의무를 마친 1961년 대학졸업 예정자 또는 대학졸업자 3,000명을 공개시험을 통해 4~5급 공무원으로 등용한다는 것이었다. 12월 20일에 시행된 이 시험에는 구직난을 겪었던 1만여 명의 대학생들이 지원했고, 이는 "4월혁명의 열기를 흡수한다"는 평가를 받았다.

신인등용시험 합격자들은 1961년 2월부터 약 1주일씩 3반으로 나뉘어 국립공무원훈련원과 서울대 강당에서 훈련을 받았다. 훈련의 총책임자는 장준하였고, 김영선, 이만갑, 신응균, 최경렬, 이한빈, 함석헌, 박종홍 등 지식인들과 개혁적 정치인·행정가들이 강사로 참여하였다. 이들의 훈련은 정신교육을 중심으로 전개되었으며 이 영상에서 나오는 종강식과 3월 1일 진행된 발대식 행진(김영선 재무부장관 선두로 신인 국회의원 단체인 청조회, 신풍회 의원들 참여)은 국토건설사업에 대한 제2공화국의 의지를 확인하는 의례였다.

추진요원들은 약 3개월의 수습기간을 가졌는데 이들의 급여는 일당 700환 정도로 국토건설사업에 동원된 실업자 급여(일당 650환)와 비교했을 때 큰 차이가 나지 않았다. 또한 자신의 연고지가 아닌 지역으로 배정받은 경우 숙식의 해결을 자비로 해결해야 했기 때문에 많은 어려움이 있었다. 이들은 본부배치 인원을 제외하고는 전국 각도의 군

단위로 10~16명씩 배치되었고, 다시 읍면단위로 배치되었다. 읍면단위로 배치된 추진요원들은 읍면위원회를 조직하고 각 사업현장을 관리하거나 1962년 국토건설사업 후보사업의 현지조사 임무를 맡았다. 이러한 임무 외에도 1962년 3월에는 국토건설사업 후보사업 추경예산이 국회에서 통과되지 못하자 상경하여 국회와 언론에 사업의 당위성을 주장하는 활동을 펼쳤고, 4월에는 동기회를 창립하여 대정부 건의안을 제출하기도 하였다. 군사혁명위원회는 이들의 주장을 수용하여 「포고령 제12호」로 국토건설사업의 계속 추진의사를 밝혔다. 이와 같이 국토건설사업 추진요원의 선발 및 훈련, 배치는 제2공화국의 국가운영 방침을 확인하는데 중요하다.

참고문헌

「국토건설사업은 이렇게(상 · 하)」, 『경향신문』, 1961년 1월 18~19일.

유상수, 「제2공화국 시기 국토건설추진요원의 양성과 활동」, 『한국민족운동사연구』 78, 2014.

해당호 전체 정보

303-01 국토건설사업 추진요원 훈련 종강식

상영시간 | 04분 36초

영상요약 | 중앙청 광장에서 열린 국토건설사업 추진요원 훈련 종강식 소식을 전하는 뉴스이다. 국토건설사업 추진요원들에게 사령장을 교부하는 신현돈 내무부장관과 정헌주 국무원 사무처장, 윤보선 대통령, 장면 국무총리의 연설 모습과 함께 국토건설사업 추진요원들의 시가행진 모습 등이 포함되어 있다. 윤보선 대통령은 황폐한 이 땅을 하루 속히 건설해서 큰 성과를 거두기 바란다는 치사를 했으며 장면 국무총리는 비상한 각오와 단결, 노력으로 가혹한 현실을 타개해 복지 국가를 이루자고 하였다.

303-02 자유중국 외교부장 내한

상영시간 | 01분 03초

영상요약 | 1961년 한중 통상협정 체결을 위해 방한한 심창환 타이완 외교부장의 방한 소식을 전하는 뉴스이다. 심 외교부장 일행이 윤보선 대통령과 장면 국무총리를 방문하는 장면이 포함되어 있다.

303-03 해군 원양훈련단

상영시간 | 00분 47초

영상요약 | 1961년 훈련을 마친 해군 원양훈련단의 귀국 소식을 전하는 뉴스이다. 해군 원양훈련단이 귀로 중 한미 합동훈련을 실시했으며 진해항으로 귀항하여 환영을 받았다는 내용이다.

303-04 정 외무부장관 비율빈 방문

상영시간 | 01분 28초

영상요약 | 1961년 정일형 외무부장관의 필리핀 방문 소식을 전하는 뉴스이다. 정일형 외무부장관의 무명용사 묘지 참배, 필리핀 대통령 예방 모습과 함께 필리핀과 통상협정을 체결하는 장면이 포함되어 있다.

303-05 스포츠

상영시간 | 02분 17초

영상요약 | 이 뉴스는 1961년에 열린 두 가지의 스포츠 경기 소식을 전하고 있다. 하나는 미국 뉴욕에서 열린 테니스 경기이며 다른 하나는 호주 시드니에서 열린 자동차 경주이다.

미국 잉여 농산물 도입 (1961년 3월 17일)

제작정보		영상정보	
출 처	대한뉴스 305호	제공언어	한국어
제 작 사	공보처	컬 러	흑백
제작국가	대한민국	사 운 드	유

영상요약

1961년 3월 6일 부산항에서 미국으로부터 도입한 잉여 농산물을 하역하는 모습과 인수식의 장면이 담겨 있는 뉴스이다. 도입한 미국의 잉여 농산물은 국토건설사업에 지불되는 노임과 춘궁기 농민 배급으로 사용될 것이라는 설명이 포함되어 있다.

내레이션

이번에 정부에서 실시하고 있는 국토건설사업을 뒷받침해 줄 미국의 잉여 농산물이 도입되기 시작했는데 지금 보시는 것은 지난 3월 6일 처음으로 보리 14,000톤을 싣고 부산항에 도착한 미국의 화물선 미스트라호에서 보리쌀을 내리고 있는 것입니다. 이날 부산부두 하역 현장에서는 태 부흥부장관과 모이어 유솜 처장이 참석한 가운데 도입 양곡의 인수식이 거행됐습니다. 그런데 국토건설사업을 지원할 미국의 잉여 농산물은 보리가 32,750톤, 밀이 82,000톤 그리고 원면이 3,500톤으로서 국토건설사업에서 지불되는 노임과 함께 춘궁기에 농민들에게 배급된다고 합니다.

화면묘사

00:00 자막 "미국 잉여 농산물 도입"
00:02 미국산 잉여 농산물을 싣고 와 항구에 정박해 있는 화물선 미스트라호
00:09 화물선에서 보리쌀을 하역하는 다양한 모습
00:35 잉여 농산물 인수식 모습. 단상에서 발언하는 태완선 부흥부장관
00:38 착석해 있는 인수식 참석자들
00:41 단상에서 발언하는 모이어 유솜처장
00:45 인수식 참석자들이 하역한 곡물을 가마니에 담고 있는 다양한 모습
00:57 곡물을 하역하고 있는 모습. 부두에는 곡물 가마니들이 쌓여 있음

연구해제

이 영상은 1961년 3월 6일 미국 잉여 농산물이 부산부두에 하역되는 장면을 담고 있다. 이날 하역현장에는 태완선 부흥부장관과 모이어(Raymond T. Moyer) 주한미국경제협조처(USOM: United States Operations Mission) 처장 등 정부각료 및 관계자들이 참석하여 14,000톤의 보리쌀이 하역되는 것을 지켜보았다. 미국 잉여 농산물은 보리 32,750근, 밀 82,000톤, 원면 35,000톤이 도입될 예정인데, 국토건설사업에 지불되는 노임으로 지불되거나 춘궁기의 농민들에게 제공될 것이라고 보도되었다.

미국은 「1954년 농업무역발전 및 원조법(PL480)」을 제정하며 농산물 원조를 제도화했다. 그 이전에도 미국은 여러 형태의 농산물원조를 제공했지만 제도화된 근거에 의한 것은 아니었다. 이 법안의 부제는 "외국에서 미국농산물의 소비를 증대하고, 미국의 외교관계를 개선하고, 기타의 목적을 위한 법"이다. 부제에서 제시된 목적을 시행하기 위해 농산물은 1관, 2관, 3관의 세 가지 방식으로 처분하도록 규정되었다. 1관은 상품신용공사가 보유한 잉여 농산물을 미국 달러 대신에 수원국의 통화로 판매하도록 하였다. PL480 1관의 판매대금으로 수원국이 적립한 현지통화가 일종의 대충자금이 되는 것이다. 이 자금은 수원국 사용분과 미국 사용분으로 나누어지는데, 그 사용은 농무성과 AID가 주축을 이루는 부서 간 위원회의 승인을 받게 되었다. 2관은 농무성의 상품신용공사가 기아와 구호를 위해 잉여 농산물을 사용할 수 있도록 한 것이다. 3관은 미국 내 구호 및 비영리 학교 중식 프로그램과 또 다른 국가의 비슷한 목적에 식량증여를 하도록 한 것이었다.

한국은 1954년 미국대사관을 통해 PL480에 의한 농산물 구매를 신청했다. PL480에 의해 한국에 도입된 잉여 농산물은 1관의 형식으로 사용될 것이었다. 장면 정권 시기에는 정부가 중점적으로 추진하던 국토개발사업을 시행하는 데에 주요한 재원으로 사용할 것으로 계획하였다. 특히 국토개발사업에 소요되는 노임지불에 사용하고, 춘궁기의 농민들에게 식량을 배급하는 데에 활용될 것이었다. 그러나 농산물원조의 판매대금 역시 원조자금과 마찬가지로 미국과 합의하에 사용될 것이기 때문에, 이 금액이 실제로 국토개발사업에 사용될 수 있을지의 여부는 불투명했다. 실제로 ICA, PL480원조에서는 원조농산물 판매대금인 대충자금을 전액 국방비에 지원하도록 되어 있었기 때문에 농업부문에 대한 재투자 및 경제부흥산업에 활용되는 금액은 거의 없었다고 볼 수 있다.

이승만 정부 시기부터 한국정부는 미국의 잉여 농산물 도입을 통해 반공을 기치로 내세운 국방산업을 확대하고, 경제개발사업을 추진하는 데에 소요되는 자금을 확보할 것을 목표로 삼았다. 그러나 저곡가 정책을 통해 낮은 노임을 유지하려는 정책을 유지하며 오히려 농가경제를 악화시켰다. 도입된 잉여 농산물의 가격이 시중 농산물 가격보다 낮았을 뿐더러 시장의 양곡공급을 증대시키며 가격을 하락시킨 것이다. 시장에서 쌀값이 생산비 이하로 떨어지며 농업소득이 가계비에 미달했고, 이는 농가부채를 심화시켰다. 또한 미국에서 도입된 농산물은 대부분은 소맥과 원면이었는데, 원면 역시 국산 원면가격에 비해 저렴하였기 때문에 국산면의 시장경쟁률이 하락하였다. 미국의 잉여 농산물 도입은 국내 생산품과 원조도입물자와의 불공평한 경쟁을 초래하였고, 국내생산 저하 및 생산 확장에 대한 자극을 감소시키는 폐단을 가져왔던 것이다.

참고문헌

「한국서 신청 미 잉여농산물 구매」, 『동아일보』, 1954년 9월 10일.
「잉여농산물구매」, 『경향신문』, 1955년 4월 24일.
「국토개발사업을 촉진하되 졸속주의를 피해야 한다」, 『경향신문』, 1961년 2월 26일.
김종덕, 『원조의 정치경제학－미국의 대한 농산물 원조를 중심으로－』, 경남대학교 출판부, 1997.

해당호 전체 정보

305-01 3 · 15의거 1주년 기념(마산)

상영시간 | 01분 27초

영상요약 | 1961년 3월 15일에 마산에서 거행된 3 · 15의거 1주년 추도제 및 기념식 소식을 전하는 뉴스이다. 마산고등학교에서 불교의식으로 진행된 기념식 모습이 담겨 있으며 장면 국무총리의 추도사 낭독 모습이 포함되어 있다.

305-02 미국 잉여 농산물 도입

상영시간 | 01분 02초

영상요약 | 1961년 3월 6일 부산항에서 미국으로부터 도입한 잉여 농산물을 하역하는 모습과 인수식의 장면이 담겨 있는 뉴스이다. 도입한 미국의 잉여 농산물은 국토건설사업에 지불되는 노임과 춘궁기 농민 배급으로 사용될 것이라는 설명이 포함되어 있다.

305-03 제3회 노동절

상영시간 | 01분 20초

영상요약 | 1961년 3월 10일 신정부 수립 후 처음 열린 노동절 기념식 소식을 전하는 뉴스이다. 서울운동장에서 열린 기념식 모습과 가장행렬 모습이 포함되어 있다.

305-04 이기고 돌아온 상업은행 여자농구단

상영시간 | 01분 00초

영상요약 | 1961년 3월 9일 일본 원정을 마친 상업은행 여자 농구단이 김포공항을 통해 귀국하는 모습을 담고 있는 뉴스이다. 이 여자 농구단이 일본 원정에서 9전 전승의 기록을 거뒀다는 소식과 함께 환영식과 시가행진의 모습을 전하고 있다.

305-05 링컨대통령 100년제

상영시간 | 01분 14초

영상요약 | 1961년 미국 워싱턴에서 열린 링컨 대통령 취임 100주년 기념제 소식을 전하는 뉴스이다. 링컨 대통령의 취임식을 100년 전 모습 그대로 재연하는 행사의 모습이 담겨 있다.

305-06 모로코의 모하메드 5세 장례식

상영시간 | 01분 01초

영상요약 | 1961년의 모로코 국왕 모하메드 5세의 장례식 소식을 전하는 뉴스이다.

305-07 공산체코에서 탈출한 브라질 학생

상영시간 | 00분 42초

영상요약 | 체코슬로바키아를 탈출한 브라질 출신의 세 학생이 프랑스 파리에서 기자회견을 한 소식을 전하는 뉴스이다. 이들에 따르면 체코슬로바키아의 교육은 억압적, 독재적이고 교육시설은 낙후되어 있으며 교수들은 거짓말을 하고 있다는 내용이다.

305-08 미국 해병대의 새로운 훈련

상영시간 | 01분 27초

영상요약 | 1961년 미국 해병대의 훈련 소식을 전하는 뉴스이다. 캘리포니아의 캠프 펜들톤에서 행해진 이 훈련은 수중에 가라앉은 헬리콥터에서 탈출하는 훈련이었다는 내용이다.

5·16 군사혁명 (1961년 5월 20일)

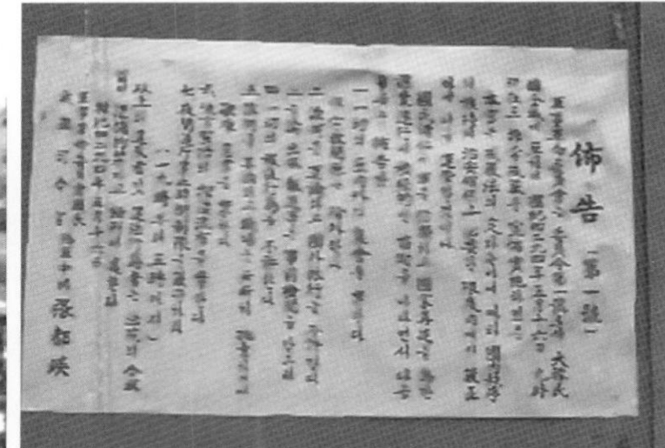

제작정보			**영상정보**		
출 처	:	대한뉴스 314호	제공언어	:	한국어
제 작 사	:	공보처	컬 러	:	흑백
제작국가	:	대한민국	사 운 드	:	유

영상요약

군사혁명 이후 군인들이 장악한 서울 도심의 모습과 군사혁명 지지 성명을 밝히며 시가행진하는 육사 생도와 장교들의 모습. 목적지인 시청 광장 앞에 도열한 후에는 장도영 중장의 격려사가 이어짐. 한편 중앙청에서 사퇴 기자회견을 갖는 장면 국무총리의 모습도 함께 들어있다

내레이션

단기 4294년 5월 16일 부패와 무능으로 국민의 신망을 잃은 민주당 정권을 물리치고 보다 더 힘차고 복된 새 나라를 이룩하기 위하여 우리 국군 장병들은 총궐기했습니다. 이날 새벽 수도 서울에 진군한 혁명군은 곧 육군참모총장 장도영 중장을 의장으로 군사혁명위원회를 조직하여 이 나라의 입법, 행정, 사법의 전 기관을 완전 장악했습니다. 그리고 군사혁명위원회는 방송을 통해서 군부가 궐기한 것은 부패하고 무능한 현 정권과 기성 정치인들에게 이 이상 더 국가와 민족의 운명을 맡길 수 없다고 판단하고 백척간두에서 방황하는 조국의 위기를 극복하기 위한 것이라고 전제하고 실질적으로 반공체계를 재정비 강화하고 우리사회의 모든 부패와 구악을 일소해서 이 나라를 부흥시켜 공산주의와 대결할 수 있는 실력을 배양할 것이며 혁명과업이 완수되는 대로 양심적인 정치인에게 정권을 이양하겠다는 요지의 성명을 발표했습니다. 군사혁명위원회에서는 전국에 비상계엄령을 선포하는 한편 민주당 정권을 인수할 것을 선언하고 국회를 해산시켰습니다. 이렇게 이 나라의 새로운 희망을 기약하는 가운데 이루어진 우리 국군 궐기군의 무혈혁명은 최전방에서 공산 괴뢰군과 맞서고 있는 제1야전군 장병을 비롯해서 육해공군 및 해병대 전 장병들의 열렬한 지지와 (육성연설) 성원을 받았습니다. 5월 18일 오전 태능의 별 육군사관학교 생도들과 장교단은 군사혁명을 지지하는 힘찬 구호를 외치며 서울 거리에서 시위행진을 했습니다. 그리고 시가행진의 종점인 서울시청 앞 광장에서 수많은 시민들의 환호를 받으며 혁명기념식이 거행됐습니다. 이 자리에서 육사생도 대표는 선언을 통해서 장 정권은 4·19 학생의거를 모독하고 조국을 위기로 몰아넣었기 때문에 우리는 반공의 결연을 더 굳게 하고자 일어섰다고 말했습니다. 이어서 군사혁명위원회의장 장도영 의장은 그 격려사를 통해서 (이후 육성 연설). 식이 끝나자 장

도영 중장과 박정희 소장 등 군사혁명의 집사들은 시민들의 박수를 받으며 퇴장했습니다. 한편 이날 오후 한시 장면 전 국무총리는 중앙청에서 마지막 국무회의를 갖고 5월 16일 육군참모총장이 선포한 비상계엄령을 헌법 규정에 따라 추가 인정할 것과 군사혁명에 대하여 정치적 도의적인 책임을 느끼고 총 사퇴할 것을 결의하고 이를 성명했습니다. 민주당의 장 내각은 작년 8월 23일에 성립됐다가 약 9개월 만에 물러간 것이며 이로써 군사혁명위원회는 합법적인 절차로써 정권을 인수한 것입니다. 그리고 5월 19일 이날 군사혁명위원회는 국가재건최고회의로 그 명칭을 고쳐 차차 혁명 과업 완수에 매진하고 있습니다.

영상내용(화면묘사)

00:00 자막 "5 · 16군사혁명" (시그널 음악)
00:04 몇몇 군인들만 서있는 텅 빈 도심 거리의 여러 모습
00:12 무장한 채 서 있는 군인들의 여러 모습
00:23 군인들을 가득 태운 채 지나가는 트럭들
00:37 중앙청 앞 도로 모습
00:42 도로 위에 서있는 무장군인
00:45 주차된 지프와 몇몇 군인들이 앉아있는 당시의 국회의사당 앞
00:51 탱크를 타고 도심을 지나가는 군인들의 다양한 모습
01:02 서울특별시청 입구를 지키고 있는 헌병
01:10 군인들을 실은 트럭과 의무병 차량이 세워진 도심의 도로
01:14 포고문을 보고 있는 시민들
01:17 "佈告 第1號" 벽보
01:22 "速報(속보)" 벽보
01:26 남대문 앞을 행진하는 육사 생도들
01:32 지켜보는 수많은 시민들
01:33 가까이서 촬영한 행진 중인 육사 생도들
01:37 시민들의 모습
01:38 행진 중인 육사 생도들

01:42 걸어가면서 차에 달린 마이크를 통해 연설 중인 군인 (육성음성 : 알아듣기 힘듦)

01:45 육사 생도의 행진 옆에서 군인을 가득 싣고 지나가는 트럭

01:50 지프 위에서 마이크로 연설 중인 육사 생도

01:53 육사 생도와 장교들의 다양한 행진 모습 (뚜렷이 들리는 육성음성 : 오늘 우리들이 궐기한 것은 결코 군인 자신들이나 어떤 특권층을 위한 것이 아님은 군대가 바로 국민의 군대라는 점에서 명백해지는 사실입니다. 오늘의 군사혁명은 군대의 단독의 의사가 아님은 물론이며 여러분들이 작년 4월 19일에 피 흘려 쟁취한 혁명의 연장이며 무력한 정치인들에 의해서 해결될 수 없었던 혁명 과업을 기필코 완수해 볼려는 비장한 결의의 소산입니다. 헐벗고 굶주리고 공산주의자들의 위협이 날로 증가하는 현실에서 국민의 진의를 망각한 무리들의 무기력한 행위는 규탄되고 시정되어야 하는 부인할 수 없는 절실한 명제입니다. 친애하는 국민 여러분 4000년의 긴 역사와 찬란한 문화를 자랑하는 우리 민족이 오늘 이토록 가난 속에서 허덕여야 한다는 사실은 *한 것이 아니오, 현실에 참여하여 이를 시정, 지양하려는 노력 없이 나태와 무기력으로 현실을 도피했던 과오에 기인한 것임은 재언을 요치 않는 바입니다.)

01:26 군인들의 행진과 이를 지켜보는 수많은 시민들의 다양한 모습

02:45 지프에 탄 채 마이크를 대고 연설 중인 육사 생도와 함께 탄 군인들

02:51 행진 중인 육사 생도와 이를 지켜보는 시민들

02:56 하늘을 나는 전투기 편대와 행진 중인 육사 생도들

03:02 선글라스를 낀 장도영 중장의 다양한 모습

03:08 선글라스를 낀 박정희 소장과 여러 군인들

03:10 박정희 소장의 얼굴

03:12 시청 앞 광장에 도열해 있는 육사 생도들

03:17 마이크 앞에 선 장도영 중장

03:18 도열한 채 경례하는 육사생도와 군인들

03:22 경례하는 장도영 중장

03:25 경례하는 박정희 소장과 박종규, 차지철 등의 모습

03:27 도열해 있는 군인들

03:31 육사 생도 대표의 연설과 이를 취재하는 사람들

03:35 장도영 중장의 연설 (장도영의 육성연설 : 민주주의적인 정치체제를 확립하고 경제의 **를 **해서 북한 괴뢰의 우월을 확보함으로써 남북통일을 기하는 목적하에 우리가 가진 모든 역량을 총집결 하여야 할 것입니다. 친애하는 사관생도 여러분 이 뚜렷한 목표에는 추후에 조국과 동료와 이심은 있을 수 없는 것입니다. 우리는 이러한 목적을 달성하는데 있어서 어데까지나 민주주의적인 정부를 수립하는 밑받침이 되고)

03:45 장도영 중장의 발언대 옆에 방송차를 비롯해서 가득 모인 취재진과 인파

03:49 도열해 있는 육군 생도들

03:55 "혁명군"이라고 적힌 군인의 완장을 클로즈업

03:57 장도영 의장의 발언대를 둘러싼 인파

04:28 만세 삼창을 하는 군인들 (장병들의 만세 선창 육성)

04:35 박수치는 시민들 사이로 지프를 타고 이동하는 장도영 중장과 그 일행 (편집되어 삽입된 박수 소리)

04:51 중앙청 외관

04:55 웃으며 방으로 들어오는 장면 국무총리

04:57 가득 모인 외신 및 국내 취재기자들

05:00 관계자들과 악수를 나누고 자리에 앉아 기자회견을 하는 장면 국무총리의 다양한 모습

05:30 자리를 뜨는 장면 국무총리

연구해제

이 영상은 5 · 16군사쿠데타가 발생한 직후 국가재건최고회의에서 제작한 것으로 쿠데타를 '군사혁명'으로 포장하려는 의도가 잘 반영된 것이다. 영상은 크게 두 부분으로 나뉘어졌다. 도입부에서는 5월 16일 이후 서울 시내에서 총을 든 군인들의 모습이 보이는 낯선 풍경을 배경 화면으로 군부가 궐기하게 된 명분과 이른바 '혁명공약'을 제시하며 5 · 16군사쿠데타의 정당성을 알리고 있다. 후반부에는 5월 18일과 5월 19일의 상황을 보도하고 있다. 특히 5월 18일에는 오전의 육사 생도들의 지지 시위와 이날 오후 2시

장면 총리 주재하에 마지막으로 개최된 국무회의를 보도하고, 5월 19일은 군사혁명위원회가 그 조직과 인원을 확충하고 그 명칭을 국가재건최고회의로 개칭한 것을 보도하고 있다.

5·16군사쿠데타는 1961년 5월 16일 박정희 소장 주도하에 육사 8기 출신, 육사 5기 출신, 그리고 만주군 출신과 그 외 군부와 민간인들의 참여하에 발생하였다. 이 사건은 6·25전쟁 이후 축적된 군부의 불만이 4·19혁명 직후 군 내부에서 전개된 '정군운동'으로 표출되었으나 해결되지 못하였고, 이에 불만을 품은 일부 정치화된 군인들이 4·19혁명 이후 합법적으로 성립된 장면정권을 무력을 동원하여 전복한 것이었다. 박정희 소장을 지도자로 추대한 쿠데타 주도세력들은 1960년 9월경부터 장면정부의 전복을 시도하였고, 1961년 5월 16일 육군과 해병대의 일부 병력을 동원하여 군사쿠데타를 성공시켰다. 이날 군 병력이 일부 동원되었으나 군 내부에서조차도 쿠데타에 대한 전면적인 동의와 지지가 있었던 것은 아니었다. 이 때문에 군사쿠데타에 반대했던 당시 육군 제1군사령관 이한림과 육사 교장 강영훈, 그리고 수도권 방어를 담당하던 제6군단장 김웅수와 그의 직속 부하인 제8사단장 정강 등 주요 지휘관들이 '반혁명' 혐의로 구속되었다. 또한 5월 16일 쿠데타 군이 한강을 건너 서울로 입성한 직후 육군본부에서 쿠데타 주체세력과 군 수뇌부 사이의 회담이 열린 뒤 쿠데타를 추인하고 장도영 육군참모총장을 비롯한 군 수뇌부가 군사혁명위원회에 참여하였다. 이 영상은 이렇게 해서 군사혁명위원회 의장으로 추대된 육군참모총장 장도영 중장과 그가 격려사하는 모습을 보여준다.

이 영상의 가장 많은 분량을 차지한 부분은 5월 18일 오전에 진행된 육사 생도들의 지지시위 광경이다. 장면 총리가 피신한 상태이고 군 내부에서도 반발이 있었기 때문에 아직 쿠데타의 성공 여부를 확신할 수 없었던 상황에서 육사 생도들의 지지시위는 커다란 원군의 역할을 하였다. 그러나 당시 육사 교장 강영훈 중장은 쿠데타에 반대하여 '반혁명' 혐의로 연행된 상태였고 육사 내부에서도 군의 정치참여에 대한 입장이 정리되지 않았지만, 결과적으로 육사 내부에서도 5·16을 지지하는 것으로 결론 내렸다. 이에 따라 5월 18일 오전 9시부터 동대문에서 시작된 육사 생도들의 지지시위는 10시 5분경 서울시청 앞에 도착하여 육군참모총장겸 군사혁명위원회 장도영 중장과 박정희 소장을 비롯한 군사혁명위원회 위원들이 참석한 가운데 육사 생도 대표의 결의문 낭독과 장도영 중장의 격려사로 끝이 났다. 특히 군부의 최고지휘관으로 군사쿠데타를 인정하고 군사혁명위원회 의장으로 추대된 육군참모총장 장도영 중장의 생생한 목소리가 이 영상에 담겨 있으나, 5·16군사쿠데타의 실질적인 최고 지휘자가 박정희 소장임을 암시하는 장면 또한 포함되어 있다.

또 이날은 5월 16일 쿠데타가 발생한 시각부터 피신하였던 장면 총리 이하 내각의 장관들이 나타나서 마지막 국무회의를 연 날이기도 하다. 이 영상에는 마지막 국무회의에 참가하는 장면 총리와 각료들의 모습과 국무회의 안건(비상계엄령 추인과 내각 총사퇴)도 소개하고 있는데, 제2공화국의 마지막 모습을 볼 수 있다는 점에서 의의가 있다.

참고문헌

한국군사혁명사편찬위원회 편, 『한국군사혁명사』, 1963.

해당호 전체 정보

314-01　군사혁명 공약

상영시간 ｜ 01분 09초

영상요약 ｜ 5·16쿠데타를 일으켜 성공한 군부의 혁명공약을 전달하는 영상. 영상 전체에 혁명공약을 자막으로 배치하고 화면의 배경으로 군인과 사관생도들의 모습이 등장한다.

314-02　5·16 군사혁명

상영시간 ｜ 05분 36초

영상요약 ｜ 군사혁명 이후 군인들이 장악한 서울 도심의 모습과 군사혁명 지지 성명을 밝히며 시가행진하는 육사 생도와 장교들의 모습. 목적지인 시청 광장 앞에 도열한 후에는 장도영 중장의 격려사가 이어짐. 한편 중앙청에서 사퇴 기자회견을 갖는 장면 국무총리의 모습도 함께 들어있다.

314-03　미국의 우주인 로케트 발사 성공

상영시간 ｜ 01분 09초

영상요약 ｜ 미국의 유인 로케트 발사 영상. 세퍼드 중령이 탄 레드스톤 로케트의 발사와 우주에서 찍은 무중력 상태의 세퍼드 중령의 모습. 이후 해병대 헬리콥터가 건져 온 캡슐을 통해 귀환한 세퍼드 중령이 백악관에서 가서 케네디 대통령에게 공로훈장을 받는 모습 등.

국가재건최고회의 (1961년 5월 27일)

제작정보		**영상정보**	
출처	대한뉴스 315호	제공언어	한국어
제작사	공보처	컬러	흑백
제작국가	대한민국	사운드	유

영상요약

군사혁명위원회는 제2차 군사혁명위원회의를 열어 군사혁명위원회의 명칭을 국가재건최고회의로 개칭했다. 또한 최고회의의장 장도영은 혁명 이후 처음으로 내외신 기자들과 기자회견을 진행했다. 기자회견에서 장도영은 최고회의의 입장을 전달했다.

내레이션

무혈혁명에 성공한 군사혁명위원회에서는 5월 19일 날 제1차 총회를 열고 군사혁명위원회 명칭을 국가재건최고회의로 개칭하기로 결정하고 혁명과업 완수를 위한 기초적 문제를 토의했습니다. 이날 국가재건최고회의의장 장도영 중장은 혁명 후 처음으로 내외 기자들과 회견하고 친공 또는 용공분자를 단호히 조처할 것이며 학생들은 오직 학업에 충실해주길 바란다고 말한 다음 국군은 절미운동을 전개해서 국민을 도울 것이라고 말했습니다.

화면묘사

00:00 자막 '국가 재건 최고 회의' (시그널 음악)
00:03 ㄷ자 모양 회의 테이블에 앉아있는 국가재건최고회의 참석자들
00:09 회의 참석자들의 다양한 모습
00:21 하얀 바탕화면으로 변경
00:21 기자들에 둘러싸인 장도영 중장의 기자회견 모습
00:26 발언 중인 장도영 중장
00:28 카메라를 촬영 중인 외국인 기자와 한국인 기자
00:31 발언 중인 장도영 중장의 모습
00:34 취재 중인 외신 기자와 국내 기자들
00:36 전달받은 자료를 살펴보는 장도영 중장

연구해제

이 영상은 1961년 5월 19일 개최된 군사혁명위원회 제1차 총회와 장도영의 기자회견 장면을 담고 있는데, 바로 이날 군사혁명위원회가 국가재건최고회의로 이름을 바꾸었고, 그 사실을 영상을 통해 알려주고 있다.

5·16 쿠데타 직후 박정희와 쿠데타 주도세력은 군사혁명위원회를 조직했다. 그리고 그 아래 혁명 5인위원회(박정희, 윤태일, 송찬호, 채명신, 김동하)를 중심으로 정치 경제

문화 정보 행정 보도의 실무반을 편성하고, 군사혁명위원회 위원장으로 육군참모총장 장도영을 추대했다.(1961년 7월 3일 '장도영 일파 반혁명사건'으로 장도영이 의장에서 물러나고 박정희가 취임했는데, 이 모습은 〈대한뉴스〉 제321-01호 '박정희 최고회의 의장 송요찬 내각수반 취임'에서 볼 수 있다.) 그리고 5월 19일 그 명칭을 국가재건최고회의로 개칭했고, 23일 6명의 민간인을 최고회의 의장 고문으로 위촉했다.

최고회의의 조직은 처음에는 상임위원회(위원장 박정희), 14개 분과위원회, 기획위원회와 감찰위원회 및 심계원으로 구성됐다. 6월 10일 국가재건최고회의법이 공포됨에 따라 6월 12일 14개 분과위원회가 7개(법사, 내무, 외무국방, 재정경제, 문교사회, 교통체신, 운영)로 개편됐다. 최고회의는 입법, 사법, 행정의 삼권을 장악하며, 헌법심의, 행정집행, 내각과 사법부의 통제, 대통령 유고시 권한대행 등의 막강한 권한을 행사했다. 최고회의는 정권의 중심을 맡은 정책 기획의 조직과 법률체였으며, 내각은 최고회의 정책을 수행하는 행정부로서 직무를 맡았다. 최고회의는 제3공화국 출범과 동시에 1963년 12월 16일 해체식을 끝으로 그 활동이 정지되었다.

참고문헌

도진순 · 노영기, 「군부엘리트의 등장과 지배양식의 변화」, 『1960년대 한국의 근대화와 지식인』, 선인, 2004.

혁명 내각 구성 (1961년 5월 27일)

제작정보		영상정보	
출 처	대한뉴스 315호	제공언어	한국어
제 작 사	공보처	컬 러	흑백
제작국가	대한민국	사 운 드	유

영상요약

1961년 5월 20일 혁명내각의 장관으로 임명된 인사들의 취임 선서식과 이들에 의한 첫 국무회의가 개최되는 모습이다. 또한 5월 22일 국군묘지를 참배한 혁명정부 관계자들을 보여준다.

내레이션

5월 20일 전국민이 대망하는 가운데 드디어 혁명내각이 구성되고, 다음날 국가재건최고회의 청사에서 전 각료들의 취임선서식이 거행됐습니다. 내각수반 장도영 중장을 비롯해서 외무부장관에 김홍일 장군, 내무부장관에 한신 소장, 재무부장관에 백선진 소장, 법무부장관에 고원증 준장, 국방부장관에 장도영 중장 겸임, 문교부장관에 문희석 대령, 건설부장관에 박기석 대령, 농림부장관에 장경순 준장, 상공부장관에 정래혁 소장, 보건사회부장관에 장덕승 준장, 교통부장관에 김광옥 대령, 체신부장관에 배덕진 준장, 사무처장에 김병삼 준장, 공보부장에 심흥선 소장이 각각 임명됐는데, 각료들은 선서를 통해서 혁명과업 완수를 다짐했습니다. 취임선서식을 마친 혁명내각 각료 일동은 이날 중앙청에서 최초의 국무회의를 열고 혁명과업완수를 위한 힘찬 시정의 제 일보를 내딛었습니다. 그리고 5월 22일 아침 혁명내각 각료전원과 국가재건최고회의 의원 그리고 각 사단대표 일행은 서울시 동작동에 있는 국군묘지를 참배하고 조국수호의 영령으로서 유명을 달리한 전우들에게 혁명과업을 완수할 것을 맹서하고 그들의 명복을 빌었습니다.

화면묘사

00:00 자막 “혁명내각 구성” (시그널 음악)
00:03 국가재건최고회의 청사 전경(국회의사당)
00:08 “국가재건최고회의” 현판
00:10 단상에 오르는 장도영 중장, 박정희 소장
00:18 혁명내각 취임 선서식장의 전경
00:22 단상에 올라 연설대 앞에 서는 두 명의 군인
00:29 장도영 준장에게 임명장을 받는 신임 장관
00:31 박수치는 관객석의 참가자들
00:33 장도영 중장에게 임명장을 받는 또 다른 신임 장관
00:38 장도영 중장 앞으로 걸어와 임명장을 받는 또 다른 신임 장관
00:49 일렬로 서서 선서 중인 신임 장관들의 뒷모습

00:54 마이크 앞에서 선서 중인 한 신임 장관

00:57 단체 기념사진 촬영 모습

01:01 사진을 찍기 위해 서 있는 박정희 소장과 장도영 의장의 모습

01:05 하얀 바탕화면으로 전환

01:05 국무회의를 개최 중인 혁명 내각 관계자들

01:09 장도영 의장의 모습

01:13 국무회의 중인 장관들의 여러 모습

01:21 의사봉을 두드리는 장도영 의장

01:25 하얀 바탕화면으로 전환

01:25 동작동 국군묘지로 들어서는 혁명내각 관료 및 국가재건최고회의 의원들과 군인들.

01:29 국군묘지 내부의 비석들

01:32 조화를 들고 걸어가는 군인들과 그 뒤를 따르는 장도영 중장, 박정희 소장을 비롯한 혁명정부 관계자들

01:37 조화를 내려놓는 장도영 준장과 양 옆의 군인들

01:41 "無名勇士靈顯"(무명용사영현)이라고 쓰여진 비석과 그 앞에 놓인 조화

01:47 묵념 중인 혁명정부 인사들

연구해제

이 영상은 1961년 5 · 16 쿠데타 직후인 5월 20일, 혁명 내각의 각료 취임식과 이들에 의한 첫 국무회의, 그리고 이들이 국군묘지(현 동작동 국립묘지)에 참배하는 모습을 담고 있다.

5월 20일 국가재건최고회의는 장도영을 수반으로 하는 첫 내각을 구성했는데, 임명된 모든 장관들이 현역 또는 예비역 군인 출신들이었다. 그러나 얼마 지나지 않아 한국사회의 당면한 주요 문제가 경제문제이며 군인들이 이 문제를 해결할 수 없음을 인식하고 1961년 6월 22일 재무부장관에 전 한국은행 총재였던 김유택을, 건설부장관에 서울대 경제학과 교수 신태환을 임명했다. 5 · 16 군정시기 임명된 장관들을 보면 경제관련 부서와 문교부 공교부 법제처 등에는 민간인들이 상대적으로 많이 진출하였는데, 비교적

전문성이 요구되는 부처였기 때문이다. 반면 내무부 국방부 보사부 체신부 장관 등은 모두 군인 출신들이었다.

참고문헌

도진순 · 노영기, 「군부엘리트의 등장과 지배양식의 변화」, 『1960년대 한국의 근대화와 지식인』, 선인, 2004.

무허가 건축물 자진 철거 (1961년 5월 27일)

제작정보		영상정보	
출 처	대한뉴스 315호	제공언어	한국어
제 작 사	국립영화제작소	컬 러	흑백
제작국가	대한민국	사 운 드	유

영상요약

정부는 무허가 건축물들이 도심의 미관을 해치고 화재의 위험성이 크다고 판단하여 이에 대해 철거령을 내렸다. 무허가 건축물에 거주하던 사람들은 정부가 지정한 부지로 이주하였다.

내레이션

지난날 문란한 시정의 틈을 타서 도심지에 난립했던 무허가 건축물은 당국의 철거령과 주민들의 자진 협조로써 서울을 비롯한 여러 도시에서 대부분 철거되고 있습니다. 이런 판자집은 한 곳에 밀집해 있기 때문에 화재위험이 극히 많은데다가 도시건설 계획에도 큰 지장거리였습니다. 당국에서는 집을 헐은 무허가 건축 주민들에게 별도로 집 지을 부지를 마련해 주고 그들은 이주하도록 조치했습니다.

화면묘사

00:00 자막 “무허가 주택 자진철거” (시그널 음악)
00:03 무허가 건축물을 철거하고 그 잔여물을 치우는 다양한 모습
00:16 판자촌 좁은 도로를 철거자재를 가득 싣고 지나가는 트럭
00:21 트럭 위의 철거자재 틈에 함께 타고 있는 일꾼들
00:26 큰 사거리 도로 옆의 철거 중인 판잣집 모습
00:32 허허벌판 언덕 위에 몇 채 남지 않은 판잣집과 빈 부지를 다지는 주민들
00:40 새로 집을 짓는 주민들의 모습
00:44 천막으로 드리워진 집과 그 앞에 놓여진 세간 살이
00:48 언덕 중턱에 자리 잡은 천막집과 동이를 지고 언덕을 올라가는 여성

연구해제

6·25전쟁 이후 피해복구 차원에서 진행된 주택 건설은 돈과 자재를 최소화한 상태였

는데, 그나마 복구할 여력이 없는 이들이나 피난민들은 파괴된 집을 대충 수리하거나 무허가 불량주택을 짓고 살고 있었다. 이러한 상황에서 1961년 5·16쿠데타로 집권한 후 일체 사회악의 발본색원을 주장하고 나선 군사정부는 사회악 중의 하나로 무허가 건축물을 지적하고 혁명과업 완수의 차원에서 이들 건축물의 철거를 추진하기 시작했다.

경찰은 우선 도심지 주변에 난립한 무허가 건축물의 단속을 강화했다. 1961년 5월 20일 치안국 발표는 "단속에서 적발되는 불법건축은 가차 없이 철거할 것이며, 건축물의 주인에 대해서도 엄중 처벌할 것"이라고 밝혔다. 그러나 그 수많은 무허가 주거지를 현실적으로 모두 철거하는 것은 어불성설이었다. 단속 대상은 1960년 4·19 이후, 혹은 1961년 5·16쿠데타 이후에 세워진 무허가 건물로 점차 한정되었고, 강제철거보다는 자진철거를 유도했다. 그 결과 5월 24일 현재 서울 중구와 영등포 노고산동 및 공원지대 일대의 무허가 판잣집 1,577동이 자진철거 했다는 성과가 기사화되기도 했다.

하지만 집을 잃은 철거민에 대한 수용대책 역시 뒤따라야 했다. 군사정부는 일단 서울 근교 수색 지역에 대규모 천막촌을 마련하고 철거민들을 트럭으로 옮겨 수용했다. 신문에는 5월 27일 현재 무허가 판잣집 1,600호의 철거민들이 수색으로 옮겨졌다고 보도되었다. 이들에게는 정주할 수 있는 거주지 마련 대책이 시행될 것이라 했지만, 현실적으로 철거민 모두에게 혜택이 돌아갈 수는 없었다.

대안 없는 무조건적 철거 정책은 오래가지 못했다. 1961년 6월 3일, 한신 내무부장관은 판잣집 철거문제에 대해 사후대책이 서기 전까지 강제철거를 일단 중지시킨다고 발표했다. 하지만 뚜렷한 대책은 쉽게 도출·시행되지 못했고, 1960년대 중반에 시행된 서울시 조사에 의하면 10만 동이 넘는 무허가 불량주택이 집계되는 것으로 드러났다. 이러한 무허가 주택지구에 대한 철거와 이주정책의 본격화는 1966년 서울시 재개발지구 지정이 본격화하면서 추진되었다.

참고문헌

「무허가건물 2백여동을 철거」, 『경향신문』, 1961년 5월 20일.
「거리의 부스럼 일소」, 『경향신문』, 1961년 5월 21일.
「이주지 마련코 철거케」, 『경향신문』, 1961년 5월 23일.
「구악·독소 착착 제거」, 『경향신문』, 1961년 5월 25일.

「혁명 십일간의 단속실적」, 『경향신문』, 1961년 5월 27일.
「무허가건물은 계속 철거」, 『경향신문』, 1961년 5월 27일.
「판자집 강제철거 일단 중지」, 『경향신문』, 1961년 6월 3일.
「새 번지에 깃을 편 철거민촌」, 『경향신문』, 1961년 6월 21일.
손정목, 『서울 도시계획 이야기』 2권, 한울, 2003.

몰지각한 댄스광 처벌 (1961년 5월 27일)

제작정보

출　　처 : 대한뉴스 315호
제 작 사 : 공보처
제작국가 : 대한민국

영상정보

제공언어 : 한국어
컬　　러 : 흑백
사 운 드 : 유

영상요약

댄스광 단속을 실시한 정부에 의해 검거된 48명의 남녀와 이들에 대한 군법회의 영상. 수많은 군중이 검거된 이들을 보기 위해 몰려들었다.

내레이션

고귀한 혁명정신을 망각하고 대낮에 댄스에 미쳐 놀아난 마흔여덟 명의 남녀가 검거되어 준엄한 법의 심판을 받았습니다. 5월 24일 경기도청 회의실에서 열린 군법회의에서는 우리사회의 미풍양속을 해치고 혁명정신을 모독한 댄스광들에게 일벌백계의 본보기로서 각각 3개월 내지 1년의 징역을 언도했습니다.

화면묘사

00:00 자막 "몰지각한 땐스광 처벌" (시그널 음악)
00:03 트럭에서 내리는 얼굴을 가리고 수의를 입은 여성들
00:10 검거된 사람들을 구경하기 위해 몰려든 군중들
00:12 트럭에서 얼굴을 가리고 내리는 수의 입은 여성들
00:19 수많은 구경꾼들의 얼굴
00:21 재판이 열리고 있는 군법회의장의 내부 전경
00:26 얼굴을 가린 피고 여성들의 다양한 모습
00:32 3인의 재판관과 피고 여성들
00:36 엎드려 있는 피고들

연구해제

이 영상은 1961년 5월, 대낮에 길에서 춤을 즐기다가 검거당한 청년들의 군사재판 장면을 담고 있다. 영상 속 젊은이들은 큰 범죄를 저지른 죄수처럼 호송되었고, 모두 머리를 깊이 숙이고 있다. 경찰들의 엄호 아래 트럭을 타고 단체로 이동했으며, 재판장 안에서는 수갑을 찬 상태로 무릎을 꿇고 앉아 판결을 기다렸다. 이들은 최소 3개월에서 최장 1년까지의 징역을 선도 받았다.

도시 사람들의 댄스문화가 문제시 된 것은 이미 오래된 일이었다. 일제시대 경성의 밤거리는 '딴스홀'의 네온사인으로 수놓아져 있었으며, 1950년대에는 춤바람 난 가정주부를 주제로 한 영화도 제작되었던 만큼 도시의 댄스열풍은 여전히 문제로 인식되어 있

긴 하지만 이미 진부해진 사회적 이슈였다.

그런데 갑자기 왜 이 문제가 또다시 크게 대두된 것일까? 이는 당시 시대 상황에 기인한다. 1961년 5월 16일 군부쿠데타가 발생하면서 들어선 군사정권이 풍기문란을 바로잡겠다며 엄격한 잣대를 이들에게 들이댄 것이다. 쿠데타세력의 집권 직후인 만큼 이들은 서울, 경기 지구 계엄고등군법회의에 회부되었으며, 김양균 대위가 검찰관으로 재판에 참여했다. 이들에게 적용된 죄명은 포고령 1호 1항 '옥내집회 금지'였다. 이전 시대까지만 해도 풍기문란이라는 명목으로 단속을 받았던 '춤판'이, 불과 며칠 사이 '불법집회'로 규정된 것이다. 그리고 운 없이 걸려든 47명의 젊은이들은 '일벌백계'의 본보기로서 군부의 지엄함을 사회에 알리는 역할을 하게 되었다. 아울러 이 영상은 쿠데타 직후 군부가 장악한 한국사회의 분위기를 짐작해 볼 수 있는 단초를 제공해 주고 있다.

참고문헌

「47명 전원에 실형」, 『동아일보』, 1961년 5월 24일.

해당호 전체 정보

315-01 군사혁명 공약

상영시간 | 01분 08초

영상요약 | 5·16쿠데타를 일으켜 성공한 군부의 혁명공약을 전달하는 영상. 영상 전체에 혁명공약을 자막으로 배치하고 화면의 배경으로 군인과 사관생도들의 모습이 등장한다.

315-02 국가재건최고회의

상영시간 | 00분 39초

영상요약 | 군사혁명위원회는 제2차 군사혁명위원회의를 열어 군사혁명위원회의 명칭을 국가재건최고회의로 개칭했다. 또한 최고회의의장 장도영은 혁명 이후 처음으로 내외신 기자들과 기자회견을 진행했다. 기자회견에서 장도영은 최고회의의 입장을 전달했다.

315-03 혁명 내각 구성

상영시간 | 01분 51초

영상요약 | 1961년 5월 20일 혁명내각의 장관으로 임명된 인사들의 취임 선서식과 이들에 의한 첫 국무회의 개최 모습. 또한 5월 22일 국군묘지를 참배한 혁명정부 관계자들의 영상.

315-04 3군 참모총장 선서식

상영시간 | 00분 23초

영상요약 | 1961년 5월 23일 국가재건최고회의 청사에서 열린 육군, 공군, 해군, 해병대 참모총장의 선서식 영상.

315-05 세궁민들에게 식량 배급

상영시간 | 00분 16초

영상요약 | 세궁민들에게 정부보유미를 배급하는 쌀 배급소 안팎의 광경.

315-06 무허가 건축물 자진 철거

상영시간 | 00분 49초

영상요약 | 정부는 무허가 건축물들이 도심의 미관을 해치고 화재의 위험성이 크다고 판단하여 이에 대해 철거령을 내렸다. 무허가 건축물에 거주하던 사람들은 정부가 지정한 부지로 이주하였다.

315-07 몰지각한 댄스광 처벌

상영시간 | 00분 37초

영상요약 | 댄스광 단속을 실시한 정부에 의해 검거된 48명의 남녀와 이들에 대한 군법회의 영상. 수많은 군중이 검거된 이들을 보기 위해 몰려들었다.

315-08 교통질서 확립

상영시간 | 00분 35초

영상요약 | 도심 속 도로 위의 많은 차와 교통질서를 지키는 행인들의 모습을 담은 영상.

315-09 진척되는 국토건설

상영시간 | 00분 31초

영상요약 | 국토건설사업 중 충청남도 예당수리조합에서 실시하고 있는 수리시설 공사현장 영상.

315-10 미국 부통령 자유월남 방문

상영시간 | 01분 03초

영상요약 | 미국 존슨(Lyndon B. Johnson) 부통령의 자유월남의 사이공 내한 영상. 수많은 인파의 환영에 답하는 존슨 부통령의 모습과 월남공군의 사격훈련 현장, 저녁에 개최된 만찬회장 모습이 담겨 있다.

315-11 영화배우 케리 쿠퍼 별세

상영시간 | 01분 07초

영상요약 | 생을 마감한 미국 영화배우 게리 쿠퍼(Gary Cooper)를 추모하며 생전 모습을 담은 영상. 부인과의 휴가, 뉴기니아 방문, 엘리자베스 여왕과의 만남, 영화

속 출연 모습 등이 담겨 있다.

315-12 배격하자 외래품! 애용하자 국산품

상영시간 | 02분 29초

영상요약 | 압수된 수많은 불법 외래품과 거리의 비싼 옷을 입은 여성들의 뒷모습, 전방을 지키는 군인들, 국토개발사업 공사 현장, 국산품직영판매부의 판매 현장, 국산품애용 캠페인을 전개하는 여학생들을 보여주며 외래품 배격 국산품 애용을 주장하는 영상.

거리의 천사 구호수용 (1961년 6월 2일)

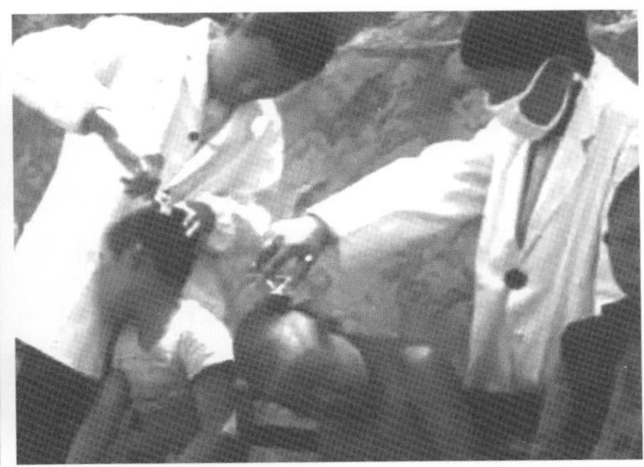

제작정보

출　　처 : 대한뉴스 316호
제 작 사 : 국립영화제작소
제작국가 : 대한민국

영상정보

제공언어 : 한국어
컬　　러 : 흑백
사 운 드 : 유

영상요약

부랑아를 비롯한 수많은 거리의 아동들을 녹번리 아동보호소에 트럭으로 싣고 와 머리를 깎고 소독약을 뿌리는 영상.

내레이션

서울시 경찰국에서는 지난 5월 26일에 700여 명의 거리의 천사들을 구호해서 서울교외 녹번리에 있는 아동보호소에 수용했습니다. 한국에서는 이들을 보호 교화시켜 노동능력이 있는 자는 국토건설작업장에 보내서 자활의 길을 갖도록 하는 등 불쌍한 이들에게 새로운 삶의 터전을 마련해주고 있는데 정부에서는 앞으로 전국에 걸쳐 부랑아와 걸인들의 구호대책을 서두르고 있습니다. 5·16 무혈 군사혁명 이후 우리의 사회는 침체와 불안과 굶주림에서 벗어나 급속도로 생기를 회복해가고 있는 것입니다.

화면묘사

00:00 자막 "거리의 천사 구호수용" (시그널 음악)
00:03 아동보호소 공터에 집합 중인 아동들과 또 다른 아동들을 싣고 들어오는 트럭
00:12 아동들을 잔뜩 태우고 들어오는 트럭들
00:20 트럭에서 내리는 아동들과 미리 도착해 줄 맞춰 서 있는 아동들
00:25 아동들 앞에 서서 아동들을 지켜보는 정부 관계자들
00:29 바리깡으로 두 아동의 머리를 미는 하얀 가운의 정부 관계자들
00:34 아동들의 머리를 미는 두 관계자와 그 뒤에 앉아있는 수많은 민머리의 아동들
00:38 아동들과 그들이 머무는 천막을 향해 소독약을 분사하는 하얀 가운의 관계자
00:43 아동들로 북적거리는 공터의 모습
00:48 아동들이 머무는 천막의 모습

연구해제

이 영상은 5 · 16쿠데타 이후 군정의 부랑아에 대한 정책을 살펴볼 수 있는 자료이다. 내레이션은 1961년 5월 26일 서울시 경찰국이 부랑아 700명을 녹번동 · 응암동에 소재한 아동보호소에 수용했다고 전한다. 이후 이들이 자활할 수 있도록 부랑아 · 걸인 보호대책을 세울 것이며, 5 · 16쿠데타 이후 사회가 활기를 되찾아가고 있다고 강조한다. 아동들을 태운 트럭이 아동보호소에 도착하는 장면과 도착한 아이들의 머리를 깎는 장면, 아동보호소 천막에 소독을 하는 장면, 그리고 아동들이 생활할 천막의 모습을 영상에서 볼 수 있다.

'6 · 25전쟁' 이후 10만 명 이상의 부랑아나 고아가 발생한 것으로 추산됨에 따라 이들 아동의 구호는 1950년대 내내 시급한 문제로 인식되었다. 거주지가 일정하지 않은 부랑아가 도시에 늘어나는 현상에 대해 정부 부처, 경찰, 법원, 보호소 등 부랑아정책 담당자들은 이들이 소년범죄 등 사회문제를 심화시킬 수 있다고 우려했다. 정부의 사회정책은 피난민, 전재민 등 최소한의 생존기반이 없는 사람들의 구호에 집중되었다. 하지만 1960년 이후에도 생활고와 사회혼란 속에서 지방에서 올라온 부랑아들은 더욱 늘어났는데, 지방 각지 고아원에서 뛰쳐나온 아동들이 많았다. 치안국의 집계에 따르면 1960년 1년 동안 미아가 전국에서 9,243명 발생했고, 1961년 1월부터 2월까지 두 달 동안 1,934명이 발생했다.

5 · 16군사쿠데타로 성립한 군사정부는 이전 정권과 구별짓기 위한 정책 중 하나로서 부랑아대책을 실시했다. 혁명공약 3항에서 내세운 사회의 부패와 구악의 일소를 위해 우범지대의 부랑아를 강력히 단속한다는 것이 쿠데타 직후부터 행했던 사회정책이었던 것이다. 군정이 아동구호와 관련해 가장 먼저 시행했던 제도적 조치는 사회사업단체의 통합이었다. 하지만 실제 이 조치의 목표는 정권 차원에서 정당 및 사회단체 해산의 일환이었고, 그 결과는 사회사업 활동의 위축과 통제로 나타났다.

이 영상은 박정희 군정기 부랑아대책의 성격에 대해서 접근해볼 수 있는 자료로서 의의를 지닌다. 덧붙여 군정기 부랑아대책은 경제개발과 연계되어 부랑아정착사업으로 확장되었다.

참고문헌

「서울을 떠나는 꼬마移民列車」, 『경향신문』, 1960년 8월 24일.

「집잃은 어린이 近萬名 昨年 한해」, 『경향신문』, 1961년 4월 15일.

「거리의 浮浪兒 七六八名 收容」, 『경향신문』, 1961년 5월 27일.

「迷兒에 따뜻한 길잡이 現代設備 갖춘 保護所」, 『경향신문』, 1961년 8월 23일.

「收容은 했으나 못먹여」, 『경향신문』, 1961년 11월 15일.

김아람, 「5·16군정기 사회정책 : 아동복지와 부랑아 대책의 성격」, 『역사와 현실』 82, 2011.

해당호 전체 정보

316-01 각 도지사 시장 임명

상영시간 | 00분 45초

영상요약 | 장도영 중장과 박정희 소장이 참석한 가운데 치러진 신임 도지사와 시장 임명 발령식 영상.

316-02 기획위원회 구성

상영시간 | 00분 23초

영상요약 | 국가재건최고회의 기획위원 임명식 현장. 기획위원장이 된 함병선 준장의 연설과 임명장 수여가 진행되었다.

316-03 국군의 작전지휘권 유엔군 사령관에 복귀

상영시간 | 01분 29초

영상요약 | 한국군 작전지휘권을 유엔군총사령관에게 복귀키로 했다는 심흥선 공보부 장관의 기자회견 영상과 전방에서 근무하는 군인들, 그리고 논산훈련소에서 훈련 중인 군인들의 모습이 담겨있다.

316-04 거리의 천사 구호수용

상영시간 | 00분 50초

영상요약 | 부랑아를 비롯한 수많은 거리의 아동들을 녹번리 아동보호소에 트럭으로 싣고 와 머리를 깎고 소독약을 뿌리는 영상.

316-05 수상 안전법 강습회

상영시간 | 00분 47초

영상요약 | 대한적십자사 주최로 개최된 수상안전법 강습회 영상. 강습생들은 구조방법을 배우고 실습을 통해 익혔다.

316-06 영국 여왕 로마법왕 예방

상영시간 ǀ 00분 57초

영상요약 ǀ 바티칸 궁으로 로마 교황을 예방한 영국 엘리자베스 여왕의 영상. 베니스 관광을 즐기는 모습도 함께 담겨 있다.

316-07 미국해군의 신식 낙하산 훈련

상영시간 ǀ 00분 56초

영상요약 ǀ 미국 국군의 날 행사중의 하나인 미 해군의 자유낙하 영상.

316-08 낚시로 상어잡이

상영시간 ǀ 01분 24초

영상요약 ǀ 오스트리아 아메리칸 강에서 상어잡이를 하는 낚시꾼들의 모습을 담은 영상.

316-09 특보 혁명공약

상영시간 ǀ 00분 13초

영상요약 ǀ 혁명공약 제1조를 자막과 내레이션으로 들려준 후 6·25전쟁 당시의 전투 모습이 뒤따르는 영상.

316-10 투철한 반공정신 통일의 지름길

상영시간 ǀ 02분 14초

영상요약 ǀ 6·25전쟁 당시의 각종 참상과 서구의 공산주의 반대 시위, 세계지도 상의 공산화된 국가 표시, 공산국 진영과 대립하는 국제회의 영상 등을 보여주며 반공정신을 강조하는 영상.

영농자금 방출 (1961년 6월 9일)

제작정보

출 처 : 대한뉴스 317호
제 작 사 : 국립영화제작소
제작국가 : 대한민국

영상정보

제공언어 : 한국어
컬 러 : 흑백
사 운 드 : 유

영상요약

농업은행에서 영농자금을 대출받는 농민들의 모습과 논밭에서 모심기를 하는 농민들의 영상.

내레이션

5·16군사혁명과 더불어 오랫동안 침체와 빈곤 속에 허덕이던 우리 농어촌에 소생의 빛이 깃들기 시작했습니다. 먼저 농사철을 맞은 농민들에게 제각기 쓸 만큼의 영농자금이 공급됐는데 아무런 담보도 없이 마을사람들의 연대보증으로 손쉽게 얻을 수 있는 영농자금은 그동안 농업은행을 통해서 약 100억 환이 방출되어 농민들을 돕게 됐습니다. 또한 혁명과 더불어 선포한 농어촌고리채정리령은 고리대금업자의 무자비한 착취로부터 가난한 농업민들의 살림을 보호하게 됐습니다. 국민의 대부분이 농민인 우리나라에서 그들의 살림이 윤택해지면은 곧 그 방대한 구매력이 다른 부문에 미쳐서 우리나라 공업을 비롯한 산업전체에 발전이 이룩되는 것입니다. 그리고 모심기는 6월 7일 현재 전국에 걸쳐 약 5할가량 이루어졌다고 합니다.

화면묘사

00:00 자막 "영농자금 방출" (시그널 음악)
00:03 "농업은행" 간판이 걸린 농업은행 입구
00:06 농업은행 창구에서 서류를 제출하고 영농자금을 받는 농민들의 모습
00:41 농업은행을 나오는 농민들
00:46 소를 이용해 농토를 다듬는 농민
00:51 새참을 가지고 온 여인들에게 다가가는 농민
00:53 새참을 먹는 농민들
00:59 여물을 먹는 황소
01:02 모심기를 하는 농민들의 모습

연구해제

이 영상은 1961년 5·16군사쿠데타로 집권한 박정희 군사정권의 영농자금 방출과 이에 대한 앞으로의 전망을 전하는 뉴스이다. 영상에서는 농업은행의 외관, 영농자금을 대출하는 농민들의 모습 등을 볼 수 있다. 내레이션에서는 농민들에게 담보 없이 주민들의 연대보증으로 영농자금을 대출할 수 있다는 사실을 알리고 있다.

해방 후 우리나라 농민층 분해의 기본흐름은 1950년대 초부터 1960년대 말까지 양극분해 현상으로 나타났다. 농지개혁을 통해 자영농체제가 수립되었지만, 현물조세와 각종 부담으로 인해 농가부담은 증가했다. 1950년대 농가수지는 매년 적자를 기록했으며, 그 폭은 1958년도에 가장 컸다. 호당 부채액도 증가했다. 1956년을 100으로 했을 때 1962년의 호당 명목부채액지수는 282.6이었고, 1955년 불변가격으로 환산한 실질부채액지수는 170.6이었다. 절량농가, 입도선매, 보릿고개 등의 표현은 1950년대 농촌경제의 참상을 보여준다.

이에 1961년 5월 21일 장경순 농림부장관은 취임식에서 영농자금 방출의 긴급성을 강조하면서 140억 환의 영농자금을 5월 말까지 방출하기로 결정했다고 하였다. 아울러 이 자금이 제대로 농민에게 돌아갔는지 알기 위해서 각 농촌의 관계관을 파견하여 집행실정을 확인하겠다고 언명했다. 방출하기로 한 영농자금 내역은 농촌은행의 자기자금 30억, 공무원연금적립금에서 나가는 영농자금 39억, 2/4분기 축산자금 20억, 그리고 한국은행으로부터 대하자금(貸下資金) 51억 등 도합 140억이었다.

당시 지역별 영농자금 방출상황을 보면, 농업은행 수원지점은 2,800세대의 농가에 5월 23일부터 5월 말까지 영농자금 1억 5,000만 환을 방출할 예정이었고, 영농자금의 1일 농가당 방출액 한도는 5만 환, 10만 환, 15만 환의 세 등급으로 설정되었다. 공주 농업은행에서는 5월 23일부터 31일까지 방출할 7,800만 환을 융자받기 위해, 1일 평균 300여 명의 농민들이 모여들었다.

1960년대 들어서면서 농촌의 상황은 좀 나아지고 있었는데, 1961년 고리채정리사업으로 소농의 이자부담이 완화된 것과 1960년 임시수득세의 토지세로의 변화, 1950년대 말 농지대가 상환이 거의 종료된 점 등도 농가의 조세 및 금융 부담을 완화시켰을 것이다. 농지개혁으로 인해 성립된 자작농체제는 영세소농경영이라는 점에서 이전과 크게 달라진 바는 없었지만 인센티브 구조면에서 토지생산성 증대에 보다 유리한 점이 있었다.

그러나 1960년대에 들어와 경제개발계획을 수립하면서도 농업의 위상은 큰 변함이 없었다. 식량증산과 영농다각화를 통한 소득 증대라는 목표는 그대로였고, 다만 국제수지 개선이라는 목표가 추가된 데서 성장을 위한 외화확보가 상정되었다.

참고문헌

「當面重大局面을收拾하는길」, 『동아일보』, 1961년 5월 17일.

「營農資金 百40億圜放出」, 『동아일보』, 1961년 5월 23일.

「營農資金放出 二千八百世帶에」, 『동아일보』, 1961년 5월 27일.

전지연, 「한국 농협의 구조와 기능 : 국가, 농민, 농협의 삼각관계를 중심으로」, 연세대학교 석사학위논문, 2001.

조석곤, 「1960년대 농업구조 개혁논의와 그 함의」, 『역사비평』 88, 2009.

해당호 전체 정보

317-01 제6회 현충일

상영시간 | 05분 37초

영상요약 | 현충일을 맞은 동작동 국군묘지의 현충식 거행 영상. 무명용사들에 대한 고위 관계자들의 헌화식과 무공훈장 수여, 윤보선 대통령, 장도영 의장의 추모사 등이 이어졌다. 현충식 이후 청와대와 비원에서는 윤보선 대통령과 장도영 의장이 각각 주최한 유가족을 위로하는 행사가 개최되었다.

317-02 국가재건비상조치법 공포

상영시간 | 00분 34초

영상요약 | 1961년 6월 6일 국가재건비상조치법 공포 현장의 영상. 최고회의위원들이 전원 참석한 가운데 이석제 법무분과위원이 국가재건비상조치법을 낭독하였다.

317-03 영농자금 방출

상영시간 | 01분 12초

영상요약 | 농업은행에서 영농자금을 대출받는 농민들의 모습과 논밭에서 모심기를 하는 농민들의 영상.

317-04 케네디 대통령 캐나다 방문

상영시간 | 00분 44초

영상요약 | 캐나다를 방문한 케네디 미국 대통령 부부의 환연만찬회 참석과 캐나다 디펜베이커 수상과 회담하는 케네디 대통령의 모습.

317-05 쿠바 소식

상영시간 | 00분 42초

영상요약 | 반카스트로 포로군들과 함께 워싱턴에 도착한 쿠바 반카스트로혁명위원회 위원장의 모습과 포로들과 함께 기자회견을 하는 루즈벨트 전 대통령 부인의 영상.

317-06 에티오피아 해방20주년 기념

상영시간 | 00분 37초

영상요약 | 해방 20주년 기념일을 맞은 에티오피아의 축하 퍼레이드와 기념식에 참석한 황제의 영상.

317-07 움직이는 미술

상영시간 | 01분 01초

영상요약 | 스웨덴 현대미술관에서 전시 중인 움직이는 미술품에 대한 다양한 영상.

박정희 최고회의의장 송요찬 내각수반 취임 (1961년 7월 7일)

제작정보

출 처 : 대한뉴스 321호
제 작 사 : 국립영화제작소
제작국가 : 대한민국

영상정보

제공언어 : 한국어
컬 러 : 흑백
사 운 드 : 유

영상요약

국가재건최고회의 의장이 된 박정희 소장의 활동 모습을 보여준 이후, 박정희 의장이 신임 송요찬 내각수반에게 임명장을 수여하는 임명식 영상.

내레이션

7월 3일 국가재건최고회의에서는 장도영 전 의장의 사표를 수리하고 부의장이 된 박정희 소장을 의장으로 선출했습니다. 경상북도 선산 출신으로 방년 44세의 박정희 의장은 5·16군사혁명의 실질적인 지도자로서 그동안 혁명과업의 초기목표를 달성하는 데 있어서 국가재건최고회의 부의장 겸 상임위원장으로서 가장 힘있는 활동을 했습니다. 그리고 국가재건최고회의에서는 내각수반에 송요찬 장군을 임명하고 다음 날 최고회의 의사당에서 그 임명식을 거행했습니다. 박정희 의장으로부터 임명장을 받은 송 내각수반은 그 선서 속에서 (송요찬 내각수반의 육성연설). 이어서 박 의장은 신임내각수반에 대한 훈시를 통해서 (박정희 의장 육성연설)

영상내용(화면묘사)

00:00 자막 "박정희 최고회의의장 송요찬 내각수반 취임" (시그널 음악)
00:03 비행기에서 내리는 박정희 의장 일행
00:07 지프를 타고 의장대를 사열하는 박정희 의장
00:14 학생들을 사열하는 박정희 의장
00:17 마이크 앞에서 연설 중인 박정희 의장
00:20 군인들과 악수를 나누는 박정희 의장
00:24 의자에 앉아있는 박정희 의장
00:28 송요찬 장군에게 임명장을 수여하는 박정희 의장의 모습
00:43 임명식에 참석한 관계자들
00:45 박정희 의장 앞에서 선서를 하는 송요찬 내각수반의 다양한 모습 (송요찬 내각수반 육성연설 : 반공태세를 강화하고 구악과 부패를 일소하야 민족정기를 바로 잡아 국토통일을 위한 실력배양에 주력할 것이며 국가경제부흥에 총력을 경주하야 국가와 민족에 이바지함은 물론 국가재건최고회의 명령에 절대 복종할 것을 자에 선서하나이다)
01:11 송요찬 내각수반에게 선서문을 받은 이후 훈시를 하는 박정희 의장의 다양한 모습 (박정희 의장 육성연설 : 어려운 시기에 중책을 맡으시게 됐는데 앞으로

혁명과업을 완수하고 우리나라 국가재건사업을 위해서 커다란 성공이 있기를 빌어마지 않습니다)

01:34 악수를 나누는 박정희 의장과 송요찬 내각수반

연구해제

이 영상은 도입부터 국가재건최고회의 의장으로 선출된 박정희 의장에 대한 간략한 소개와 함께 박정희 의장이 국가재건최고회의 의장에 취임하는 것과 동시에 송요찬을 내각수반으로 임명한 것을 보도한 것이다. 국가재건최고회의 박정희 의장이 군복 차림으로 내각수반에게 임명장을 수여하고 훈시하는 모습에서 나타나듯이, 5·16군사쿠데타 이후 뒤바뀐 박정희－송요찬의 권력관계와 국가재건최고회의와 내각의 위상을 반영하고 있다. 이 자리에서 송요찬 내각수반은 5·16군사쿠데타의 '혁명공약'의 이행을 선서하였고, 박정희 국가재건최고회의 의장은 '어려운 시기에 중책을 맡아 혁명과업 완수와 국가재건에 성공하라'는 요지로 훈시하고 있다.

당시 장도영 일파 반혁명사건으로 예상되는 군부의 불만을 잠재우기 위해 5·16군사쿠데타 주체세력들이 선택한 인물은 1960년 4·19혁명 이후 자신들이 벌인 정군운동(整軍運動)의 대상자로 지목해 육군참모총장직에서 물러났던 송요찬이었다. 정군운동의 결과 군에서 전역한 송요찬은 당시 도미하여 조지워싱턴대학에서 유학 중에 있었는데, 5·16군사쿠데타가 발생하자 곧바로 군사쿠데타를 '민주주의를 구출하는 거사'라며 지지성명을 발표하는 한편 미국의 정·관계를 상대로 지지 로비를 시도하였다. 그리고 6월 12일 국가재건최고회의에서 송요찬을 국방부장관에 임명하자 미 국방부가 마련해준 비행기로 급거 귀국하였다. 이후 송요찬은 국가재건최고회의 기획위원장 서리를 겸직한 뒤 장도영 일파 반혁명사건 직후 내각수반에 취임하였다. 송요찬은 내각수반 겸 경제기획원 장관 등을 역임하고 1962년 6월 내각수반 직을 사퇴하였다. 1963년 8월 8일에는 박정희 의장의 대통령 출마에 반대하는 '최고회의 박정희 의장에게 보내는 공개장'을 「동아일보」에 발표하고 8월 11일 구속되었다. 1963년 10월 15일 대통령선거에 자유민주당 후보로 옥중 출마하였으나 선거 1주일 전에 사퇴하며 정계은퇴성명을 발표하였다. 11월 초 석방된 뒤에 인천제철 사장을 역임하였다.

참고문헌

한국군사혁명사편찬위원회 편, 『한국군사혁명사』, 1963.
한국정치연구회, 『박정희를 넘어서』, 푸른숲, 1998.

해당호 전체 정보

321-01 박정희 최고회의의장 송요찬 내각수반 취임

상영시간 | 01분 38초

영상요약 | 국가재건최고회의 의장이 된 박정희 소장의 활동 모습을 보여준 이후, 박정희 의장이 신임 송요찬 내각수반에게 임명장을 수여하는 임명식 영상.

321-02 유엔군 총사령관 경질

상영시간 | 01분 05초

영상요약 | 서울운동장에서 거행된 전 유엔군총사령관 겸 미8군 사령관 매그루더 대장의 환송식과 미 제8군 역내에서 개최된 신구 유엔군총사령관 이취임식 영상. 이어서 박정희 의장 등의 환송을 받으며 김포공항을 통해 한국을 떠나는 매그루더 장군의 영상.

321-03 국군소식

상영시간 | 00분 38초

영상요약 | 남한산성 육군형무소 내에 건립된 5·16군사혁명기념탑의 제막식과 한국봉사회가 경복궁에서 개최한 무의탁 사병들을 위한 위안회의 각종 공연 영상.

321-04 경제계 소식

상영시간 | 01분 10초

영상요약 | 다양한 중소기업 생산공장의 현장 모습과 조선호텔 앞에 마련된 한국생산품 전시센터의 상품진열과 이를 구경하는 외국인들. 그리고 서부 독일 박람회에 출품하여 최우수상을 수상한 서울신성공예사 사장에 대한 상장 수여 영상.

321-05 전 주일대사 유태하 귀국

상영시간 | 00분 29초

영상요약 | 많은 기자들이 몰린 가운데 개최된 일본에서 귀국한 전 주일대사 유태하의 기자회견 영상.

321-06 예술인 궐기대회

상영시간 | 00분 29초

영상요약 | 1961년 7월 1일 시청 앞 광장에서 개최된 전국문화단체총연합회의 예술인 궐기대회 영상. 개회와 더불어 플래카드를 든 예술인들의 시가행진이 전개되었다.

321-07 어촌 실태조사반 서해고도 순방

상영시간 | 00분 48초

영상요약 | 섬 주민을 방문한 어민실태조사단의 영상. 의무반이 섬 주민들을 진료하는 모습과 섬 주민들의 일상생활도 담겨있다.

321-08 케네디 여사 희랍(그리스) 방문

상영시간 | 00분 26초

영상요약 | 그리스 고대신전을 방문한 케네디 여사와 그 일행들의 영상.

321-09 베르린에서 동독 반공봉기 기념

상영시간 | 01분 05초

영상요약 | 8년 전 동독에서 있었던 주민들의 반공시위 및 소련탱크에 저항하는 영상과 1961년 현재 이를 기념하며 서베를린에서 전개된 횃불시위의 모습.

321-10 미스독일 선발

상영시간 | 00분 49초

영상요약 | 1961년도 미스독일선발대회에 출전한 후보들의 수영복 심사장면과 이를 쳐다보는 관객들의 모습.

재건의 새소식 (1961년 8월 12일)

제작정보		영상정보	
출　처	대한뉴스 326호	제공언어	한국어
제작사	국립영화제작소	컬　러	흑백
제작국가	대한민국	사운드	유

영상요약

경제개발계획에 대하여 기자회견하는 송요찬 내각수반. 중소기업은행 발족식과 중소기업가들에게 대출업무를 시행 중인 은행원들, 농어촌고리채정리 신고를 하는 농민들과 직접 농민들을 찾아가 농어촌고리채정리령을 설명하는 장경순 농림부장관, 새로 발족한 군사원호청에 간판이 걸려지는 모습과 기자회견하는 민병권 청장, 김포도로 확장식에 참석하여 연설하는 박정희 의장, 윤보선 대통령이 다이너마이트 폭파스위치를 누르는 모습, 서울시청 앞 광장에서 상도덕 앙양촉진대회를 개최하고 시가행진하는 상인들의 모습 등을 보여준다.

내레이션

지난 3일 송 내각수반은 정부가 발표한 5개년 장기경제계획안에 대해서 이 거창한 계획은 국민의 인내와 창의와 근면으로서 기어이 이룩되고야 말 것이라고 말했습니다. 8월 1일에는 우리나라 중소기업의 육성보호를 목적으로 한 중소기업은행이 새로 발족했습니다. 정부가 내디딘 또 하나의 굳센 경제재건의 발자취인 이 중소기업은행은 5명 이상 200명 이하의 종업원과 총 자산 2억 환 이하를 가진 중소기업을 대상으로 융자를 해줌으로써 그들의 건실한 운영과 발전을 도모하게 됐습니다. 한편 시행 준비 중에 있던 농어촌고리채정리가 본격적인 실천단계에 들어가게 됐습니다. 이 고리채정리는 가난에 허덕이는 농어촌 사람들을 구하려는 혁명과업 기본목표의 하나인데 이러한 뜻을 알리기 위해서 장 농림부장관을 비롯한 당국자들은 직접 농어촌의 현지민들을 만나보고 고리채에 시달리는 사람들은 기간 내에 빠짐없이 신고해서 국가의 구제를 받고 나아가서는 경제재건에 도움이 되어달라고 당부했습니다. 그리고 우리의 군사원호청이 발족했습니다. 이것은 반공전선에서 조국수호를 위해 싸운 용사들과 그 유가족에 대한 종래의 미온적인 사회보장제도를 지양하고 국가보상제도를 시행하려는 것입니다. 한편 수도의 관문 김포공항에서 영등포에 이르는 김포도로의 확장공사가 착수됐습니다. 3일 공사현장 부근 양화교에서 거행된 시공식에는 윤 대통령과 박 최고회의의장을 비롯해서 모이어 유솜처장 등 내빈 다수가 참석했는데 다이나마이트의 시공폭발 스위치를 누름으로써 작업이 시작됐습니다. 새로운 기풍의 진작은 상계에서도 힘차게 이루어져가고 있습니다. 8월 2일 서울 시청 앞 광장에서 열린 상도덕 앙양 촉진대회에서 상인들은 밀수품목, 외래사치품의 배격, 국산품의 애용 등 여러 결의사항을 채택한 다음 상도덕 앙양을 다짐하면서 서울거리를 행진했습니다.

화면묘사

00:00 자막 “재건의 새소식” (시그널 음악)

00:03 태극기와 무궁화마크 앞에 앉아 연설 중인 송요찬 내각수반
00:17 바탕화면 전환
00:17 태극기가 'X'자로 걸려있고 "중소기업은행" 간판과 함께 "분쇄하자 간접침략 성취하자 혁명과업" 간판 등이 걸려있는 중소기업은행 입구
00:22 중소기업은행 발족식에 참가한 참석자들
00:25 연설중인 중소기업은행 관계자
00:29 발족식에 참석한 외국인들
00:31 연설 중인 외국인 관계자와 통역자
00:35 업무 중인 중소기업은행원들의 다양한 모습
00:46 대출금을 받아가는 중소기업운영자
00:51 빠른 화면전환
00:51 초가집 앞에 설치된 신고처에서 농어촌고리채정리 구제신청을 하는 농민들
00:55 "고리채정리다남위원회"라 쓰여진 간판
00:59 노인으로부터 고리채정리 신청을 받는 접수원의 다양한 모습
01:06 농민들을 모아놓고 농어촌고리채정리에 대해 설명하는 장경순 농림부장관
01:11 설명 중인 장경순 농림부장관
01:16 설명을 듣고 있는 농촌 노인들
01:19 농촌사람들 틈에서 농어촌고리채정리에 대해 설명 중인 장경순 농림부장관
01:23 빠른 화면전환
01:24 군사원호청 건물의 외관
01:27 "군사원호청" 간판을 들고 있는 송요찬 내각수반과 혁명정부 군인들
01:31 도열해 있는 원호청 직원들
01:34 건물 입구에 걸려지는 "군사원호청" 간판
01:37 기자회견 중인 민병권 원호청 청장의 다양한 모습
01:44 회견내용을 받아 적는 기자들
01:46 빠른 화면전환
01:47 김포도로 확장공사 시공식에 참석하여 도열 중인 참석자들
01:51 "재건" 머리띠를 두른 채 공사도구를 지니고 앉아있는 노동자들
01:54 손을 주머니에 넣은 채 연설 중인 윤보선 대통령

01:59 소속이 새겨진 간판 뒤에 의자를 놓고 앉아있는 참석 관중들
02:01 모이어 유솜 처장과 외국인 관계자
02:04 연설 중인 박정희 의장
02:08 "재건" 머리띠를 두른 노동자들
02:11 다이너마이트 폭발 스위치를 누르는 윤보선 대통령
02:14 다이너마이트 폭발 스위치를 누르는 박정희 의장
02:16 산 너머에서 터지는 다이너마이트 폭발 (폭발음)
02:20 빠른 바탕화면 전환
02:20 시청 앞 광장을 가득 채운 채 모여있는 상인들
02:24 "密輸品(밀수품)은 亡國(망국)의 좀 모라내자 市場(시장)에서 재건국민운동청량리시장촉진회" 플래카드를 들고 있는 상인들
02:27 단상에서 연설 중인 정래혁 상공부장관
02:31 다양한 플래카드를 들고 도열해 있는 상인들
02:34 태극기와 상도덕 앙양을 촉구하는 플래카드를 들고 시가행진하는 상인들의 다양한 모습

연구해제

이 영상은 1961년 5 · 16 쿠데타로 정권을 잡은 군사정부가 재건을 목표로 시행한 일련의 정책들을 담고 있다. 박정희 군사정권은 쿠데타 이후 '한국 재건'을 목표로 전반적인 개혁을 시행한다며 스스로의 당위성을 주창했다. 이후 국가재건최고회의를 수립하였고, 1961년 6월 11일에는 「재건국민운동에 관한 법률」을 제정하여 전국을 대상으로 국민교도, 향토개발, 국민협동사업들을 전개했다.

우선 영상에서는 1961년 8월 3일 송요찬 내각수반이 기자회견을 갖고 5개년 장기경제계획안을 소개하는 내용이 있다. 박정희 군사정부는 집권 이후 정치 및 관료기구를 개편하여 행정부 우위의 체제를 만들고, 이를 기반으로 경제개발계획을 강력하게 추진했다. 이는 1950년대 후반 산업개발위원회에 의해 수립되었던 경제개발5개년계획과 맥을 같이 하는데, 계획을 시행하기 위한 자금을 동원하는 것이 현실적으로 어렵게 되자 개인의 내핍과 희생을 강조하였다. 이러한 점은 영상에서도 잘 드러나는데, 송요찬이 개

개인의 인내, 창의, 근면으로써 이룩될 수 있다고 주장하는 것이 그것이다. 개인의 노력과 개선을 강조하는 정책은 이후 제2경제론과 새마을운동으로 이어진다고 볼 수 있다. 이는 박정희 집권 초기의 민족주의적이며 국가의 개입이 큰 경제정책의 특징을 반영하는 것이기도 하다.

이와 함께 영상은 중소기업의 육성 및 보호를 목적으로 한 중소기업은행의 발족 소식도 담고 있다. 중소기업은행은 박정희 군사정권 수립 이전부터 추진되던 것이었다. 중소기업 설립의 필요성이 제시된 이후 국회에서 입법을 위한 논의를 전개하던 중 군사정권이 수립되었고, 이후 설립되었던 것이다. 중소기업은행은 5명 이상 200명 이하, 자본금 2억 환 이하의 중소기업체를 대상으로 융자를 제공할 것을 주요 업무로 하고 있으며, 중소기업체의 전반적인 육성을 목적으로 운영되는 중점금융으로서 기대되었다.

영상에서 제시되는 또 다른 정책으로 농어촌고리채정리 사업이 있는데, 이는 군사정부의 사회재건 사업 중 강조되었던 것으로 주목할 필요가 있다. 군사정부는 5 · 16 직후인 5월 25일 고리채 신고와 정리사업을 추진할 것을 천명하였다. 전체 농가의 15%가 영세농이고, 90%이상의 농가가 고리사채의 부담을 지고 있는 현실을 타개하겠다는 것이었다. 이는 1958년의 농어촌고리채정리법안을 개정한 것이었다. 영상에서는 기간 내에 고리채 정리 대상자로 신청하여 구제를 받고 경제재건에 도움이 되기를 바란다고 선전하고 있다. 고리채 정리사업 역시 재건에 동원할 수 있는 인력을 확보하기 위한 방안으로 시행되었던 것이다. 그러나 결과적으로는 채무자의 부담이 경감되지 않았으며, 오히려 사금융시장이 확대되는 결과를 가져왔다. 이때 농어촌민들을 만나러간 장 농림부장관 및 정부 각료들이 군복을 입고 있어 군사정부의 특징을 드러낸다.

군사정부의 재건국민운동은 복지국가를 달성하기 위한 국민의 역할과 자세를 제시하며 전개되기도 했는데, 8월 5일 발족된 군사원호청은 이 같은 성격을 반영하는 것이었다. 군사원호청은 '반공과 조국수호'를 위해 군인 및 유가족을 대상으로 적극적인 국가보상제도를 시행하겠다는 목적을 갖고 있었다. 이밖에 8월 3일에는 김포공항과 영등포에 이르는 김포도로 확장공사 시공식이 개최되었는데, 김포공항이 수도의 관문으로서 중요한 역할을 부여받고 있었다는 점을 확인할 수 있다. 이 건설현장에는 박정희와 모이어 유솜처장 등 정부각료 및 원조관계 인사들이 참석하였다. 공사현장에 투입된 인부들이 '재건'이라고 쓴 수건을 두르고 있는 모습도 재건국민운동의 성격을 반영하고 있는 것이라 할 수 있다.

재건국민운동의 일환으로서 상도덕 강화 촉진대회도 개최되었는데, 전국의 상인들이 서울시청 앞에 모여 밀수품 사용 금지 및 국산품 애용을 강조하는 가두행진을 전개하였다. 이처럼 군사정부는 쿠데타 이후 군정시책의 선전 및 정당성을 확보하기 위해 개인들을 동원하는 사회·경제적 정책을 시행하였고, 이는 재건국민운동을 통해 전국적으로 전개되었다.

참고문헌

「2월 중에 중소기업은행 설립」, 『경향신문』, 1961년 1월 8일.

「정권인수 국회해산」, 『동아일보』, 1961년 5월 17일.

「군사원호청, 5일 개청 삼단계원호사업」, 『동아일보』, 1961년 8월 5일.

공제욱, 「박정희 정권 초기 외부의존형 성장 모델의 형성과정과 재벌」, 『민주사회와 정책연구』 8, 2005.

이명휘, 「1960년대 농가의 신용구제사업과 지도금융」, 『사회과학 연구논총』 14, 2005.

허은, 「'5·16군정기' 재건국민운동의 성격 : '분단국가 국민운동' 노선의 결합과 분화」, 『역사문제연구』 11, 2003.

해당호 전체 정보

326-01 '박의장 중장에 승진'

상영시간 | 00분 20초

영상요약 | 박정희 의장이 중장으로 승진하고 송요찬 내각수반이 청와대에서 계급장을 달아주는 모습과 기념사진 촬영.

326-02 박 의장 유엔군 부대 방문

상영시간 | 01분 31초

영상요약 | 1961년 8월 2일 주한 미제1군단 관하의 태국군과 터키군부대를 시찰하는 박정희 의장 일행의 영상. 태국군의 탱크와 사병들을 사열하고 그들의 시범훈련과 전통악기연주를 감상하였고, 터키군 역시 사열하고 박정희 의장이 기념사를 하였다. 그 외에 8월 1일자로 반도호텔에서 유엔한국통일부흥위원단을 초청하여 그들과 환담하는 박정희 의장과 혁명정부 관계자들의 영상도 포함되어 있다.

326-03 재건의 새소식

상영시간 | 02분 43초

영상요약 | 경제개발계획에 대하여 기자회견하는 송요찬 내각수반, 중소기업은행 발족식과 중소기업가들에게 대출업무를 시행 중인 은행원들, 농어촌고리채정리 신고를 하는 농민들과 직접 농민들을 찾아가 농어촌고리채정리령을 설명하는 장경순 농림부장관, 새로 발족한 군사원호청에 간판이 걸려지는 모습과 기자회견하는 민병권 청장, 김포도로 확장식에 참석하여 연설하는 박정희 의장 및 윤보선 대통령과 다이너마이트 폭파스위치 누르는 모습, 서울시청 앞 광장에서 상도덕 앙양촉진대회를 개최하고 시가행진하는 상인들의 모습 등이 담겨 있다.

326-04 장교 전역식

상영시간 | 00분 19초

영상요약 | 1961년 7월 31일 육군본부광장에서 거행된 장교전역식 영상. 김종오 육군참모총장이 참석하여 기념사와 더불어 전역장교들과 악수를 나눴다.

326-05 재일교포 교원단 입국

상영시간 | 00분 36초

영상요약 | 혁명국시에 입각한 재교육을 받기 위해 귀국한 재일교포교원 일행의 영상. 어린이들로부터 환영 받은 김포공항 입국과 중앙교육연구소에서 강습을 받는 모습을 보여준다.

326-06 시민위안회

상영시간 | 01분 16초

영상요약 | 혁명과업 수행 중인 시민들을 위로한다는 의미에서 개최된 여러 위안행사의 모습. 수많은 시민이 모여든 공보부 영화반의 공보영화 야외상영, 한강무대 위에서 연주하는 해군군악대의 수상음악회, 서울시청역 앞의 공보사진전시회, 해군과 해병대 군악대의 시가 연주회 등을 보여준다.

326-07 산악안전대

상영시간 | 00분 47초

영상요약 | 태풍 헬렌호로 인해 비바람이 몰아치는 한라산에 등반훈련에 나서 밥을 지어 먹은 후 각종 등산 안내판을 설치하는 대한적십자 산악안전대의 활동 모습.

326-08 한·일 권투시합

상영시간 | 01분 16초

영상요약 | 1961년 8월 5일 서울운동장 특설링에서의 한일간 주니어 미들급 동양선수권 쟁탈 권투시합 영상. 한국의 강세철 선수와 일본의 마에미조 선수 간 서로를 다운시키는 접전 끝에 한국 선수가 우승하였다.

326-09 스페인 투우 놀이

상영시간 | 00분 57초

영상요약 | 스페인 북부의 소몰이 행사 영상. 풀어놓은 소들을 피해 경기장으로 달려가는 시민들과 경기장 안에서 소를 피하거나 소에 받히는 시민들의 모습, 그리고 소와 소 간의 대결 등을 보여준다.

신 생활복 전시 (1961년 8월 26일)

제작정보		**영상정보**	
출처	대한뉴스 328호	제공언어	한국어
제작사	국립영화제작소	컬러	흑백
제작국가	대한민국	사운드	유

영상요약

신생활복 장려를 위해 개최된 국민회당의 신생활복 전시회 현장. 모델들이 신생활복의 외출복과 작업복을 입고 나와 다양한 포즈를 선보였다.

내레이션

검소하고 활동적인 신생활복을 장려하는 가운데 국민회당에서 신생활복의 전시회가 베풀어져 먼저 맵시 있고 간편한 여자외출복이 등장했습니다. 다음에는 목면천에 남자양복으로서 간소하고도 극히 실용적인 복장입니다. 이어서 농촌 아가씨의 작업복, 가격은 한 벌에 1,800 환입니다.

화면묘사

00:00 자막 "신 생활복 전시" (시그널 음악)
00:03 국민회당에서 신생활복, 외출복의 패션쇼를 펼치는 여성 모델의 다양한 모습
00:16 객석에서 쇼를 바라보는 관중들
00:18 신생활복 중 남자양복을 입고 포즈를 취하는 남성 모델
00:29 농촌작업복을 입고 다양한 포즈를 취하는 여성 모델

연구해제

이 영상은 국민회당에서 개최된 신생활복 전시회 장면을 담고 있다. 신생활복을 입은 여성과 목면천으로 된 양복을 입은 남성이 강당 위에서 옷을 입은 모습을 보여주기 위해 워킹을 하고 포즈를 취하는 모습을 보여준다. 더불어 농촌여성의 작업복을 선보이는 장면도 포함되어 있다.

1961년 군정기 신생활복 보급은 1940년대 신생활운동의 연장선상에서 진행되었다. 해방 후 신생활운동은 신국가건설운동의 차원에서 여러 정당 및 여성단체, 청년단체에 의해 제기되었고 신생활협회가 결성되어 활동하였다. 미군정 차원에서는 신생활연구회가

조직되어 활동하였으나 당시 큰 성과를 거두지는 못했다.

1950년대 이승만 정권하에서는 의복을 개량하여 근대적 삶의 방식에 맞도록 하는 의생활개선운동이 진행되었다. 한복이 자본주의적 생활방식에 맞지 않고 비효율적이라는 지적이 있었기 때문이다. 하지만 여전히 다수의 사람들은 한복을 일상복으로 착용하고 있어 한복을 양장으로 대체하자는 주장은 바로 실시되기 어려웠다. 이에 따라 의복개량은 한복을 개량하여 간소화하고 양장을 권고하는 수준으로 추진되었으며, 더불어 신생활복 착용이 권장되었다. 당시 신생활복의 착용은 작업능률을 높이고 의복을 간소화할 수 있다는 것뿐만 아니라, 국민을 규율하기 위한 것으로서 중요시되었다.

이러한 흐름 속에서 군사쿠데타 세력은 1961년 7월 25일 「재건국민운동본부실천사항」을 발표했는데, 그 내용에는 내핍생활의 여행(勵行), 국민 간소복의 착용 등이 포함되어 있다. 이 시기의 생활개선운동이 1950년대 이전에 추진된 운동과 다른 점은 '근대화'라는 구호였다. 미군정기와 이승만 정권기의 생활개선운동이 '서구화'의 성격을 지녔다면 이 시기의 생활개선운동은 보다 근본적인 생활의 합리화, 계획화, 간소화를 의미했다.

이 영상이 제작된 이후 재건국민운동본부는 공무원들의 신생활복 착용 운동의 달을 지정하고 1961년 10월 1일부터 시행하였다.

참고문헌

「國民運動 月別로 重點實踐키로」, 『동아일보』, 1961년 9월 19일.

김은경, 「1950년대 신생활운동 연구 : 가정개량론과 소비통제를 중심으로」, 『여성과 역사』 11, 2009.

이임하, 『계집은 어떻게 여성이 되었나 : 한국 근현대사 속의 여성 이야기』, 서해문집, 2004.

허은, 「'5 · 16군정기' 재건국민운동의 성격 : '분단국가 국민운동' 노선의 결합과 분화 」, 『역사문제연구』 11, 2003.

해당호 전체 정보

328-01 박의장 재건 상황 시찰

상영시간 | 01분 32초

영상요약 | 서울근교에서 진행 중인 여러 도로확장공사와 시가지건설 공사현장, 그리고 구의리 수원지를 직접 들러 시찰하며 보고를 받는 박정희 의장 일행의 모습.

328-02 송 내각수반 지방 시찰

상영시간 | 01분 03초

영상요약 | 논산훈련소와 각종 지방도시를 둘러보고 기념연설을 하는 송요찬 내각수반의 영상. 이어서 충주비료공장에 들러 다양한 시설을 시찰하였다.

328-03 정일권 대사 귀국

상영시간 | 00분 14초

영상요약 | 김포공항으로 귀국하여 기자회견을 여는 정일권 주미대사의 영상.

328-04 미국적십자사 총재내한

상영시간 | 00분 14초

영상요약 | 한국적십자활동 시찰차 내한한 그랜서 미국적십자사 총재에 대한 김포공항에서의 환영 영상. 최두선 대한적십자사 총재 등이 주도하였다.

328-05 섬진강 발전소 건설 기공

상영시간 | 00분 48초

영상요약 | 섬진강 수력발전소 건설기공식 영상. 고위급 관계자들의 기념연설 이후 첫 다이너마이트 폭발로 시공을 알리고 있다.

328-06 귀농 정착민 환송

상영시간 | 00분 35초

영상요약 | 서울을 떠나 개간한 농촌땅으로 떠나는 귀농정착민 7,000여 명에 대한 환송식

영상. 장경순 농림부장관의 격려사와 더불어 귀농정착민들에게 농기구와 비료를 지급하였다.

328-07 신 생활복 전시

상영시간 | 00분 35초

영상요약 | 신생활복 장려를 위해 개최된 국민회당의 신생활복 전시회 현장. 모델들이 신생활복의 외출복과 작업복을 입고 나와 다양한 포즈를 선보였다.

328-08 스포오쓰

상영시간 | 01분 36초

영상요약 | 광복절을 맞아 내한한 재일교포학생야구단팀과 인천동선고등학교 팀의 야구경기 영상과 로마올림픽에서 하이다이빙 우승을 했던 웹스타 선수가 내한해 다이빙 시범을 보여주는 모습.

328-09 비행기 납치사건

상영시간 | 01분 11초

영상요약 | 납치된 미국 제트여객기가 연료공급을 위해 착륙했던 섹사스 엘파소 비행장의 사건 수습 후 비행기 주변 영상과 인질의 탈출과정 및 납치범 검거 당시 직접 찍은 현장의 영상.

328-10 새로운 범선

상영시간 | 01분 03초

영상요약 | 시드니항에 정박했다가 다시 항해를 시작하는 대 범선 에스메랄드호의 여러 모습이 담긴 영상.

328-11 자미있는 농구경기

상영시간 | 01분 03초

영상요약 | 헝가리에서 펼쳐진 미국 하렘 그로브트로타 농구팀과 헝가리팀과의 농구경기 영상. 하렘 그로브트로타침의 농구묘기가 이어지고 관중들은 매우 즐거워하며 경기를 관람하였다.

친선 사절단 귀국 (1961년 9월 2일)

제작정보		영상정보	
출 처	대한뉴스 329호	제공언어	한국어
제 작 사	국립영화제작소	컬 러	흑백
제작국가	대한민국	사 운 드	유

영상요약

미주와 중근동 지역을 방문하고 돌아온 친선사절단 일행의 영상. 공항에 환영 나온 인파들과 인사를 나눈 후 김동하 단장은 기자들과 만나 성과를 발표하였다.

내레이션

그동안 자유우방을 방문 중이던 친선사절단 중 김동하 소장을 단장으로 하는 미주담당 제1반과 중근동 담당인 제3반이 8월 28일 귀국했는데, 공항에 내린 김 단장은 자유우방 각국은 5월에 열리는 유엔총회에서 한국을 지지하겠다는 약속을 했으며, 박정희 의장의 정권이양시기에 관한 성명은 우방 여러 나라에 좋은 반응을 주었다고 말했습니다.

화면묘사

00:00 자막 "친선 사절단 귀국" (시그널 음악)
00:04 비행기에서 내리는 김동하 소장과 그 일행
00:13 공항에 환영 나온 관계자들과 악수를 나누며 인사하는 친선사절단원들의 다양한 모습
00:21 손을 흔들며 공항을 걸어 나오는 김동하 소장 일행
00:24 의자에 앉아 친선사절단 성과에 대해 말하는 김동하 소장과 이를 취재하는 기자들의 다양한 모습

연구해제

이 영상은 1961년 5 · 16군사쿠데타를 주도한 군부세력이 미국을 비롯한 전 세계 국가들로부터 자신들의 정당성을 확보하고 지지를 획득하기 위해 파견한 북남미와 중근동 지역 친선사절단의 귀국 모습을 담고 있다.

친선사절단의 파견은 대한민국 정부수립 이후 이승만 정부의 고립적인 외교정책 추진과 함께 상주 대사관을 운영하는 비용이라는 현실적인 문제가 맞물리면서 시행된 전략적 정책이었다. 이승만에서 장면 정부까지 대한민국 상주 대사관이 설치된 국가는 10개국에 불과했다. 외교력과 경제력이 높지 않은 신흥국가가 단기간에 실효를 얻을 수 있는 외교활동으로는 일정기간 파견하는 친선사절단이 최선이었다. 그리고 박정희 군사정부는 이 친선사절단을 적극 활용해서 외교관계 확대와 유엔에서의 지지표 획득을 위한 외교활동을 전개했다.

5·16 군사정부는 1961년 6월 20일 1차로 김활란(당시 이화여대 총장)·한경직(영락교회 목사)·최두선(동앙일보 사장) 등 3명으로 구성된 민간사절단을 미국으로 파견하였다. 나아가 북남미, 동남아, 중근동(중동과 터키), 유럽, 아프리카 등 5개 지역으로 분류하여 전 세계 76개국에도 군민혼성으로 구성된 친선사절단을 보냈다. 군정이 이처럼 친선사절단을 대규모로 파견한 것은 일차적으로는 군사쿠데타에 대한 합리적 설명과 지지 획득이 목적이었다. 이 외에도 유엔에서의 한국 지지, 외교 관계 수립 등을 염두에 두었다.

그 결과 군정시기 상주 대사관이 설치된 국가가 21개국으로 증가하는 양적 성장을 이루기도 했다. 하지만 양적 성장에 치우친 결과 이스라엘과의 대사관 교환으로 인해 중동지역 아랍국가들과의 외교관계가 경색되는 문제점이 나타나기도 했다.

참고문헌

이주봉, 「국제사회의 한반도 문제 인식과 5·16군사정부의 유엔정책」, 『역사와 현실』 82, 2011.

해당호 전체 정보

329-01 윤 대통령 64회 탄신일

상영시간 | 00분 30초

영상요약 | 생일을 맞이한 윤보선 대통령을 축하하기 위해 청와대 관저를 방문한 박정희 의장 및 송요찬 내각수반 등의 다양한 하객들과 이들과 인사를 나누는 윤보선 대통령.

329-02 박 의장 학도군사훈련시찰

상영시간 | 00분 45초

영상요약 | 1961년 8월 25일, 육군 제30사단에서 실시 중인 제1기 학도군사훈련을 시찰하러 나온 박정희 의장 일행의 모습. 학도들을 사열하고 내무반을 둘러보는 한편 사격훈련을 시찰하였다.

329-03 내각수반 지방 시찰

상영시간 | 00분 45초

영상요약 | 나주비료공장과 장항제련소를 시찰하는 송요찬 내각수반 일행의 모습. 각 공장의 생산시설과 노동현장을 살펴보며 관계자들의 설명을 들었다.

329-04 친선 사절단 귀국

상영시간 | 00분 45초

영상요약 | 미주와 중근동 지역을 방문하고 돌아온 친선사절단 일행의 영상. 공항에 환영나온 인파들과 인사를 나눈 후 김동하 단장은 기자들과 만나 성과를 발표하였다.

329-05 모이어 박사 이한

상영시간 | 00분 19초

영상요약 | 주한미국경제협조처장으로 근무했던 모이어 박사가 한국을 떠나는 날의 영상. 김포공항에 환송 나온 이들과 인사를 나눈 후 비행기에 탑승하였다.

329-06 선광장 건설

상영시간 | 00분 50초

영상요약 | 1961년 8월 25일 대한철광주식회사 양양광업소에 새로이 건설된 선광장의 준공식 영상. 관계자들이 참석하여 테이프 커팅식 등을 거행하였다. 이와 함께 광석의 선광 처리과정이 담겨져 있다.

329-07 흰불나방 구충

상영시간 | 00분 36초

영상요약 | 막대한 피해를 주는 흰불나방 구충 작업 영상. 가로수 가지를 막대기로 흔들며 그 유충을 떨어뜨리거나 소독약을 뿌리는 구충작업자들의 모습을 보여준다.

329-08 동물원 소식

상영시간 | 00분 36초

영상요약 | 창경원 동물원에 새로 들어온 큰 거북이의 모습과 이를 구경하는 어린이들.

329-09 한일 학생 농구전

상영시간 | 01분 36초

영상요약 | 일본에서 내한한 일본 우쓰노미아 여자상업학교와 스기나미 고등학교 농구팀이 각각 숙명여고 농구팀과 성북고등학교 농구팀과 벌인 농구경기 영상.

329-10 재일교포 8·15경축

상영시간 | 01분 00초

영상요약 | 광복절을 맞아 일본 도쿄에서 재일교포들이 거행한 광복절 경축식 영상. 많은 재일교포들이 참석한 가운데 박정희 의장에게 보내는 메시지 등이 낭독되었다. 같은 날 각국의 주일 외교사절이 초대된 가운데 개최된 주일대사관의 축하연회 장면도 이어졌다.

329-11 베르린 소식

상영시간 | 01분 19초

영상요약 | 동서독으로 분리된 독일 베를린에서 동독 군인들이 경계선에 철조망과 장애물을 설치하고 있는 영상. 많은 서베를린 시민들이 이를 지켜보고 있으며, 그 와중에 철조망을 뚫고 나온 자동차 운전사도 있다.

329-12 미녀와 사자

상영시간 | 00분 53초

영상요약 | 주차 중인 차 안에 사자가 발견되어 그 차를 그물로 덮어버리는 경찰과 사자가 순한 것을 증명하기 위해 차 주인의 여자친구가 사자와 장난을 치는 모습을 담은 영상.

군사 원호청 소식 (1961년 9월 9일)

제작정보

출 처 : 대한뉴스 330호
제 작 사 : 국립영화제작소
제작국가 : 대한민국

영상정보

제공언어 : 한국어
컬 러 : 흑백
사 운 드 : 유

영상요약

군사원호청에서 개최한 1961년 8월 31일의 제1회 상이용사 취업식 영상. 송요찬 내각수반도 참여한 가운데 취업을 알선해준 상이용사들에게 기념장을 수여하고 상이용사 대표도 답사를 낭독하였다. 그 후 상이용사들이 취업한 것으로 추정되는 담배공장 생산현장을 관계자가 시찰하는 영상이 이어진다.

내레이션

군사원호청에서는 그 첫 번째 사업으로 전국에 걸쳐 피원호자인 상이용사들에게 직장을 마련해주고 있습니다. 그런데 지난 8월 31일에는 제1차로 그 취업식을 경기도청 회의실에서 거행했습니다. 전국 4개 정양원에서 4명의 여군을 포함한 619명의 상이용사를 정부기관이나 기업체 그리고 극장 등에 배정해서 9월 1일부터 취업하게 하는 동시에 정양원에서는 매인당 100,000원씩을 지급했습니다. 이로서 과거 사회에서 저**을 받아오던 용사들이 자활의 길을 얻어 명랑한 사회생활을 할 수 있게 됐습니다.

영상내용(화면묘사)

00:00 자막 "군사 원호청 소식" (시그널 음악)

00:03 상이용사들이 앉아있는 객석에서 바라 본 취업식 단상 전경. 큰 태극기가 걸려 있고 관계자가 연설 중임

00:07 제복을 갖춰 입고 객석을 가득 채운 채 앉아있는 상이용사들의 다양한 모습

00:11 개개인의 상이용사에게 기념장을 수여하는 군사원호청 관계자의 여러 모습

00:19 객석에 앉아있는 4인의 여성 상이용사들

00:21 "답사"를 낭독 중인 상이용사 대표

00:24 단상에서 답사를 청취 중인 송요찬 내각수반

00:27 담배 공장에서 일하는 노동자들을 둘러 보는 관계자들

00:32 클로즈업된 시찰하는 관계자의 얼굴

00:34 포장된 담배를 생산 중인 기계

00:37 담배기계 옆에서 일하는 중인 여성 노동자들

연구해제

이 영상은 군사원호청이 설치된 이후 첫 사업의 결과를 선전하는 내용으로, 경기도청에서 열린 상이용사 제1회 취업식 광경을 보도한 것이다. 당시 원호청은 619명의 상이용사들을 정부 각 부처나 기관 또는 담배 만드는 곳에 취업시켰고, 이날의 행사는 이러한 성과를 과시하는 것으로 정부를 대표하여 송요찬 내각수반이 참석하였다.

1961년 7월 5일 공포된 법률 제647호 군사원호청설치법에 의거하여 전몰군경유가족과 제대군인 및 4·19상이자, 국가유공자들에 대한 원호 사무를 담당하는 내각수반의 직속기관인 군사원호청이 발족하였다. 같은 해 8월 5일 군사원호청을 비롯한 5개 지청이 설치되어 업무를 개시하였고, 8월 10일 전국에 25개 출장소를 설치하였다. 이렇게 발족된 군사원호청의 첫 사업은 1961년 8월 25일부터 9월 5일까지 상이용사들을 위한 직종 확보와 취업자 실태를 조사하고 취업을 알선하는 것이었다. 특히 정부는 '군사원호대상자 임용 및 고용법'을 만들어 원호대상자들의 고용을 강제하고, 원호청은 법정의무고용제도에 의거하여 관공서, 국영기업체 및 일반기업체 등에 원호대상자의 취업을 알선하였다.

군사정권의 복지제도 형성은 일차적으로 반공태세정비담론에 의해 지배되었으며 이에 따라 복지제도 재편시도도 원호제도를 중심으로 이루어졌다. 원호제도 중심의 복리제도 재편은 반공국가를 지향하는 국가 지배질서가 50년대 말 구조조정 요구에 대한 대응의 실패와 군경원호사업의 비효과성으로 균열을 일으킨 데 대한 대응이었으며, 이를 통해 60년대 초반 재편된 복지제도는 반공이라는 이데올로기의 형성에 복무한 것이 되었다.

참고문헌

남찬섭, 「한국의 60년대 초반 복지제도 재편에 관한 연구-1950년대와의 관련성을 중심으로」, 『사회복지연구』 27, 2005.

한국군사혁명사편찬위원회 편, 『한국군사혁명사』, 1963.

해당호 전체 정보

330-01 서울에 폭우 소동

상영시간 | 01분 22초

영상요약 | 1961년 9월 초하루에 갑자기 쏟아진 폭우로 물에 잠긴 서울도심과 폭우로 인해 무너진 장충동 축대 붕괴 사고현장의 영상. 수많은 작업자들이 사고수습에 나선 붕괴현장에는 박정희 의장과 윤보선 대통령, 송요찬 내각수반이 나와 사고경위를 듣고 유가족들을 격려하였다.

330-02 박의장 지방시찰

상영시간 | 02분 27초

영상요약 | 박정희 의장의 지방 시찰 영상. 군산제지공장과 장항제련소의 생산시설을 필두로 예당수리조합 건설현장을 찾아 공사과정을 점검하였다. 이어서 충북 진천군의 귀농 정착민들에 의한 개간사업 현장과 모범부락을 찾아 둘러보았다.

330-03 신임 유솜처장 입경

상영시간 | 00분 29초

영상요약 | 신임 유솜처장으로서 김포공항에 입국한 제임스 킬렌(James S. Killen)의 영상. 공항으로 환영 나온 관계자들과 인사를 나눈 후 기자들과 회견하였다.

330-04 군사 원호청 소식

상영시간 | 00분 38초

영상요약 | 군사원호청에서 개최한 1961년 8월 31일의 제1회 상이용사 취업식 영상. 송요찬 내각수반도 참여한 가운데 취업을 알선해준 상이용사들에게 기념장을 수여하고 상이용사 대표도 답사를 낭독하였다. 그 후 상이용사들이 취업한 것으로 추정되는 담배공장 생산현장을 관계자가 시찰하는 영상이 이어진다.

330-05 고 신사장 장례식

상영시간 | 00분 28초

영상요약 | 1961년 9월 2일 조계사에서 거행된 대한국민항공사 사장이었던 고 신용욱의 실업인 장례식 영상.

330-06 생화전람회

상영시간 | 00분 42초

영상요약 | 중앙공보관 화랑에서 개최 중인 생화전시회와 이를 보러 온 많은 시민들의 영상. 그리고 경복궁 미술관에 전시된 매화꽃 조화를 보고 찬사를 보내는 관람객들의 모습.

330-07 한일 배구시합

상영시간 | 00분 51초

영상요약 | 내한 중인 일본 게이오대학 배구팀과 대한중공업 팀의 배구경기 영상. 관중이 가득 들어찬 실외 경기장에서 배구시합이 전개되었다.

330-08 베르린 소식

상영시간 | 01분 14초

영상요약 | 미군 증원부대의 베를린 입성 영상. 대기 중인 미군들의 모습과 소련군이 차단기를 올려주자 동독지역으로 들어가는 미군부대 차량행렬. 이후 서베를린으로 진입한 미군을 환영하는 시민들의 모습 등.

330-09 통나무배 출항

상영시간 | 00분 39초

영상요약 | 뗏목으로 만든 통나무 배 리하이5호의 시험항해 영상. 선원들과 승객을 태운 채 돛을 이용해 항해 중이다.

330-10 미영 정구시합

상영시간 | 01분 14초

영상요약 | 미국 시카고에서 개최된 와이트맨컵 정구시합 여자단식 결승전 경기 영상. 미국의 브리카와 영국의 모티머 두 선수간의 경기장면과 이에 박수치는 관중들, 우승컵을 수여 받은 미국 팀 선수들의 기념사진 촬영 등.

전국노동자단합 총궐기대회 (1961년 10월 14일)

제작정보			**영상정보**		
출 처	:	대한뉴스 335호	제공언어	:	한국어
제 작 사	:	국립영화제작소	컬 러	:	흑백
제작국가	:	대한민국	사 운 드	:	유

영상요약

1961년 10월 7일 서울시청 앞 광장에서 개최된 전국노동자단합총궐기대회 영상. 수많은 노동자가 운집한 가운데 박정희 의장과 송요찬 내각수반 등이 격려사를 하고 노동자들의 만세삼창 등이 이어졌다.

내레이션

지난 7일 서울시청 앞 광장에서 전국노동자단합총궐기대회가 개최됐습니다. 이 자리에서 박정희 최고회의의장은 서부독일의 눈부신 재건의 모습을 거울 삼아 우리나라 노동자들도 보다 더 부지런하고 단합해서 이 나라를 재건시킬 경제부흥에 최선을 다해달라고 당부했습니다. 이어서 송내각수반의 격려사가 있었으며 각계에 보내는 멧세지와 국가산업발전에 기여할 것을 다짐하는 결의문을 채택한 다음 이 단결을 유지 발전시킬 것을 굳게 결의했습니다.

화면묘사

00:00 서울시청 앞을 가득 메운 노동자들을 배경으로 자막 "전국노동자단합총궐기대회" (시그널 음악)

00:04 작은 깃발을 휘두르며 전국노동자단합총궐기대회에 참가 중인 노동자들의 뒷모습

00:07 박정희 의장에게 꽃다발을 전하는 여성 노동자

00:13 거대한 태극기를 함께 들고 서있는 노동자들

00:16 단상에서 연설 중인 박정희 의장의 여러 모습

00:22 "革命(혁명)은 民族(민족)의 光明(광명)! 勞動者(노동자)는 再建(재건)의 役軍(역군)" 플래카드를 들고 있는 노동자들

00:24 격려사를 하는 송요찬 내각수반

00:28 전국금속노조의 "형식적인 방공 않고 일하며 멸공" 플래카드를 들고 있는 노동자들

00:31 정부관계자들이 앉아있는 단상 전경

00:34 만세삼창을 하는 노동자들 (만세소리)

연구해제

이 영상은 1961년 10월 7일 서울 시청광장에서 한국노동조합총연맹 주최로 열린 '전

국노동자단결 총궐기대회'의 모습을 담고 있다. 이날 행사는 박정희 국가재건최고회의 의장, 송요찬 내각수반, 유진오 국가재건국민운동본부장 등 내외 귀빈과 약 3만여 명의 조합원이 참석한 가운데 거행되었다. 이날 대회는 "형식적인 반공 말고 일하면서 멸공하자"라는 중심 구호에서 알 수 있듯이 1950년대부터 이어져 온 반공적 노동운동의 맥을 잇는 내용으로 채워졌다. 또한 영상에서 나오는 "혁명은 민족의 광명! 노동자는 재건의 역군!"이라는 플래카드에서 알 수 있듯이 노동운동 고유의 쟁점보다는 5·16군사쿠데타를 지지하고 그 아래에 노동자를 배치하는 양상을 보여주었다.

이날 행사의 핵심내용은 『경향신문』에 보도된 결의문과 해당 영상의 내레이션을 통해 파악할 수 있다. 시가행진이 시작되기 전 궐기대회의 마무리로 발표된 결의문은 아래와 같다.

▲결의문

① 5·16군사혁명을 적극 지지하며 혁명과업 완수에 선봉된다.

② 우리는 합법적인 노자협조로 산업평화유지를 하고 국가산업발전에 기여한다.

위 결의문처럼 이날 궐기대회는 5·16군사혁명에 대한 노동자들의 지지를 끌어내고, 국가발전 담론으로 노자관계를 예속시키는데 그 목적이 있었다. 따라서 이 영상에서도 노동자들의 모습보다 정치인들의 모습을 자주 보여주고 있으며, 정치인 중에서도 박정희 의장을 집중적으로 보여준다. 내레이션을 통해서는 박정희 의장의 축사를 전달하는데, 그 내용은 서독의 국가재건을 모범으로 삼아 각 노동자들이 더 부지런해지고 경제부흥에 앞서달라는 것이었다.

이처럼 1961년 10월에 개최된 전국노동자단결 총궐기대회는 노동운동의 국가예속화, 경제발전 담론에 예속화를 대중집회를 통해 강화하는 계기였으며, 이러한 모습은 1960~70년대 박정희 정권의 노사관계, 노동운동의 전개방향을 파악하는데 도움이 된다. 또한 청중이 노동자였던 궐기대회에서는 노자협조가 강조되었으나, 청중이 일반 국민인 대한뉴스에서는 국가재건·경제부흥이 강하게 강조되는 모습을 보인다. 이는 대한뉴스의 생산주체가 구체적 사실들을 보도하면서도 일반 국민을 대상으로 메시지를 수정·편집했다는 것을 보여준다.

참고문헌

「노사협조를 다짐, 전국 노동자총단결궐기대회」, 『경향신문』, 1961년 10월 7일.

해당호 전체 정보

335-01 42회 전국 체육대회

상영시간 ㅣ 02분 57초

영상요약 ㅣ 1961년 10월 11일 개막한 제42회 전국체육대회 영상. 서울운동장에서 개최된 개회식에는 윤보선 대통령, 박정희 의장 등이 참석한 가운데 선수입장, 성화 점화, 합창공연, 각종 체육시범 등이 펼쳐짐. 그 직후 각 경기장에서 자전거 경주, 씨름, 축구, 배구 등의 경기가 이어졌다.

335-02 추수 감사절

상영시간 ㅣ 00분 57초

영상요약 ㅣ 1961년 10월 9일 서울대학교 농과대학에서 개최된 추수감사제 영상. 각 도에서 뽑힌 9인의 농촌 모범지도자에게 박정희 의장이 식산포장을 수여하였다. 이어서 박정희 의장을 비롯한 참가자들이 직접 벼를 베며 추수에 나섰다.

335-03 건설의 새소식

상영시간 ㅣ 01분 33초

영상요약 ㅣ 수해로 집을 잃은 영주의 수해민을 위해 마련된 주택들의 1961년 10월 11일의 입주식 영상. 장경순 농림부장관 등의 정부관계자들이 참가하여 관계자를 표창하고 주택을 둘러보며 주민들과 인사를 나눴다. 이어서 서울 돈화문과 이화동 구간의 전신 전화 지하관로 공사현장의 모습을 보여준다.

335-04 교육공로자 표창

상영시간 ㅣ 00분 25초

영상요약 ㅣ 1961년 10월 6일 경기고등학교 강당에서 개최된 서울시의 제9회 교육공로자 표창식 영상. 표창을 받는 교육공로자들과 이를 박수 치며 축하하는 학생들의 모습.

335-05 전국노동자단합 총궐기대회

상영시간 | 00분 38초

영상요약 | 1961년 10월 7일 서울시청 앞 광장에서 개최된 전국노동자단합총궐기대회 영상. 수많은 노동자가 운집한 가운데 박정희 의장과 송요찬 내각수반 등이 격려사를 하고 노동자들의 만세삼창 등이 이어졌다.

335-06 반공 강연회

상영시간 | 00분 27초

영상요약 | 1961년 10월 6일 고려대학교 강당에서 개최된 반공강연회와 국민회당에서 개최된 소련 핵실험규탄대회의 영상. 각각의 연사들이 나와서 강연을 하고 청중들이 이에 호응하며 박수를 쳤다.

335-07 김찬삼 사진전

상영시간 | 00분 32초

영상요약 | 중앙공보관에서 개최된 김찬삼의 세계일주 사진전에 전시된 다양한 사진과 이를 관람하는 시민들의 모습.

335-08 한글타자 경연대회

상영시간 | 00분 22초

영상요약 | 1961년 10월 8일 한글날 기념행사의 일환으로 개최된 한글 타자경연대회 영상. 열심히 타자기를 두들기는 참가선수들과 이를 지켜보는 관중들의 모습.

335-09 미국 대통령 유엔총회에서 연설

상영시간 | 00분 51초

영상요약 | 제16차 유엔총회에 참석하여 세계평화의 유지 보장 방안에 대해 연설하는 케네디 미국대통령의 영상.

335-10 미국 직업야구

상영시간 | 00분 52초

영상요약 | 뉴욕 양키스와 신시내티 레드렉스의 월드시리즈 결승경기 영상. 로저 메리스

의 홈런과 뉴욕 양키스의 우승 확정 순간의 모습 등.

335-11 자동차 경주

상영시간 | 00분 28초

영상요약 | 미국 인디애나 폴리스 자동차 경주 영상. 경주 도중 사고가 나 전복된 차량에서 선수를 구출하는 모습.

박의장 미국 방문 (1961년 11월 24일)

제작정보		**영상정보**	
출 처	대한뉴스 341호	제공언어	한국어
제 작 사	국립영화제작소	컬 러	흑백
제작국가	대한민국	사 운 드	유

영상요약

케네디 미국대통령과 만나 정상회담을 하는 박정희 의장. 이어서 알링턴 미국 국립묘지를 참배한 박정희 의장은 미 국무성의 러스크 장관, 해밀톤 경제개발청장, 미 농무성의 프리멘 장관, 미 국방성의 맥나마라 국방장관을 차례로 만나 인사를 나누고 현안을 논의하였다. 이어서 주미한국대사관에서 러스크 국무장관을 초청해 만찬회를 개최하고, 미국 기자단과 오찬회를 갖은 이후, 재미교포들을 대사관에 초청해 연회를 가졌다.

내레이션

미국을 방문 중인 박정희 의장은 수행원 일동을 대동하고 지난 15일 케네디 미국대통령과 회담하기 위해서 백악관을 방문했는데 현관에 마중 나온 케네디 대통령의 우의에 찬 영접을 받았습니다. 반공의 굳은 유대로 맺어진 한·미 두 나라. 박의장과 케네디 미국 대통령은 굳은 악수를 교환한 다음 곧이어 사무실로 들어가 마치 옛 친구라도 만난 듯이 친숙한 분위기 속에서 역사적인 한미회담을 시작했습니다. 박 의장을 친히 만나봄으로써 부정과 부패를 일소하고 자주 경제재건에 박차를 가하고 있는 혁명정부에 대한 신임을 더욱 두텁게 한 케네디 대통령은 이 회담에서 한국의 5개년경제계획을 적극 도와주겠다고 약속했으며 회담이 끝나자 한미 양 거두는 공동 성명을 통해서 두 나라 지도자들은 전통적으로 양국간의 존재하는 굳은 우의와 참다운 세계 평화를 위한 공동 노력을 강화할 것을 재확인했다고 말했습니다. 그런데 백악관을 방문하기 앞서 박의장은 알링턴 미 국립묘지를 참배했습니다. 가랑비가 내리는 가운데 모자를 벗고 선 박의장은 꽃다발을 바치고 무명용사들의 명복을 빌었습니다. 또한 박의장은 케네디 미국대통령과 만나기 전에 미 국무성에서 러스크 장관과 회담을 했습니다. 그런데 이 회담은 한·미 정상회담을 위한 예비적인 것이었습니다. 그후 해밀톤 경제개발청장과도 회담했는데 여기서는 5개년경제계획에 대한 원조, 차관 문제가 좀 더 구체적으로 논의됐다고 합니다. 케네디 대통령과 더불어 한미정상회담을 마친 박정희 의장은 다음 날인 미 농무성에서 프리멘 장관과 회담했는데 이 자리에서 박의장은 혁명 정부는 농촌의 고리채 정리와 농산물의 가격 안정 등 중농정책으로 농업의 발전을 도모하고 있다고 말했습니다. 이어 미 국방성에서 맥나마라 국방장관과 만났습니다. 이 자리에서는 한국의 반공 태세와 한국군 장비의 현대화 문제 등에 관해서 구체적인 의견을 교환했습니다. 박의장은 또한 허치슨 미 상무장관과도 만나 한국에 대한 미국의 민간 투자 문제를 협의했습니다. 그런데 허치슨 장관은 한국정부의 과감한 조처는 외국인의 자금을 유효적절하게 사용해서 큰 성과를 거둘 것으로 믿는다고 말했습니다. 이 자리에서 박의장은 검은 고양이 모형을 허치슨 장관에게 선물했습니다. 이날 바쁜 일정을 마친 박의장은 우리나라 대사관에서 러스크 장관을 초청하고 특별히 한국 음식까지 마련해서 만찬회를 베풀었습니다. 이 자리에서 박의장은 연설을 통해 미국이 보여준 환대는 한국민에 대한 미국민의 끊임없는 호의를 입증한 것이라고 말했습니다. 다음 날인 16일 박정희 의장은 미국 기자 쁘라뽀 오찬회에서 약 500명의 쟁쟁한 기자들과 회견했습니다. 이 자리에서 박의장은 한국의 군사혁명은 불가피한 것이었으나 군정을 필요한 기간 이상으로 연장시키지는 않을 것이라고 말한 다음 모든 부패와 구악을 일소하고 이제는 강력한 경제 시책으로 국가 자주 경제 재건에 박차를 가하고 있다고 역설했습니다. 한편 박의장은 워싱턴에 거주하는 교포들을 위해서 우리나라 대사관에서 연회를 베풀었습니다. 교포들을 일일이 맞아들이는 박의장은 귀여운 아이들의 머리를 쓰다듬어 주는 등 이역만리 미국 땅에서 향수에 젖은 그들과 다정한 환담을 나누었습니다.

화면묘사

00:00 백악관을 배경으로 자막 "박의장 미국방문" (시그널 음악)
00:03 자동차에서 내려 백악관으로 들어가는 박정희 의장의 여러 모습
00:12 입구에 마중 나온 케네디 대통령과 악수를 나누는 박정희 의장
00:19 입구에서 함께 포즈를 취하는 케네디 대통령과 박정희 의장
00:27 박정희 의장의 수행원들과 인사를 나누는 케네디 대통령
00:38 접견실에서 편하게 앉아 회의하는 케네디 대통령과 박정희 의장의 다양한 모습
01:00 국기가 휘날리는 백악관
01:03 회의를 끝마치고 기자들이 대기 중인 야외로 나와 케네디 대통령과 인사를 나누고 차에 오르는 박정희 의장
01:22 차에 오르는 박정희 의장 수행원들
01:23 떠나가는 박정희 의장의 차량을 배웅하는 케네디 대통령의 여러 모습
01:33 하얀 바탕화면으로 전환
01:33 알링턴 국립묘지에 늘어선 미군 의장대 (미군 추모곡)
01:37 미군 의장대 사이에서 추모하는 박정희 의장
01:41 거총하고 있는 미군 의장대
01:44 미군의 도움을 받으며 헌화하고 묵념하는 박정희 의장
01:55 미국 국무성의 독수리 마크
01:58 러스크 미국무장관과 만나 이야기를 나누고 함께 일어서서 나가는 박정희 의장의 여러 모습

02:19 해밀턴 경제개발청장과 악수를 나누는 박정희 의장

02:27 해밀턴 경제개발청장에게 수행원을 소개하거나 함께 대화를 나누는 박정희 의장의 여러 모습

02:36 미 농무성 건물

02:40 도착한 차량에서 내려 농무성으로 들어가는 박정희 의장 일행의 여러 모습

02:53 프리멘 장관과 악수를 나누며 포즈를 취하는 박정희 의장

02:59 이들을 찍는 사진기자들

03:01 프리멘 장관과 박정희 의장의 다양한 모습

03:09 독수리 문양 위로 "DEPARTMENT OF DEFENCE"라고 써있는 국방성 마크

03:12 맥나마라 국방장관과 악수를 나눈 후 이야기를 나누는 박정희 의장의 다양한 모습

03:28 독수리와 돛배, 그리고 등대 그림 위에 "DEPARTMENT OF COMMERCE"라고 써있는 상무부 마크

03:32 허치슨 상무부장관을 만나 악수를 나누고 자리에 앉는 박정희 의장의 여러 모습

03:49 박정희 의장이 선물한 검은 고양이 모형을 손에 들고 이야기하는 허치슨 상무부장관

04:01 주미한국대사관의 만찬회 자리에 러스크 장관을 초청하고 함께 착석하는 박정희 의장

04:18 만찬회 석상의 다양한 모습

04:27 바탕화면 전환

04:27 미국 기자단과의 오찬회 전경

04:32 박정희 의장이 입장하자 기립하여 박수치는 미국 기자들 (박수소리)

04:44 자리에 앉는 기자들

04:47 단상에 서서 연설하는 박정희 의장의 여러 모습

04:55 박정희 의장의 연설을 듣는 미국 기자들의 다양한 모습

05:00 연설 중인 박정희 의장

05:04 기립박수를 치는 미국 기자들

05:08 초를 켜는 주미한국대사관 종업원들

05:12 한국대사관 연회에 초청된 교포들과 악수를 나누고 아이들을 귀여워해주는 박정희 의장의 모습

05:41 만찬회장을 가득 메운 재미교포들

연구해제

이 영상은 1961년 11월 미국을 방문한 박정희 국가재건최고회의 의장의 활동 모습을 담고 있다. 박정희 의장은 미국을 방문해서 케네디 대통령과 정상회담을 가졌고, 러스크 미 국무성 장관 등 미국 정부 인사들과도 회담했다. 이 영상에는 이 외에도 미국 기자와의 간담회, 알링턴 미국 국립묘지 참배 장면, 그리고 미국 교포들과의 연회 모습 등도 담겨져 있다. 〈대한뉴스〉 336호, 340호, 343호, 344호 등에서도 박정희의 미국 방문 관련 영상을 볼 수 있다.

박정희 국가재건최고회의 의장은 1961년 11월 11일 미국 케네디 대통령의 초청으로 천병규 재무부장관, 송정범 경제기획원 부원장 등 수행원과 이병철 삼성물산 사장을 단장으로 하는 민간경제사절단을 대동하고 대망하던 미국 방문 길에 올랐다. 미국에 가기 전에 일본에 들려 이케다 일본 수상과 한일회담에 대한 의견을 교환하기도 했다.

박정희의 미국 방문은 박정희와 군사정부의 국내외 위신을 높이고 양국 간 현안 문제에 관해 의견을 교환하고자 하는 양국의 의도가 맞물리면서 성립된 것이었다. 6월 14일(미국시각) 열린 정상회담에서 박정희는 군사혁명의 불가피성을 역설하고 군사정부가 취한 적극적인 조치들을 강조했다. 케네디는 박정희가 1963년 여름에 민정이양을 단행하겠다는 1961년 8월 12일의 성명을 재확인하고 만족했다. 회담 후 공동성명을 통해 케네디는 미국의 경제 원조와 협조를 계속 제공할 것을 박정희에게 확약했다. 박정희는 미국정부로부터 자신의 체제에 대한 지속적인 지원과 경제개발계획에 대한 미국의 협조를 얻어냈으며 대신 미국은 민정이양의 확약을 받았다.

이 영상은 이러한 내용을 국민에게 알리고 박정희와 군사정부를 홍보하고자 하는 목적으로 제작 상영된 것이다.

참고문헌

기미야 다다시, 『박정희 정부의 선택』, 후마니타스, 2008.
이완범, 『박정희와 한강의 기적』, 선인, 2006.

수해지구는 복구되다 (1961년 11월 24일)

제작정보		영상정보	
출 처	대한뉴스 341호	제공언어	한국어
제 작 사	국립영화제작소	컬 러	흑백
제작국가	대한민국	사 운 드	유

영상요약

지난 여름 수해로 인해 집을 잃은 수재민들에게 새로운 집을 마련해 준 남원지구 주택 단지 입주식 영상. 송요찬 내각수반이 참여한 가운데 수재민들은 새로움 삶을 찾았음을 보여준다. 더불어 수해 당시의 피해 모습과 복구작업, 그리고 남원 외에도 이미 준공된 경북 영주의 수재민 주택단지 모습도 함께 보여주고 있다.

내레이션

지난 여름 장마로 말미암아 허허벌판이 됐던 남원 수해지구에서는 지난 19일 새로 완성된 567채의 수재민 주택 입주식이 송내각수반 참석 아래 성대히 거행됐습니다. 한편 새로 입주하게 될 주민들의 가슴에는 오늘의 기쁨과 함께 지난날의 눈물겨운 일들을 되새겨보지 않을 수 없었습니다. 지난 7월 중순 여러 날 계속된 폭우는 남원을 비롯해서 전국에 걸쳐 249명의 사망자와 50,700여 명의 수재민을 내고 무려 78억 7,000여만 원에 달하는 전답, 건물, 도로, 교량 등의 피해를 가져왔던 것입니다. 이 뜻하지 않은 참변에 대해서 정부에서는 건축보조비와 그 밖에 소요되는 금품, 그리고 충분한 구호양곡을 신속하게 지급했으며 항구적인 복구사업을 서둘렀던 것입니다. 이와 같은 적극적인 시책은 놀라운 속도로 수해지를 복구해서 경상북도 영주에서는 지난 10월 이미 615채의 주택이 건설되어 입주한 바 있습니다. 그리고 이번에는 또 다시 남원지구에서 567채의 주택이 국토건설청의 주관 아래 육군공병대의 중장비가 투입되어 준공을 보게 됐습니다. 다가오는 추위를 앞두고 희망에 찬 보금자리를 갖게 된 수재민들에게는 혁명정부의 믿음직하고도 친숙한 시책에 대한 신뢰감이 저절로 솟아났습니다.

화면묘사

00:00 새로 지어진 수재민 주택단지를 배경으로 자막 “수해지구는 복구되다” (시그널 음악)

00:07 남원 수해지구 수재민 주택 입주식에 모인 주민들

00:10 단상에서 연설 중인 송요찬 내각수반

00:16 연설을 듣는 마을 주민들
00:20 하얀 바탕화면으로 전환
00:21 물에 잠기거나 파괴된 주거지 등 수해피해 지역의 다양한 모습들
00:43 관계자들에게 울며 호소하는 수재민
00:44 머리에 봇짐을 이고 피난하는 아낙들
00:49 간이천막에서 생활하는 수재민들의 모습
00:53 공중에서 바라본 수해지구의 피해 모습
01:07 불도저 등의 기계는 물론, 많은 일꾼들이 복구작업에 나서 제방을 쌓고 집을 짓는 복구건설 현장의 다양한 모습
01:35 수재민 주택단지 입주식에서 기념 테이프를 커팅하는 군사정부 관계자들
01:40 경상북도 영주에서 완성된 수재민 주택 단지의 여러 모습
01:55 하얀 바탕화면으로 전환
01:56 관계자들과 테이프 커팅식을 하는 송요찬 내각수반
01:59 건설된 남원지구 수재민 주택단지를 둘러보는 송요찬 내각수반 일행의 다양한 모습
02:07 "1(제5호) 박순여"라 써있는 명패
02:08 완공된 주택단지에서 새로운 생활을 꾸리고 있는 수재민들의 다양한 모습
02:27 멀리서 바라본 수재민 주택단지

연구해제

이 영상은 1961년 여름 큰 피해를 입었던 남원 수해지구의 복구소식을 전하는 뉴스이다. 영상에서는 내각수반 송요찬이 연설하는 장면과 연설을 듣는 주민들의 모습, 폭우가 휩쓴 마을을 배경으로 울음을 터뜨리는 노인의 모습, 불도저가 땅을 고르는 장면, 나무로 가옥의 기둥을 만드는 장면, 복구 건설한 주택의 모습, 송요찬 등이 복구된 주택을 둘러보는 장면, 재건된 가옥에서 일상생활로 복귀한 주민들의 모습을 볼 수 있다.

장마는 해마다 여름이면 겪는 계절적인 정례행사인데, 하수도시설이 제대로 되어 있지 않은 시절에는 장마 때마다 수해로 인한 피해가 전국 각처에서 발생하였다. 지난 5년 동안 수해로 인한 사망자수는 340여 명, 피해액은 360여억 환이나 되었다. 1960년 한해

에만도 7월 14일부터 열흘 동안 퍼부은 장마로 68명의 사상자가 발생했고, 각종 피해총액은 42억 7,000여만 환에 이르렀다.

이 영상에서 보여주는 1961년 여름도 마찬가지였다. 장마 초기인 7월 8일 현재, 23명이 목숨을 빼앗겼고 많은 건물과 논밭 등이 피해를 입어 그 총액수는 4억 환을 넘어섰다. 장마가 계속되면서 며칠 지나지 않아 인명 및 재산피해는 더욱 늘어났다. 남원군 이백면 효기리에선 폭우로 갑자기 늘어난 탁류가 마을을 덮쳤는데, 1961년 7월 14일 현재 수해구조본부는 사망자 155명을 확인했다. 당국은 14일 오전부터 35예비사단 소속 공병과 군인들을 총동원하여 효기리로부터 오리 사이의 모래벌판을 뒤져 시체 발굴작업과 피해지 복구작업을 하였다. 남원군내의 논밭 179정보가 유실되었으며, 도로 54개소, 다리 11개소가 유실 또는 파괴되었다. 총복구비는 1억 1천만 환으로 추산되었다. 이에 송요찬 내각수반은 현지 시찰에 앞서 구호양곡 940석을 이재민들에게 분배하였다. 그리고 사망자 1인당 5,000환씩을 장례비로 보조했다. 적십자사에서는 쌀 13석과 옷 699점, 담요 127장, 그릇 889개 등을 지급하였다.

7월 19일 전국수해대책위원회에서 집계한 바에 따르면, 전국 수재민 총수는 50,789명이며, 사망자 119명을 포함한 부상 실종 등 인명피해는 416명에 달하고 있다. 더불어 수해로 인한 물적 피해는 건물이 전파된 것이 1,612동이며, 반파 · 침수 · 유실 등의 피해가 4억 4,086만 9,000환, 선박이 70만 환, 경작지가 46억 8,235만 6,000환, 가축이 719만 8,000환, 공로가 15억 8,880만 환, 기타 11억 5,196만 800환이라고 한다.

이 영상이 다루고 있는 내각수반 송요찬이 참석한 수해복구 주민 주택입주식은 1961년 11월 19일 진행되었다. 이 자리에서 송요찬은 "절망과 슬픔에 잠겼던 이 고장에 아담한 복구주택을 마련하게 된 것을 기뻐한다"고 말하고, "이제 과거의 상처를 깨끗이 씻어내고 새로운 용기와 희망으로 혁명과업 완수에 힘써 달라"고 당부했다. 이 수해복구 주택은 총 2억 2,800만 환의 예산으로 국토건설청 주관 아래 제210건설공병대의 중장비가 투입되어 567동을 건설된 것이었다. 쿠데타로 정권을 잡은 군사정부가 자신들의 업적을 홍보하며 민심을 달래려는 의도가 포함된 것으로 보이는 영상이라 하겠다.

참고문헌

「水害 五年間의實態」, 『경향신문』, 1961년 7월 9일.

「水災民應急救護策決定 糧穀一萬石우선放出 緊急閣議」, 『동아일보』, 1961년 7월 13일.
「슬픔에 잠긴 南原孝基里」, 『경향신문』, 1961년 7월 14일.
「死亡者만百19名 全國水害 七十八億餘萬圜」, 『경향신문』, 1961년 7월 20일.
「絕望은가고 希望의새집 受難의孝基里서 入住式성대」, 『경향신문』, 1961년 11월 19일.

해당호 전체 정보

341-01 박의장 미국 방문

상영시간 | 05분 53초

영상요약 | 케네디 미국대통령과 만나 정상회담을 하는 박정희 의장. 이어서 알링턴 미국 국립묘지를 참배한 박정희 의장은 미 국무성의 러스크 장관, 해밀톤 경제개발 청장, 미 농무성의 프리멘 장관, 미 국방성의 맥나마라 국방장관을 차례로 만나 인사를 나누고 현안을 논의하였다. 이어서 주미한국대사관에서 러스크 국무장관을 초청해 만찬회를 개최하고, 미국 기자단과 오찬회를 가졌고, 재미교포들을 대사관에 초청해 연회를 가졌다.

341-02 철도침목을 콩크리트로

상영시간 | 00분 42초

영상요약 | 철도 침목을 나무에서 콘크리트 침목으로 교체하는 작업을 하는 인부들의 모습을 담은 영상.

341-03 김장 소채 풍작

상영시간 | 00분 47초

영상요약 | 김장철을 맞아 기차역 화차에서 배추를 옮기는 상인들과 김장 채소를 사기 위한 손님들로 붐비는 서울중앙청과시장의 모습.

341-04 신임 유엔임시사무총장 취임

상영시간 | 00분 59초

영상요약 | 유엔총회에서 임시사무총장으로 선출된 버마의 외교관 우 탄트(U Thant)가 취임선서를 하는 영상.

341-05 80회 탄신을 맞은 피카소

상영시간 | 00분 37초

영상요약 | 80세 생일을 맞은 피카소의 걸작품 전시회와 그를 위한 투우경기를 지켜보며

환호에 답하는 피카소의 모습.

341-06 수해지구는 복구되다

상영시간 | 02분 31초

영상요약 | 지난 여름 수해로 인해 집을 잃은 수재민들에게 새로운 집을 마련해 준 남원 지구 주택 단지 입주식 영상. 송요찬 내각수반이 참여한 가운데 수재민들은 새로움 삶을 찾았다. 더불어 수해 당시의 피해 모습과 복구작업, 그리고 남원 외에도 이미 준공된 경북 영주의 수재민 주택단지 모습도 함께 보여준다.

한독 경제협정 (1962년 2월 3일)

제작정보			영상정보		
출처	:	대한뉴스 350호	제공언어	:	한국어
제작사	:	국립영화제작소	컬러	:	흑백
제작국가	:	대한민국	사운드	:	유

영상요약

1962년 1월 30일 경제기획원 회의실에서 서부독일 제작자 협동체 즈반즈히 박사와 김유택 경제기획원장 사이에 경제원조와 관련한 협정서가 맺어졌다.

내레이션

경제기획원 회의실에서는 1월 30일 서부독일 제작자 협동체와 우리 정부 사이의 경제개발5개년계획의 초석이 될 경제협정이 맺어졌는데, 서부독일 대표 즈반즈히(Zwansiger) 박사와 우리 대표 김유택 경제기획원장이 각각 협정서에 서명함으로써 앞서 서부독일 제작자 협동체와 우리 정부 사이에 교환된 1억 5,000만 마르크의 경제원조 각서가 정식으로 발효하게 됐습니다. 라인강변의 기적을 교훈 삼아 우리는 자주경제 재건에 매진할 때가 온 것입니다.

화면묘사

00:00 자막 "한 독 경제협정"
00:04 회담장에 앉아있는 독일 협상단 대표들과 한국 협상단 대표들
00:12 협정문에 서명하는 김유택 경제기획원장
00:16 협정문에 서명하는 즈반즈히 독일 협상단 대표
00:21 협상 테이블에서 일어서서 얘기를 하는 김유택 경제기획원장
00:27 답사를 하는 즈반즈히 독일 협상단 대표
00:30 악수를 나누는 김유택 경제기획원장과 즈반즈히 독일 협상단 대표

연구해제

이 영상은 1962년 1월 30일 경제기획원 회의실에서 진행된 한독경제협정 체결식에 관한 내용을 담고 있다. 이날 한독경제협정은 김유택 경제기획원장과 바르테르 즈반즈히 서부독일 제작자협동체 대표가 조인하며 체결되었다. 이 협정으로 1961년 정래혁 상공부장관이 독일제작자협동체와 협약한 1억 5,000만 마르크 경제원조 각서가 발효될 수 있었다. 이 협정의 주된 내용은 한국의 경제개발5개년계획의 실현을 위해 10개 협동체를 통하여 공장건설을 위한 소요기계와 설비를 제공하고 이에 대한 재정지원을 한다는 것이었다.

한국정부는 이 각서의 내용을 원칙적으로 수락하되 제작자의 의뢰를 거부할 권한을 가질 수 있는 5개의 부대조건을 덧붙였다. 이 부대조건은 1) 각서교환제의의 원칙적 수

락, 2) 한독 간의 약정은 한국정부가 요구하는 사업에 대하여 상업별 실수요자와 협동체 사이의 계약이 성립함으로써 발효될 것, 3) 사업별체결에 있어 한국정부가 국제시장가격보다 고가인 제작자의 의뢰를 거부할 권한을 가질 것, 4) 차관의 사용액 책정은 한국정부가 결정하며 계약금액의 잔액에 대해서는 한국정부 승인하에 협동체가 조달 주선할 것, 5) 한국정부는 제작자에게 불리하지 않는 한 계약의 유효기간 내에 지불방법을 변경할 권한을 보유할 것을 내용으로 한다.

상업차관은 군사정부가 내세운 제1차 경제개발5개년계획을 시행하는 데에 주요한 재원이었다. 1950년대 후반부터 미국의 원조가 줄어드는 상황 속에서 정부가 유치할 수 있는 자금은 차관이었다. DLF차관과 같은 공공차관이 도입되기도 했지만 이는 조건이 까다로워 투자수요를 채우기에 부족했다. 이를 대체하기 위한 것으로 상업차관이 주목되었는데, 군사정부 들어 처음 본격적으로 도입되기 시작한 것이다. 특히 서독으로부터 도입되는 상업차관은 경제개발5개년계획의 중요한 쟁점으로 등장한 종합제철공장 수립에 필요한 재원으로, 또한 자금동원의 첫 단계로서 주목되었다.

서독의 상업차관은 1962년 1월 정래혁 상공부장관을 대표로 구성된 정부경제사절단의 서독방문을 계기로 본격적으로 시행되었다. 영상에서 제시된 독일제작자협동체와의 차관협정 이후 1962년 2월 7일 외자도입 제2차 민간교섭단이 서독의 크루프(Krupp)사 등 3사와 제철공장의 건설을 위한 1억 1,000만 달러의 차관계약을 맺었다. 이후 4월 10일에는 상공부에서 한국 측 투자공동체 대표인 대한양회 사장 이정림과 서독 측 대표인 DKG가 7월까지 기술조사협약을 체결하고 11월말까지 건설확정 견적서를 작성하기로 합의했다. 그러나 서독과의 상업차관은 조건면에서 불리하다는 이유로 점차 자금동원은 미국정부의 개발차관을 통한 경로로 이동하게 되었다.

참고문헌

「독일제작자협동체 기술원조부개각서에 서명」, 『경향신문』, 1962년 1월 30일.

「서독 · 伊 경원약정 내용공표」, 『동아일보』, 1962년 1월 16일.

기미야 다다시, 『박정희 정부의 선택』, 후마니타스, 2008.

이정은, 「5 · 16군사정부의 상업차관 도입과 운용 : 대자본가와의 관계를 중심으로」, 『역사와 현실』 84, 2012.

해당호 전체 정보

350-01 한·독 경제협정

상영시간 | 00분 32초

영상요약 | 1962년 1월 30일 경제기획원 회의실에서 서부독일 제작자 협동체 즈반즈히 박사와 김유택 경제기획원장 사이에 경제원조와 관련한 협정서가 맺어졌다.

350-02 활발한 농촌 계몽운동

상영시간 | 01분 02초

영상요약 | 전국 각지 농어촌에 학생들의 계몽운동이 활발히 전개되고 있는데, 이들은 농어촌 마을로 들어가 마을청소, 재건체조, 생활지도, 한글교육 등을 행하고 있다.

350-03 진급한 두 장성

상영시간 | 00분 22초

영상요약 | 1962년 1월 24일 국가재건최고회의 부의장 이주일 소장이 육군 중장으로, 육군참모총장 김종오 중장이 육군대장으로 각각 승진했다.

350-04 전방을 찾아서

상영시간 | 00분 53초

영상요약 | 1962년 1월 27일 산업경제신문사의 주선으로 일선 장병 위문단이 중부전선 부대를 찾아 여러 가지 위문품을 전달하고 장병들의 노고를 위로했다.

350-05 수출되는 국산품

상영시간 | 01분 36초

영상요약 | 우리나라에서 만든 자동차 피스톤과 피스톤 핀을 해외로 수출하게 되어 경제계에 명랑한 화제가 되고 있다. 한편 우리나라 고유의 공예품은 이미 많이 수출되고 있는데 특히 민속인형은 외국에서 큰 인기를 모으고 있다. 한편 1962년 1월 18일부터 미우만 백화점에서 국산품전시회가 열려 시민들의 깊은 관심을 모았다.

350-06 미쓰 차이나 내한

상영시간 | 01분 03초

영상요약 | 1962년 1월 25일 미스 차이나 이수영이 김포공항에 도착하여 가족을 비롯한 화교들의 환영을 받았으며, 26일에는 최고회의 박정희 의장을 예방하였다.

350-07 반도호 하와이 도착

상영시간 | 01분 06초

영상요약 | 해양대학 연습선 반도호가 1962년 1월 18일 하와이에 도착하여 교포들과 주민들로부터 따뜻한 환영을 받았으며, 학생들은 체육대회, 사진전 등 민간외교사절로서의 역할을 하였다.

350-08 페루의 눈사태

상영시간 | 01분 13초

영상요약 | 남미의 페루에서 순식간에 2,000여 명의 인명을 파묻은 대규모 눈사태가 일어났다.

350-09 권투시합

상영시간 | 01분 09초

영상요약 | 뉴욕에서 권투선수들의 경기가 진행되었다.

350-10 아이스쇼

상영시간 | 01분 01초

영상요약 | 뉴욕 메디슨스퀘어 가든에서 아이스 쇼가 펼쳐졌다.

상록수 이야기 (1962년 2월 10일)

제작정보		영상정보	
출 처	대한뉴스 351호	제공언어	한국어
제 작 사	국립영화제작소	컬 러	흑백
제작국가	대한민국	사 운 드	유

영상요약

전남 해남군 영안부락에서 농촌계몽운동으로 문맹퇴치운동, 식생활 개선, 위생지도 등의 활동을 하는 손정자를 소개하는 영상.

내레이션

전라남도 해남군 영안부락에 피어난 또 하나의 산 상록수의 얘기. 향토건설의 푸른 꿈을 안고 여학교를 졸업한 화제의 주인공 손정자 양은 그 뜻을 실천에 옮겨 마을사람들에게 한글을 가르켜 문맹자를 없이하는 한편, 불편한 부녀자의 옷을 간소복으로 개량 보급시키고 식생활 개선과 위생지도 등 여러 가지 봉사활동을 해온 것입니다. 이 뜻을 받아들인 마을 청년들은 협력해서 부흥사업에 참여, 연간 사업계획을 세우고 농한기를 이용해서 향토 녹화사업과 경작 그리고 석출 작업들을 해서 그 수입으로 부락 운영비에 충당하는 한편, 여러 가지 지도사업을 전개하고 있습니다. 우리는 보다 나은 새살림을 이룩하기 위해 국민 전체가 산 상록수의 주인공이 돼야 하겠습니다.

화면묘사

00:00 자막 "상록수 이야기". 농촌마을 전경
00:06 "옥천면 영안리 모범부락 입구, 재건"이라고 써 있는 입간판
00:10 태극기가 휘날리는 마을입구 전경
00:14 여성 농민들에게 간소복 옷의 모양을 설명하는 손정자
00:22 그림으로 만든 간소복 옷 재단 모양
00:24 여성 농민들에게 간소복 옷의 모양을 설명하는 손정자
00:28 남성 농민들에게 마을 공동작업에 대해 설명하는 청년
00:32 그림으로 만든 "62년 사업도(공동작업부문)"
00:35 공동작업도를 보는 마을 청년들
00:40 공동작업을 하기 위해 마을 길을 나서는 청년들
00:44 마을 청년들이 삽을 들고 밭길을 걸어가는 모습
00:48 마을 청년들이 돌을 나르고 삽으로 흙을 퍼내면서 공동 작업을 하고 있는 모습

연구해제

1962년 2월 전라남도 해남군 옥천면 영안부락에서 주민들에게 한글교육과 식생활 개

선 등의 계몽운동을 펼치고 있는 손정자를 촬영한 영상이다. 당시의 기사에서는 농촌진흥을 위해 직접 지역으로 내려가 활동하는 젊은이들을 '상록수'라고 지칭하고 있다. 상록수는 심훈의 소설로부터 유래한 명칭이다. 1962년 1월 18일 최고회의 의장 박정희가 재건국민운동본부를 시찰한 뒤, 유달영 본부장에게 직접 "농촌에서 쏟아져 나오는 좋은 이야기들을 국민들에게 널리 알리는 것이 좋다"고 하며 "농촌에 살아있는 상록수 주인공들이 많을 것이니 이들의 이야기를 영화화하여 알리기"를 당부했다. 또한 겨울방학을 농촌에 바친 학생들의 운동을 찬양하고 이들에게 표창장을 주도록 지시했으며, 동년 2월 24일 공보부에서는 「향토문화공로상」을 새로 제정하고 두메산골에 묻힌 살아있는 일꾼들을 찾아내어 상록수를 지칭하고 수상하기로 결정한 것이다. 수상식은 '5·16혁명' 1주년을 기념하며 열렸고, 각도로부터 추천된 122명 중에서 도별로 2명씩을 선출하여 총 18명에게 수상하였다. 향토문화공로상 수상식은 1970년대 후반까지 계속 이어졌다.

대한뉴스에는 1960년대에서부터 1970년대 초반까지 살아있는 상록수들의 이야기들이 등장한다. 대체로 1960년대 초반의 상록수는 농촌 계몽운동에 앞장섰던 젊은 지식인들의 활동상을 두드러지게 보여주고 있는데, 특히 손정자의 사례를 다루고 있는 본 영상에서는 이에 적극적으로 동참하고 있는 마을주민들의 모습도 상세히 보여주고 있다. 1971년에는 향토문화공로상 수상자들에 대해 새마을운동에 앞장서는 일꾼들이라고 지칭하기 시작했고(〈대한뉴스〉 제822-04호 참조), 다른 한편으로는 지역의 문화재 개발에 앞장서는 상록수의 활약상을 부각하기도 한다(〈대한뉴스〉 제835-03호 참조). 이어서 1972년부터는 상록수 공무원을 다루는 영상이 몇 차례 등장하다가, 1974년 이후에는 더 이상 상록수의 활동이 영상에 등장하지 않는다. 이러한 비중의 변화는 새마을운동이 본격화 되면서 정부의 농촌개발의 방향이 변화했음을 보여주는 부분이라고 생각해 볼 수 있다.

이와는 별도로 1967년에는 정부로부터 향토문화공로상을 받은 전국의 상록수들이 모여 '사단법인 한국상록회'를 결성했다. 각 지방에 분산되어 활동했던 봉사자들이 공동전선을 이루어 조직적인 봉사활동을 펼치고자하는 의도였다. 한국상록회는 1971년 문화공보부에 사회단체로 정식 등록한 뒤 사회활동을 펼쳤고, 1986년부터는 직접 인간 상록수를 추대하는 행사를 진행하며 현재까지도 봉사단체로서 그 명맥을 이어가고 있다.

참고문헌

「도의정신 길러 대동단결 실천가능 사업치중토록」, 『경향신문』, 1962년 1월 18일.

「활발한 농촌계몽을」, 『동아일보』, 1962년 1월 19일.

「상록수에 감동한 박의장」, 『동아일보』, 1962년 1월 19일.

「향토문화공로상을 제정」, 『동아일보』, 1962년 2월 25일.

「한국상록회 창립」, 『경향신문』, 1967년 4월 3일.

국민은행 발족 (1962년 2월 10일)

제작정보		영상정보	
출 처	대한뉴스 351호	제공언어	한국어
제 작 사	국립영화제작소	컬 러	흑백
제작국가	대한민국	사 운 드	유

영상요약

서민 금융을 담당하게 될 국민은행이 1962년 2월 1일 개점하였다.

내레이션

서민 금융을 담당하게 될 한국 국민은행이 지난 1일 개점했습니다. 국민은행은 지금까지 일반은행의 혜택을 받지 못하던 가난한 서민대중의 진정한 벗이 되어 높은 예금이율과 적은 수수료로 서민층의 경제생활 안정을 뒷받침하게 될 것인데, 국민은행에서는 은행이 계주가 되고 계약한 서민들이 계약금의 3분지 1만 불입하면은 20만 원까지는 담보 없이 간단한 수속으로 융자 받을 수 있다고 하며, 한편 국민은행을 통해서 융통되는 서민층의 영세자금은 경제개발5개년계획을 크게 도울 것입니다.

화면묘사

00:00 자막 "국민은행 발족". "한국국민은행"이라고 써 있는 건물 전경
00:06 은행 금고를 여는 은행원
00:14 은행 창구 안에서 고객과 얘기를 나누거나 업무를 보고 있는 모습
00:19 돈을 세고 있는 여성 은행원
00:23 돈 뭉치를 들고 예금하러 온 시민
00:28 돈을 입금하고 통장을 받는 은행 창구 모습
00:35 돈을 들고 예금하러 온 시민

연구해제

이 영상은 1962년 2월 1일 설립된 한국국민은행의 운영 모습을 담고 있다. 내레이션은 국민은행이 서민금융을 담당할 것을 목적으로 설립되었으며, 높은 예금율과 적은 수수료를 제공한다고 홍보하였다. 국민은행은 일반은행을 이용할 수 없었던 서민층을 대상으로 서민들의 편의를 도모한다는 목적을 제시하였다. 5·16 군사정부는 서민금융을 원활히 하면서 영세자금을 모아 경제개발5개년계획의 재원으로 사용하기 위한 한 방편이기도 하였다.

1960년대 초까지도 한국에는 조직화된 금융시장이 조성되지 않은 상태였다. 금융시장이 활성화되지 않았기 때문에 정부는 직접 신용할당을 하였고, 여기에서 소외된 일반

서민들은 대인신용에 기초하여 급전을 융통하는 조직을 만들기 시작했다. 정부의 신용할당과 민간의 신용조직으로 분단된 금융권은 공금리와 사금리, 공금융과 사금융, 제도금융권과 사금융권으로 분리되어 이중구조가 심화되었다.

해방 이후 민간금융은 사설무진과 계로 대표되었다. 무진은 일본에서 기인한 제도로서 상인과 결합되면서 금융업으로 전문화되었던 반면, 계는 전통적인 금융조직으로 생산과 소비가 미분화된 농가경제와 결합도가 강하였다. 무진의 경우 소액의 부불제도이므로 가입이 용이하였고, 일단 가입만 하면 추첨 또는 입찰 등의 방법으로 언젠가는 반드시 융자를 받을 수 있었다. 또한 장기적인 할부상환식이었기 때문에 상대적으로 부담이 적었다. 계의 경우 1960년 조사에 따르면 도시가계 평균 가입비율이 60%에 달하며 경기도의 경우 90%에 육박한 것으로 나타날 정도로 광범위하게 가입되어 있었다.

그러나 무진과 계는 사행심을 조장할 수 있는 추첨방식의 폐해가 강하였고, 융자를 받을 수 있는 순위가 추첨, 입찰 등 우연적 요인에 의해 결정됨에 따라 적시에 이용할 수 없는 불편이 있었다. 이 같은 한계로 인하여 1960년대에 이르면 계는 물론이고, 무진업의 경영부실이 나타나기 시작했다. 무진의 파산은 서민생활에 엄청난 파장을 일으키는 것이었으며, 자칫 유동성 위기를 발생시킬 위험이 있었다.

이 같은 서민금융 위기를 타개할 대안으로 제기되었던 것이 국민은행의 설립이었으며, 1961년 '국민은행법'으로 현실화되었다. 국민은행은 '영세금융에 관한 정부시책에 순응하여 서민경제의 발전과 향상을 기한다'는 목적을 밝히고 있어 설립목적에서부터 일반은행과 구별되었다. 정책시행을 위한 국책기관이며 영세금융에 집중할 것을 천명했던 것이다. 국민은행이 다른 은행과 구별되는 가장 중요한 업무는 무진을 변형한 '상호부금'이었다. 상호부금은 일정기간과 일정급부금액을 정하고, 정기로 부금을 입금하게 하며, 기간이 종료되지 않아도 중도에 급부할 수 있다는 점을 특징으로 한다. 그 외 예금을 받는 것은 허용되었지만 당좌예금 거래는 상호부금 및 정기적금의 계약자와 대출거래선에게만 하도록 제한하여 상업은행업무로의 진출을 차단하였다.

그러나 이 같은 운영의 특성과 서민금융을 표방한 목적과는 달리 국민은행은 설립 1년도 못가서 위기에 봉착하였다. 최초에 공포된 국민은행법은 효력을 상실하게 되었고, 신설된 한국국민은행은 운영이 불가능한 상태에 놓이게 된 것이다. 그 원인은 설립이 급박하게 추진되면서 자본금이 부족했고, 1965년 금리현실화 이전까지 예금금리가 사금융시장보다 낮았기 때문에 예금유치 유인이 적었다는 데에 있었다. 결국 국민은행의 여

신대상에서 가계는 소외되었고, 일반가계는 여전히 계나 사설대부업, 사채업자 등을 이용하여 자금을 조달할 수밖에 없었다.

참고문헌

「국민은행 발족승인 한국무진 주주총회」, 『경향신문』, 1962년 1월 24일.
이명휘, 「한국 서민금융제도의 형성과 정착－무진에서 국민은행으로」, 『경제사학』 21, 2006.

해당호 전체 정보

351-01 울산 공업센터 기공

상영시간 | 01분 44초

영상요약 | 1962년 2월 3일 울산에서는 경제개발5개년계획의 근간이 될 울산공업센터 기공식이 박정희 의장이 참석한 가운데 개최되었다.

351-02 한일 농상회담

상영시간 | 00분 57초

영상요약 | 전남 해남군 영안부락으로 농촌계몽운동을 하러 들어간 손정자는 문맹퇴치운동, 식생활 개선, 위생지도 등의 활동을 하였다.

351-03 김종필 특사 동남아 향발

상영시간 | 00분 32초

영상요약 | 1962년 2월 3일 김종필 중앙정보부장은 대통령 특사의 자격으로 동남아시아 친선방문을 위해 김포공항을 떠났다.

351-04 미국 기자단 내한

상영시간 | 00분 25초

영상요약 | 1962년 2월 2일 미국 신문인 세계 시찰단이 한국을 방문해 각 분야를 시찰하고 돌아갔다.

351-05 국민은행 발족

상영시간 | 00분 43초

영상요약 | 서민 금융을 담당하게 될 국민은행이 1962년 2월 1일 개점하였다.

351-06 세무서에 민원공보실 설치

상영시간 | 00분 35초

영상요약 | 1962년 2월 1일 민주세정을 지향하고 세무행정의 명랑화를 위해 각 세무서에

민원공보실을 설치하고 운영을 개시하였다.

351-07 석굴암 보수

상영시간 | 00분 44초

영상요약 | 1961년 9월 14일 착공한 석굴암 보수공사는 1차로 내부 습도를 조절하는 배수 작업을 하고, 2차로 석굴암 전면에 비좁은 광장과 석축을 헐어 돌층계로 단장할 것이다.

351-08 수출되는 피아노

상영시간 | 00분 26초

영상요약 | 국산 피아노가 1962년 2월 1일부터 미국과 남미 등지로 처음 수출하게 되었다.

351-09 불가리아 비행기 사고

상영시간 | 00분 56초

영상요약 | 불가리아의 소련제 미그기 한 대가 이탈리아 바리 부근 나토 군사기지를 정찰하다가 추락하였다.

351-10 상어를 피하면서

상영시간 | 01분 22초

영상요약 | 오스트레일리아에서는 상어가 많아 새장과 같은 보호막 안에서 사람들이 바다 수영을 즐기고 있다.

351-11 심술쟁이 원숭이

상영시간 | 00분 58초

영상요약 | 오랑우탄이 심술을 부리며 놀며 목욕하고 있다.

351-12 표어

상영시간 | 00분 13초

영상요약 | 중립은 용공이라는 의미의 표어를 소개하고 있다.

국토건설단 창단 (1962년 2월 17일)

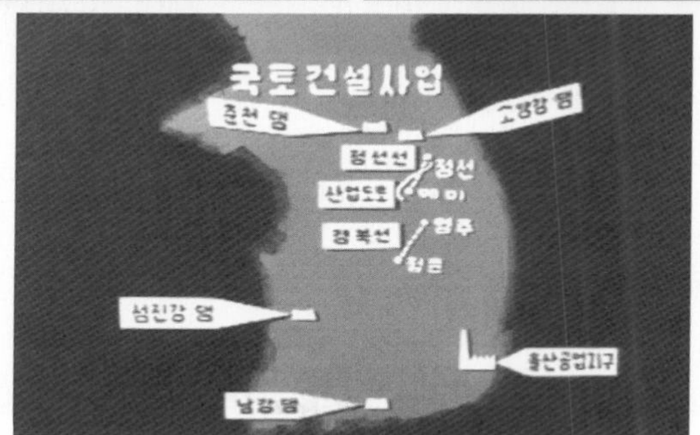

제작정보		영상정보	
출　　처	대한뉴스 352호	제공언어	한국어
제 작 사	국립영화제작소	컬　　러	흑백
제작국가	대한민국	사 운 드	유

영상요약

1962년 2월 10일 국토건설단이 창단식을 거행하고 정식으로 발족했는데, 이들은 여러 개의 건설대로 편성되어 전국 각지의 건설사업을 담당할 것이다.

내레이션

혁명 후 국민의 큰 기대를 모아오던 국토건설단이 지난 10일 창단식을 거행함으로써 정식으로 발족했습니다. 경제개발5개년계획에 따르는 여러 가지 건설공사를 효과 있게 수행할 국토건설단은 4개 지단, 6개 분단의 39개 건설대로 편성되어 각 지단 별로 건설사업을 담당할 것입니다. 그 동원계획을 살펴보면은 울산공업지구 건설, 충청댐 건설, 정선선 철도 건설, 경북선 철도 건설, 정선 예미간 산업도로 건설, 소양강댐 건설, 남강댐 건설, 섬진강댐 건설 등에 투입될 것입니다. 한 사람도 빠짐없이 온 국민이 피땀 흘려 일하는 날, 우리는 보다 나은 삶을 누릴 수 있게 될 것입니다.

화면묘사

00:00 자막 "국토 건설단 창단"

00:05 국토건설단 창단식 행사에 참석한 국토건설단원들

00:08 연설하는 송요찬 내각수반

00:12 삽을 들고 서 있는 국토건설단 단원들

00:17 연설하는 군복 입은 군인

00:22 선서를 하는 국토건설단 단원

00:26 그래픽으로 표시된 국토건설사업 현황. 한반도 지도에 "국토건설사업"이라는 제목으로 "울산공업지구, 춘천댐, 정선선, 경북선, 산업도로, 소양강댐, 남강댐, 섬진강댐" 표기

연구해제

이 영상은 1962년 2월 10일 국토건설단 창단식의 모습과 함께 국토건설단이 앞으로 시행할 국토건설 사업지를 애니메이션으로 보여주고 있다. 내레이션은 국토건설단 건설원의 인적 구성과 처우보다는 국토건설 사업지를 중점적으로 설명한다. 국토건설단의 기원은 1960년 부흥부의 「경제개발3개년계획」에서 찾을 수 있다. 4월혁명 이후 민주당 정부는 자유당 정부의 「경제개발3개년계획」을 수정보완하려 했고, 이 과정에서 단기대책으로서 국토건설사업을 계획했다. 국토건설사업은 1960년 가을부터 준비기간을 거쳐 1961년 3월부터 본격적으로 추진되었으나 5·16군사쿠데타로 인해 중단되었다.

5·16군사쿠데타 이후 군사정부는 민주당 정부의 국토건설사업을 계승변화시켜서 1962년 2월 국토건설단을 창단했다. 민주당 정부 시절 국토건설단에 참가한 건설원들은 "군번 없는 이등병", "진급 없는 군인"으로 불렸고 월급도 이등병에 준하는 130원을 받았다. 병역기피자를 중심으로 조직된 국토건설단은 평균 연령이 30대 초반이었고, 고등학교, 대학교 등 고등교육기관을 졸업하는 등 상대적으로 고학력 전문직 종사자였다. 건설원들의 하루 일과는 오전 6시에 기상하여 7시부터 시작이었으나 작업량 목표에 쫓길 경우 저녁점호나 쉬는 날에도 작업에 동원되었다. 건설반은 보통 30~35명으로 구성되었는데 이들의 작업도구, 식사, 의료지원 시설은 턱없이 부족하여 여러 문제를 야기시켰다. 부족한 의료지원 시설은 단체 늑막염 발병사건으로 이어졌고, 기간요원들과 건설원 사이의 내부 갈등도 심각한 수준이었다. 건설원과 기간요원 사이 갈등은 집단소요나 집단항명으로 이어져 여러 차례 군사재판이 열리기도 했다. 이처럼 열악했던 국토건설단은 여러 문제의 발생과 헌법개정 국민투표를 앞두고 11월 해단이 기정사실화 되었으며 이후 절차를 거쳐 12월 31일 국토건설단 해단식으로 공식 해체되었다.

군사정부의 국토건설단은 민주당 정부의 것을 계승하였지만 몇 가지 점에서 차이가 있었다. 먼저 민주당 정부의 국토건설단은 실업자 구제를 위한 반관반민운동으로 계획된 데 반해 군사정부의 국토건설단은 불량배, 깡패, 소매치기, 부랑아 등을 동원하였다. 둘째, 군사정부는 제1차 경제개발5개년계획에 맞춰 국토건설단을 운영하려 했다. 따라서 병역기피자를 대규모로 동원하여 산업기반 조성, 자원개발에 중점을 두었다. 셋째, 군사정부의 무리한 추진은 사업의 비효율성과 인권유린이라는 결과를 가져왔다. 체계적인 조사 및 연구, 충분한 재원확보 없이 진행된 국토건설단 사업은 보여주기 식으로 전개되면서 장기계획으로 집행해야 할 태백산지구 개발, 울산공업센터 조성, 다목적 수자원 개발 등은 성과도 부족했고, 국토건설단 운영과정에서 많은 사회문제를 발생시켰다. 군사정부는 이러한 시행착오 속에 국토건설사업 재검토에 들어갔으며 1963년 10월 국토건설종합계획법이 제정되었다. 이처럼 국토건설단의 창단과 운영과 해체는 민주당과 군사정부의 경제개발계획의 집행·운영방식의 공통점과 차이점 속에서 이해해야 한다. 특히 "한 사람도 빠짐없이 온국민이 피땀흘려 일하는 날, 우리는 보다 나은 삶을 누릴 수 있다"는 내레이션의 마무리는 국토건설단이 일부 계층의 경제적 동원에서 더 나아가 일반 국민에게까지 성실한 노동자세를 요구했다는 것을 알 수 있게 해준다.

참고문헌

임송자, 「1961년 5·16 이후 국토건설사업과 국토건설단 운영 실태」, 『한국근현대사연구』 67, 2013.

해당호 전체 정보

352-01 국토건설단 창단

상영시간 | 01분 01초

영상요약 | 1962년 2월 10일 국토건설단이 창단식을 거행하고 정식으로 발족했는데, 이들은 여러 개의 건설대로 편성되어 전국 각지의 건설사업을 담당할 것이다.

352-02 농촌 부흥에 앞장선 모범농가

상영시간 | 01분 00초

영상요약 | 1962년 2월 9일 박정희 의장이 경기도 광주군 풍산리에 있는 모범촌락을 방문하였다.

352-03 합동 기동훈련

상영시간 | 00분 40초

영상요약 | 1962년 1월 29일부터 중서부 전선에서는 동계 기동훈련작전이 한국군, 미군, 터키군, 태국군이 참석한 가운데 실시되었다.

352-04 원자로 건설

상영시간 | 00분 39초

영상요약 | 1959년 7월 기공한 원자로 시설공사가 거의 완료되어 1962년 3월 중 준공될 예정이다.

352-05 대처, 비구승 비상 종회

상영시간 | 00분 28초

영상요약 | 1962년 2월 12일 불교계 종파싸움을 해결하기 위한 비상종회가 서울 조계사에서 개최되었다.

352-06 폐품 재생 전시

상영시간 | 00분 30초

영상요약 | 공보부 중앙공보관에서 생활개선운동의 일환으로 폐품 재생 전시회가 개최되었다.

352-07 선명회 어린이 합창단 귀국

상영시간 | 01분 07초

영상요약 | 1961년 10월 서울을 떠나 약 4개월 동안 미국과 캐나다를 순방한 선명회 어린이 합창단이 1962년 2월 6일 귀국했다.

352-08 해군 원양훈련단 하와이 도착

상영시간 | 01분 02초

영상요약 | 1962년 2월 1일 진해항을 떠나 태평양에서 훈련을 거듭한 해군 원양 훈련단이 교포들의 환대 속에 하와이에 도착했다.

352-09 자유월남의 여군훈련

상영시간 | 00분 58초

영상요약 | 남베트남 응우엔디엠 대통령은 새롭게 창설된 베트남 여군들을 격려했는데, 지금까지 조직된 여군의 수는 36,000명에 달한다.

352-10 핵 순양함 롱비치호

상영시간 | 00분 42초

영상요약 | 미국 해군 최초의 핵 순양함 롱비치호가 프랑스 레하브항에 모습을 나타내어 북대서양조약기구 국가들에게 신뢰감을 주었다.

352-11 트람포린 시범

상영시간 | 01분 07초

영상요약 | 세계 곳곳에서 트램플린이 새롭게 유행을 하고 있는데, 오스트레일리아 시드니 어느 마을에서는 선수권대회를 앞두고 맹연습을 하고 있다.

352-12 표어

상영시간 | 00분 10초

영상요약 | 국가재건을 위해 반공이데올로기를 활용하고 있다.

창경원에 케이블카 (1962년 3월 17일)

제작정보

출　　처 : 대한뉴스 356호
제 작 사 : 국립영화제작소
제작국가 : 대한민국

영상정보

제공언어 : 한국어
컬　　러 : 흑백
사 운 드 : 유

영상요약

1962년 3월 10일부터 운행을 시작한 창경원 케이블카를 소개하는 영상.

내레이션

봄빛이 무르익기 시작한 창경원에 관광 케이블카가 등장, 3월 10일부터 그 운전을 시작했습니다. 창경원 수정궁을 공중으로 가로지른 이 관광케이블카는 높이 16미터에, 공중의 길이가 300미터로, 한 대에 열다섯 명 타는데 두 대가 왕래하고 있습니다. 그런데 이 케이블카는 그 제작회사에서 앞으로 5년동안 운영한 후 창경원에 기증한다고 합니다. 이 케이블카를 본 어린이들은 아빠와 엄마를 몹시 졸라댈 것인데, 어디 만발한 벚꽃을 발아래로 내려다 보는 즐거운 소풍을 손꼽아 보실까요.

화면묘사

00:00 자막 "창경원에 케이블카"
00:04 케이블카 매표소 모습
00:07 케이블카 탑승대 모습
00:11 움직이는 케이블카
00:16 케이블카에서 바깥을 내다보는 시민들
00:21 케이블카에서 내려다 보이는 창경원 내부
00:36 케이블카에서 바깥을 내다보는 시민들

연구해제

본 영상은 1960년대 서울시민들의 유원지로 애용되었던 창경원 내 관광 케이블카의 운행 소식을 담고 있다. 당시 창경원 관광 케이블카는 춘당지를 사이에 둔 양편 언덕을 잇는 높이 16미터, 길이 300미터의 규모로 만들어졌고, 1962년 3월 10일 오전 10시를 기해 개통했다. '서비스 스테이션' 회사에서 3,000만 환 예산으로 착공하였는데, 이 회사는 앞으로 5년간만 운영하고 그 이후는 창경원에 운영권을 넘길 것이라고 했다. 16명이 탈 수 있는 이 케이블카의 공사에는 3,000여만 환이 들었으며, 도중에 정전이 되면 자가 디젤엔진으로 돌리거나, 아니면 수동식 기계를 써서 케이블카를 종점으로 끌고 올 수 있게 설계되었다. 왕복에 10분(편도 5분)을 소요하며, 1962년 당시 요금은 어른이 20환, 어린이가 100환이었다.

일제에 의해 어린이와 시민의 놀이터로 전락했던 창경원은 1984년이 되어서야 창경궁으로 복원하기 위한 공사가 시작되었다. 동·식물원을 비롯하여 놀이터 등 위락시설로 활용되어 온 일체의 시설을 철거하고 순수한 고궁으로 되돌리는 작업에 따라 케이블카 시설 역시 철거되었다.

참고문헌

「창경원에 '날으는 전차'」, 『경향신문』, 1961년 11월 4일.
「명물 케이블 카」, 『경향신문』, 1962년 3월 10일.
「창경궁을 옛 모습으로」, 『경향신문』, 1984년 4월 12일.

해당호 전체 정보

356-01 노동절

상영시간 | 00분 23초

영상요약 | 1962년도 3월 10일 노동절 기념식이 국민회관에서 거행되어, 경제개발5개년계획을 성공적으로 완수하기 위해 노력을 다하겠다고 다짐했다.

356-02 활발한 사방공사

상영시간 | 00분 47초

영상요약 | 농림부에서는 경제개발5개년계획의 하나로 대규모적인 녹화사업 계획을 수립하고, 약 25억환의 예산으로 1962년에 사방공사를 실시하고 있다.

356-03 옥천의 모범 농촌

상영시간 | 00분 55초

영상요약 | 충청북도 옥천군 군북면 자모리 모범농촌에서는 공동재배, 절미운동, 가축검사 등을 통해 눈부신 발전을 이루고 있다.

356-04 농촌발전 촉구대회

상영시간 | 00분 38초

영상요약 | 1962년 3월 5일 전라북도 도청앞 광장에서는 농촌의 발전을 촉구하고 농민들의 자율적 발전의욕 제고를 위해 농촌발전 촉진대회가 개최되었다.

356-05 산업박람회 전시관 상량

상영시간 | 00분 37초

영상요약 | 경제건설의 다채로운 모습을 보이기 위한 산업박람회 전시관 상량식이 1962년 3월 11일 경복궁 박람회장에서 거행 되었다.

356-06 복권추첨

상영시간 | 00분 26초

영상요약 | 서울 사세청에서는 2월분 극장 입장권 복권을 인기 여배우 도금봉으로 하여금 추첨하게 했다.

356-07 창경원에 케이블카

상영시간 | 00분 38초

영상요약 | 1962년 3월 10일부터 운행을 시작한 창경원 케이블카를 소개하는 영상.

356-08 한국 대 페루 친선 축구

상영시간 | 01분 06초

영상요약 | 1962년 3월 10일과 11일 이틀 동안 효창경기장에서 페루의 프로팀과 친선 축구경기가 개최되었다.

356-09 유럽에 큰 수해

상영시간 | 00분 55초

영상요약 | 북극해안을 통과한 폭풍으로 북부대륙 지방에 큰 수해가 일어났다.

356-10 미스 차이나타운 선발

상영시간 | 01분 00초

영상요약 | 미국에 살고 있는 중국 사람들이 샌프란시스코에서 새해를 맞아 신년 축하제와 함께 미스 차이나타운을 뽑았다.

356-11 개들의 얼굴자랑

상영시간 | 00분 35초

영상요약 | 뉴욕 메디슨스퀘어가든에서 개 선발대회가 열렸다.

356-12 스키대회

상영시간 | 01분 03초

영상요약 | 프랑스 샤머니에서 열린 세계 스키선수권대회에서 오스트리아 선수들이 1, 2,

3위를 차지했다.

356-13 표어

상영시간 | 00분 10초

영상요약 | 실천과 정신혁명을 통해 가난을 쫓아내자는 구호가 소개되고 있다.

경제개발5개년계획 모형 전시 (1962년 3월 24일)

제작정보			영상정보		
출　　처	:	대한뉴스 357호	제공언어	:	한국어
제 작 사	:	국립영화제작소	컬　　러	:	흑백
제작국가	:	대한민국	사 운 드	:	유

영상요약

1962년 3월 20일 공보부에서 경제개발계획을 알리기 위해 설치한 모형전시관을 소개하는 영상. 계획에 따라 5년 후에는 근대적 경제발전의 토대가 마련될 것을 홍보하고 있다.

내레이션

조국의 흥망을 걸어놓고 정부에서 정력적으로 추진 중에 있는 경제개발5개년계획을 국민에게 보다 더 알기 쉽게 이해시키고저 공보부에서는 경제개발5개년계획 모형전시관을 서울 세종로 길 옆에다 설치, 3월 20일부터 시민에게 공개했습니다. 그런데 제1차 경제개발5개년계획은 1962년에 시작되어 1966년이 목표 년도이고 산업부문별로 보면은 농림, 수산 등의 제1차 산업과 광업, 제조, 건설업 중에 제2차 산업 그리고 전기, 운수, 보건, 통신, 주택 그 밖의 서비스업 등 제3차산업과 국토건설사업으로 돼 있는데 이것을 종합해서 연차적으로 발전시켜 나가는 것입니다. 투자 총 액수는 3조 2,000억 환인데, 이 계획이 달성된 5년 후에 우리나라의 생활은 국민소득이 4할이나 늘고 실업자가 거의 없어지고 전기는 3배, 석탄생산은 2배로 증가되는 등 근대적 경제발전의 토대가 마련되는 것입니다.

화면묘사

00:00 자막 “경제개발5개년계획 모형전시”
00:04 “경제개발5개년계획 모형전시”라고 써 있는 광고탑
00:14 모형전시관 내부 전경
00:23 전시관에 걸려 있는 사진들
00:28 테이프 커팅을 하는 내빈들
00:32 모형전시관을 둘러보는 송요찬 내각 수반
00:40 “자금투자내역”이라고 써 있는 전시물
00:47 공장, 댐 등을 형상화한 미니어처들

연구해제

이 영상은 1962년 3월 20일부터 세종로에서 진행된 경제개발5개년계획 모형 전시내용을 홍보하고 있다. 이 전시는 1962년 제1차 경제개발5개년 계획의 첫해를 맞이하여 많은 대중들에게 계획의 내용을 알기 쉽게 이해시키려는 목적하에 시행된 것으로, 정부관

계자뿐만 아니라 외국인사들도 전시의 개막식에 참여하였고, 전시장을 둘러보았다.

제1차 경제개발계획은 1962년 시작되어 1966년 달성하는 것을 목표로 수립되었는데, 산업부문별로 보면 농림, 수산 등의 제1차산업과 광업, 제조, 건설업 등 제2차산업, 그리고 전기, 운수, 보건, 통신, 주택 그 밖의 서비스업 등 제3차산업과 국토건설산업으로 분류되어 있었다. 영상에서 보이는 전시는 경제개발5개년계획이 완수되었을 때의 모습 모형과 자금조달 방안을 선전하는 게시물 등으로 구성되어 있다.

5·16군사쿠데타를 통해 집권한 군사정부는 경제문제가 시급하다는 판단하에 이전 장면 정권과 마찬가지로 '경제 제일주의'를 내세웠고, 경제개발계획의 입안과 실시를 제2의 혁명과업으로 설정하였다. 또한 1961년 5월 31일 '혁명정부의 기본경제정책'을 발표하여 "정부의 강력한 계획성을 가미하는 경제체제를 확립"할 것을 밝혔다. 이어 1962년 1월 5일에는 제1차 경제개발5개년계획의 최종안이 발표되었다. 최종적으로 확정된 제1차 경제개발5개년계획에서 1차년도인 1962년의 경제성장률은 5.7%로 책정되었고, 공업화를 위한 기반 구축을 목표로 하였다. 이를 위해 시멘트, 종합제철, 정유 분야 등의 건설에 착수하고, 화력·수력발전소 건설 및 국제수지 개선을 위한 수출무역 진흥을 비롯해 주한외군에 대한 군납 및 용역제공 확대 등이 포함되었다. 이에 따라 1962년 2월 3일에 제1차 경제개발5개년계획의 첫 번째 큰 사업인 울산공업단지의 기공식이 거행되었다. 군사정부는 이와 함께 기간산업의 대표격인 정유공장, 석유화학공장, 제3비료공장, 종합제철, 화력발전소를 건설할 계획을 내세웠다.

이와 같이 1차 경제개발5개년계획은 '내포적 공업화'를 목적으로 수립되었다. 군사정부의 내포적 공업화는 국가주의와 민족주의를 기반으로 하고 있었다. 우선 대미 자주의 자세를 강조하며 미국경제에 예속되지 않는 자립적 경제구조를 구축해야 한다는 것으로 냉전체제 보다 국익을 우선시 한다는 것이었다. 다음으로는 경제개발5개년계획의 목표를 일국 단위의 국민경제의 대내적 완결성에 두었다는 것이다. 이는 경제에 관한 중상주의·민족주의 이론을 바탕으로 하고 있었다. 마지막으로는 국가주도의 강력한 개입을 바탕으로 한 경제개발 전략을 추진했다. 내포적 공업화에 반영된 국가주의적, 민족주의적 이데올로기는 4·19혁명에 의해 분출하기 시작한 민족주의적 요구와 군사정부의 정당성을 확보하려는 의도를 반영한 것이라 볼 수 있다.

그러나 이 계획안을 실행하는 데 있어 가장 큰 난제는 재원조달이었다. 경제개발계획의 목표를 달성하기 위해서는 방대한 자금이 필요했기 때문이다. 군사정부는 필요한 자금의 4분의 1은 외자로 조달하고, 4분의 3은 내자로 조달할 예정이었다. 이때 외자를 조달하기 위해서는 미국과 협조를 해야 한다는 딜레마가 있었고, 내자조달 역시 국내 경제규모에서 어려움에 부딪히게 되었다.

참고문헌

기미야 다다시, 『박정희 정부의 선택』, 후마니타스, 2008.

성정, 「제1차 경제개발5개년계획(1962-1966) 수립과 추진」, 건국대학교 석사학위논문, 2013.

해당호 전체 정보

357-01 원자로 시험 점화 성공

상영시간 | 00분 44초

영상요약 | 1962년 3월 19일 원자로연구소에서 설치된 원자로 시험점화가 성공하여 원자력을 평화적인 산업에 이용하게 되었음을 알리는 영상이다.

357-02 해리만씨 입경

상영시간 | 01분 07초

영상요약 | 미 국무성 극동담당 차관보 해리만(W. Averell Harriman)이 1962년 3월 16일 내한하여 박정희 의장을 예방하고 한미회담에서 경제개발5개년계획을 지원하겠다는 언질을 하였다.

357-03 말라야(말레이지아) 상공상 내한

상영시간 | 00분 23초

영상요약 | 1962년 3월 17일 통상협정을 교섭하기 위해 서울에 온 말레이지아 상공상 조하리를 보여주는 영상이다.

357-04 경제개발5개년계획 모형 전시

상영시간 | 01분 02초

영상요약 | 1962년 3월 20일 공보부에서 경제개발계획을 알리기 위해 설치한 모형전시관을 소개하는 영상이다. 그 계획에 따라 5년 후에는 근대적 경제발전의 토대가 마련될 것이다.

357-05 유구에 쌀 수출

상영시간 | 00분 41초

영상요약 | 1962년 군산항에서는 대성산업과 유구상사와의 계약으로 쌀 10,000톤 중에서 우선 1,100톤이 선적 출하되었다. 이것은 1962년 들어 처음으로 쌀이 해외로 수출된 것이다.

357-06 농사에 활용되는 손수레

상영시간 | 00분 45초

영상요약 | 손수레가 각처에서 제조되어 보급되고 있는데, 농사기구의 개량이 작업능률을 향상시켜 농업발전의 요인이 되고 있음을 홍보하는 영상이다.

357-07 토끼 모피 전시회

상영시간 | 00분 43초

영상요약 | 전라남도 광주농업고등학교 강당에서 토끼의 털과 가죽을 이용해서 만든 여러 가지 실용품이 전시되어 인기를 끌었다.

357-08 소아마비 예방약 복용

상영시간 | 00분 37초

영상요약 | 보건사회부에서는 1962년 3월 19일부터 일주일 동안 생후 6개월에서 4살까지 전국의 어린이들 93만 명에게 소아마비 예방약을 무료로 복용시키고 있다.

357-09 단체 유도 대회

상영시간 | 00분 37초

영상요약 | 제8회 3·1절 기념 단체유도대회가 1962년 3월 17일 대한유도회 중앙도장에서 벌어졌다.

357-10 글렌 중령 환영회

상영시간 | 01분 37초

영상요약 | 우주시대의 영웅 미국의 글렌 중령이 뉴욕에 도착하자 시민들로부터 열광적인 환대를 받았다.

357-11 핵무기 수중발사

상영시간 | 00분 43초

영상요약 | 폴라리스 유도탄이 장치돼 있는 미국 잠수함 알렌호가 플로리다 해안을 떠나 이상 없이 대서양 위에서 항해하고 있다.

357-12 얼음판 위에서 자동차 경주

상영시간 | 00분 48초

영상요약 | 캐나다 오타와 근처 피엘 호수가 얼어붙자 그 얼음판 위에서 자동차 경주가 벌어졌다.

357-13 표어

상영시간 | 00분 10초

영상요약 | 반공정신으로 재건하자는 표어를 제시하고 있다.

윤 대통령 사임 (1962년 3월 31일)

제작정보		영상정보	
출 처	대한뉴스 358호	제공언어	한국어
제 작 사	국립영화제작소	컬 러	흑백
제작국가	대한민국	사 운 드	유

영상요약

1962년 3월 22일 윤보선의 대통령직 사임 기자회견을 보여주는 영상이다.

내레이션

3월 22일 윤보선 대통령은 취임한 이후 1년 7개월 10일만에 사임했는데, 이날 청와대에서는 고별 기자회견이 있었습니다. 그리고 3월 24일에 열린 국가재건최고회의 본 회의에서는 윤 대통령의 사임허가를 의결하고, 이어서 국가재건비상조치법의 일부를 개정, 국가재건최고회의 의장이 민정이양시까지 대통령의 권한을 대행하도록 했습니다. 이날 박의장은 가일층 단결해서 혁명과업을 하루속히 완수하자고 강조했습니다.

화면묘사

00:00 자막 "윤 대통령 사임"
00:03 선글라스를 끼고 기자회견을 하는 윤보선 대통령
00:08 기자회견 내용을 적고 있는 기자
00:11 사진을 찍는 사진 기자들
00:15 국가재건최고회의장 모습
00:18 "議事日程 第四次最高會議 三月二十四日(土) 一. 大統領辭任許可에 關한 件"(의사일정 제사차최고회의 삼월이십사일(토) 일. 대통령사임허가에 관한 건)이라고 써 있는 종이
00:21 의장석에 앉는 박정희 의장
00:25 의사봉을 두드리는 박정희 의장
00:35 의장석에서 말하는 박정희 의장

연구해제

이 영상은 1962년 3월 22일 윤보선 대통령의 사임 기자회견과 국가재건최고회의에서 이 안건을 논의하는 모습을 담고 있는 37초의 짧은 영상이다. 이어지는 〈대한뉴스〉 제358-02호 '박의장 대통령 권한 대행'에서는 박정희 의장이 대통령 권한 대행의 자격으로 주한 외교사절들을 접견하는 장면을 담고 있다.

5·16 군사쿠데타 직후인 1961년 5월 18일, 장면 총리와 내각 요인들이 사퇴했지만 제

4대 대통령 윤보선은 대통령직에서 사임하지 않았다. 물론 윤보선도 장면 내각 사퇴 다음날 대통령직에서 물러날 것을 고려했다. 그러나 군사정부는 정권의 합법성을 보장받는 하나의 방편으로서 윤보선이 대통령직을 계속 유지할 것을 종용했다. 미국도 윤보선의 지위를 이용하여 군사정부를 쉽게 승인할 수 있다는 입장에서 윤보선의 사퇴를 막았다. 1961년 8월 윤보선이 두 번째로 사퇴를 결심했을 때도 미국은 이를 만류하기 위해 주한미국대사를 동원해서 윤보선을 설득했고, 윤보선은 또 다시 자신의 의사를 번복했다. 이처럼 군사정부가 윤보선을 대통령직에 붙잡아둔 이유는 국제사회에서 미국과 군사정부의 관계를 쉽게 풀어가는 도구로 이용하려는 목적이 있었기 때문이었다.

윤보선이 대통령직을 계속 수행한 것에는 개인의 판단도 작용했다. 사실 윤보선은 5·16 군사쿠데타가 발생하자 "올 것이 왔다"라고 하며 무너질 수밖에 없었던 정권이 무너진 것으로 인식하고 있었고, 그에 따라 군사쿠데타 진압을 반대하였으며, 나아가 쿠데타 직후 매그루더 주한 유엔군 사령관과 그린 주한 미국 대리대사에게 초당적 거국내각의 구성을 주장하기도 하였다.

그러나 이들의 밀월이 오래 가지는 못했다. 1962년 1월 1일 군사정부는 구정치인들의 연금을 해제했지만 이들이 새로 수립될 정부에 참여하는 것은 원하지 않았다. 이에 윤보선은 2월 3일 구정치인의 출마 제한을 재검토하겠다는 견해를 피력했다. 그러나 국가재건최고회의는 '정치활동정화법'(1962년 3월 16일)을 발표해서 구 정치인들의 활동을 제한했고, 윤보선은 정치활동정화법으로 더 이상 자신을 중심으로 한 정계 개편이 불가능함을 깨달았다. 이에 3월 18일 윤보선은 사퇴를 준비하겠다고 선언하고, 22일 마침내 사퇴성명을 발표했다. 그리고 예정된 코스에 따라 국가재건최고회의법에 따라 박정희가 대통령 권한대행의 역할을 수행하게 되었다.

참고문헌

박태균, 『우방과 제국, 한미관계의 두 신화』, 창비, 2006.

해당호 전체 정보

358-01 윤 대통령 사임

상영시간 | 00분 37초

영상요약 | 1962년 3월 22일 윤보선의 대통령직 사임 기자회견을 보여주는 영상이다.

358-02 박의장 대통령 권한 대행

상영시간 | 00분 46초

영상요약 | 대통령 권한을 대행하게 된 박정희 의장이 1962년 3월 28일 청와대에서 주한 외교사절들과 접견하는 모습을 담은 영상이다.

358-03 제주도 횡단도로 기공

상영시간 | 00분 43초

영상요약 | 1962년 3월 24일 제주와 서귀포를 연결하는 횡단도로 포장공사의 기공식을 보여주는 영상이다.

358-04 활발한 저수지 건설

상영시간 | 00분 39초

영상요약 | 경기도 용인군 포곡면 신월리 부락민들이 스스로 저수지를 건설하기로 계획을 세우고 1962년 2월 26일 기공식을 시작해 저수지를 구축해 가고 있다.

358-05 외화를 얻는 우량 국산품

상영시간 | 00분 43초

영상요약 | 동신화학에서는 대형 타이어를 만들어 미8군에 납품하기 시작, 1962년에는 100만 달러의 외화를 획득할 것이다.

358-06 통신기술 교육시범

상영시간 | 00분 34초

영상요약 | 1962년 3월 21일 동국무선공업고등학교에서 통신기술 교육의 향상을 돕기 위

해 한국군 6군단과 미 1군단의 통신교육시범대회가 열렸다.

358-07 국립극장 개관

상영시간 | 01분 02초

영상요약 | 962년 3월 23일 국립극장이 내외귀빈 다수가 참석한 가운데 개관식을 진행하였다.

358-08 반공 귀순용사 합동 결혼식

상영시간 | 00분 58초

영상요약 | 북한을 탈출한 70명의 귀순용사들 합동결혼식이 1962년 3월 27일 국민회당에서 거행되었다. 이들은 경기도 평택에 마을을 이루어 조국재건 사업에 헌신하고 있다.

358-09 배구 경기

상영시간 | 00분 48초

영상요약 | 1962년도 전국 남녀 배구 우수팀 리그전이 3월 22일부터 나흘 동안 서울운동장에서 거행되었다.

358-10 월남 대통령 관저 피습

상영시간 | 01분 08초

영상요약 | 남베트남의 수도 사이공에 있는 대통령 관저가 정체 모를 비행기에 의해 폭격을 받았다.

358-11 U-2기 조종사 증언

상영시간 | 00분 50초

영상요약 | 소련 간첩 아벨과 교환된 미국 U-2기 조종사 파워즈가 미국 상원 군사위원회에 출석해 증언했다.

358-12 컬링 대회

상영시간 | 01분 15초

영상요약 | 캐나다 온타리오에서 고대 운동경기의 하나인 컬링 선수권대회가 거행되었다.

대종상 시상 (1962년 4월 7일)

제작정보			**영상정보**		
출 처	:	대한뉴스 359호	제공언어	:	한국어
제 작 사	:	국립영화제작소	컬 러	:	흑백
제작국가	:	대한민국	사 운 드	:	유

영상요약

1962년 3월 30일 공보부에서 주최한 우수 국산영화 제1회 대종상 시상식을 보여주는 영상이다.

내레이션

오는 5월 서울에서 열릴 아세아영화제를 앞두고 공보부에서 주최한 우수 국산영화 제1회 대종상 시상식이 3월 30일 저녁 국립극장에서 대성황을 이룬 가운데 거행됐습니다. 국산영화의 장려와 그 발전을 도모하고저 마련한 이번 이 영화상 제1회 대종상은 1961년도에 제작되어 출품된 극영화 20편과 문화영화 9편 중에서 최우수 영화를 선정해 17개 부문에 걸쳐 시상을 한 것입니다. 작품상에는 연산군이 뽑혀 신상옥 씨가 봉덕사 종을 모방해서 만든 아담한 트로피를 받았습니다. 감독상에는 사랑방 손님과 어머니의 신상옥 씨. 촬영상에는 연산군의 배성학 씨. 각본상에는 사랑방 손님과 어머니의 임희재 씨. 편집상에는 언니는 말괄량이의 한형모 씨. 음악상에는 연산군의 정윤주 씨. 녹음상에도 역시 연산군의 정윤주 씨. 미술상에는 연산군의 정우택 씨. 조명상에는 연산군의 이계창 씨. 남우조연상에는 현해탄은 알고 있다의 이예춘 씨. 여우조연상에는 연산군의 한은진 씨. 신인상에는 5인의 해병의 김기덕 감독. 특별장려상에는 전영선 어린이. 문화영화상에는 동물원의 하루의 김상봉 씨. 이번 대종상의 남우주연상에는 연산군의 신영균 씨. 신인으로서 재빠른 관록을 쌓아 올린 쾌남아 신영균 씨는 그리고 여우주연상에는 상록수의 최은희 양. 한편 농촌 재건 운동에 지대한 공을 세운 상록수에 공로작품상이 수여됐습니다. 이날로써 네 번째 주연상을 받는 최은희 양은 베를린영화제에서 작품공로상을 탄 마부의 트로피인 은곰상을 그 주연이던 김승호 씨에게 전달됐습니다. 시상식에 이어 즐거운 축하쇼가 베풀어져 대종상 시상식의 밤을 한층 더 화려하게 장식했습니다.

화면묘사

00:00 자막 "대종상 시상". 시상식장 앞에 모여 있는 시민들
00:05 시상식장 입구에 서 있는 배우들
00:11 시상식장 안으로 들어가는 배우들
00:21 사진을 찍는 사진 기자들
00:24 무대 위 단상 모습
00:28 시상식을 관람하러 온 관객들

00:34 트로피를 받는 신상옥
00:41 박수치는 여배우
00:44 상을 받는 신상옥
00:49 박수치는 외국인들
00:57 상을 받는 배승학
01:03 각본상을 받는 임희재
01:07 편집상을 받는 한형모
01:11 음악상과 녹음상을 받는 정윤주
01:16 미술상을 받는 정우택
01:20 조명상을 받는 이계창
01:29 남우조연상을 받는 이예춘
01:38 여우조연상을 받는 한은진
01:51 신인상을 받는 김기덕
01:57 특별장려상을 받는 전영선
02:05 박수치는 김희갑
02:09 문화영화상을 받는 김상봉
02:14 남우주연상을 받는 신영균. “오늘의 이 영광스러운 자리를 차지하게 된 저의 기쁜 마음은 제가 새삼스럽게 여러분에게 말씀드리지 않더래도 이 벅찬 가슴을 잘 이해해주실 줄 압니다. 앞으로 오늘의 기쁨의 긍지를 살려서 더욱 꾸준히 노력할 것입니다.”(신영균 육성)
02:41 박수치는 관객들
02:46 여우주연상을 받는 최은희. “대단히 감개무량합니다. 너무나 가슴이 벅차 올라서 뭐라고 말씀을 드려야 좋을지.”(최은희 육성)
03:16 박수치는 관객들
03:19 트로피를 받는 김승호
03:29 축하쇼를 펼치는 가수들

연구해제

이 영상은 1962년 3월 30일 국립극장에서 개최되었던 제1회 대종상영화제 시상식의 이모저모를 담고 있다. 남우주연상 수상자인 신영균과 여우주연상 수상자 최은희의 육성 소감이 포함되어 있으며, 당시 활발하게 활동하던 영화인들이 한 자리에 모인 모습을 볼 수 있다.

대종상영화제의 모체는 1958년 발표된 '국산 영화 보호 육성 계획'의 일환으로 시행한 우수 국산영화 선정 및 보상제도였다. 문교부에서 주도했던 우수 국산영화 시상제는 1959년 2회를 끝으로 영화관련 업무가 공보부로 이관됨에 따라 우수영화상으로 이름을 바꿨다. 우수 영화상은 1961년 단 한 번 개최된 뒤, 1962년 대종상으로 명칭이 변경되었다. 대종상영화제를 개최하는 주체 역시 많은 변화를 겪었는데, 1회부터 5회(1966년)까지는 공보부가, 6~7회(1967~1968년)는 한국영화인협회가 주최했고, 8~9회(1969~1970년)는 대한민국 예술상으로 흡수되었다가 10회(1971년)부터 문공부와 영화진흥조합이 공동 주최하면서 대종상으로 제 이름을 찾았다. 이후 12회부터 17회(1973~1978년)까지는 영화진흥공사와 문화공보부가, 18회부터 24회(1979~1986)까지는 영화진흥공사와 영화인협회가 공동으로 주관했다. 25회(1987)부터 영화인협회 주관에 영화진흥공사 후원으로 바뀌었고 30회(1992)부터 영화인협회와 후원 기업의 공동주최 형식으로 개최되어 현재에 이르고 있다. 25년이 넘는 시간 동안 국가의 주도하에 놓여있었던 대종상영화제는 1992년 이후 완전한 민간주도의 영화제가 되었다.

대종상영화제가 시작부터 정부의 주도하에 있었다는 것은 매우 오랫동안 이 영화제의 성격을 규정하는 최우선 조건이 되었다. 우선, 대종상영화제가 출범했던 1962년에는 각종 국내 스포츠대회와 음악경연대회 등의 '혁명 1주년 기념' 대회를 비롯하여 아시아 영화제, 국제음악제, 국제반공대회 개최 등 다양한 국내외 행사들이 기획되어 있었다. 이러한 행사의 일환으로 개최되었던 대종상영화제의 목적 중 하나는 아시아영화제 및 베를린영화제 등 해외영화제에 출품할 영화들을 심사하기 위한 것이었다. 대종상 초기에는 대종상의 수상작들을 선정하면서 해외 영화제 출품작도 함께 선정하여 대종상 본상 시작 전에 발표했는데, 특히 이 영상에서 소개된 제1회 대종상영화제는 1962년 5월에 서울에서 개최하게 된 제9회 아시아영화제를 앞두고 아시아영화제 출품작을 선정하기 위한 목적뿐 아니라 '국제영화제' 개최의 사전 연습이라는 목적도 적지 않았던 것으로 보인다. 영상의 첫머리에 등장하는 다음의 내레이션은 이 같은 목적을 분명히 하고 있다. "오는 5월 서울에서 열릴 아시아영화제를 앞두고 공보부에서 주최한 우수국산영화 제1회 대종상 시상식이 3월 30일 국립극장에서 성황리에 개최되었습니다."

그런데 제2회 대종상 시상식 직후, 심사에 대한 불만이 제기되면서 심사를 보이코트하자는 여론이 팽배해지고 재심으로 해외영화제 출품작을 다시 선정하자는 제작가협회의 문제제기가 이루어졌다. 또 제4회 대종상 이후에는 11명의 심사위원 중 단 한 명의 영화전문가도 포함되지 않았다는 사실을 지적하면서 심사의 불공정성을 제기한 기사가 실리기도 했다. 초기부터 불거졌던 이러한 심사 불공정 문제는 이후로도 오랫동안 대종상영화제의 고질적인 문제로 지적되었다. 또한, 1964년부터는 대종상 수상작에 우수영화보상제의 외화쿼터를 줌으로써 각종 문제가 야기되었다. 당시 외화를 수입하기 위해서는 정부의 허가가 필요했는데, 국산영화 진흥을 위해 마련되었던 보상제도로서의 외화쿼터는 외화를 수입하기 위해 국산영화를 제작하는, 주객전도의 상황을 유발했던 것이다. 즉 대종상에서의 수상은 곧 직접적인 경제적 혜택을 의미하는 것이었기 때문에, 자연스럽게 영화 제작자들 사이에서 수상을 위한 치열한 경쟁이 일어나게 되었다. 결국 이 제도의 시행은 정권의 계몽주의 프로젝트용으로서의 영화가 양산되는 결과를 낳게 되었으며, 1970년대까지 대종상에서 최우수작품상을 받은 영화들의 목록은 이러한 경향을 단적으로 보여준다고 할 수 있다. 이 시기 수상작들에는 대체로 반공의식, 역사적 인물의 형상화를 통한 애국사상 고취, 공공의 이익을 위한 자기 헌신의 당위성, 한국 고유한 것으로 여겨지는 삶이나 가치관이 드러나는 전통에 대한 강조가 두드러지게 나타난다. 박정희 정권은 이른바 '건전한 정신'을 함양시키는 교육적 수단으로 영화를 적극적으로 활용하였고, 필요에 따라 학생과 일반인들의 단체관람을 조장하기도 하였다.

1970년대까지 대종상영화제는 이처럼 정부의 영화계 통제 수단으로 변질되거나 포상을 둘러싼 영화인들의 마찰을 유발하는 상황을 빚기도 했으며, 외화 수입 이권에 집착하면서 영화제의 순수성이 왜곡되기도 했다.

1992년 민간주도의 행사로 변모한 뒤부터 현재까지 대종상영화제는 관주도 행사라는 굴레에서 벗어나기 위해 다양한 노력을 경주해왔다. 최근에 이르기까지 몇 차례의 파행과 위기를 넘으면서 2015년 현재까지 지속되고 있는 대종상영화제는 국내에서 가장 오래된 영화상이자, 다양한 의미에서 한국영화가 걸어온 발자취를 담고 있는 역사의 증거이기도 하다.

참고문헌

「국산영화 29편을 심사」, 『동아일보』, 1962년 3월23일.

「최우수국산영화상 첫대종상수상식」, 『동아일보』 1962년 3월 31일.

「제2회 대종상시상」, 『경향신문』, 1963년 3월 9일.

「5일부터 심사 영화제출품작품」, 『동아일보』 1963년 2월 7일.

「아주영화제출품작 재심건의키로」, 『동아일보』 1963년 3월 12일.

「외화쿼터 주어 대종상시상식」, 『경향신문』 1964년 3월 5일.

「권위잃은 대종상」, 『경향신문』 1965년 4월 5일.

박승현, 「대중매체의 정치적 기제화: 한국영화와 건전성 고양(1966~1979)」, 『언론과 사회』 13-1, 2005.

대종상영화제 공식 홈페이지 daejongfilmaward.kr

영화사전 terms.naver.com

해당호 전체 정보

359-01 국토건설단 업무 개시

상영시간 | 00분 39초

영상요약 | 1962년 3월 25일 국토건설단에서 진주 남강댐 공사에 건설원을 투입함으로써 군대생활 대신 건설작업을 도맡은 국토건설단이 그 임무를 수행하기 시작했다.

359-02 영주 수로 변경공사

상영시간 | 01분 12초

영상요약 | 1962년 3월 30일 경상북도 영주에서는 박정희 의장이 참석한 가운데 수해복구 준공식이 거행되었다.

359-03 새로운 국산 객차

상영시간 | 00분 22초

영상요약 | 교통부에서 인천공작창을 보수하여 순 국산객차를 제조하는 영상을 보여준다.

359-04 쌀 증산자 표창

상영시간 | 00분 36초

영상요약 | 1962년 3월 29일 토지개량조합연합회에서는 전년도 미곡 증산자에 대한 표창식이 거행되었다.

359-05 대종상 시상

상영시간 | 03분 38초

영상요약 | 아세아영화제를 앞두고 공보부에서 주최한 우수 국산영화 제1회 대종상 시상식이 1962년 3월 30일 저녁 국립극장에서 거행되었다.

359-06 직장 문화 서클활동

상영시간 | 00분 39초

영상요약 | 공보부에서 추진하고 있는 직장문화써클 운동에 따른 직장문화서클 공연회가

1962년 3월 29일 조선맥주주식회사에서 거행되었다.

359-07 데이비스컵 쟁탈 정구 시합

상영시간 | 00분 50초

영상요약 | 1962년 3월 30일부터 사흘 동안 서울운동장 정구코트에서 데이비스컵 쟁탈 국제 테니스 선수권 대회 동부지역 예선이 일본과 벌어졌지만 모두 패하고 말았다.

359-08 제네바 군축 회의

상영시간 | 00분 54초

영상요약 | 제네바에서 군비축소를 위한 17개국 회의가 열려, 미국에서는 30% 군비축소를 주장했지만 소련은 반대했다.

359-09 소란한 알제리아

상영시간 | 00분 33초

영상요약 | 프랑스와 알제리의 7년전쟁이 끝나고 휴전협정이 조인, 발효됐다는 소식이 전해졌지만, 비밀군사조직 OAS의 반항으로 여전히 소란한 알제리 상황을 보여준다.

359-10 미용 체조

상영시간 | 00분 50초

영상요약 | 오스트레일리아 시드니 어느 마을에서 미용체조를 배우러 모인 사람들의 모습을 보여준다.

헐벗은 강산에 나무를 심자 (1962년 4월 13일)

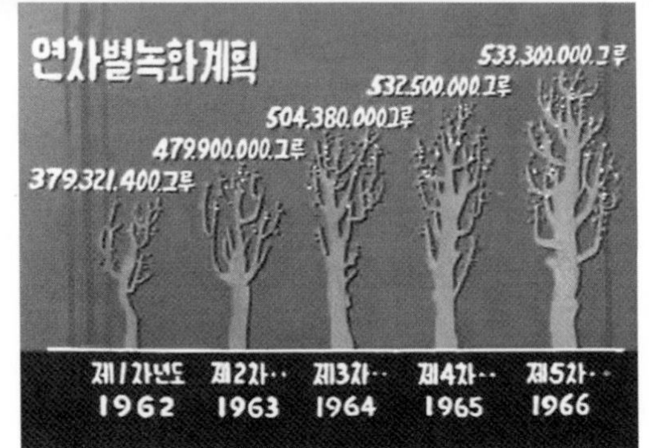

제작정보		**영상정보**	
출 처	대한뉴스 360호	제공언어	한국어
제 작 사	국립영화제작소	컬 러	흑백
제작국가	대한민국	사 운 드	유

영상요약

1962년 4월 5일 식목일을 전후해서 식목운동과 군사정부가 추진한 '녹화계획'을 강조하는 영상이다. 이날 박정희 의장은 담화를 통해서 금수강산이 황폐된 원인은 정치의 부패 때문이라고 지적했다.

내레이션

지난 4월 5일의 식목일을 전후해서 전국적으로 대대적인 식목운동이 벌어졌습니다. 서울에서는 이날 애림의 노래가 메아리 치는 동작동 국립묘지에서 제17회 식목일 기념식이 베풀어져, 아지랑이가 엷게 피어 오르는 50,000여 평의 묘지 주변에 수천 명의 공무원과 시민들이 기념식수에 참가했는데, 정성 담아 심는 한 그루, 한 그루에 내일의 푸른 꿈을 간직했습니다. 이날 박정희 의장은 담화를 통해서 금수강산이 황폐된 원인은 정치의 부패 때문이라고 지적하고, 이제부터는 나무를 베지 말고 잘 가꿔 키우자고 강조했습니다. 그런데 정부의 녹화사업 계획을 살펴보면 1차년도인 올해 3억 7,932만 1,400그루, 2차년도에 4억 7,990만 그루, 3차년도에 5억 438만 그루, 4차년도에 5억 3,250만 그루, 그리고 5차년도인 66년에는 5억 3,330만 그루로 돼있습니다. 한편 우리나라에서 태어난 주한 비율빈 대사부인 강 여사가 식목일을 기념해서 많은 묘목을 학교에 기증했는데, 어린이들의 고사리 같은 손으로 심어지는 한 그루 한 그루의 나무가 내일의 금수강산을 기약해주는 듯 했습니다.

화면묘사

00:00 자막 "헐벗은 강산에 나무를 심자!"
00:06 나무를 심는 박정희 의장
00:12 나무를 심는 송요찬 내각수반
00:17 산 중턱에 나무를 심는 공무원과 시민들
00:25 야삽으로 나무를 심는 여성들
00:29 민둥산에 나무를 심는 시민들

00:39 나무 심는 곳 정상에 펄럭이는 태극기
00:44 그래픽으로 나타나는 “연차별 녹화계획”
01:20 옮겨심기 위해 정렬해 놓은 묘목들
01:28 묘목을 구경하는 어린이들

연구해제

이 영상은 1963년 4월 5일 식목일을 맞아 진행된 나무심기운동을 다룬 자료이다. 영상에서는 산 중턱에서 나무를 심는 학생, 시민, 군인들의 모습, “내각수반 송요찬”이라고 적혀있는 팻말 뒤에서 송요찬이 식수하는 장면, 연차별 녹화사업계획 애니메이션 설명 장면, 주한필리핀 대사 부인이 기증한 묘목의 모습, 기증받은 묘목을 어린이들이 심는 장면 등을 볼 수 있다. 내레이션을 통해서는 식목일 기념 동작동 국립묘지 근처 5만여 평에 나무를 심었다는 사실과 박정희 최고회의 의장이 정치의 부패 때문에 금수강산이 황폐화되었다고 말하였다고 전한다.

식목일은 1910년에 제정되었다. 해방 이후 1946년에 기존에 4월 3일로 지키던 식목일을 4월 5일로 다시 제정하고 식목일 기념행사를 서울시에서 주관하여 실시했다. 이승만 정권시기에는 사방(砂防)의 날인 3월 15일과 겹쳐 운영되었던 적도 있었다. 이후 5·16 군사정부가 1962년 2월 27일 공포한 각령 제210호에 따라 식목일을 4월 5일로 결정하였다고 발표함으로써 지금까지 이어지고 있다.

1962년 농림부는 전국에 3월에서 5월까지 두 달에 걸쳐 4억 그루의 나무를 심어 14만 정보의 산을 가꿀 것을 계획했다. 더불어 문교부는 초등학교 어린이는 물론 전국 각급 학교 학생들에게 과일나무 한 그루를 심도록 권장했고, 농림부 산림국장 신동선은 어린이들에게 식목을 하는 것이 매우 중요한 것이라고 강조하였다.

1962년 4월 3일 식목일 직전, 서울시를 비롯하여 전국 각급학교 학생들은 헐벗은 산에 올라가서 5억 9,500만 개 포플러와 소나무 등 각 도별로 배정된 묘목을 심었다. 묘목은 정부의 보조금과 서울시 및 도비로 사들인 것으로 학생들과 함께 재건반을 통하여 일반인들도 전국적인 식목운동에 참여했다. 동대문구청에는 3일부터 9일까지 구청과 동직원, 관내주민 2,600여 명을 동원하여 동 구관 내 답십리산과 서울농대 뒷산 일대에 리키다소나무 1만 그루, 산오리나무 15,000그루 등 도합 5만 그루의 묘목을 심고, 풀씨

50킬로그램을 관내 폐지에 뿌리기로 계획했다.

1962년 4월 5일 식목일 현재 한국의 산림은 675만 6,700여 정보의 국유림, 141만 6,530정보 민유림, 미성림지 263만 7,255정보, 나무를 심지 못하는 땅인 제지(除地)도 17만 3,477정보로 구성되어 있다.

참고문헌

「植木日을4月5日로〈政府서 決定〉」, 『동아일보』, 1962년 3월 9일.
「헐벗은 강산에 푸른옷을 입히자」, 『경향신문』, 1962년 3월 31일.
「『綠衣』입는全國의山野 近五億그루」, 『동아일보』, 1962년 4월 4일.
「오늘은 植木日」, 『경향신문』, 1962년 4월 5일.
윤영균, 「식목일의 유래」, 『숲과 문화』 1-2, 1992.

해당호 전체 정보

360-01 헐벗은 강산에 나무를 심자

상영시간 | 01분 36초

영상요약 | 1962년 4월 5일 식목일을 전후해서 식목운동과 군사정부가 추진한 '녹화계획'을 강조하는 영상이다. 이날 박정희 의장은 담화를 통해서 금수강산이 황폐된 원인은 정치의 부패 때문이라고 지적했다.

360-02 반공 유공자 표창

상영시간 | 00분 26초

영상요약 | 동래와 울산에서 무장간첩을 체포하는데 공을 세운 사람들의 표창식이 서울시청 앞 광장에서 거행되었다.

360-03 귀순용사 기자회견

상영시간 | 01분 03초

영상요약 | 1962년 3월 6일 북한으로부터 귀순 월남한 홍성찬 전 북한군 하사는 기자회견에서 북한동포들의 참상을 폭로했다. 그리고 4월 13일 그에 대한 환영대회가 서울시청 앞 광장에서 베풀어졌다.

360-04 신문의 날

상영시간 | 00분 36초

영상요약 | 제6회 신문의 날 기념대회가 1962년 4월 6일 국민회당에서 거행되어, 신문인들은 사회정의의 실현을 위해 끊임없이 투쟁해서 민주사회 발전에 이바지할 것을 다짐했다.

360-05 교통질서 확립에 어린이도 활약

상영시간 | 00분 32초

영상요약 | 교통순경들을 돕고자 1961년부터 일해온 꼬마 교통 순경들이 이제는 관록이 쌓여 의젓한 교통순경으로 활약하고 있다.

360-06 꽃씨 날리기

상영시간 | 00분 37초

영상요약 | 1962년 4월 8일 서울시청 앞 광장에서는 꽃씨날리기 대회가 벌어져, 5,000여 명의 소녀들이 꽃씨를 담은 풍선을 날렸다.

360-07 오끼나와에 설탕 수출

상영시간 | 00분 25초

영상요약 | 우리나라에서 만든 설탕이 처음으로 외국에 수출하게 되어, 제일제당에서 1962년 3월 26일 제1차로 오끼나와에 200톤을 수출했다.

360-08 발레 공연

상영시간 | 00분 42초

영상요약 | 국립극장 개관을 맞이하여 1962년 3월 31일부터 발레 개관공연이 펼쳐졌다.

360-09 한일 배구 시합

상영시간 | 00분 45초

영상요약 | 한일 친선 배구경기가 1962년 4월 8일 서울운동장에서 개최되었는데, 한국은 일본에게 3 대 1로 졌다.

360-10 항공기 착륙사고

상영시간 | 00분 58초

영상요약 | 착륙 바퀴가 고장난 비행기가 동체착륙을 시도하여 보고타 공항에 승객들의 사고 없이 무사히 착륙하였다.

360-11 농구 시합

상영시간 | 01분 17초

영상요약 | 미국 켄터키 루이스빌 시에서 제24회 전국 대학 농구선수권 대회가 열려 신시내티 대학이 오하이오 주립대학을 결승전에서 물리쳤다.

360-12 흥미있는 낚시질

상영시간 | 00분 49초

영상요약 | 물결 높은 멕시코만에서 낚시꾼들이 큰 고기를 잡고 있다.

불교승 단합 (1962년 4월 21일)

제작정보			**영상정보**		
출처	:	대한뉴스 361호	제공언어	:	한국어
제작사	:	국립영화제작소	컬러	:	흑백
제작국가	:	대한민국	사운드	:	유

영상요약

불교 분규 수습에 노력해온 불교재건위원회에서는 새로운 종단인 대한불교 조계종을 조직하고 1962년 4월 11일 종정 추대와 총무원장을 비롯한 간부 취임식을 거행했다.

내레이션

지난 8년 동안에 걸친 싸움의 종지부를 찍고 서로 단합해서 새로운 종단을 재건한다는 공약아래 불교 분규 수습에 노력해온 불교재건위원회에서는 마침내 새로운 종단 대한불교 조계종을 조직하고 지난 11일 종정 추대와 총무원장을 비롯한 간부 취임식을 거행했습니다. 지난날 난투와 유혈의 참극까지 빚어낸 바 있는 불교계는 이제 한 종정 아래 단합해서 오로지 수도와 교화에 전력할 것을 이날 굳게 다짐한 것입니다.

화면묘사

00:00 자막 “불교승 단합”
00:04 사찰 실내에서 회의를 하고 있는 스님들
00:08 마이크 앞에서 연설을 하는 스님
00:12 마루바닥에 앉아서 연설을 듣고 있는 스님들
00:16 기자회견을 하는 선글라스 낀 스님
00:20 마루바닥에 앉아서 얘기를 듣고 있는 할머니들
00:24 목탁을 두드리고 있는 스님들
00:28 난투극을 벌이는 스님들 사진
00:37 할복하고 있는 스님들 사진

연구해제

1962년 4월에 있었던 대한불교 조계종의 발족식을 촬영한 영상이다. 영상에서는 이 발족식에 대해서 1954년부터 1962년까지 8년에 걸친 불교계의 종파 싸움을 끝내고 단합과 안정을 추구하는 상징적인 사건이라고 설명하고 있다.

1950년대 한국 불교계의 종파 싸움은 1954년 5월 12일 이승만 대통령이 “농지개혁에 포함된 사찰토지의 환급”을 언명하면서 촉발되었다. 가정을 가진 중들은 개인적으로 소유하고 있는 사찰 재산을 국가에 반납한 뒤 물러나야 하며, ‘우리 불도’를 숭상하는 승려들만이 정부에서 돌려주는 땅을 개척하며 살아가도록 할 것이라는 내용의 유시였다. 당

시 한국에는 가정을 꾸리고 사는 대처승들이 상당히 많이 분포하고 있었다. 일제시대 조선의 불교계가 일본 불교의 풍습을 수용하면서 대다수 승려들이 대처승이 되었는데, 이러한 풍습이 해방 이후까지 계속 이어진 결과였다. 이승만은 사찰의 막대한 재산과 토지를 국가로 환수하기 위해서 한국 불교계의 일본 풍습을 척결해야 한다는 명분을 내세웠던 것이다.

이승만의 유시는 불교계에 일대 파란을 일으켰다. 우선 정부의 시책에 따라 수많은 대처승이 이혼을 하며 비구승이 되는 사태가 벌어졌다. 한편으로 가정을 선택한 대처승들은 회사 사무원이나 교사 등에 지원하며 직업전선에 진출하기도 했다. 또한 40년 수도한 대처승이 현세를 비관하고 할복자살을 했는데, 이를 두고 비구승이 영결식을 방해하는 극단적인 사건이 일어나기도 했다. 종교계에서 왜색을 물리치고 정화하자는 정치인의 발언이 결국 대처승과 비구승이 반목하는 불교계 일대의 혼란을 유발한 것이다.

이 혼란 중에 대한불교 조계종이 1962년 통합종단으로 정식 출범하였다. 1961년 5 · 16 쿠데타 이후 한국 사회 전반에 걸쳐 제기되었던 재건논의가 불교계에도 적용된 것이다. 1961년 12월 28일 문교부의 주재를 통해 '불교재건위원회'가 구성되었고, 1962년 1월 25일에는 '불교재건공약'을 발표하였으며, 같은 해 4월 조계종이 출범하게 된 것이다. 그러나 이것은 온전한 의미의 통합이라고 보기는 어려웠다. 대처승을 배제한 채 비구승만을 인정하였던 것이다. 이에 따라 대처승들은 1962년 10월 4일 '대한불교 조계종 종헌의 무효확인 소송'을 법정에 청구하는 등 조계종과 5년간 대립각을 세웠다. 이러한 대립은 1967년 양측의 대표가 모여 종단 통합의 협정문에 서명하면서 비로소 끝이 났다. 그리고 일부 대처승들을 중심으로 1970년대 태고종이 독자적으로 창종하였다. 혼란은 정리되었지만 이 13년 동안 불교계는 큰 상처를 입었고, 특히 전승에 의해 내려져 오던 불교문화와 예술의 맥이 끊어지는 결과를 초래하게 되었다.

참고문헌

「사찰의 정화를 위하여」, 『동아일보』, 1954년 9월 9일.
「대처승 집단이혼」, 『동아일보』, 1955년 7월 28일.
「취직하는 대처승」, 『경향신문』, 1955년 8월 12일.
「대처승 할복자살, 비구측선 영결식 방해」, 『동아일보』, 1955년 10월 9일.

「불교분쟁 조정 난관에」, 『동아일보』, 1961년 12월 29일.
「불교 재건공약발표」, 『동아일보』, 1962년 1월 26일.
「10년만의 화해 비구승, 대처승」, 『경향신문』, 1967년 2월 8일.
「한만영 교수의 방안제시 따라 사라져가는 불교음악 '범패' 보존운동」, 『경향신문』, 1971년 2월 1일.
이기영, 「불교사상, 5. 해방 후의 한국불교」, 『한국현대문화사대계』 Ⅱ, 학술 · 사상 · 종교사, 고려대학교민족문화연구원, 1996.

해당호 전체 정보

361-01 4·19 2주년

상영시간 | 02분 04초

영상요약 | 4·19 두 돌을 맞아 서울운동장에서 박정희 의장과 유가족 등이 참석한 가운데 기념식이 거행되었다.

361-02 강철 생산

상영시간 | 00분 59초

영상요약 | 경제개발5개년계획과 더불어 공업부문에 큰 비중을 차지하고 있는 강철공장에서는 각종 철근 건설재료의 수요에 충당하고자 대량제작에 힘쓰고 있다.

361-03 김병조씨 이야기

상영시간 | 00분 52초

영상요약 | 정부에서는 미 8군에서 쓰고 있던 서울 아현동 고갯길 풍전아파트를 건국 최고 공로훈장을 받은 바 있는 제주도의 김병조에게 불하했다.

361-04 불교승 단합

상영시간 | 00분 39초

영상요약 | 불교 분규 수습에 노력해온 불교재건위원회에서는 새로운 종단인 대한불교조계종을 조직하고 1962년 4월 11일 종정 추대와 총무원장을 비롯한 간부 취임식을 거행했다.

361-05 드라마 센터 개관

상영시간 | 00분 45초

영상요약 | 다양식 무대를 갖춘 소극장 드라마센터가 남산 기슭에 자리 잡아 1962년 4월 12일 개관했다.

361-06 소란한 알제리아

상영시간 | 01분 03초

영상요약 | 알제리에 있는 프랑스 군대는 반도로 규정된 비밀군사조직 OAS를 진압하기 위해 소전투를 벌이고 있다.

361-07 글라이더 선수권 대회

상영시간 | 00분 42초

영상요약 | 미국 샌디에고 근교에서 글라이더 선수권 대회가 열렸는데, 글라이더는 기관이 없기 때문에 이륙할 때나 하늘을 날 때 자연의 힘에 의지한다.

361-08 영국의 경마대회

상영시간 | 01분 28초

영상요약 | 영국의 인트리에서 그랜드 내셔널 야외 경마대회가 열려, 밴드윈터가 탄 킬모라는 말이 우승을 차지했다.

경주에서 신라 문화제 (1962년 4월 28일)

제작정보		영상정보	
출 처	대한뉴스 362호	제공언어	한국어
제 작 사	국립영화제작소	컬 러	흑백
제작국가	대한민국	사 운 드	유

영상요약

1962년 4월 21일부터 사흘 동안 경주에서 열린 신라문화제를 다룬 영상이다. 박정희 의장의 모습을 포함한 당시 지방문화제의 상황을 보여준다.

내레이션

지난 21일부터 사흘 동안 신라 천년의 고도 경주에서 우리의 고유문화를 되새기는 대신라문화제가 베풀어졌습니다. 그 첫날 역사의 향기 그윽한 반월성에서 박정희 최고회의 의장을 비롯한 20만 관람객들이 모인 가운데 제주를 올림으로써, 천년 내의 성사인 대문화제의 막이 올랐던 것입니다. 식에 이어 경주 일원에 있는 여러 고적을 무대로 다채로운 행사가 열렸는데 안압지, 임해전에서는 국악, 승무, 궁전무 등이 베풀어지고, 그밖에 여러 곳에서도 민족예술을 상징하는 은은한 가락이 봄빛이 화창한 서라벌에 넓은 뜰에 울려 퍼져 옛 그대로 백의를 걸친 관중들에게 새로운 감회를 되새겨 주었습니다. 한편 공설운동장에서는 씨름, 그네, 궁술대회 등 민족행사가 열렸는데 특히 농악대 패는 이 자리에 모인 사람들의 흥을 돋구어 주었습니다.

화면묘사

00:00 자막 "경주에서 신라 문화제". 사찰 전경
00:06 논둑길을 걸어가는 할머니들
00:16 "新羅文化祭"(신라문화제)라고 써 있는 문으로 들어서는 경주 시민들
00:19 문화제에 참석한 스님들
00:23 갓 쓰고 한복 입은 할아버지
00:26 연설하는 박정희 의장
00:30 신라인 복장을 하고 있는 참가자들
00:34 개막식장 주변 전경
00:37 승무를 추는 무용수들
00:56 농악대 연주 모습

연구해제

본 영상에서는 제1회 '신라문화제'의 이모저모를 보여준다. 행사가 열린 불국사의 청운교와 백운교를 걸어 다니는 사람들의 모습, 한복을 차려입은 군중들이 개막식이 열리

는 반월성에 모여드는 장면, 안압지에서 열린 승무 공연 등 1960년대 초반 당시 경주의 모습을 촬영한 이색적인 영상들이 이어진다. 당시 최고회의 의장이었던 박정희도 공보부 직원들과 함께 직접 개막식에 참석했는데, 불단 위에 마련된 무대에서 축사를 읽는 군복차림의 박정희와 그를 바라보는 승려 및 촌로들의 모습 또한 영상 속에서 찾아 볼 수 있다.

'신라문화제'는 경주에서 매년 10월에 열리는 지역행사이다. 신라문화제는 경주시 신라문화제 준비위원회에 의해서 1962년 4월 28일 처음 개막했는데, 개최 당시 5·16쿠데타 이후 처음 열리는 지역 행사로 국민들의 관심을 끌었다. 당시 동아일보의 사설에서는 신라문화제가 지역의 역사와 문화를 적극적으로 활용하여 개최한 첫 번째 지역축제라고 높게 평가하며, 이러한 종류의 축제를 전국적으로 확장시켜 나가야 한다고 주장하였다. 행사 기간 동안 정부에서는 경주행 열차를 임시적으로 증편하도록 하였으며, 경상북도 내의 향토예술인들 대다수도 문화제에 적극적으로 가담했다. 경주를 비롯한 주변 지역에서는 매일 밤마다 봉화를 피우거나 청사초롱을 매달아 축제의 분위기를 한층 북돋았다. 개최 당시 신라문화제의 기본적인 방향은 과거 찬란했던 신라의 문화를 보존하고 전승하자는 것이었다. 그 기본 취지 역시 '화랑정신의 계승, 보존', '신라문화를 있게 한 천지신명에 대한 감사', '신라시대의 민족문화예술에 종사했던 선사들을 기리는 것'에 맞추어져 있었다.

본 영상의 흥미로운 점은, 1960년대 초반 문화제에 참여한 군중과 공연자들의 자유분방한 모습들을 풍부하게 담고 있다는 점이다. 1972년 10월에 촬영된 〈대한뉴스〉의 신라문화제의 경우 황성공원의 넓은 운동장에서 열린 공연들을 보여주는데, 매스게임에 가까운 형태를 띠고 있어 1962년의 자연스러운 공연 형태와는 확연한 차이를 보이고 있다. 또한 1962년 영상에서는 당시 논두렁을 걸어서 행사장으로 모여드는 군중들의 모습을 여러 차례 보여주는 반면, 1972년의 영상에서는 화려하게 꾸며진 가장 행렬이 운동장에서 군대식으로 행진하는 모습을 보여주고 있어 대조적이다. 이는 박정희 정권기의 문화정책이 점차 관제 동원화 되어가는 현상이 고스란히 반영된 결과라고 볼 수 있을 것이다.

참고문헌

「신라문화제 위해 임시열차 증편」, 『경향신문』, 1962년 4월.

「거리에 청사초롱 신라문화제 맞아」, 『경향신문』, 1962년 4월 17일.

「신라문화제에 즈음하여」, 『동아일보』, 1962년 4월 22일.

최진갑, 『신라문화제와 기온마쓰리의 神觀에 관한 한일 비교연구』, 경상대학교 석사학위논문, 2005.

해당호 전체 정보

362-01 산업박람회 개막

상영시간 | 01분 06초

영상요약 | 5·16군사쿠데타 1주년 기념 산업박람회가 1962년 4월 20일부터 6월 5일까지 경복궁에서 개최되었는데, 개관식에 박정희 의장이 참석하였다.

362-02 해외시장에 팔리는 돼지

상영시간 | 01분 20초

영상요약 | 정부의 적극적인 중농정책으로 전국적으로 축산업이 활기를 띠고 있는데, 이를 위해 파주 종돈장에서는 국내 우량품종 보급과 해외수출을 목표로 각종 돼지를 대량으로 사육하고 있다.

362-03 경주에서 신라 문화제

상영시간 | 01분 09초

영상요약 | 1962년 4월 21일부터 사흘 동안 경주에서 열린 신라문화제를 다룬 영상이다. 박정희 의장의 모습을 포함한 당시 지방문화제의 상황을 보여준다.

362-04 하와이의 코리언 뷰티 퀸 입국

상영시간 | 00분 19초

영상요약 | 하와이에 사는 교포들 가운데서 미의 여왕으로 뽑힌 이페트리샤가 1962년 4월 16일 한국을 방문했다.

362-05 여배우들 판문점에 위문 행각

상영시간 | 00분 36초

영상요약 | 국내 인기 여배우와 가수들이 군사정전위원회에서 수고하는 유엔군을 위문하기 위해서 1962년 4월 21일 판문점을 방문해 위문공연을 진행했다.

362-06 국제음악제전 개막

상영시간 | 02분 37초

영상요약 | 1962년 4월 19일부터 5월 16일까지 국제음악제전이 시민회관에서 베풀어지고 있다.

362-07 불란서(프랑스) 국민투표

상영시간 | 00분 39초

영상요약 | 알제리 독립문제를 둘러싼 프랑스 국민투표에서 새로운 알제리의 탄생을 방해하려는 유럽의 극단주의자들이 패배했다.

362-08 정열의 화가

상영시간 | 01분 09초

영상요약 | 얼 베이리는 두 살때 머리를 제외한 전신이 소아마비 때문에 불구가 되었지만, 불행에 굽히지 않고 꾸준히 노력해 오늘날 유명한 미술가가 되었다.

362-09 미국의 서커스

상영시간 | 01분 10초

영상요약 | 미국 뉴욕 메디슨 스퀘어 가든에서 바넘 베이리 서커스단이 공연을 가졌다.

충무공 탄신 417년제 (1962년 5월 5일)

제작정보

출　　처 : 대한뉴스 363호
제 작 사 : 국립영화제작소
제작국가 : 대한민국

영상정보

제공언어 : 한국어
컬　　러 : 흑백
사 운 드 : 유

영상요약

1962년 4월 28일 충무공 탄신 기념 제전이 박정희 의장이 참석한 가운데 충청남도 아산군에 있는 현충사에서 열렸다. 경상남도 충무시에서도 기념식을 거행해 이충무공의 위업과 공덕을 추모하는 여러 가지 행사를 개최했다.

내레이션

임진왜란 때 이 나라를 구한 충무공 이순신 장군의 백열입곱번째 탄신 기념제전이 4월 28일 최고회의 박정희 의장을 비롯한 수많은 군민들이 참석한 가운데 충청남도 아산군에 자리 잡은 이충무공 현충사에서 성대히 베풀어졌습니다. 유교식으로 진행된 이날 제전에서 박정희 의장은 초혼관으로 먼저 제단에 단을 올리고 배례했는데, 이 자리에 모인 수만 군민들은 다같이 충무공의 높은 뜻을 추모했습니다. 이날 제사에 이어 여러 가지 기념행사가 베풀어져 태양처럼 빛나는 충무공의 구국제민의 뜻을 되새겨 주었는데, 평화에 잠든 우리 땅에 쳐들어 온 왜적의 만행을 풍자한 연극이 이채를 띠었습니다. 이어서 벌어진 활쏘기 대회에는 박정희 의장과 송수반, 그리고 많은 여자 선수가 출전해서 인기를 모았습니다. 그런데 시위를 당기는 선수들의 눈동자는 왜적의 심장을 노리는 듯 한결같이 빛나고 있었습니다. 한편 한산섬을 눈앞에 보는 경상남도 충무시에서는 충렬사에서 기념식을 올린 다음 이충무공의 생전의 위업과 공덕을 추모하는 여러 가지 행사가 베풀어 졌습니다. 이날 가장 큰 규모로 열린 군점행사는 당시 이충무공이 무적의 우리 해군을 길러내던 세병관을 출발, 거북선을 선두로 제승당으로 향했는데 통제사로 차려 입은 이충무공의 늠름한 모습이 왜병을 남김없이 무찌른 그날의 장관 한산대첩의 성전을 다시 한 번 되새겨 주었습니다. 한편 한산섬 앞바다에서는 우리의 자랑인 거북선이 위풍도 당당하게 행진하는 가운데, 풍어제 등 다채로운 바다의 잔치를 열고 이날을 경축했습니다. 뒤이어 열린 해상경기가 장관을 이뤘는데, 이날 앞을 다퉈 줄달음치는 수많은 배들은 마치 왜병을 쫓던 그날의 해전을 방불하게 했습니다.

화면묘사

00:00 자막 "충무공 탄신 417년제"
00:06 현충사로 몰려드는 사람들
00:11 기념제전 행사에 참석한 사람들
00:18 "顯忠祠"(현충사)라고 써 있는 현판
00:21 충무공 영정 앞에서 제를 올리는 박정희 의장
00:26 충무공 영정
00:28 제문을 읽는 노인과 그 옆에서 고개를 숙이고 있는 박정희 의장
00:32 기념제전 행사에 참석한 사람들
00:35 태극기를 들고 춤을 추는 무용수들
00:38 부채춤을 추는 무용수들
00:42 왜적과 싸우는 이순신 장군을 나타내는 연극
00:53 기념제전 행사에 참석한 사람들
00:56 활을 쏘는 노인
01:00 활을 쏘는 박정희 의장
01:09 활을 쏘는 송요찬 내각 수반
01:13 활을 쏘는 여성
01:21 충무공 동상
01:27 충무시 충렬사 기념식에 모인 사람들
01:30 "洗兵館"(세병관)을 나서는 거북선 모형
01:33 "洗兵館"(세병관)을 나서는 수군 복장의 사람들
01:40 군점행사를 구경하는 시민들
01:43 군점행사 재연 거리행진 모습
01:50 이순신 모습을 한 거리행진 대열
01:54 군점행사 재연 거리행진 모습
01:58 군점행사를 구경하는 시민들
02:01 바다 위에 떠 있는 거북선
02:08 풍어제 깃발을 단 배들

02:21 목선 해상경주 모습

연구해제

1960년대 박정희 정권은 국가주도적인 민족문화정책을 진행하였다. 이러한 정책은 국민들에게 민족문화에 대한 자부심을 갖게 하고 문화재 보호의식을 높이는 등 긍정적인 기능도 했지만, 동시에 선택적인 문화유산의 복구, 국수주의의 조장, 위인의 신격화 및 정치적 이용 등과 같은 부정적인 측면도 가지고 있었다. 박정희 체제의 문화유산 정책은 많은 부분 박정희 개인의 관심이 작용하였다. 박정희는 스스로 문화유산의 보존 정비 지시를 메모에 직접 써서 내려 보내는 일이 많았고, 펜으로 그린 그림이 붙어 있는 경우도 많았을 정도로 문화재 개발에 직접 개입했다. 그중에서도 충무공과 세종대왕, 율곡 이이와 신사임당, 경주 일대의 신라 유적, 강화도 전적지 등은 박정희에 의해 집중적으로 개발된 전통문화유산들이다.

이 영상은 1962년에 개최된 제417회 충무공 탄신 기념제전을 촬영한 영상이다. 여기서는 지방색이 농후한 충무공 탄신제의 모습을 담고 있는데, 특히 현충사 성역화 작업이 시작되기 이전의 현충사 모습이 고스란히 담겨 있어 눈길이 간다. 또한 박정희가 직접 이순신의 영정 앞에 무릎을 꿇고 앉아 술을 따라 올리는 장면이 생생하게 담겨 있어, 집권 초기 박정희의 이순신에 대한 개인적인 존경심과 이후 성역화 작업으로 이어지는 단초를 볼 수 있는 자료라 하겠다. 이순신이 박정희 집권기 내내 가장 추앙받는 성웅으로 내세워졌던 만큼 〈대한뉴스〉에는 충무공 탄신제와 관련 영상이 해마다 등장하고 있으며, 시대의 흐름에 따라 탄신제의 모습도 상당히 많이 달라지고 있다. 1969년에는 현충사 성역화 작업을 마무리 점검 겸 탄일제일에 현충사를 찾은 박정희의 모습이 담겨져 있으며, 1970년대에는 탄신일 행사로 완전무장을 하고 군대식 행군을 하고 있는 학생들의 모습을 볼 수 있다.

이순신은 일제시대부터 자기희생적인 민족의 지도자로 부각되어 왔다. 이러한 인식은 해방 이후에도 이어져, 1949년 이은상의 주도로 '충무공 기념사업회'가 조직되었다. 1952년 4월에는 임진왜란 발발 360주년에 맞추어 정부 차원에서 진해에 이순신 동상을 건립했다. 박정희 정권이 시작되면서 이순신은 본격적으로 '민족주체성의 화신'으로 재현되기 시작하였다. 영상에서 보여주고 있는 1962년의 417회 충무공 탄신 기념제전은 아산에서 처음으로 지방문화제를 겸해서 대규모로 개최한 행사였다. 쿠데타 이후 새로운 정치체제를 수립하고자 했던 박정희는 이 행사에 높은 관심을 보였는데, 1967년에는 문교부령 제179호로 4월 28일을 이충무공 탄생 기념일로 제정하고 국가행사로 할 것을 지시했다. 박정희는 18년 동안의 집권 기간 중 충무공 탄신제에 총 14번이나 참석했고, 현충사 성역화 작업, 동상 건립, 이순신 관련 출판물 및 노래, 영상의 제작 등을 통해 이순신의 애국 애족 정신을 널리 알리려고 하였다.

박정희가 이처럼 이순신의 신격화 작업을 추진한 이유는 이순신을 자신의 정책 합리화에 이용하고자 했기 때문이었다. 첫째로, 이순신이 가지고 있는 반일적인 이미지를 통해 박정희 체제의 친일적 이미지를 희석하고자 했다. 예컨대 1965년 한일협정의 조인과 국회비준을 전후로 야당과 지식들의 반발이 거세지던 상황에서, 박정희는 1966년 현충사 성역화 작업에 대한 준비를 시작하고, 1967년에는 성역화 사업을 본격적으로 시작했다. 임진왜란의 영웅인 이순신을 부각시키면서 정권의 문제를 가리고자 했던 것이다. 둘째로, 무관 이순신이 국가를 구했다는 사실을 환기시킴으로서 군인의 이미지 제고와 군인 통치의 합리화를 노렸다고 볼 수 있다. 다음으로 이순신과 간신을 대립시킴으로서 이순신과 같이 국가와 민족을 지키려는 박정희 체제가 간신과 같은 야당에 의해 어려움을 겪고 있다는 이미지를 덧씌우고자 했다. 요컨대 이순신 신격화 작업은 정권에 의해 역사가 선택적으로 이용된 구체적인 사례라고 볼 수 있을 것이다.

참고문헌

은정태, 「박정희 시대 성역화사업의 추이와 성격」, 『역사문제연구』 15, 2005.
전재호, 「동원된 민족주의와 전통문화정책」, 『박정희를 넘어서』, 1998.

해당호 전체 정보

363-01 충무공 탄신 417년제

상영시간 | 02분 35초

영상요약 | 1962년 4월 28일 충무공 탄신 기념 제전이 박정희 의장이 참석한 가운데 충청남도 아산군에 있는 현충사에서 열렸다. 경상남도 충무시에서도 기념식을 거행해 이충무공의 위업과 공덕을 추모하는 여러 가지 행사를 개최했다.

363-02 산소 제조로 외화 획득

상영시간 | 00분 38초

영상요약 | 고려압축공업회사에서는 여러 차례의 시험 제작을 거쳐 3년 만에 압축산소의 제작에 성공하여 기존에 수입하던 것 대신 국산 압축산소제조기를 사용해서 다량의 산소를 생산하고 있다.

363-03 쓸모있는 앙고라 토끼 사육

상영시간 | 01분 32초

영상요약 | 신성산업 종토장에서는 앙고라 토끼를 대량 사육해 1962년 6월부터 일본으로 수출할 예정이다.

363-04 폐품 고무 재생

상영시간 | 00분 43초

영상요약 | 조일공업 고무재생공장에서는 기존 외국에만 의존해온 각종 특수 고무제품을 생산해서 많은 외화를 절약하고 있다.

363-05 예그린 악단 야외 공연

상영시간 | 00분 39초

영상요약 | 1962년 4월 20일부터 열흘 동안 밤마다 덕수궁 뜰에서 예그린 악단 임시 야외 공연이 열렸다.

363-06 도쿄 한국 공보관 개관

상영시간 | 00분 55초

영상요약 | 1962년 4월 27일 일본 도쿄에서 주일공보관 개관식이 배의환 주일대사와 재일교포 그리고 한일회담 일본 측 수석대표 등이 참석한 가운데 열렸다.

363-07 베를린 소식

상영시간 | 00분 38초

영상요약 | 동 베를린 청년 몇 명이 동독을 탈출하고자 대형 트럭을 몰아 베를린 장벽을 뚫고 서독으로 왔다.

363-08 힌두교의 목욕제

상영시간 | 00분 34초

영상요약 | 인도 갠지스강 유역 하드와 지방에 200만 명이 넘는 열렬한 힌두교도들이 힌두교의 의식의 하나인 목욕제에 참가하기 위해 모여들고 있다.

363-09 상어 놀이

상영시간 | 01분 24초

영상요약 | 오스트레일리아의 바다 속 잠수부가 오리발을 달고 상어를 희롱하고 있다.

전국 노동자 궐기대회 (1962년 5월 26일)

제작정보		영상정보	
출 처	대한뉴스 366호	제공언어	한국어
제 작 사	국립영화제작소	컬 러	흑백
제작국가	대한민국	사 운 드	유

영상요약

5 · 16혁명 1주년을 경축하는 전국 노동자의 궐기대회를 보여주는 영상이다.

내레이션

우렁찬 건설의 고동 속에 맞은 5·16혁명 1주년을 경축하는 전국 노동자의 궐기대회가 서울에서 있었습니다. 이날 100만 노동자들은 강철 같이 단결해서 국가 자주경제 건설에 총진군 할 것을 다짐했습니다.

화면묘사

00:00 자막 "전국 노동자 궐기대회". 태극기가 펼쳐져 있는 궐기대회장
00:04 태극기를 펼쳐 들고 거리 행진하는 노동자들
00:08 "경축"이라고 쓴 모형 기차
00:13 깃발을 들고 거리 행진하는 노동자들
00:19 손에 태극기를 들고 행진하는 여성 노동자들
00:24 "韓國勞動組合總聯盟"(한국노동조합총연맹)이라는 깃발을 들고 행진하는 노동자들

연구해제

1962년 5월의 전국노동자궐기대회의 모습은 전년도 10월 개최된 전국노동자단합총궐기대회(〈대한뉴스〉 제335호), 62년 3월 노동절 행사(〈대한뉴스〉 제356호)와 비교해볼 때 그 특징이 잘 드러난다. 1961년 5·16군사쿠데타로 집권한 군부세력은 5월 18일 계엄사령부 발표 제5호 '경제의 질서회복에 관한 성명서'를 발표하여 임금을 동결시키고 모든 노동쟁의를 금지했다. 또한 군부세력은 4월혁명 이후 활발하게 활동했던 교원노조의 간부들을 집중적으로 구속하고, 5월 21일 포고령 제6호를 공포하여 노동조합의 해체와 재등록을 명령했다. 한국노총은 1960년 11월 대한노총과 전국노협의 통합 결성대회로 구성되었으나 1961년 노동조합 해체명령과 노동조합이 배제된 '사회단체 등록에 관한 법률' 때문에 아무런 활동을 할 수 없어 사실상 해체상태에 놓여 있었다.

1961년 6월 12일 군부세력은 '사회단체등록에 관한 법률'을 개정하여 노동조합의 재조직을 허용했지만 이는 대한노총 간부 출신으로 보건사회부장관에 임명된 정희섭에 의

해서만 가능하였다. 1961년 하반기부터 노동조합에 대한 군부세력의 인식은 '해체'에서 '재조직'으로 선회했던 것으로 보인다. 군부세력은 다원적 이익대표제도, 사회적 갈등을 문제시하고 국가와 관료체제의 강력한 명령 통제 조정에 유지되는 일사분란한 노동조합을 재조직하고자 했다. 이 같은 방식은 1950년대 이승만 정권의 노동조합 조직방식과는 차이가 있었다. 군부세력은 공식적으로 노동조합과 연계되지 않았지만 비공식적인 방법으로 노동자들을 통제하고자 했다. 정부는 노조지도자들을 통제하고, 다시 노조지도자들을 통해 노동자들을 통제하는 '손쉬운' 방식을 모색했던 것이다.

따라서 1962년 5·16군사쿠데타 이후 처음 열린 3월 노동절 행사와 5월 전국노동자궐기대회의 모습을 담은 이 영상은 군부세력의 노동조합 재조직 양상을 이미지를 통해 확인할 수 있는 중요한 기록물이다. 〈대한뉴스〉에 나타난 1962년 3월 첫 노동절 행사는 노동조합원들이 참석했던 기존의 대중동원형 실외행사에서 노동조합 지도자를 중심으로 하는 실내 행사로 변경되었다. 행사의 내용도 중요하지만 이러한 형식의 변화는 노동조합의 조직방식과 위상이 5·16군사쿠데타 이후 크게 변화했다는 것을 보여준다. 또한 1962년 5월 개최된 전국노동자궐기대회는 전년도의 대회와 다른 모습을 보여주었다. 〈대한뉴스〉 내레이션은 "백만노동자"를 강조하지만 이날 대회는 "5·16혁명" 1주년을 기념한 정치동원 행사였으며 영상에서도 행진하는 군인들의 모습이나 한복 차림의 여성들만 보여주고 있다. 즉 노동자 행사를 강조하는 "내레이션"과 일반적 대중동원 집회의 형식을 보여주는 영상 사이에는 큰 간극이 존재한다. 이는 5·16군사쿠데타 이후 노동조합의 활동이 자유롭지 못하고 군부세력의 정치동원에 예속화되었다는 것을 상징적으로 보여준다.

참고문헌

〈대한뉴스〉 제335호 "전국노동자단합 총궐기대회"

〈대한뉴스〉 제356호 "노동절"

이원보, 『한국노동운동사』 5, 지식마당, 2004.

남산에 케이블카 (1962년 5월 26일)

제작정보		영상정보	
출처	대한뉴스 366호	제공언어	한국어
제작사	국립영화제작소	컬러	흑백
제작국가	대한민국	사운드	유

영상요약

서울 명물의 하나로 자리 잡은 남산에 케이블카 완공을 보여주는 영상이다.

내레이션

서울 명물의 하나로 남산에 케이블카가 등장했습니다. 남산역 스토아 앞에서 팔각정까지 605미터에 이르는 거리에 두 대의 케이블카가 가설되어 서울 시내를 한 눈에 굽어보고 멀리 굽이쳐 흐르는 한강까지 바라볼 수 있습니다. 서른 한 사람이 타고 팔각정까지 4분이 걸리는 이 케이블카는 바야흐로 짙어가는 녹음과 더불어 대 인기를 모으고 있습니다.

화면묘사

00:00 자막 "남산에 케불카". 운행하는 케이블카 모습
00:04 테이프 커팅을 하는 내빈들
00:09 케이블카를 보기 위해 구경온 시민들
00:12 케이블카에 시승하는 내빈들
00:24 산 위로 오르는 케이블카
00:20 남산 팔각정 전경
00:23 종착지에 도착하는 케이블카
00:31 멀리선 본 케이블카와 남산

연구해제

이 영상에 등장하는 우리나라에 처음 설치된 남산의 케이블카는 현대화의 한 상징으로 여겨져 뉴스거리가 되며 세간의 이목이 집중되었다. 케이블카란 경사가 급하거나 험한 곳을 오르내리기 위하여 만든 운송 기관인데, 주로 관광용으로 이용되고 있다. 남산 케이블카를 기획하고 설치한 한국삭도공업주식회사(당시 사장 한석진)는 1958년부터 케

이블카 설치를 계획해 오다가, 1961년 5·16쿠데타로 집권한 군사정부의 허가를 받아 1961년 9월 16일 착공하였다.

그 후 약 8개월 만에 완성하여 1962년 5월 9일 시운전을 마친 후, 5월 12일 개통식을 갖고 오후 3시부터 손님들을 태우고 운행을 시작했다. 케이블카는 여객 30명과 안내인 1명, 도합 31명을 태울 수 있는 것 2대로, 각각 3개의 케이블에 매달려 산 위에 마련된 자가발동기로 운행되었다. 운행 코스는 지금은 없어진 남산 중턱의 중앙방송국 근처에서 시작하여 남산 봉화대 바로 밑까지 능선을 따라 이어지는 605미터이고, 소요시간은 약 7분이었다. 이 시설의 총공사비는 순민간자본금 2억 9,000여만 환이었고, 공사과정에서 연 3,600여 명의 기술자들이 동원되었다고 한다. 이 공사에 필요한 케이블은 모두 일본에서 수입되었으나, 케이블카 자체는 용산의 '태양기계공업회사'에서 제작되었다.

운행 시작 당시 요금은 한번 타는데 1인당 250환, 왕복은 400환, 어린이나 단체손님은 한번에 200환이었으나, 이후 요금은 변화를 거듭하였다. 1970년 당시에는 왕복 130원, 편도 90원이었고, 2014년 현재는 대인 왕복 8,500원, 편도 6,000원, 소인이 왕복 5,500원, 편도 3,500원이다.

참고문헌

「남산관광 '케이불카' 착공」, 『동아일보』, 1961년 9월 17일.
「남산 '케이블카'완성 12일부터 운행」, 『경향신문』, 1962년 5월 10일.
「서울–새풍속도(29) 현대화의 숲에 싸인 남산」, 『경향신문』, 1970년 11월 12일.
「케이블카 운행 중 고장」, 『매일경제』, 1984년 10월 8일.

해당호 전체 정보

366-01 콩고대사에 문화훈장

상영시간 | 00분 28초

영상요약 | 이주일 부의장은 1962년 5월 18일 방한 중인 콩고공화국의 유엔 상임대표 다네 대사에게 문화훈장을 수여했는데, 다네 대사는 이 자리에서 콩고공화국은 유엔에서 한국을 계속 지지한다고 밝혔다.

366-02 전국 노동자 궐기 대회

상영시간 | 00분 27초

영상요약 | 5·16혁명 1주년을 경축하는 전국 노동자의 궐기대회를 보여주는 영상이다.

366-03 한미 정기 화물선 취항

상영시간 | 00분 36초

영상요약 | 대한해운공사에서 서둘러 오던 한미 간의 정기항로가 드디어 개설되어, 1962년 5월 15일 남해호가 합판 등 화물을 싣고 인천항에서 첫 출항을 했다.

366-04 민속 예술단 파리에

상영시간 | 00분 24초

영상요약 | 제4회 국제민속예술제에 참석하기 위해 민속예술단 일행이 프랑스 파리를 향해 출발했다.

366-05 특급 재건호 등장

상영시간 | 00분 28초

영상요약 | 초특급 열차 재건호가 1962년 5월 15일부터 경부선에 달리기 시작했는데, 이 기차는 서울과 부산을 6시간 30분에 달릴 수 있는 철도 창설 이래 가장 빠른 열차이다.

366-06 종합 금속공장 기공

상영시간 | 00분 29초

영상요약 | 서울 영등포에 대규모의 금속종합공장을 건설하게 되어, 그 기공식이 벌어졌다.

366-07 김창숙옹 서거

상영시간 | 00분 25초

영상요약 | 평생을 조국 광복에 몸바친 심산 김창숙 옹이 서거하여, 수많은 시민이 모인 가운데 고인의 사회장이 엄수되었다.

366-08 미군의 날

상영시간 | 00분 37초

영상요약 | 1962년 5월 19일 미군의 날을 맞아, 주한미군은 다채로운 행사를 열어 일반 시민에 공개했다.

366-09 남산에 케이블카

상영시간 | 00분 33초

영상요약 | 서울 명물의 하나로 자리 잡은 남산에 케이블카 완공을 보여주는 영상이다.

366-10 미스 미스터 산업 선발

상영시간 | 00분 25초

영상요약 | 미스, 미스터 산업선발대회에 43명의 남녀가 참가하여 저마다 육체미가 아닌 근로미를 자랑했다.

366-11 국제 패션쇼

상영시간 | 00분 31초

영상요약 | 한국, 프랑스, 이탈리아, 독일, 일본 등의 이름 있는 디자이너들이 참석한 패션쇼가 서울에서 열렸다.

366-12 검도 대회

상영시간 | 00분 34초

영상요약 | 5·16 혁명을 기념하는 전국검도대회가 비원 도장에서 열렸다.

366-13 프로레슬링

상영시간 | 00분 40초

영상요약 | 전국 프로레슬링 대회가 서울운동장 특설링에서 열렸다.

366-14 미 공군 화력시범

상영시간 | 01분 08초

영상요약 | 플로리다 주 공군기지에서 미국 케네디 대통령이 참관하는 가운데, 미 공군의 강력한 화력을 시범하는 공중 쇼가 벌어졌다.

366-15 자유월남군 공산 게릴라 소탕

상영시간 | 01분 09초

영상요약 | 자유월남의 정부군이 메콩강 유역 밀림지대에서 공산 게릴라들을 소탕하여, 월남의 평화와 자유를 교란하는 공산 게릴라 군을 철저하게 무찌르고 있다.

366-16 독일 범선 뉴욕항에 입항

상영시간 | 01분 05초

영상요약 | 서독을 출발한 훈련용 범선이 1936년 이래 독일배로서는 처음으로 뉴욕 항에 입항했다.

근로재건단의 생활 (1962년 6월 1일)

제작정보		영상정보	
출 처	대한뉴스 367호	제공언어	한국어
제 작 사	국립영화제작소	컬 러	흑백
제작국가	대한민국	사 운 드	유

영상요약

5·16 군정시기 정부의 부랑아정책의 일단을 보여주는 짧은 영상이다. 근로재건단 소속이 된 부랑아들의 모습, 이에 대한 사회의 지원 등을 선전하는 영상으로 구성되어 있다.

내레이션

지난날 태양을 등지고 살아온 부랑아들이 지금은 근로재건단으로서 떳떳이 자활의 길을 걷고 있습니다. 불우한 이들을 범죄의 일보 전에서 구하기 위해 경찰에서는 이들을 집단 수용 보호하고 있는데, 이제는 부지런히 일하면은 하루 3,000원까지도 벌 수 있어 그것을 저축하고 있습니다. 한편 각계에서 이들과 자매인연을 맺어 적극 돕고 있어 새로운 삶의 힘이 샘솟고 있습니다.

화면묘사

00:00 자막 "근로재건단의 생활". 폐지를 모아오는 근로재건단
00:08 모아온 폐지의 무게를 재는 모습
00:17 웃고 있는 근로재건단원
00:19 폐지를 내려 놓는 근로재건단원
00:25 근로재건단 자매결연 행사장 전경. 행사장에 "경축 자매결연"이라는 선전물이 붙어 있음
00:28 선물을 받는 근로재건단원

연구해제

이 영상은 5·16군정기였던 1962년 근로재건단으로 자활의 삶을 살고 있는 '부랑아'들의 모습을 기록하고 있다. 영상과 내레이션에서 이들은 "태양을 등지고 살아 온", "범죄의 일보 전"에 놓여 있는 존재였으나 경찰의 수용보호와 폐품팔이 등 건전한 노동을 통해 자활의 길을 걷는다고 그려진다. 또한 영상 말미에는 자매결연을 맞아 이들에게 선물을 전달하는 사람들의 모습을 보여준다. 부랑아의 사전적 뜻은 "부모의 곁을 떠나 뚜렷한 거처나 직업이 없이 떠돌아다니는 아이"를 말하지만, 이 시대에는 "일정한 거처나 직업이 없이 떠돌아다니거나 빈둥빈둥 놀면서 방탕하게 사는 사람"이라는 의미가 더 컸다. 이처럼 5·16쿠데타 세력은 혁명성과로서 '부랑아'들의 수용, 보호, 교정을 〈대한뉴스〉를 통해 선전하였다.

한국사회에서 부랑아 문제는 분단과 6·25전쟁을 거치면서 심각하게 대두되었다. 6·25전쟁 전후로는 10만 명 이상의 부랑아, 고아가 발생하였다. 1950년대부터 부랑아들은 '소년범죄' 등 사회문제를 심화시킬 수 있는 존재로 인식되었다. 5·16군사쿠데타로 집권한 군사정부는 부랑아 대책을 자신들의 가장 뛰어난 업적 가운데 하나로 자평했다. '혁명공약' 3항에서 내세운 '사회의 부패와 구악의 일소'는 '우범지대의 부랑아를 강력히 단속'하는 것으로 이어졌다. 군사정부가 부랑아들을 일제히 단속만 한 것은 아니었다.

영상에서도 보이듯 군사정부는 경제개발계획의 일환으로 이들을 동원하였다. 먼저 군부세력은 아동복지를 담당하였던 사회사업단체를 일원화하고 통제하였다. 이들은 제2공화국에서 마련한 종합적·전국적 성격의 부랑아보호선도사업계획을 실행하지 않고 강력한 단속으로 일관했다. 단속의 포위망에 걸린 부랑아들은 '개척단', '자활근로대'가 되어 간척지나 산지로 향하였다. 부랑아는 정부 사업에 귀속되었을 때에만 '산업전사', '재건의 일꾼'으로 표상될 수 있었지만 중노동에 시달리는 인식적·경제적 구속을 받아야만 했다. 이들에 대한 효과적 긴박을 위하여 정부는 부랑아와 탈-성매매 여성들의 합동결혼을 추진하고 소위 '정상가족'을 만들어 냈다. 그러나 인위적으로 형성된 가족은 많은 갈등을 일으켰으며 정착사업의 추진과정에서 수많은 비리와 착복 문제가 발생하였다. 즉 군사정부는 사회정책까지 경제개발에 활용하고자 했으며, 그 속에서 부랑아는 개발의 주체가 되거나 개발에 방해가 되지 않는 '정상인'으로 변모하길 강요받았다.

참고문헌

「부랑아와 우범의 수용과 보호문제」, 『동아일보』, 1962년 3월 8일.

「부랑아 천여명 갱생원에 수용」, 『경향신문』, 1962년 5월 19일.

「부랑아를 일제 단속. 어젯밤 93명 적발」, 『동아일보』, 1962년 11월 30일.

「재생하는 부랑아. 시립아동 보호소의 실태」, 『동아일보』, 1962년 12월 17일.

김아람, 「5·16군정기 사회정책 : 아동복지와 부랑아 대책의 성격」, 『역사와 현실』 82, 2011.

해당호 전체 정보

367-01 공군 항공창 준공

상영시간 | 00분 43초

영상요약 | 공군항공창 준공식이 1962년 5월 29일 K2 기지에서 박정희 의장 등이 참석한 가운데 거행되었다.

367-02 뻗어가는 방송망

상영시간 | 01분 11초

영상요약 | 민간방송의 육성을 서두르고 있는 공보부는 방송 출력을 크게 강화하기 위해서 1962년에 경기도 남양에 출력 500 킬로와트의 송신소를 세웠다.

367-03 모심기

상영시간 | 00분 38초

영상요약 | 모진 가뭄이 계속되고 있는 와중에 수리시설이 잘되어 있는 곳에서는 모심기가 시작되었지만, 수리시설이 없는 곳에서는 우물을 파는 등 여러 가지 방법으로 못자리 보호에 최선을 다하고 있다.

367-04 서해에 조기 풍어

상영시간 | 00분 35초

영상요약 | 조기잡이 철을 맞아 서해 연평도 앞바다에서는 해군 경비정의 보호 아래 어로작업이 한창이다.

367-05 근로재건단의 생활

상영시간 | 00분 32초

영상요약 | 5·16 군정시기 정부의 부랑아정책의 일단을 보여주는 짧은 영상이다. 근로재건단 소속이 된 부랑아들의 모습, 이에 대한 사회의 지원 등을 선전하는 영상으로 구성되어 있다.

367-06 목선 건조

상영시간 | 00분 37초

영상요약 | 정부의 적극적인 뒷받침에 힘입어 해운업이 활기를 띠고 있다. 부산에서는 정부의 융자를 받아 250톤의 목조 화물선을 만들고 있다.

367-07 국산 통조림 해외시장으로

상영시간 | 00분 37초

영상요약 | 우수한 국산품이 해외시장으로 진출하고 있는데, 국산 통조림을 수출하게 되어 많은 외화획득이 기대되고 있다.

367-08 광나루에 관광시설

상영시간 | 00분 34초

영상요약 | 서울 광나루에 대규모 관광시설 공사가 한창인데, 이것이 완성되면 주로 유엔군과 외국인들을 유치해 외화획득에 크게 기여할 것이다.

367-09 스포츠 소식

상영시간 | 01분 10초

영상요약 | 제40회 전국여자연식정구대회가 서울운동장 배구코트에서 열려 일반부 결승에서 농협 팀이 상업은행 팀을 물리쳤다. 공군사관학교운동장에서는 방한 중인 영국 극동함대 팀과 공군사관생도 팀의 친선 럭비경기가 벌어져 무승부를 기록했다.

367-10 핵잠수함 라화에호 진수

상영시간 | 00분 51초

영상요약 | 케네디 대통령 부인이 참석한 가운데 미국의 새로운 잠수함 라파엘호의 진수식이 그로톤 기지에서 거행되었다.

367-11 맥주통 들기 시합

상영시간 | 00분 53초

영상요약 | 맥주의 나라 독일 뮤니시에서 맥주를 즐기는 사람들의 축제의 하나로 맥주통 들기라는 색다른 시합이 벌어졌다.

화폐개혁 (1962년 6월 16일)

제작정보		**영상정보**	
출처	대한뉴스 369호	제공언어	한국어
제작사	국립영화제작소	컬러	흑백
제작국가	대한민국	사운드	유

영상요약

1962년 6월 10일 군정이 단행한 화폐개혁의 취지를 선전하고, 화폐개혁 직후 언론과 대중의 반응을 보여주는 영상이다.

내레이션

정부에서는 이 나라 경제의 안정과 발전을 위해서 6월 10일을 기해 환화를 10대 1의 원화로 바꾸는 화폐개혁을 단행했습니다. 이날부터 액면 50환 이하의 환화를 제외한 구환화는 유통과 거래가 금지되고, 10일 아침부터 전국에 걸쳐 각 동회에서는 구화의 신고가 실시되고 이어서 각 금융기관에는 구화를 예입하고 새 돈으로 바꾸기 위해서 모인 사람들이 줄지어 섰습니다. 그런데 이번 통화개혁의 목적은 악성 인플레를 방지하고 사설 계와 고리 사채에 쓰이는 돈을 비롯해서 민간의 주머니에서 잠자고 있는 돈을 5개년 경제계획을 효과 있게 수행하는데 사용하자는 것입니다. 이날부터 새 돈을 바꾸러 나선 사람들 사이에는 오늘의 내핍과 저축으로 보다 나는 내일을 이룩해보자는 새로운 인식이 감돌기 시작하고 있습니다. 그런데 이번 통화개혁의 내용을 자세히 살펴보면은 지난날에 어지럽던 사회에 뒤섞여 음성적으로 축적된 많은 돈은 그것이 산업자금으로 이용되지 않고 비생산적인 투기사업에만 쓰여져 산업자본의 위축과 악성 인플레이션을 우려하게 한 바 있었던 것입니다. 따라서 이번 화폐개혁은 이렇게 감추어져 있던 돈 즉 비생산적인 퇴장자금을 모두 화폐경제의 올바른 유통과정으로 끌어내서 그것을 생산적인 산업자금으로 이용할 수 있도록 하는 것입니다. 다시 말하자면은 국민들의 손에서 잠자는 돈을 정부에서 이를 끌어들여서 저축시켜 이를 가지고 경제개발5개년계획 추진에 필요한 생산자금으로 활용하려는 것입니다. 이 나라 경제부흥의 기틀이 될 이번 화폐개혁을 계기로 우리들은 사소한 불편을 이겨, 아무런 불안과 동요 없이 성실히 일하고 알뜰히 저축해서 이것을 성공시킴으로써 국민 소득이 늘게 되고, 우리의 생활은 급속도로 윤택해 질 것입니다.

화면묘사

00:00 자막 "화폐개혁". 은행 건물 전경

00:06 조선일보 1면에 써 있는 "貨幣改革을 斷行"(화폐개혁을 단행) 기사

00:09 "物價 6月9日線 以下로 抑制. 買占賣惜行爲 容赦없이 處罰"(물가 6월 9일선 이하로 억제. 매점매석행위 용서없이 처벌)이라고 써 있는 동아일보 기사

00:12 "全國一齊히 貨幣交換進行. 洞會 銀行은 申告群衆으로 一大混雜. 新券은 下午

에야 나돌아"(전국일제히 화폐교환진행. 동회 은행은 신고군중으로 일대혼잡. 신권은 하오에야 나돌아)라는 신문기사

00:14 벽에 붙은 화폐개혁 공고문을 바라보는 시민들
00:17 신권 화폐를 받기 위해 동회 앞에 줄 서 있는 사람들
00:30 스탬프를 찍는 은행원
00:33 "한국상업은행 부산지점" 앞에 몰려든 시민들
00:39 새 돈을 교환해 주는 은행원
00:41 "서울은행 서대문지점" 앞에 몰려든 시민들
00:45 새 돈을 교환해 주는 은행원
00:56 신권 더미
00:58 새 돈을 교환해 주는 은행원
01:03 "악성 인푸레숀 우려!" "음성자본, 퇴장자금, 증권투자, 고리채, 사설계"에 모인 돈을 "화폐개혁"으로 끌어들이고 다시 "5개년계획"에 쓰겠다는 그래픽 설명. "투자 이윤 배당 국민소득 증가"라는 표어로 마지막 설명

연구해제

이 영상은 1962년 6월 10일을 기점으로 시행된 화폐개혁 당시의 상황을 담고 있다. 1962년의 화폐개혁은 1953년 전쟁으로 인한 악성인플레를 수습하기 위해 시행되었던 화폐개혁에 이은 두 번째 조치였다. 이는 화폐가치를 10 대 1로 절하하는 것으로 경제개발5개년계획의 시행을 위한 자금을 동원하기 위한 목적으로 시행되었다. 즉 계와 고리사채에 쓰이는 돈과 은닉자금 등을 양성화하여 산업자금으로 사용하고자 한 것이었다. 6월 10일부터 액면 50환 이하의 환화를 제외한 구 환화는 유통과 거래가 금지되었다. 금융기관에는 구화를 예입하고 새 돈으로 바꾸기 위해 모인 사람들이 줄을 이었고, 전국 각 동회에서는 구화에 대한 신고를 받기도 하였다. 정부는 이러한 방식으로 구권을 은행에 예입시킨 후 최소한의 생활비를 제외하고는 예금인출을 전면 금지시켜 잉여자금을 흡수하고, 산업자금을 마련하고자 하였다.

그러나 정부가 예상했던 것만큼 대규모의 잉여자금은 존재하지 않는 것으로 판명되었다. 거액의 통화잔고는 이미 기업의 생산활동에 활용되고 있었기 때문에 예금인출 금

지조치는 오히려 즉각적인 기업활동의 중단을 초래했을 뿐이다. 사채시장 역시 현금 유통경로가 봉쇄되어 기업활동이 전면적으로 중단되고, 전체 경제가 파국의 상황까지 몰리게 되었다. 결국 군사정부는 화폐개혁 실시 5주 만에 이를 전면 취소하였다. 또한 금융재원의 추가적 확보에 아무런 효과를 보지 못한 것은 물론 화폐보유의 위험성 가중으로 인해 현물보유에 대한 자산이전을 촉진하여 인플레를 심화시켰다. 따라서 1962년의 화폐개혁은 거의 모든 면에서 정책실패를 가져왔다고 평가된다.

1962년의 화폐개혁은 군사정부의 내자동원을 위한 대표적인 경제정책이었다. 특히 예금동결을 통해 국가 투자기관인 '산업개발공사'를 설립하고자 하였다. 산업개발공사는 국가가 투자의 주체가 되는 것으로 인도의 사례를 따른 계획주의적 성격이 강한 제도였다. 국가의 강력한 주도하에 운영되는 '산업개발공사'는 사회주의적인 성격을 띤다는 이유로 미국의 강력한 반발을 야기하기도 했다.

참고문헌

박태균, 「군사정부 시기 미국의 개입과 정치변동, 1961~1963」, 『박정희시대 연구』, 백산서당, 2002.

장하원, 「1960년대 한국의 개발전력과 산업정책의 형성」, 『1960년대 한국의 공업화와 경제구조』, 백산서당, 1999.

해당호 전체 정보

369-01 화폐개혁

상영시간 | 02분 09초

영상요약 | 1962년 6월 10일 군정이 단행한 화폐개혁의 취지를 선전하고, 화폐개혁 직후 언론과 대중의 반응을 보여주는 영상이다.

369-02 아시아 농촌 지도자 회의

상영시간 | 00분 35초

영상요약 | 농촌지도사업과 각국 사이에 유대를 강화하기 위한 제4차 아시아지역 농촌지도자 회의가 8개국 대표 51명이 참석한 가운데 1962년 6월 11일 조선호텔에서 막을 올렸다.

369-03 호주외상 내한

상영시간 | 00분 33초

영상요약 | 1962년 6월 7일 오스트레일리아 외상 바일크 경이 한국을 방문하였고, 이를 계기로 주한 오스트레일리아 공관이 개관 되었다.

369-04 황지선 연화터널 관통

상영시간 | 00분 53초

영상요약 | 태백산 지구 개발에 따른 수송로 강화를 위해 교통부에서는 황지선 철도 건설을 서두르고 있다.

369-05 무의촌 순회진료

상영시간 | 00분 42초

영상요약 | 1962년 6월 9일부터 15일까지의 구강보건주간에 대한치과의사회에서는 무의촌 순회 진료반을 조직하여 의사가 없는 섬을 찾아 어린이들의 구강위생을 보살펴 주었다.

369-06 부산에 고려 미술센터

상영시간 | 00분 32초

영상요약 | 부산에 민족문화를 빛낼 고려미술센터가 세워져, 동양화를 비롯한 서예와 고려자기 등의 공예 그리고 골동품과 고서화 등 여러 가지 우리의 고유 미술품이 전시되어 큰 관심을 모으고 있다.

369-07 아리고 폴라 독창회

상영시간 | 01분 14초

영상요약 | 세계적인 이태리 테너 가수 아리코 폴라의 독창회가 시민회관에서 열려 관중을 열광하게 했다.

369-08 카펜터 우주비행에 성공

상영시간 | 02분 19초

영상요약 | 미국 우주비행사 카펜터(Malcolm S. Carpenter)가 오로라 7호를 타고 지구를 세 바퀴 돈 후 무사히 대서양에 낙하했다.

369-09 색다른 보트놀이

상영시간 | 00분 42초

영상요약 | 미국 워싱턴주의 광대한 삼림에 재목 수송용 수로가 설치돼 있는데, 수로 감시원들이 수송용 수로를 이용해 색다른 보트놀이를 즐기고 있다.

영친왕비 입국 (1962년 6월 22일)

제작정보			**영상정보**		
출 처	:	대한뉴스 370호	제공언어	:	한국어
제 작 사	:	국립영화제작소	컬 러	:	흑백
제작국가	:	대한민국	사 운 드	:	유

영상요약

고종황제의 셋째 아들 전 영친왕 이은의 부인인 이방자 여사의 20년만의 방한일정을 보여주는 영상이다.

내레이션

이조 말 고종황제의 셋째 아드님이신 전 영친왕 이은 공의 부인인 방자 여사가 6월 14일 20년만에 서울을 방문해 왔습니다. 영친왕비가 이번에 서울을 방문하게 된 것은 병중인 이은 공을 대신해서 모후인 윤비께 문안드리고, 국적복권과 환국 후의 생활 등에 대한 일 때문인데 영친왕비는 먼저 낙선재에서 윤 대비께 문안을 드린 다음 친척을 비롯한 내객들의 인사를 받았습니다. 다음날에는 박정희 의장을 예방했는데, 박 의장은 환국 후의 생활은 최대 편의를 도모할 것이며, 이은 씨의 건강이 속히 회복되기를 바란다고 말했습니다. 영친왕비는 서울 교외 금곡에 있는 고종황제 능에 성묘를 했습니다. 그리고 영지원을 찾아 장남 진의 묘도 보살폈습니다.

화면묘사

00:00 자막 “영친왕비 입국”. 비행기에서 내리는 이방자 여사
00:05 꽃다발을 받는 이방자 여사
00:13 낙선재로 향하는 차량 행렬
00:15 낙선재 전경
00:18 “樂善齋”(낙선재)라고 써 있는 현판
00:21 문 위에 걸려 있는 고종 사진
00:24 친척들에게 절을 받는 이방자 여사
00:37 박정희 의장과 악수를 나누는 이방자 여사
00:43 이방자 여사와 환담을 나누는 박정희 의장
00:49 고종릉에 들어서는 이방자 여사
00:55 사당에서 절을 하는 이방자 여사

00:58 묘비를 둘러보는 이방자 여사

연구해제

이 영상은 영친왕비 이방자가 1962년 6월 14일, 20년 만에 방한한 소식을 전하고 있다. 영상에서는 이방자가 김포공항에 도착해서 꽃다발을 받으며 환영을 받는 장면, 창덕궁 낙선재에서 윤황후(윤비)에게 문안을 드리는 장면, 박정희 최고회의 의장과 인사를 하며 대화를 하는 장면, 사람들의 안내를 받아 서울 교외 금곡에 있는 고종황제릉에 참배하는 장면 등을 볼 수 있다.

이방자는 일제시기에는 자주 내한했으나 해방 이후로는 한국에 오지 못 했는데, 자유당 시대에는 이승만과 관계가 좋지 않아 방한할 수 없었다. 하지만 5·16쿠데타 이후 박정희는 조선왕실과의 관계를 회복하려고 하였고, 이것이 1963년 영친왕의 귀국으로 이어졌다.

이방자의 방한 목적은 귀국인사를 통해 살펴볼 수 있다. 귀국인사에서 그녀는 이번 방문의 목적은 "병중의 왕 전하를 대신하여 대비마마께 문안을 드리고 왕릉과 종묘에 참배하고 박의장께 답례를 드리러 온 것입니다"라고 밝히고 있다. 이방자는 도착 당일 창덕궁 낙선재에서 윤 왕후를 문안했는데, 문안하는 장면에서 볼 수 있는 낙선재는 이번 이방자 방문을 계기로 새롭게 수리한 것이라 한다.

방문 이튿날인 15일 문화재관리국장의 안내로 이방자는 최고회의 박정희 의장을 예방했다. 박정희는 영친왕 귀국과 복적문제에 대해 "귀국을 원하면 언제나 환영한다. 김포공항에 도착하면 곧 복적할 수 있다. 거처문제도 편안히 모실 수 있는 준비가 되어 있다"고 말했다. 아울러 영친왕에게 기후가 좋은 한국 온천 같은 곳에서 요양할 것을 권했으나 이방자는 영친왕 병세를 치료하고 생각해볼 것이라고 대답했다. 이어서 이방자는 서울대병원에 있는 덕혜옹주를 위문하고, 국군묘지헌화, 육군병원 장병위문 등을 하고 18일 도쿄로 돌아갔다.

한국정부의 황실정책의 시작은 3대 국회가 1945년 9월 23일 만든 '구황실재산처리법'을 통해서 법률로 구체화되었다. 이 법의 뼈대는 "구 황실 재산을 국유로 하는 대신 구황족들에게 생계비를 지급한다"는 것이었다. 생활비 지원을 받을 수 있는 '구 황족'의 범위는 "이 법이 시행될 때 살아 있는 구 황실의 직계 존비속과 그 배우자"라고 되어 있었지만, '구 황족'의 범위가 어디까지인지 명확한 규정이 없었기 때문에 이승만 정권시기에는 법집행은 이뤄지지 않은 것으로 보인다.

법에 구체적인 근거 규정이 만들어진 것은 1961년 2월 20일 장면 정권이 국무원령 204호로 '구 황실 재산법 제4조 시행에 관한 건'을 제정하면서부터이다. 이 법을 통해서 구 황족의 범위를 명문화하였지만 실제 적용되지는 못했다. 같은 해, 5·16쿠데타 발생 이후인 10월 17일에 개정된 법은 '구 황족'의 범위를 다시 규정하면서 대상의 범위를 축소시켰고, 1962년 4월 10일 개정된 법은 그 범위 안에 덕혜옹주를 포함시켰다. 1961년 5·16쿠데타로 박정희가 집권한 이후부터 정부는 옛 황족들에게 꾸준히 생활비와 치료비를 지급하였다.

이 영상은 박정희 군부세력의 조선왕실에 대한 입장과 관계에 대해서 살펴볼 수 있으며, 부족하나마 쉽게 접근하기 힘든 왕실문화에 대해 살펴볼 수 있는 자료이다.

참고문헌

「歡喜 감도는 樂善齋」, 『경향신문』, 1962년 6월 11일.

「꿈에도 그리던 땅 英親王妃 20年만에 歸國」, 『경향신문』, 1962년 6월 14일.

「英親王妃 還國 이틀째 國軍墓地에 獻花」, 『경향신문』, 1962년 6월 15일.

「英親王歸國하면 곧 復籍 居處問題 등 萬般의 準備」, 『경향신문』, 1962년 6월 16일.

길윤형, 「"황족의 품위가 말이 아니오"」, 『한겨레21』 624, 한겨레신문사, 2006년 8월 24일.

해당호 전체 정보

370.4-01 군경 체육대회(6.15)
상영시간 | 04분 45초
영상요약 | 씨름, 축구, 육상, 배구 등 군경 체육대회가 열렸다.

370.4-02 민속 예술단 귀국
상영시간 | 01분 11초
영상요약 | 외국 공연을 마치고 돌아온 예술단원들이 김포공항에 도착하여 환영객들로부터 환영을 받았다.

370.4-03 이동 열차
상영시간 | 00분 55초
영상요약 | 환자들을 치료할 수 있는 군 이동열차가 만들어져 관련 행사를 개최하였다.

370.4-04 송요찬 수반 고별 기자회견(6.16)
상영시간 | 00분 49초
영상요약 | 송요찬 내각수반이 고별 기자회견을 개최하였다.

371.4-05 재일교포 부인 송요찬 수반 예방(6.15)
상영시간 | 00분 20초
영상요약 | 재일교포 여성들이 송요찬 내각수반을 방문하여 선물을 전달하였다.

370.4-06 반공 만화 전시회(6.6)
상영시간 | 00분 21초
영상요약 | 반공 만화 전시회가 개최되어 북한 사회주의의 실상을 고발하였다.

370-01 내각 개편

상영시간 | 00분 52초

영상요약 | 송요찬 내각수반의 사임에 따라 내각이 개편되어, 내각수반에는 박정희 의장이 겸임하고, 경제기획원장에 김현철, 재무부장관에 김세련, 공보부장관에 이원우, 건설부장관에 박임항이 각각 새로 임명되었다.

370-02 영친왕비 입국

상영시간 | 01분 07초

영상요약 | 고종황제의 셋째 아들 전 영친왕 이은의 부인인 이방자 여사의 20년만의 방한 일정을 보여주는 영상이다.

370-03 뉴질랜드 대사 신임장 제정

상영시간 | 00분 40초

영상요약 | 1962년 6월 12일 뉴질랜드와 국교가 맺어져, 초대 주한 뉴질랜드 대사 에드워드 테일러가 대통령 권한대행 박정희 의장에게 신임장을 제정했다.

370-04 수목의 해충 구제작업

상영시간 | 00분 50초

영상요약 | 서울과 경기도 일대에 있는 나무들이 1961년 흰불나방의 침입으로 막대한 피해를 입어, 1962년에는 농림부에서 대비책을 실시하고 있다.

370-05 활발한 제주도 개발

상영시간 | 01분 14초

영상요약 | 제주목장의 확충, 4·3 사건 이재민의 원주지 정착, 횡단도로 건설 등 제주도에서 이루어지고 있는 개발의 면면을 보여주는 영상이다.

370-06 미술 전시회

상영시간 | 00분 46초

영상요약 | 서울대학교 미술대학 학생작품 전시회가 1962년 6월 14일부터 경복궁 화랑에서 열려 문화계의 화제가 되고 있다.

370-07 연세대에 큰 병원

상영시간 | 00분 28초

영상요약 | 연세대학교 안에 훌륭한 설비를 갖춘 큰 병원이 건설되었다.

370-08 농아 연주단

상영시간 | 01분 19초

영상요약 | 지휘자 김홍산의 지휘 아래 농아 연주단이 라 쿠파르시타를 연주하고 있다.

370-09 여객기 추락사고

상영시간 | 00분 30초

영상요약 | 프랑스 파리 근교 오리 비행장에서 프랑스 여객기가 이륙하자 곧 떨어져 일찍이 없었던 큰 비행기 사고가 발생했다.

370-10 자유를 찾는 중공 피난민

상영시간 | 01분 01초

영상요약 | 중공의 학정과 굶주림에서 벗어나 자유를 찾아 홍콩으로 넘어오는 중국 난민이 오늘도 계속되고 있는데, 홍콩의 영국정부는 비좁은 홍콩 땅에 더 이상 피난민을 수용할 수 없어 철조망을 쳐서 난민을 막고 있다.

370-11 어린이들의 옷 자랑

상영시간 | 00분 56초

영상요약 | 캐나다 몬트리올에서 어린이들의 패션쇼가 벌어졌는데, 비싸고 사치스러운 것 대신 질긴 실용적인 옷으로 산뜻한 모양을 내는 것이 유행이라고 한다.

짧은 치마 입기 운동 (1962년 7월 6일)

제작정보

출 처 : 대한뉴스 372호
제 작 사 : 국립영화제작소
제작국가 : 대한민국

영상정보

제공언어 : 한국어
컬 러 : 흑백
사 운 드 : 유

영상요약

5·16군정이 대대적으로 전개한 재건국민운동의 일면을 보여주는 영상이다. 재건국민운동의 주요한 사업 중에 하나는 의식주개혁을 통한 새로운 국민상을 만드는 것이었다. 비실용적인 한복의 개선을 강조하는 영상은 이러한 재건국민운동의 양상을 보여준다.

내레이션

간편하고 실용적인 국민생활을 촉구하기 위해서 7월 1일부터 짧은 치마 입기 운동이 전개되고 있습니다. 가장 바쁘게 일하고 서둘러야 할 때 긴 치마를 입고 있으면은 거추장스럽고 불편하기 짝이 없는데, 이러한 비활동적인 우리의 생활을 개선해보자는 것이 그 목적이라고 하겠습니다. 특별한 예식이 아닌 경우 짧은 치마를 입으면은 좀 더 활동적이고 여러 가지 불편을 덜어줄 것입니다. 여성 여러분의 새로운 생활태도를 촉구해 마지 않습니다.

화면묘사

00:00 자막 "짧은 치마 입기 운동"
00:04 짧은 한복 치마를 입고 마루에서 나오는 여성
00:11 긴 한복 치마를 입고 부엌으로 들어서는 여성
00:22 아궁이 불 옆에 있는 긴 치마 자락
00:24 계단을 오르다 발에 걸린 긴 치마 자락
00:27 짧은 치마를 입은 사람이 긴 치마를 입은 사람을 도와주는 모습
00:31 시장에서 파는 짧은 한복 치마
00:34 짧은 한복 치마를 입고 걸어가는 여성

연구해제

이 영상은 짧은 치마를 입는 것을 권장하기 위해 만들어진 영상이다. 일상생활 속에

서 긴 치마를 착용했을 때 불편한 모습과 짧은 치마를 입었을 때 활동하기 쉽다는 것을 강조하고 있다. 구체적으로 한복을 입고 부엌에서 일하는 주부와 치마가 신발에 밟혀 계단을 오르는데 어려움을 겪는 여성의 모습을 영상에서 보여주고 있다. 이어서 짧은 치마를 입고 거리를 자유롭게 활동하는 여성을 보여주고 그 차이를 대비시키고 있다.

짧은 치마입기운동은 재건국민운동의 일환에서 1962년 7월 1일 시작되었다. 5·16군사쿠데타세력은 정권을 장악하자마자 쿠데타를 '국민혁명'으로 만들기 위해 사회지도층이 참여하는 국민운동을 전개했다. 재건국민운동본부는 1961년 5월 27일에 공포된 「최고회의법」에 의거해 발족했고, 곧이어 「재건국민운동에관한법률」(1961. 6. 11)이 공포되면서 운동은 본궤도에 올랐다. 재건국민운동은 민간주도 국민운동을 수렴하여, 기존에 전개되었던 신생활운동의 형태와 내용을 흡수하고 있었다.

1950년대 신생활운동은 대중일상을 통제하여 국가건설과 전후재건을 달성하기 위해 기획되었다. 이 운동은 소비통제적 경향과 함께 가정의 근대화, 즉 가정개량운동으로 나타났다. 이러한 맥락에서 이 운동의 한 부문으로 의복을 개량하여 근대적 삶의 방식에 맞도록 하는 의생활개선운동이 진행되었고, 구체적으로 한복의 간소화, 양장의 권장, 신생활복의 착용이 권장되었다. 신생활운동을 국가주도의 재건국민운동으로 흡수하려했던 군사쿠데타 세력은 1961년 7월 25일 「재건국민운동본부실천사항」을 발표했고 그 내용에는 내핍생활의 여행(勵行), 국민 간소복의 착용 등 신생활운동에서 전개되었던 내용을 포함했다.

참고문헌

「新春女性座談會」, 『경향신문』, 1959년 1월 12일.

「짧은치마입기운동」, 『동아일보』, 1962년 6월 28일.

김은경, 「1950년대 신생활운동 연구 : 가정개량론과 소비통제를 중심으로」, 『여성과 역사』 11, 2009.

허은, 「'5·16군정기' 재건국민운동의 성격 : '분단국가 국민운동' 노선의 결합과 분화 」, 『역사문제연구』 11, 2003.

남대문 보수 (1962년 7월 6일)

제작정보		영상정보	
출 처	대한뉴스 372호	제공언어	한국어
제 작 사	국립영화제작소	컬 러	흑백
제작국가	대한민국	사 운 드	유

영상요약

이 영상은 '6·25전쟁' 당시 폭격으로 인해 훼손된 남대문을 보수하는 장면을 보여주고 있다.

내레이션

1397년 이태조 사는 해 건립되어 오늘에 이르기까지 560여 년. 이 나라의 역사를 지니고 있는 서울 남대문의 중수공사가 작년 7월에 시작되어 지금은 복원공사가 이루어지고 있습니다. 남대문의 국보적 가치를 상실하지 않도록 돌 하나 나무 하나를 다루는데도 세심한 주의를 하며 고대 건축기술을 그대로 본 따서 옛 모습을 찾아내기에 최선의 노력을 다하고 있는 것입니다. 금년 중에 이 건물에 나무로 다듬는 부분이 완성되고 내년 4월에는 시민 앞에 그 우아한 모습을 보일 수 있게 된다고 합니다.

화면묘사

00:00 자막 “남대문 보수”

00:04 “남대문중수공사장”이라는 글자 밑에 나무 뼈대로 남대문을 받쳐 놓은 공사장 전경

00:07 정으로 바위를 치는 석공

00:15 바위를 올리기 위해 거중기를 돌리는 노동자들

00:18 바위의 위치를 잡고 있는 노동자들

00:25 자로 나무의 치수를 재는 편수

00:32 해머로 쇠를 달구는 대장장이

00:37 나무를 다듬는 편수들

00:39 나무 기둥을 옮기는 노동자들

00:44 남대문 앞 도로를 다니는 자동차들

연구해제

남대문은 태조 이성계가 한양으로 도읍을 옮긴 뒤인 1396년(태조 5년) 1월 도성 축조를 하면서 건설하기 시작하여 1398년(태조 7년) 2월에 완성되었다고 한다. 당시 도성에는 동서남북으로 4대문이 세워졌고, 그 사이사이에 4소문이 설치되었는데, 도성의 정남쪽에 위치한 남대문은 이들 도성 8문 중에서 가장 중요한 문으로 가장 웅대하게 건축되

었다. 4대문 중 가장 많은 사람들이 출입하는 곳이었으며, 중국 · 일본 등 외국 사신들이 출입하는 문이었기 때문이다. 성문의 이름은 숭례문이라고 지었는데, 조선이 동방예의 지국임을 나타내고자 하는 의도가 있었다고 전해지기도 하며, 음양오행설에 따라 남쪽 관악산의 화기를 막기 위해 예(禮)자를 쓴 세로 현판을 달았다는 이야기가 전해지기도 한다. 남대문은 이후 1447년(세종 29년) 8월 한차례 개축되었으며, 이후 30년 뒤인 1478년(성종 9년) 문이 기울어지는 문제가 발생하여 1479년 한차례 더 개수된 이래, 1962년까지 약 500년간 존속해 왔다.

영상에서 보여주고 있는 남대문 보수공사는 1961년 7월 20일부터 1963년 5월 14일까지 진행되었다. 당시 남대문은 폭격으로 인해 심하게 훼손된 상태였다. 특히 지붕이 가라앉고 추녀가 처져 있었으며, 석축 일부가 사라지고 기울어져 중수가 시급하게 요청되고 있었다. 이에 서울시 교육감이 보수공사에 필요한 비용을 국가가 보조해 주기를 요청했고, 정부가 이를 승인하여 1,300만 원을 지원해 주기로 결정했다. 공사는 전체를 해체하고 다시 개축하는 방식으로 진행되었다. 감독관은 모두 4명으로, 학술담당 진홍섭, 기술담당 임천, 공사전반에 대한 담당 김정기, 옥개 담당 신영훈이 임명되었다. 공사의 원칙은 이전의 건물형태를 그대로 복원하는 것이고, 다만 현상 실측 또는 해제공사 등의 작업 중 현상 변경이 요구되는 경우만 문교부의 승인하에 변경을 하는 것으로 결정되었다.

1960년대 초반 당시 남대문 보수공사는 여러 의미에서 세간의 이목을 끈 사업이었다. 무엇보다 남대문은 국보 1호이자 서울의 중심에 있는 대문으로서 상징성을 가지고 있었고, 직접 눈에 보이는 거대한 건축물이었기 때문에 서울시민은 물론 정치, 문화계 인사들의 관심이 집중될 여지가 높았다. 다음으로는 서울시가 직접 공사를 진행하면서 상세한 실측도를 조사했을 뿐만 아니라, 학술적인 조사를 병행하여 태조, 세종, 성종 대의 상량문을 발견하는 수확도 얻을 수 있었다. 아울러 한국에서 자체적으로 이룬 첫 번째 대규모 문화재 보수 직영 공사를 성공적으로 끝냈다는 점도 높이 평가 받았다. 이전까지는 크고 작은 문화재 보수공사를 거의 업자로 하여금 도급(都給)공사를 하게 해왔기 때문에 여러 문제들이 발생했었는데, 문화재 관리국이 직접 기술진을 보유하고 직접 공사에 착수하면서 국가 주도적 문화재 관리의 가능성을 발견할 수 있게 되었다는 것이다. 남대문은 이후 40여 년간 국보 1호로서 한국의 상징적인 문화재로 인식되어 왔으나 2008년 화재로 소실되면서 한국의 문화재 관리의 허술함을 드러내는 사례로서 지적되기도 했다.

참고문헌

「문화재보수의 산초석 되기를 남대문해체보수공사의 준공을 보며」, 『경향신문』, 1963년 5월 14일.

이경재, 『한양 이야기』, 가람기획, 2003.

조현정, 『한국 건조물 문화재 보존사에 관한 연구』, 명지대학교 석사학위논문, 2005.

해당호 전체 정보

372-01 한해 극복에 거국적 운동

상영시간 | 01분 49초

영상요약 | 1962년 여름 계속되는 가뭄을 극복하기 위해 전국적으로 국민운동이 벌어지고 있는 가운데, 지난 7월 3일 박정희 의장은 우물파기 작업에 나서서 온 국민의 자발적이고 성의 있는 노력을 촉구하였다. 한편 주한미군들도 논에 물을 대주어 가뭄에 시달린 농민들을 돕고 있다.

372-02 통화개혁으로 경제 발전

상영시간 | 02분 00초

영상요약 | 화폐개혁 후 한 달이 경과되자 국내 시장과 상품들은 경기를 회복하기 시작했으며, 은행에 예금한 돈이 부쩍 늘어 금융기관에 대한 공신력이 굳어지고 경제가 정상적인 모습을 갖추어가고 있다. 한편 농촌이나 어촌에서도 화폐개혁의 문제점은 사라지고 건전한 유통질서가 이룩되어 가고 있다.

372-03 언론의 창달을 위하여

상영시간 | 00분 49초

영상요약 | 1962년 6월 28일 최고회의는 언론정책을 발표했는데, 그 내용은 새로운 언론의 기틀을 만들고 언론기관을 건전하게 육성해서 대중의 계몽과 교양을 위한 체제로 혁신하겠다는 것이다.

372-04 짧은 치마 입기 운동

상영시간 | 00분 36초

영상요약 | 5·16군정이 대대적으로 전개한 재건국민운동의 일면을 보여주는 영상이다. 재건국민운동의 주요한 사업 중에 하나는 의식주개혁을 통한 새로운 국민상을 만드는 것이었다. 비실용적인 한복의 개선을 강조하는 영상은 이러한 재건국민운동의 양상을 보여준다.

372-05 남대문 보수

상영시간 | 00분 48초

영상요약 | 이 영상은 '6 · 25전쟁' 당시 폭격으로 인해 훼손된 남대문을 보수하는 장면을 보여주고 있다.

372-06 해남과 완도간 바다에 도로 건설

상영시간 | 00분 36초

영상요약 | 전라남도 해남과 완도를 연결하는 도로를 건설 중인데, 이 다리가 건설되면 해남과 완도 지방의 산업발전에 큰 역할을 하게 될 것이다.

372-07 연예인 일선 위문

상영시간 | 00분 34초

영상요약 | 한국연예인협회에서는 국토방위에 수고하는 전방의 국군장병을 찾아 위문공연을 열고 그들의 노고를 위로했다.

372-08 남인수씨는 가다

상영시간 | 01분 02초

영상요약 | 인기가수 남인수가 1962년 6월 26일 세상을 떠나 30일에 조계사에서 장례식이 엄수되었다.

372-09 알제리아 소식

상영시간 | 00분 57초

영상요약 | 1962년 7월 1일 실시된 국민투표에서 알제리의 독립이 절대적인 지지를 얻어, 120여 년 동안에 걸쳐 프랑스의 통치를 받던 알제리는 독립을 찾게 되었다.

372-10 새로운 비행기 날개

상영시간 | 00분 43초

영상요약 | 미국 미안 항공회사에서는 새로이 연구한 조립식 날개를 가진 비행기의 시험비행을 했는데, 이것은 선사시대 날짐승의 날개를 모방해서 만든 것이다.

헌법개정안 의결 (1962년 12월 10일)

제작정보

출　　처 : 대한뉴스 394호
제 작 사 : 국립영화제작소
제작국가 : 대한민국

영상정보

제공언어 : 한국어
컬　　러 : 흑백
사 운 드 : 유

영상요약

이 뉴스는 1962년 12월 6일 국가재건최고회의 제27차 본회의에서 헌법 개정안을 의결하는 모습을 영상으로 담고 있다. 이 헌법 개정안에 대한 국민투표는 1962년 12월 17일에 실시되었다.

내레이션

국가재건최고회의는 12월 6일 오후 제27차 본회의를 열고 지난 11월 5일 23인의 최고위원이 연명으로 발효해서 30일간의 공보기간이 지난 헌법개정안을 만장일치로 통과시켰습니다. 정부는 대통령 중심제로, 국회는 단원제를 택하고 무소속으로서는 대통령과 국회의원에 출마할 수 없게 규정한 것도 특징으로 하는 전문 121조 부측 9조로 된 이 헌법개정안은 오는 12월 17일 국민투표에 부쳐지게 된 것입니다. 그런데 이날 박정희 의장은 담화를 통해 이 헌법개정안은 우리들과 우리 자손에 영원한 번영을 위한 설계도인바 국민 여러분은 이 취지를 충분히 이해해서 제3공화국의 탄생을 위한 새로운 역사에 창조자가 되어줄 것을 당부했습니다.

화면묘사

00:00 자막 "헌법 개정안 의결"
00:03 최고회의 본회의장에 앉아 있는 최고위원들의 모습
00:07 단상에서 연설 중인 박정희
00:12 자리에 앉아 있는 김종필 중앙정보부장, 유달영 재건국민운동본부장 등의 모습. 책상에 "중앙정보부장", "국민운동본부장"이라는 명패가 있음
00:16 단상에서 개헌안 제안 설명을 하는 이석제 법제사법위원장
00:19 제안설명을 듣고 있는 김유택 경제기획원장 등 정부 각료들
00:23 본회의에서 일어서서 질의하는 한 최고위원
00:26 최고위원들이 투표한 것을 걷으러 돌아다니는 직원의 손에 있는 투표함에 넣는 모습

00:29 투표함에서 투표 용지를 꺼내는 장면
00:32 최고회의 관계자가 "在籍委員(재적위원) 25, 可(가) 22, 否(부) 0, 缺席委員(결석위원) 3"라는 투표 결과를 칠판에 적고 있는 모습
00:39 투표 상황을 녹음하는 장면
00:41 헌법 개정안이 의결되었음을 선포하는 박정희

연구해제

이 영상은 1962년 12월 6일 국가재건최고회의 제27차 본회의에서 헌법 개정안을 의결하는 모습을 담고 있다. 5·16쿠데타로 집권한 박정희 군사정부(1961~1963)는 1961년부터 헌법안 구상에 착수하여 1962년 이를 구체화시키며 민정이양을 준비했는데 자신들의 계속집권을 위해 대통령제를 구상했다.

국가재건최고회의는 헌법 논의 초기인 1962년 3월경에는 비교적 자유로운 분위기 속에서 내각제 선호 의견 등을 개진하기도 하였다. 그러나 7월 이후 관제화 된 헌법심의위원회 틀 안에서 본격적인 논의가 수행되면서는 최고위층의 복안인 대통령중심제-단원제 등을 수동적으로 추인하는 역할만을 수행했다. 군인이 위원장인 심의위원회에서 대통령중심제 등 이미 결정된 안을 가지고 회의를 열었으며, 공청회도 미리 준비된 연사가 준비된 토의안을 가지고 국민을 동원·홍보하는 성격이 짙었다. 이에 따라 제2공화국 출범 때 여론의 절대적 지지를 얻어 도입되었던 내각책임제는 폐기될 수밖에 없었다.

1962년 10월 23일 신헌법요강이 발표되었으며 11월 3일에 헌법개정안이 마련되었다. 11월 5일 헌법개정안은 최고회의에 상정되었고, 재적 25인 중 출석최고위원 23인의 찬성으로 발의되고 즉일로 공고했다. 전문 121조 부측 9조로 된 개정안의 특징과 내용에 대해 군사정부가 스스로 밝힌 사항 중 정치적으로 중요한 것은 아래 4가지로 정리된다.

1) 건전하고 민주적인 복수정당제도의 보장을 헌법에 명시한다. 따라서 정당은 헌법에서 필수적인 정치기구로서의 성격을 띤다.

2) 능률적인 국회운영을 위해 단원제 국회로 환원한다. 국회의원 임기는 4년이며, 당적이탈·변경·소속정당 해산 시에는 의원직을 상실한다.

3) (군사정부는 제2공화국 시대의 의원내각책임제가 제대로 기능을 발휘하지 못하는

약체이며, 대통령중심제가 정국이 안정되고 소신껏 일할 수 있는 민주적 정부형태라고 하며) 강력한 대통령중심제를 채택한다고 밝혔다. 대통령은 국민이 직접선거하고, 임기 4년이며, 1차에 한하여 중임할 수 있다.

4) 과거 대통령의 영구집권을 위해 임기만료 때마다 국회에서 쉽게 헌법을 개정한 폐습을 없애기 위해 주권자인 국민의 찬성여부에 따라 헌법을 개정할 수 있는 국민투표제로 전환한다.

이렇게 마련된 개헌안은 11월 5일부터 30일간의 공고기간이 지나고 이 영상에서 보여주는 12월 6일 최고회의 27차 본회의의 헌법 개정안 확정표결을 거친 이후, 12월 17일 국민투표에 회부되었다. 그러나 이 투표는 형식은 직접 민주주의제도인 국민투표였고 투표결과 투표율은 85.28%, 찬성률은 78.78%를 기록했으나 당시 안정을 희구하는 국민을 피동적으로 동원했던 일종의 통과의례였다고 평가되고 있다.

이처럼 군부세력은 집권의 수월성을 도모하고 권력을 집중하여 체제유지와 효율적 통치를 위한 목적에서 '강력한 대통령제'를 헌법에 편의적으로 도입했다. 구정치인들을 견제하기 위해 정당을 해산하고 사전조직을 통해 공화당을 만들고 있었지만 제1당이 될 수 있을지는 아직 자신할 수 없던 상황이었다. 반대세력인 구정치인들에 비해 정당·의회적 기반이 취약했던 군부세력은 정당 기반이 전제되고 의회로 권력이 분산된 의원내각제보다는 대통령 일인에게 권력이 집중된 대통령 중심제가 자신들의 집권을 보다 쉽게 보장할 것이라고 판단했던 것이다.

결국 '강력한 대통령제'와 '행정국가적 경향', '정당정치 확립'이라는 제3공화국 헌법의 권력구조 조항에 나타난 성격은 모두 기성정치인과 입법부에 대한 대통령의 우위 확보를 통해 박정희의 수월한 집권과 그 체제의 안정적 유지를 도모하려는 목적에서 나온 것이었다. 그리고 실제 이 헌법을 바탕으로 박정희 군사정부는 1963년 대통령선거에 승리함으로써 집권에 성공할 수 있었다.

참고문헌

이완범, 「박정희 군사정부 '5차헌법개정' 과정의 권력구조 논의와 그 성격 : 집권을 위한 '강력한 대통령제' 도입」, 『한국정치학회보』 34집 2호, 2000.

계엄령 해제 (1962년 12월 10일)

제작정보		영상정보	
출 처	대한뉴스 394호	제공언어	한국어
제 작 사	국립영화제작소	컬 러	흑백
제작국가	대한민국	사 운 드	유

영상요약

1962년 12월 5일 24시를 기하여 실시된 계엄령 해제와 이와 관련한 신문기사를 읽고 있는 시민들의 모습을 영상으로 담고 있다.

내레이션

국가재건최고회의는 12월 5일 24시를 기해 그동안 실시 중인 계엄령을 해제했습니다. 그런데 이번에 계엄령을 해제한 것은 12월 17일에 있을 국민투표와 앞으로 있을 민정이양을 위해 정계 분위기를 보다 부드럽게 하기 위한 것입니다.

화면묘사

00:00 자막 "계엄령 해제"
00:03 게시판에 붙어 있는 "戒嚴令(계엄령)을 解除(해제)"라는 제목의 손으로 작성한 게시물을 읽고 있는 시민
00:05 한 시민이 거리에 떨어져 있는 계엄령 해제 호외를 들어서 읽고 있음
00:10 신문사 게시판에 붙여 있는 신문들을 읽고 있는 시민들
00:18 조선일보 게시판에 붙어 있는 신문을 읽는 시민들. 벽에 "朝鮮日報(조선일보)"라고 새겨져 있음
00:20 거리를 오고 가는 사람들. "신경훈 치과" 등의 간판이 보임

연구해제

이 영상은 1962년 12월 5일 오후 박정희 국가재건최고회의장이 특별담화를 통해 6일 자정을 기해 전국적으로 약 7개월간 지속된 계엄령을 해제한다고 발표한 내용과, 신문을 통해 이를 접하는 시민들의 모습을 보여주고 있다.

1961년 5월 16일 새벽, 쿠데타를 단행한 군부에 의해 서울시내 주요 국가기관, 방송국 등 주요점령 목표가 장악되었다. 쿠데타 주역 박정희 소장은 5명의 장성급으로 군사혁

명위원회를 구성하고 위원회령 제1호를 발령하여 1961년 5월 16일 오전 9시 현재로 대한민국 전역에 걸쳐 비상계엄을 선포하고, 위원회령 제2호에 의해 계엄사령관에 육군소장 박정희, 전방계엄사령관에 제1군 사령관 육군중장 이한림, 후방계엄사령관에 제2군 사령관 육군중장 최경록을 각각 임명했다. 동시에 서울을 비롯한 각 도의 경찰국장과 경찰서장 직위에 영관급과 위관급을 각각 임명하여 전국 경찰망을 장악하였다. 또한 위원회포고 제4호를 통해 장면 정권 인수를 공식적으로 선언하였다. 비상계엄은 일련의 정권 장악과 군부에 의한 통치가 공식화 될 때까지 지속되다가 1961년 5월 27일 12시를 기해 경비계엄으로 변경되어 1962년 12월까지 이르렀다.

계엄령 선포라는 강압적 수단의 사용은 군부쿠데타에 대항하는 저항 세력들을 탄압하는데 매우 효과적이었다. 계엄령하에서는 모든 정당·사회단체의 활동은 물론 노동쟁의도 금지되었고, 모든 학생단체의 해산 및 3인 이상의 옥 내외 집회·시위도 금지되었다. 더불어 정치·사회 활동가, 학생, 언론 등에 대한 검거와 투옥이 이뤄졌다.

1962년 12월 5일 군사정부가 7개월간 유지하던 계엄령의 전면해제를 발표한 이유는, 12월 6일에 개헌안이 국가재건최고회의에서 표결되면 이에 대한 국민투표가 17일에 실시될 것을 염두에 둔 조치였다. 즉 이미 군사정부의 지배권이 공고화된 국면에서 개헌안에 대한 대대적 지지를 얻기 위하여 정치 분위기를 완화하고자 한 것이었다. 이 속에서 치러진 개헌안 찬성 여부 국민투표는 약 78%의 압도적 지지를 얻을 수 있었다. 그러나 군사정부는 경비계엄 해제와 동시에 '혁명과업수행에 관련되는 범죄의 재판관할에 관한 임시조치법'을 공포하여, 계엄 해제에도 불구하고 군법회의가 여전히 민간인에 대한 재판관할권을 가지게끔 조치함으로써 계엄 아래 취했던 실권을 이어가고자 했다.

참고문헌

「6일 자정기해 '계엄령' 해제」, 『동아일보』, 1962년 12월 5일.
「계엄령의 완전해제를 보고」, 『경향신문』, 1962년 12월 6일.
차영훈, 「국가재건최고회의의 조직과 활동」, 경북대학교 석사학위논문, 2005.

해당호 전체 정보

394-01 헌법개정안 의결

상영시간 | 00분 54초

영상요약 | 1962년 12월 6일 국가재건최고회의 제27차 본회의에서 헌법 개정안을 의결하는 모습을 영상으로 담고 있다. 이 헌법 개정안에 대한 국민투표는 1962년 12월 17일에 실시되었다.

394-02 계엄령 해제

상영시간 | 00분 24초

영상요약 | 1962년 12월 5일 24시를 기하여 실시된 계엄령 해제와 이와 관련한 신문기사를 읽고 있는 시민들의 모습을 영상으로 담고 있다.

394-03 건설의 새소식

상영시간 | 02분 33초

영상요약 | 이 영상은 1962년 11월 30일 종합제철공장 건설을 위한 한·미합작투자 기본계획 서명식과, 12월 1일에 거행된 마포 아파트 낙성식, 11월 20일에 실시된 한일시멘트 단양공장 기공식과 해운대관광호텔 기공식 장면을 담고 있다.

394-04 서울시 문화상 시상

상영시간 | 00분 56초

영상요약 | 1962년 12월 3일 시민회관에서 개최된 제11회 서울시 문화상 시상식 장면을 영상으로 담고 있다. 1962년도에는 무용, 방송 등이 추가되어 총 14개 부문의 수상자를 선정했다.

394-05 잎담배 수납

상영시간 | 00분 48초

영상요약 | 충주 엽연초 제조공장에서 실시된 잎담배 수납과 수납 잎담배 배상금 지불 과정, 그리고 공장에서 잎담배를 제조하는 모습이 영상으로 담겨 있다.

394-06 공업연구소에 분석센터

상영시간 | 00분 44초

영상요약 | 1962년 11월 28일 거행된 국립공업연구소 분석센터 낙성 기념 테이프 커팅 장면과 이후 내외 귀빈들이 분석센터를 시찰하는 장면, 그리고 실험실에서 실험하는 연구원들의 모습을 영상으로 담고 있다.

394-07 내고장 소식

상영시간 | 02분 51초

영상요약 | 1962년 12월 1일 부산 공설운동장에서 개최된 부산직할시 승격 경축대회와 부산우체국 사거리에서 거행된 부산직할시 승격기념 가장행렬 장면과, 11월 24일 개막된 제6회 밀양문화제의 모습, 방첩 강조기간의 행사로 전라남도 광주에서 개최된 가장행렬을 차례로 보여주는 영상이다.

394-08 재일교포 한·일 회담 촉진대회

상영시간 | 00분 41초

영상요약 | 일본 도쿄에서 재일대한민국거류민단 주최로 거행된 한일회담촉진중앙민중대회의 모습을 담고 있는 영상이다. 민중대회가 끝난 후 재일교포들은 거리 행진을 했다.

394-09 홍보 국민투표

상영시간 | 00분 17초

영상요약 | 1962년 12월 17일에 시행될 국민투표를 홍보하기 위해 제작된 홍보 영상이다.

12월 17일 우리 역사 최초 국민투표 실시 (1962년 12월 22일)

제작정보			영상정보		
출처	:	대한뉴스 396호	제공언어	:	한국어
제작사	:	국립영화제작소	컬러	:	흑백
제작국가	:	대한민국	사운드	:	유

영상요약

1962년 12월 17일 실시된 헌법 개정안에 대한 국민투표의 투표와 개표, 그리고 개표 결과 보고회 장면을 영상으로 담고 있다.

내레이션

제3공화국의 기틀이 될 헌법개정안의 가부를 묻는 우리 역사상 최초의 국민투표가 12월 17일 전국 7,117개 투표소에서 과거 어느 선거 때 보다도 자유로운 분위기 아래 조용히 진행되었습니다. 이날 새벽 박정희 의장도 부인 육 여사와 함께 투표소에 나와 줄지어 선 시민들 틈에 서서 투표를 했는데 기표소에서 나온 박 의장은 이른 새벽부터 많은 시민들이 참여해 주어 기쁘다고 말했습니다. 또한 이날 이주일 부의장도 부인과 함께 투표를 했습니다. 한편 김현철 내각수반은 부인과 함께 태화동 투표소에서 투표를 했으며 김종필 중앙정보부장도 부인과 함께 투표를 했는데 투표를 마친 김부장은 온 국민의 양식과 현명한 판단이 총동원되어 새 헌법이 절대 다수의 지지를 받게 될 것을 확신한다고 말했습니다. 이날 투표는 아침 7시에 시작해서 전국적으로 아무런 사고 없이 오후 5시에 끝났는데 총 유권자 1,241만 2,798명 중 약 86%인 1,058만 1,998명이 이 역사적인 투표에 참가해서 각자 주권을 행사한 것입니다. 개표는 이날 저녁 7시부터 전국적으로 일제히 진행되었는데 중앙국민투표관리위원회에서 집계를 완료한 전국 187개 개표구에 개표결과, 총 투표소의 78.78%의 좋은 찬성율을 올림으로써 혁명정부가 제안한 헌법개정안은 새 나라의 기본법으로 확정된 것입니다. 이날 개표결과 보고를 받은 박정희 의장은 유례없이 자유로이 기본권을 행사된 12월 17일은 우리 민주 역사에 길이 빛나는 민족 영광의 날이라고 말했습니다. 그런데 새 헌법은 12월 26일 대통령권한대행의 이름으로 정식 공포되고 내년에 새 국회가 소집되면서부터 그 효력을 발생하는 것입니다.

화면묘사

00:00 자막 “새 헌법에 국민투표”
00:03 투표소에 들어가기 위해 길게 줄을 서 있는 국민들
00:09 투표소에 들어가기 위해 시민들과 함께 줄을 서 있는 박정희와 부인 육영수
00:15 투표인 명부와 대조하는 박정희와 육영수의 모습
00:18 투표함에 투표용지를 넣는 시민들
00:21 기표소에서 투표를 마치고 나와 투표함에 표를 넣는 박정희와 육영수
00:31 투표를 마친 박정희가 기자들에게 둘러싸여 인터뷰하고 있음

00:34 이주일 국가재건최고회의 부의장과 부인이 투표인 명부와 대조하는 모습
00:38 기표소에 들어가는 이주일 부의장
00:42 투표함에 표를 넣은 이주일 부의장 부부
00:46 김현철 내각수반 부인이 표를 투표함에 넣는 장면
00:52 김종필 중앙정보부장의 투표 장면을 찍는 사진기자들
00:54 투표함에 표를 넣는 김종필 부부
01:01 기자들에 둘러싸여 인터뷰를 하는 김종필
01:06 투표소에 들어가기 위해 줄 서 있는 시민들
01:10 봉인한 투표함을 운반하는 장면
01:17 개표소에서 봉인된 투표함을 개봉하고 표를 탁자 위에 쏟는 모습
01:32 개표소에서 개표요원이 앉아 손으로 투표용지를 분류하고 있음
01:36 투표 용지에 "O 찬성, X 반대"라 써 있고 위에는 찬성표를 아래에는 반대표를 모아 놓는 장면
01:43 개표요원들이 개표하고 있는 개표소. 백열등이 켜 있음
01:48 투표함이 쌓여 있는 모습
01:52 중앙국민투표관리위원회에서 전국적인 표결상황을 파악하는 장면
01:57 중앙국민투표관리위원회 벽에 붙어 있는 국민투표 개표 상황판
02:05 중앙국민투표관리위원회의 회의 장면
02:12 이갑성 중앙국민투표관리위원장이 개표 결과 보고서를 담배 피우면서 읽고 있음
02:12 전화기를 들고 개표 결과를 전달하는 중앙국민투표관리위원회 직원들
02:15 박정희 등 국가재건최고회의 관계자들에게 중앙국민투표관리위원회 직원이 설명하고 있음
02:19 소파에 앉아 대화를 하는 박정희와 이갑성 등의 모습

연구해제

이 영상은 1962년 12월 17일 실시된 헌법 개정안에 대한 국민투표의 모습이다. 영상에는 박정희 국가재건최고회의 의장 내외를 비롯하여, 이주일 부의장 내외, 김현철 내

각수반 내외, 김종필 중앙정보부장 내외의 투표 모습도 담겨 있다. 이날 투표에는 총 유권자 1,241만 2,798명 중 약 86%인 1,058만 1,998명이 참가해 각자의 주권을 행사하였다. 집계를 완료한 결과 투표자의 78.78%가 찬성해 헌법개정안이 통과가 되었다.

박정희를 위시한 쿠데타 세력은 국가비상조치법을 통해 기존 헌법을 일부정지 내지 폐지시킨 후 1961년 8월 12일 성명에서 새 헌법을 제정하겠다고 발표하였다(8.12 성명). 그 후 국가재건최고회의 산하에 헌법심의위원회를 설치하고 헌법안을 만들게 하였다. 헌법심의위원회는 내부 심의와 공청회를 거쳐 대통령제와 단원제를 골자로 하는 헌법개정안을 최고회의에 제출하였고, 최고회의는 공고절차 이후 이것을 국민투표에 부의하였다. 1962년 헌법은 1960년 헌법이 정한 양원 재적의원 2/3 이상의 의결이라는 개정절차와 무관하게 국가재건비상조치법에서 마련한 개헌절차에 따라 헌정사상 최초로 국민투표로 확정되었다.

그러나 직접민주주의 제도인 국민투표 방식에도 불구하고 투표는 국민을 피동적으로 동원하는 일종의 통과의례였다. 헌법심의위원회의 논의와 국민투표를 통해 민의를 수렴한다고 표방은 했지만 실제적으로 심의위원회조차 헌법제정에 관한 논의를 주도하지 못했으며 군부세력에 의해 논의가 주도되었다. 내용적인 면에서도 군부세력은 집권의 수월성을 도모하고 권력을 집중하여 체제유지와 효율적 통치를 하기 위해 강력한 대통령제를 헌법에 편의적으로 도입했다. 당시 반대세력이었던 정치인들에 비해 정당과 의회의 기반이 취약했던 군부세력은 정당 기반이 전제되고 의회로 권력이 분산된 의원내각제보다는 대통령 1인에게 권력이 집중된 대통령중심제가 자신들의 집권을 보다 쉽게 보장할 것이라고 판단했다. 강력한 대통령제와 행정국가적 경향이라는 제3공화국 헌법의 권력구조 특징은 대통령의 기성 정치인과 입법부에 대한 우위 확보를 통해 박정희의 수월한 집권과 그 체제의 안정적 유지를 도모하려는 목적에서 나온 것이었다.

참고문헌

이완범, 「박정희 군사정부 '5차 헌법개정' 과정의 권력구조 논의와 그 성격」, 『한국정치학회보』 34-2, 2000.

해당호 전체 정보

396-01　12월 17일 우리 역사 최초의 국민투표 실시

상영시간 ｜ 02분 24초

영상요약 ｜ 1962년 12월 17일 실시된 헌법 개정안에 대한 국민투표의 투표와 개표, 그리고 개표 결과 보고회 장면을 영상으로 담고 있다.

396-02　도덕 재무장 대회

상영시간 ｜ 00분 35초

영상요약 ｜ 1962년 12월 13일 내한한 세계도덕재무장본부 인사들이 이원우 공보부장관과 환담하는 모습과 국립극장에서 강연하는 장면을 영상으로 담고 있다.

396-03　건설의 새소식

상영시간 ｜ 02분 05초

영상요약 ｜ 1962년 12월 15일 개최된 한국전력주식회사 왕십리 디젤발전소 준공식과, 1962년 12월 15일 거행된 강화군−김포군 연륙공사 착공식, 교통부 인천 공작창의 열차 제작 과정과 1962년 12월 13일 공작창을 방문한 박정희의 시찰 모습을 차례로 보여준다.

396-04　국군 1군 창설 9주년 기념식

상영시간 ｜ 00분 53초

영상요약 ｜ 1962년 12월 13일 원주시 공설운동장에서 개최된 제1군 사령부 창설 9주년 기념식과 원주시내에서 행한 제1군 사령부 장병들의 시가행진을 촬영한 영상이다.

396-05　연말 범죄 예방 강화

상영시간 ｜ 00분 38초

영상요약 ｜ 연말 연초를 맞이해서 서울특별시 경찰국이 시행하고 있는 택시 검문 모습과 112범죄신고 수사대 사무실 모습을 영상으로 담고 있다.

396-06 자동 일기예보기 등장

상영시간 | 00분 34초

영상요약 | 1962년 12월 15일부터 서비스되기 시작한 중앙관상대의 자동일기예보기에 대한 설명과 자동일기예보기 녹음 장면 등을 영상으로 담고 있다.

396-07 전화 도수제 실시

상영시간 | 00분 32초

영상요약 | 1963년 1월 1일부터 실시될 전화 도수제에 대한 설명과 전화국의 모습을 영상으로 담고 있다.

396-08 보도 사진전

상영시간 | 00분 32초

영상요약 | 1962년 11월 18일부터 신문회관에서 개최되고 있는 신문보도사진전의 모습을 영상으로 보여준다.

396-09 국기도 시범

상영시간 | 01분 08초

영상요약 | 대한국기도 국무관에서 방어, 벽돌 깨드리기, 격파 시범 등 국기도 시범 모습을 영상으로 담고 있다.

396-10 일선장병에게 위문품을 보냅시다

상영시간 | 00분 08초

영상요약 | 일선장병에게 위문품을 보내자는 홍보 영상이다.

워커힐 준공 (1963년 1월 6일)

제작정보			영상정보		
출 처	:	대한뉴스 398호	제공언어	:	한국어
제 작 사	:	국립영화제작소	컬 러	:	흑백
제작국가	:	대한민국	사 운 드	:	유

영상요약

1962년 12월 26일 준공된 워커힐의 각 건물 외관과 수영장, 나이트클럽의 모습을 영상으로 담고 있다. 특히 나이트클럽에서 펼쳐지고 있는 악단, 남녀 무용수들, 서커스 등의 공연 장면도 포함되어 있다.

내레이션

우리나라 관광사업을 촉진시키기 위해서 동양 굴지의 큰 규모를 자랑하는 종합오락장 워커힐이 지난해 12월 26일 드디어 준공되었습니다. 굽이쳐 흐르는 한강변 잔설이 우거진 넓은 언덕 위에 모든 현대식 건축의 기교를 다한 휴식처와 각종 오락장이 마련되어 있는 것입니다. 우리 한국의 아름다운 강산과 명승고적을 찾아온 외국의 관광객들은 이 워커힐에서 한층 포근한 향취를 맛보게 될 것입니다. 이 워커힐의 가장 큰 건물에 있는 나이트클럽의 무대는 다른 어느 나라에서도 보기 드문 입체식 회전무대로서 보시는 바와 같이 한층 쇼의 흥미를 돋구게 하는 것입니다. 그런데 이 워커힐에서는 연간 250만 달라의 외화를 벌어들이게 될 것이라고 합니다.

화면묘사

00:00 자막 “워커.힐 준공”
00:03 산 위에서 내려다 본 워커힐 건물들과 한강
00:12 언덕 위에 준공된 워커힐의 다양한 건물들
00:14 워커힐 각 건물 모습 클로즈업
00:26 워커힐 내부의 수영장을 시찰하는 여러 관계자들. 수영장 내에서 2명이 수영하고 있음
00:31 수영장에서 수영하는 사람들
00:40 나이트 클럽에서 연주하는 악단
00:44 트럼펫, 콘트라베이스 등이 포함된 악단의 연주를 관람하는 여성 관객들
00:47 악단이 연주하는 중 무대가 아래로 내려감

00:53 짧은 원피스와 깃털 달린 모자를 쓴 여성 무용수들이 춤추는 모습
01:02 막대기와 짧은 원피스, 그리고 깃털 달린 모자를 쓴 여성 무용수 5명이 입체식 회전 무대에 서서 올라와 춤추고 있음. 위 칸에서는 짧은 원피스와 깃털 달린 모자를 쓴 여성 무용수들이 춤추고 있음
01:13 짧은 원피스 등을 입은 여성 무용수들의 다양한 춤 장면
01:26 2층에 앉아 있는 관람석의 모습
01:31 하강하는 입체식 회전무대에서 남녀 무용수들이 공연하고 있음
01:50 비키니를 입고 머리에 깃털 등로 장식을 한 여성 무용수들의 다양한 공연 장면
02:24 서커스 공연

연구해제

이 영상은 1962년 12월 26일 완공된 워커힐 호텔의 준공 소식을 알리며 다채로운 쇼 공연 장면을 보여주면서 연간 250만 달러를 벌어들일 것이라는 기대를 전하고 있다. 수영장과 여러 오락시설을 갖춘 수십 개의 건물로, 미군을 상대로 하는 동양 최대의 종합 유흥시설로 설계된 '워커힐'은 그 명칭부터 6·25전쟁 중 전사한 미8군 사령관 'W.H.워커' 장군을 따르고 있다. 각 건물과 시설에도 6·25전쟁에서 중요한 역할을 한 미군 사령관들의 이름이 붙여졌다. 당시 박정희 의장을 비롯한 주요 정부인사들이 참석한 가운데 1962년 12월 26일 준공식을 갖은 후에는 축하 파티와 쇼도 개최되었다.

당시 워커힐은 민주공화당의 사전조직에 필요한 정치자금을 확보하기 위한 세칭 '4대 의혹사건'과 매우 밀접한 관계에 있다. 구체적으로 '4대 의혹사건'은 증권파동, 워커힐 사건, 새나라자동차 사건, 빠찡코 사건으로 중앙정보부가 주동이 된 비리 횡령사건이었다. 정치활동의 금지를 규정한 정치정화법의 발동 속에서 군사정권이 민정이양에 대비하여 김종필이 책임을 맡고 있던 중앙정보부의 비밀공작 아래 공화당 사전 창당 작업을 추진했는데, 이 과정에서 막대한 정치자금이 필요하게 되자 4대 의혹사건을 저질러 자금을 충당하고자 했던 것이다.

그중 워커힐 사건은 워커힐을 건설하면서 상당액수를 중앙정보부가 횡령한 사건이다. 중앙정보부는 총규모 60억 환을 들여 이른바 사단법인 워커힐 관광사업 시설을 착공한 후, 교통부로 하여금 관광공사법을 만들게 하여 관광공사를 설립, 교통부장관이

주관하게 했다. 그러나 공사 도중 산업은행의 융자거부로 시설공사가 부진을 면치 못하자 교통부장관 박춘식, 관광공사 사장 신두영은 1962년 8월부터 1963년 2월 사이에 법적·업무상으로 아무런 관계가 없는 정부주식 출자금 5억 3,590만 9,000여 환을 워커힐 이사장 임병주(당시 중정 제2국 제1과장)에게 전용 가불케 하여 워커힐을 건립케 하고, 그중 막대한 공사자금을 횡령했다. 뿐만 아니라 교통부장관과 각 군 공병감에게 압력을 넣어 각종 군장비와 군인들을 동원, 무상 노역케 하는 등의 부정을 저지른 사건이다. 이에 대해서는 민정이양 후 국회의 국정감사를 통해 그 내막이 일부 폭로되었으나, 끝내 정확한 내막이 밝혀지지 않은 채 의혹사건으로 남겨졌다.

참고문헌

「동양최대유흥지 '워커힐'」, 『경향신문』, 1962년 9월 4일.

「워커힐 준공」, 『동아일보』, 1962년 12월 26일.

김삼웅, 「김삼웅의 인물열전(41회) – 쿠데타 정권의 4대 의혹사건 비판」 http://blog.ohmynews.com/kimsamwoong/

해당호 전체 정보

398-01 1963년의 새 아침

상영시간 | 02분 26초

영상요약 | 박정희의 1963년 신년사 하는 모습과, 박정희 부부가 청와대에서 이주일 국가재건최고회의 부의장 부부, 정부 각료와 외교 사절 등과 새해 인사를 나누는 장면, 김현철 내각수반 부부가 중앙청에서 정부 각료와 외교 사절 등과 새해 인사를 하는 모습, 1963년 1월 1일부터 3일까지 국립극장에서 공연한 한국민속가무예술단의 '정월놀이'를 차례로 보여주는 영상이다.

398-02 호남 비료 공장 준공

상영시간 | 00분 53초

영상요약 | 1962년 12월 28일 호남비료주식회사 나주공장 준공식과 박정희 등 내빈들이 공장을 시찰하는 모습을 영상으로 담고 있는데, 나주공장은 내자로 건설되었다고 한다.

398-03 가야, 청룡호 진수

상영시간 | 00분 55초

영상요약 | 1962년 12월 29일 부산항에서 거행된 가야호와 청룡호의 진수식 장면을 영상으로 담고 있다.

398-04 진주 방송 중계소

상영시간 | 00분 43초

영상요약 | 1962년 12월 23일 진주방송중계소 개소식의 모습을 영상으로 담고 있는데, 이 자리에는 김용순 국가재건최고회의 문교사회위원장이 참석했다.

398-05 수재민에 무료 진료

상영시간 | 01분 16초

영상요약 | 순천도립병원의 무료 진료반이 농촌에서 무료 진료 활동하는 모습을 영상으

로 보여준다.

398-06 워커힐 준공

상영시간 | 02분 30초

영상요약 | 1962년 12월 26일 준공된 워커힐의 각 건물 외관과 수영장, 나이트클럽의 모습을 영상으로 담고 있다. 특히 나이트클럽에서 펼쳐지고 있는 악단, 남녀 무용수들, 서커스 등의 공연 장면도 포함되어 있다.

정치활동 재개 (1963년 1월 12일)

제작정보			**영상정보**		
출 처	:	대한뉴스 399호	제공언어	:	한국어
제 작 사	:	국립영화제작소	컬 러	:	흑백
제작국가	:	대한민국	사 운 드	:	유

영상요약

1963년 1월 7일 전역하는 김종필 중앙정보부장이 준장으로 승진하고 1등 근무공로훈장을 수여받는 모습과, 1963년 1월 10일 가칭 재건당(민주공화당) 발기인 모임, 1월 김병로 집에서 모인 정당 결성을 위한 준비모임 장면을 영상으로 담고 있다.

내레이션

혁명정부는 금년 정월 1일을 기해 정치활동을 재개토록 해서 국내 정계는 아연 활기를 띄게 되었습니다. 김종필 중앙정보부장도 군복을 벗고 정계에 나섰는데 정부는 그동안의 공로를 치하해서 준장으로 승진시켰고 1등 근무공로훈장을 수여한 바 있습니다. 한편 범국민적인 정당 구성을 도모하고 있는 가칭 재건당 발기인들의 첫 회합이 1월 10일 서울에서 있었는데 여기에는 김종필 씨를 비롯한 각계 인사가 참석해서 여러 가지 문제가 논의된 것으로 알려지고 있습니다. 또한 구 정치인들을 비롯한 재야인사들의 정치활동도 다시 시작되어 정초에 김병로 씨 댁에서 있었던 이른바 4자회담을 비롯해서 정계 진출을 희망하는 인사들의 모임이 빈번해지고 있습니다.

화면묘사

00:00 자막 "정치활동 재개"
00:03 김종필 중앙정보부장에게 준장 계급장을 달아주는 박정희와 박병권 국방부장관. 그리고 악수하는 박정희와 김종필
00:07 박정희가 김종필의 가슴에 1등 근무공로훈장을 가슴에 달아주고 있음
00:11 악수하는 박정희와 김종필
00:18 승진과 훈장 수여식에 참석한 유양수 국가재건최고회의 재정경제위원장 등 최고위원들과 악수하는 김종필
00:19 기자들에게 둘러싸여 회견하는 김종필
00:25 재건당 발기인 인사들을 맞이하는 김종필의 모습
00:30 재건당 발기인들이 소파에 앉아 있는 장면

00:32 발기문을 들고 김종필이 재건당 인사들과 대화하는 모습
00:38 책상 의자에 김종필이 앉아있고 그 주위에 재건당 인사들이 모여 대화하고 있음
00:42 김병로 집에 모여 대화하는 정치인들의 모습
00:51 김병로 집 방 앞에 가득 찬 신발들

연구해제

1961년 5·16 쿠데타 직후 군사정부는 기성정치인의 정치·사회활동을 제한하며 집회·시위·결사를 금지하고, 국회 및 지방의회를 해산시켰다. 그러나 쿠데타의 성공에도 불구하고 군사정부는 미국의 압력과 국내 여론에 밀려 1963년 여름경에는 민정이양을 하겠다는 일정을 발표해야했다. 이에 따라 군부 주요세력들에게는 1962년 초부터 민정이양 이후의 정권 재생산의 안정성 확보 및 형식상의 정당성 확보의 제도화를 위한 '정당' 건설이 일차적 과제로 대두했다. 김종필을 중심으로 한 중앙정보부는 비밀리에 이를 위한 본격적으로 인선과 조직 작업에 착수했고, 대학교수, 언론인, 중견 공무원 등 사회 주요인물을 선정·포섭하여 '재건동지회'라는 명칭으로 조직의 틀을 갖춰나갔다.

조직 확대와 분화를 거쳐 1962년 10월에는 사무조직이 거의 완료되었는데, 중앙당 사무국이 약 120명, 지방사무국 조직은 도당에 약 20명, 각 지구당엔 6명 등 총 1,000명을 상회하는 규모를 지니게 되었다. 재건동지회는 1963년 1월 1일을 기해 정치활동이 재개되자 공식적 활동을 시작했다.

이들은 본 대한뉴스 영상에 '재건당 첫 회합'으로 등장하는 1963년 1월 10일의 제1차 발기인 회의를 시발로 17일 7차 회의까지 총 79명의 발기인을 확보하였고, 당명은 '민주공화당'으로 확정하였다. 1월 18일에는 발기인 총회를 열고, 신당발기선언을 한 후, 발기위원회를 구성했다. 위원장으로는 본 대한뉴스 영상의 첫 장면에서 준장으로 승진하며 전역하는 김종필이 선임되었다.

하지만 공화당 창당 과정에서 배제된 김재춘을 중심으로 한 국가재건최고위원들의 반발이 심화되었고, 공화당 창당자금과 관련된 4대 의혹사건에 대한 규명 압력, 그리고 미국의 김종필 반대까지 더해지며, 결국 2월 25일 김종필은 모든 책임을 지고 공직 사퇴와 더불어 외유길에 오르게 된다. 그리고 이와 별개로 민주공화당은 2월 26일 창당대

회를 개최하게 된다.

한편 야당계 인사들 역시 1963년 1월의 정치활동 재개와 더불어 정당결성을 위한 준비에 돌입했다. 윤보선을 중심으로 한 구(舊)신민계의 주도로 1963년 1월 3일 윤보선, 김병로, 이인, 전진한 등은 '4자 회담'을 열고 민정이양의 기반을 공고화하기 위한 '범야단일정당 창설'을 추진하기로 합의하였다. 그러나 범야당 단일화는 각 정파 간의 이견차를 극복하지 못하고 실패했고, 결과적으로 1963년 9월 15일까지 야당계 대통령후보 등록에는 민정당의 윤보선, 국민의 당의 허정, 추풍회의 오재영, 정민회의 변영태, 신흥당의 장이석 등 5명이 입후보하는 사태로 이어졌다.

참고문헌

백준기, 「5 · 16군정기의 정치지형재편과 그 의미에 관한 일 연구」, 고려대학교 석사학위논문, 1992.

해당호 전체 정보

399-01 박의장 시정방침 연설

상영시간 | 00분 46초

영상요약 | 1963년 1월 5일 1963년도 박정희의 시정방침 연설 모습을 영상으로 담고 있는데, 박정희의 육성연설이 포함되어 있다.

399-02 정치활동 재개

상영시간 | 00분 53초

영상요약 | 1963년 1월 7일 전역하는 김종필 중앙정보부장이 준장으로 승진하고 1등 근무공로훈장을 수여하는 모습과, 1963년 1월 10일 가칭 재건당(민주공화당) 발기인 모임, 1월 김병로 집에서 모인 정당 결성을 위한 준비모임 장면을 영상으로 담고 있다.

399-03 확장되는 교육시설

상영시간 | 00분 56초

영상요약 | 새롭게 개교한 서울 마포구 서교국민학교의 교육 시설과 성북구 삼양동 계명공민학교에서 교육하는 모습을 영상으로 담고 있다.

399-04 타자 경기대회

상영시간 | 00분 39초

영상요약 | 대구 학원연합회 주최로 펼쳐진 한글타자경기대회의 모습을 영상으로 담고 있는데, 이 대회는 속도단체전과 개인전으로 나누어 진행되었다.

399-05 어린이 빙상경기

상영시간 | 00분 35초

영상요약 | 경복궁 경회루 앞 연못에서 스케이팅을 즐기고 있는 시민들과 미아리에서 펼쳐진 전국 남녀 어린이 스케이팅대회 경기 모습을 영상으로 담고 있다.

399-06 필리핀 쇼단 내한

상영시간 | 02분 02초

영상요약 | 내한한 필리핀 쇼단의 트위스트 춤과 노래하는 모습을 영상으로 담고 있다.

399-07 국제 주판경기

상영시간 | 00분 45초

영상요약 | 대만에서 개최된 제2회 국제주산경기대회의 모습을 영상으로 담고 있는데, 이 대회에서 벌교 상업고등학교 박만석이 최우수 개인상을 수상했다.

399-08 중국영화제

상영시간 | 00분 49초

영상요약 | 대만영화제의 시상식과 만찬회 장면을 영상으로 담고 있다.

목포와 연호리 간을 운항 중이던 정기 여객선 연호 침몰

(1963년 1월 26일)

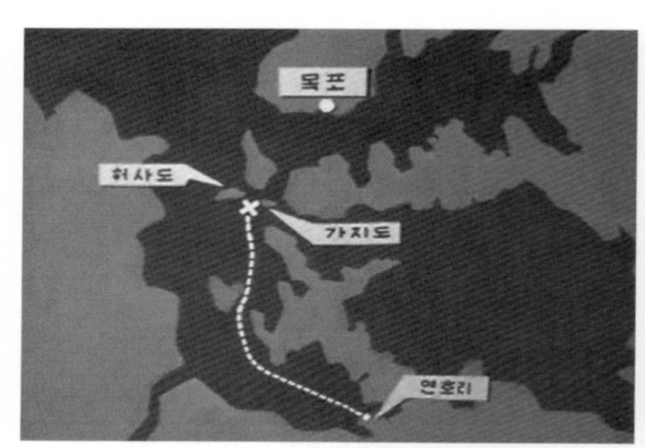

제작정보		
출 처	:	대한뉴스 401호
제 작 사	:	국립영화제작소
제작국가	:	대한민국

영상정보		
제공언어	:	한국어
컬 러	:	흑백
사 운 드	:	유

영상요약

1963년 1월 18일 침몰한 '연호'의 생존자 서완수가 사건 경위를 밝히는 기자회견과 '연호'의 구조 작업 모습, 1월 21일 발생한 목포 공설시장 화재 사건 진화 후 정리를 하고 있는 장면을 영상으로 담고 있다.

내레이션

지난 1월 18일 오전 11시경 목포와 연호리 간에 정기여객선 연호가 심한 격랑을 만난 순식간에 침몰됨으로써 배에 탔던 130여 명의 승객이 몰사하고 단 1명만이 살아나온 무서운 사고가 발생했습니다. 그런데 단 한 사람의 생환자 서완수씨는 조난 경위를(서완수 육성 증언) 이곳 목포 부두에는 해남 등지에서 몰려온 수많은 유가족들로 처참한 광경을 이루고 있는데 공교롭게도 계속되는 추위와 모진 바람으로 침몰선의 인양작업마저 상당한 시일을 끌었던 것입니다. 비보에 접한 정부 당국에서는 침몰선의 인양과 유가족을 보살펴주는데 최선을 다하고 있습니다. 한편 1월 21일 새벽 해남 사고의 슬픔이 가시기도 전에 목포 시내 공설 시장에 큰 불이 일어나 점포, 가옥 등 325호가 소실되어 1억 2,000만 원의 피해를 내고야 말았습니다. 그것은 이날 밤 이 지방의 강풍으로 전 시내가 정전이 되자 시장 어느 가게에서 촛불을 켜놓고 잠든 것이 화근이라고 하는데 구정을 앞둔 상가에 산더미처럼 쌓였던 수많은 상품이 모두 타버리고 말았던 것입니다. 우리는 겨울철을 맞이해서 한층 불조심에 각별한 주의를 해야 하겠습니다.

화면묘사

00:00 자막 "비극에 잠긴 목포항"
00:03 안개 낀 바다
00:09 바다에 떠 있는 돛단배
00:12 지도에 목포, 허사도, 가지도, 연호리가 표시되어 있고 침몰 지역인 허사도와 가지도 사이에 "X"표시가 되어 있고 "X"와 연호리 사이는 점선으로 연결되어 있음

00:18 "救助船(구조선)"이란 현판이 붙어 있는 선박에 경찰 등이 타고 있음
00:21 마이크를 앞에 놓고 사고 경위를 설명하는 생존자 서완수(서완수 육성 증언 : 섬 가까이 붙이다가 아, 노를 두 번 친 바람에 배가 인 나지도 몬나고 영 그 자리에서 쓰러지고 물속에 들어가는 중에 제가 거기서, 선실에서 손님과 같이 기어 나와서 옷을 벗고 배가 가라앉은 채 제가 물로 뛰어 내렸습니다. 물로 뛰어내릴 때 바로 옆에 사람이 붙잡아서 저는 죽을 뻔하다가 그 사람을 뿌리치고 내만 살아보니, 마침 그 옆에 배 문짝이 있어서 그 문짝을 갖고 한참 동안 거기서 약 한 시간을 떠 댕기다가, 그 죽는 사람 아우성 소리, 그 승객들 아우성 소리에 귀를 기울려 들을 땐 차마 뭐라 말할 수 없습니다)
00:36 오열하는 여성 유가족을 데리고 가는 모습
00:37 오열하면서 걸어가는 여성 유가족의 뒷모습
00:39 부두에서 구조 작업을 바라보는 장면
00:41 사고 해역에서 구조 작업 중인 선박들의 다양한 모습
00:54 선박에서 잠수복을 입고 있음
00:58 잠수복을 입고 바다에 들어가기 위해 준비하는 등 다양한 구조 작업의 모습
01:24 크레인이 설치된 선박이 구조 작업을 하고 있음
01:26 목포 부두에 모여 있는 유가족들
01:31 벽에 "弔意金(조의금)"이라 적힌 종이가 붙어 있고 그 옆에 조그마한 종이들이 여러 장 붙어 있음
01:36 화재가 진화된 후 폐허가 된 목포 공설시장에서 정리하고 있는 시장상인들의 다양한 모습. 아직 부분적으로 연기가 피어오르고 있음

연구해제

이 영상은 1963년 1월 18일 목포와 해남군 황산면 연호리 간을 운항하던 정기여객선 연호(燕號)의 침몰 사고 소식을 전하고 있다. 내레이션은 이 사건이 130명이 사망하고 1명만이 구조된 대형사고라고 말한다. 이어서 생환자 서완수의 인터뷰를 통해 조난 경위를 설명하는 장면과 해남 등지에서 몰려온 유가족들이 오열하는 모습 또한 볼 수 있다. 이후 조난자 구조작업 장면과 침몰선 인양작업 모습을 보여주는데, 풍랑으로 인해

구조작업에 어려움이 있다고 하며 정부는 침몰선의 인양과 유가족들을 보살펴 주는데 최선을 다하고 있다고 안심시키고 있다.

18일 낮 12시 목포항에서 2.5마일 떨어진 영암군 삼호면 용당리 가지도 앞 해상에서 정기여객선 연호(35톤)가 전복되는 사고가 발생하였다. 사고 직후 보도에 따르면 100여 명의 승객이 사망한 것으로 알려졌다. 하지만 이후 조사가 진행되는 가운데 탑승 승객 숫자는 계속해서 늘어나 최종 141명이 탑승(정원 86명)한 것으로 확인되었다. 선박 운항 시 실제 승선인원에 대한 정확한 확인이 이뤄지지 않았던 것이다. 정원을 초과한 승선 인원뿐만 아니라 화물도 적재량을 초과해 쌀 150가마 이상이 적재되어 있었다고 한다.

정부는 1월 21일 연호 해난사고지점 부근을 침몰선 인양작업을 위한 비상사태지역으로 선포했다. 하지만 풍랑으로 구조 및 인양작업은 원활하지 못했고, 사고 7일 만에 선체를 인양할 수 있었다. 참사일로부터 26일이 경과되었지만 64구의 시체는 찾지 못했다. 1월 19일 박춘식(朴春植) 교통부장관은 해상사고 현장에 출동한 한산호 선상에서 기자회견을 통해 이 사건의 경위에 대해서 밝혔다. 그는 연호 침몰사고 원인을 "기관의 고장이나 선체의 고장이 아니라 갑자기 불어 닥친 돌풍 때문"이라고 말했다. 더불어 그는 "정수(靜水)에서 선체가 45도 기울면 침몰하지만 해상에서는 침몰하지 않는다. 제1차 돌풍에 선체가 약45도 기울었을 때 선체의 방향을 바람방향으로 돌렸으면 무난했을 것이나 제2차 돌풍이 사이를 주지 않고 선체를 강타하는 바람에 배는 침몰하고만 것"이라고 설명했다. 교통부 측의 발표도 박춘식 교통부장관과 마찬가지로 "연호의 선체엔 하등의 이상이 없었고 조난원인이 과적과 풍파였다"고 밝혔다.

하지만 조난원인을 담당한 수사기관은 상반된 결과를 발표했는데, "선체가 썩을 대로 썩어 있었는데 그를 취항케 한 당무자도 책임을 져야 될 일"이라고 한 것이다. 그렇지만 그 이후 신문 상에서 이 사건에 대한 책임자 처벌에 대한 기사는 찾을 수 없다.

2014년 세월호 참사, 1993년 서해훼리호 등 대형선박사고는 한국사회에 충격을 안겨주었다. 1963년 연호 침몰사고와 이후 사고들이 다르지 않음을 생각해볼 때, 이 영상은 한국의 안전관리문제와 책임의식에 대해 고민해볼 수 있는 자료로서 의의가 있다.

참고문헌

「木浦앞바다서旅客船沈沒 乘客百餘名溺死?一名生還」, 『동아일보』, 1963년 1월 18일.

「木浦 · 海南間 旅客船沈沒事件 詳報 百餘名沒死」, 『동아일보』, 1963년 1월 19일.
「"慘事原因은突風" 朴交通해명」, 『경향신문』, 1963년 1월 19일.
「悲劇의 바다에 無心하게激浪만---1次船體引揚에失敗」, 『경향신문』, 1963년 1월 21일.
「燕號船體를引揚」, 『동아일보』, 1963년 1월 26일.
「遭難原因이 엇갈려」, 『경향신문』, 1963년 2월 2일.
「연호희생자百41名 屍體64具는 못 찾아」, 『경향신문』, 1963년 2월 13일.

해당호 전체 정보

401-01 목포와 연호리 간을 운항 중이던 정기 여객선 연호 침몰

상영시간 | 02분 16초

영상요약 | 1963년 1월 18일 침몰한 '연호'의 생존자 서완수가 사건 경위를 밝히는 기자회견과 '연호'의 구조 작업 모습, 1월 21일 발생한 목포 공설시장 화재 사건 진화 후 정리를 하고 있는 장면을 영상으로 담고 있다.

401-02 물가안정을 촉구

상영시간 | 02분 29초

영상요약 | 연말 연초를 맞아 발생한 물가 상승의 원인을 설명하기 위해 동대문시장 상인 최승덕과 경제전문가 최호진의 인터뷰를 싣고 있다. 내레이션을 통해 곧 물가는 안정될 것이라고 홍보하고 있다.

401-03 종합 원호원 개관

상영시간 | 00분 52초

영상요약 | 1963년 1월 18일 종합 원호원 개원식과 그 시설을 영상으로 담고 있다.

401-04 스포오츠

상영시간 | 00분 55초

영상요약 | 서울운동장 특설 링크에서 개최된 고려대학교와 연세대학교 간의 제15회 종별아이스하키대회 결승전 영상과 시상식 장면을 영상으로 담고 있다.

401-05 연예계 소식

상영시간 | 02분 18초

영상요약 | 서울 시민회관에서 공연한 쇼 도미도의 아라비아 춤과 동방성애의 노래 장면을 영상으로 담고 있다.

스포오츠 (1963년 2월 9일)

제작정보			영상정보		
출 처	:	대한뉴스 403호	제공언어	:	한국어
제 작 사	:	국립영화제작소	컬 러	:	흑백
제작국가	:	대한민국	사 운 드	:	유

영상요약

1963년 2월 1일 개관한 장충체육관에 대한 설명과 실내와 실외의 모습, 개관 기념으로 펼쳐진 박정희 장군배 쟁탈 동남아 여자농구경기대회의 경기장면, 그리고 1963년 1월 31일 서울운동장 특설링크에서 개최된 아이스카니발의 다양한 공연 모습을 영상으로 담고 있다.

내레이션

동양 굴지의 시설을 자랑하는 서울의 장충체육관의 개관식이 지난 2월 1일 8,000여 명 시민이 모인 가운데 성대히 베풀어졌습니다. 체육 한국의 온상인 이 장충체육관은 1960년에 서울시가 인수 4,250평의 대지에, 건평이 1,511평, 수용인원이 8,000명이나 되는데 난방과 냉방 장치가 잘 되어 있어 무더운 여름이나 추운 겨울철이거나 순조로이 경기를 할 수 있으며 현대식 조명 장치로 야간 경기도 할 수 있는 것입니다. 개관 다음날인 2월 3일부터는 박정희 장군배 쟁탈 동남아 여자농구 경기대회가 자유중국의 순덕 팀과 일본의 니찌보히라노 팀, 그리고 우리나라의 한국은행과 상업은행 등 4개 팀이 출전한 가운데 성대히 개막되었습니다. 먼저 우리 상업은행 팀 대 자유중국의 순덕 팀의 대전인데 전반에서는 개인기가 좋은 순덕 팀의 공격으로 경기 시작 13분에 16 대 15로 백중한 스코어를 보였으나 곧 상업은행 팀의 호프 박신자 양이 가드로 돌아 배구하는 가운데 포드진이 속공을 가해 계속 득점함으로써 37 대 25로 이겼고 후반에도 계속 스피디 게임을 벌려 81 대 38 더블 스코어로써 상업은행 팀이 자유중국의 순덕 팀을 가볍게 물리쳤습니다. 다음에는 우리 한국은행 팀과 일본의 니찌보 팀과의 대전입니다. 니찌보 팀이 잘 짜인 팀웍과 큰 키를 이용해서 한국은행 팀을 처음부터 압도, 포워드의 정확한 숏으로 계속 리드했습니다. 이에 맞서 한국은행 팀도 전반에는 원경자 선수, 후반에는 최인자 선수의 능숙한 숏으로 니찌보 팀에 대전했으나 후반 최종 5분을 남겨놓고 쉴 사이 없는 속공으로 한국은행 팀의 팀웍을 무찔러 71 대 58로 일본의 니찌보 팀이 한국은행 팀을 이겼습니다. 한편 1월 31일 밤 서울운동장 특설링크에서는 겨울 밤의 향연으로 아이스카니발이 성황을 이루었습니다. 흥겨운 리듬을 실은 아이스댄싱의 우아한 곡선미와 어린이들의 애교 있는 고전 춤이 볼만한 것이었고 은반 위를 미끄러지는 스케이팅

월스와 신나는 트위스트 춤은 관중들을 즐겁게 했습니다. 아이스카니발의 마지막을 장식한 이와 같은 얼음 위의 결혼식은 많은 사람들의 폭소를 터뜨렸습니다.

화면묘사

00:00 자막 "스포오츠"
00:03 둥근 돔 모양의 장충체육관 외관
00:08 장충체육관 입구의 모습. 지난 다는 사람이 있고 태극기가 걸려 있음
00:11 장충체육관 천장. 가운데에 부채살 모양으로 채광시설이 있고 조명이 켜 있음
00:20 장충체육관에서 여자 평균대 경기가 진행되고 있고 많은 관중들이 관람하고 있음
00:26 여자와 남자 체조선수들이 매트를 깔아 놓고 다양한 체조 시범을 보이고 있음
00:37 박정희 장군배 쟁탈 동남아 여자농구 경기대회 트로피
00:39 동남아 여자 농구경기대회 개막식의 모습. 한국, 일본, 대만의 여자 농구팀이 입장하고 있음
00:43 농구경기를 관전하기 위해 관중석에 앉아 있는 수많은 관중들
00:47 상업은행 팀과 대만 순덕 팀의 다양한 경기 장면
01:36 한국은행 팀과 일본 니찌보히라노 팀 간의 다양한 경기 모습
02:47 벤치에 앉아 있는 여자 농구 선수
02:49 한국은행 팀과 일본 니찌보히라노 팀 간의 다양한 경기 장면
03:04 첼로, 기타, 트럼펫, 색소폰 등을 연주하고 있는 악단
03:08 남자는 정장을 여자는 흰색 드레스를 입고 있은 남녀 선수의 페어스케이팅 장면
03:13 한복 등을 입은 여자 선수들의 다양한 피겨스케이팅의 공연 모습
03:30 산타 복장을 입고 스케이팅하는 장면
03:34 신부 한복을 입은 남성과 그 옆에 신부 아버지로 변장한 갓 쓰고 도포 입은 남성이 스케이팅하면서 입장하는 모습
03:38 볏짚으로 아프리카 원주민 복장을 입고 손에는 창을 쥔 모습으로 분장한 남성이 스케이트를 타고 있음

03:41	동물 탈을 쓴 사람이 앞에서 수레를 끌고 신부로 분장한 남성이 이 수레에 타고 있으며, 그 뒤에서 신랑 아버지로 분장한 사람이 스케이트를 타고 있음
03:44	여성이 신랑으로 분장하고 신부로 분장한 남성에게 꽃을 전달하는 장면
03:49	선글라스를 착용한 남성이 주례를 하고 신랑과 신부로 분장한 연기자들이 서 있음
03:52	곱사등으로 분장한 연기자와 한복을 입은 연기자가 페어스케이팅하는 모습
03:55	신랑과 신부로 분장한 연기자들의 페어스케이팅 장면

연구해제

이 영상은 1963년 2월 1일 장충체육관 개관 당시의 이모저모를 보여준다.

4,250평의 대지 위에 세워진 이 체육관은 8,000명의 관중을 수용할 수 있는 국내 최대 규모의 실내 체육관이었다. 육군 헌병 김근배 준장이 국군체육회장 김일환 국방차관의 후원을 얻어 건설했던 육군체육관을 서울시가 1960년에 인수하여 약 3년간 보수를 거친 뒤 실내 체육관으로 개장한 것이다. 서울시는 스탠드 시설을 보수하고, 규격을 갖춘 실내 경기장 설비를 설치하며, 지붕을 설치하는 공사를 진행하였다. 이 공사에는 서울시의 예산과 국고보조금을 바탕으로 한 9,200만 원의 자금이 투입되었는데, 직경 80m 철골 트러스트 돔의 구조설계와 건축설계 부분은 미국에서 귀국한 최종완이 맡았고, 전체적인 공사는 삼부토건에서 담당하였다.

장충체육관은 개관 당시부터 각계각층의 사람들이 설립을 반겼는데, 특히 체육계에서 큰 환영을 받았다. 1960년대 한국에는 실외 경기장만이 있어서 체육 경기를 진행하는데 있어 계절이나 날씨의 영향에서 자유롭지 못했었기 때문이었다. 개관 당시의 신문에서는 '320평 규모의 경기장에서 농구, 권투, 탁구, 배구 등의 경기를 밤낮을 가리지 않고 할 수 있게 되었다'는 내용의 기사가 심심치 않게 등장했다. 『동아일보』에도 "계절에 구애를 받지 않는 체육시설을 구비함으로써, 한국 체육계가 시설의 후진성을 탈각하고, 체육 능력 향상에 기초를 다질 수 있게 되었다"는 내용의 사설이 실리기도 했다. 또한 장충체육관의 설립으로 국제 경기 대회에서 한국의 부진을 극복하고 한국의 위상을 널리 알릴 수 있게 되었다며 장충체육관 설립의 의의를 높게 평가하기도 하였다. 실제로 이후 장충체육관에서는 국가 대항 친선경기나, 아시아 지역 스포츠 대회, 국내 스포츠

대회가 열렸다. 그렇지만 다른 한편으로는 '맘모스급' 대형 실내 강당이라는 요건 때문에 '유신헌법의 공포'와 '제8대 박정희 대통령 취임식' 등 각종 관제 행사가 개최되는 정치의 장으로 사용되기도 했다.

참고문헌

「늦어도 연내에 인수 임시장 육군체육관이양에 언명」, 『동아일보』, 1959년 10월 18일.
「장충체육관 개관을 축하한다」, 『동아일보』, 1963년 2월 1일.
「사우 잊을 수 없는 그 때 그 친구〈44〉 이성구 〈원로 농구인〉(4) 진정한 맞수 임동수 씨 下」, 『경향신문』, 1979년 11월 20일.

해당호 전체 정보

403-01 내각 개편

상영시간 I 00분 52초

영상요약 I 김현철 내각수반이 주재한 국무회의에 참석한 1963년 2월 8일 새로 임명된 유창순 경제기획원장, 황종율 재무부장관, 장영순 법무부장관, 박충훈 상공부장관, 김윤기 교통부장관, 김장훈 체신부장관, 이석제 내각사무처장의 모습을 영상으로 담고 있다.

403-02 월남한 김행일씨가 기자회견

상영시간 I 01분 27초

영상요약 I 1963년 2월 5일 신문회관 대강당에서 1962년 11월 26일 월남한 김행일의 기자회견 모습을 영상으로 담고 있다.

403-03 물가안정을 도모

상영시간 I 03분 13초

영상요약 I 겨울철 일기 상황으로 물자 유통이 원활하지 못했던 상황이 해결되었음을 홍보하는 영상이다. 쌀, 설탕, 연탄 등의 수송 장면과 연탄공장 중역 황명조, 고려대학교 이창렬 교수의 인터뷰를 담고 있다.

403-04 스포오츠

상영시간 I 03분 58초

영상요약 I 1963년 2월 1일 개관한 장충체육관에 대한 설명과 실내와 실외의 모습, 개관 기념으로 펼쳐진 박정희 장군배 쟁탈 동남아 여자농구경기대회의 경기장면, 그리고 1963년 1월 31일 서울운동장 특설링크에서 개최된 아이스카니발의 다양한 공연 모습을 영상으로 담고 있다.

403-05 농촌에 라디오를 보냅시다

상영시간 | 00분 14초

영상요약 | 농어촌에 라디오 보내기 운동에 동참한 주한 미 제1기갑사단 군인들이 어린 여자아이에게 라디오를 전달하고 사용법을 설명해주는 모습을 영상으로 담고 있다.

특급열차 재건호 탈선 사고 (1963년 2월 16일)

제작정보		영상정보	
출 처	대한뉴스 404호	제공언어	한국어
제 작 사	국립영화제작소	컬 러	흑백
제작국가	대한민국	사 운 드	유

영상요약

1963년 2월 14일 탈선 전복된 특급열차 재건호의 사고 현장과 이를 수습하는 과정을 영상으로 담고 있다.

내레이션

지난 2월 14일 오후 1시 46분 부산 발 서울행 특급열차 재건호가 안양읍 남부 포인트를 통과한 직후 기관차의 바로 뒤에 달렸던 보일라차의 연결이 끊어져서 탈선 전복되고 그 바람에 객차 일곱 량이 탈선해서 열 네 명의 중경상자를 냈습니다. 뜻하지 않았던 돌발 사고에 대비해서 교통부에서는 현장에 복구본부를 설치하고 부상자들은 즉시 서울 교통병원으로 급송하는 한편 교통에 지장이 없도록 시급히 복구공사를 서두르고 있습니다.

화면묘사

00:00 자막 "열차사고"
00:03 선로에서 이탈해 있는 특급열차 재건호를 위에서 촬영한 장면. 다른 선로로 기차가 움직이고 있음
00:08 선로에서 이탈한 재건호를 다양한 각도에서 촬영한 모습. 부서진 유리창 등이 보임
00:16 재건호에 연결된 보일러 차량의 모습
00:18 부서진 선로
00:23 재건호의 바퀴가 부셔져 있는 모습
00:28 객차의 뒷부분이 찌그러져 있음
00:31 재건호의 객차 내부에 설치된 의자와 짐을 올려놓는 선반 등이 부서진 모습
00:41 재건호에 크레인을 연결하고 있음
00:44 크레인으로 재건호의 부서진 잔해를 치우고 있는 장면
00:48 크레인으로 재건호의 잔해를 들어 올리고 있음

연구해제

이 영상은 1963년 2월 14일 발생한 부산발 서울행 특급열차 재건호의 탈선사고 소식을 전하는 뉴스다. 영상에서는 지그재그 모양으로 탈선해있는 기차와 파손된 객차의 모

습, 크레인을 이용해서 넘어진 객차를 끌어내는 장면 등을 볼 수 있다.

재건호는 1962년 5월 15일 한국 철도사상 최초로 고속도특급열차로서 도입된 기종이었다. 그런데 이 열차가 2월 14일 오후 1시 45분, 부산을 출발하여 서울로 향하던 중 안양역 구내에서 충돌하여 열차 9량이 탈선하였다. 이 사고로 승객 20여 명과 기관사가 중경상을 입고 철로 약 100미터가 파손되었다.

2월 15일, 안양역 재건호 탈선사건을 수사지휘중인 서울지검 김성진 검사는 현장검증 이후, 사고의 원인이 과속이 아니라 보선작업의 미비에 있던 것으로 인정하고 동보선책임자를 업무상과실치상혐의로 입건했다. 2월 20일 오후, 안양서는 재건호 탈선전복사고의 형사책임자로 수원열사보선사무소장 이갑철과 당시 재건호 기관사 임영택에 대한 업무상 과실치상 및 열차전복혐의로 구속영장을 서울지법에서 발부받고 2명을 구속했다. 이갑철 소장은 안양상본선 22호 포인트 부근의 선로가 상하여 시급히 수리를 요한다는 보고를 2월 6, 7, 13일 3차례 받았으나 수리하지 않았다는 혐의였다. 더불어 기관사 임영택은 사고지점의 제한속력을 3키로미터를 초과하여 88키로미터로 운행하여 과속운전했다는 혐의였다.

사고 이후 재건호 기관사가 과속혐의로 구속되자 전 열차 기관사가 제한속도를 지켜 전선의 주요열차가 연착되는 현상이 나타났다. 경인선은 최고 1시간까지 연착하거나 연발했고 경부·호남선 역시 정시운행을 못했다. 열차운행 차질에 대해 교통부 당국은 "해빙기에 들어오면서부터 선로가 물러진 때문에 안전운행을 위해 부득이 한 일이다"라고 발표했다. 하지만 기관사 사무소 측은 재건호 탈선 사고 이후로, 기관사들이 운행경향이 "정시운행제일주의"에서 "안전제일주의"로 바뀌어졌기 때문이라고 말했다. 교통부는 열차운행에 있어 "안전운행이냐?", "정시운행이냐"의 문제로 고심했다. 이러한 현상은 지금도 여전히 진행 중이다.

참고문헌

「서울－釜山을6時間10分에 = 超特急재건호運行」, 『경향신문』, 1962년 5월 13일.
「再建號 安養驛構內서脫線 20餘名이重輕傷」, 『동아일보』, 1963년 2월 14일.
「20餘名重輕傷 2名危篤」, 『경향신문』, 1963년 2월 14일.
「保線責任者입건 再建號脫線사건」, 『경향신문』, 1963년 2월 16일.

「傷한路線補修않고 機關士는過速運轉」, 『동아일보』, 1963년 2월 21일.
「全線에 遲刻列車」, 『동아일보』, 1963년 3월 4일.

해당호 전체 정보

404-01 길 막힌 농촌에 구호 양곡

상영시간 | 01분 34초

영상요약 | 1963년 2월 7일 설화 지구인 순창군에 구호양곡을 가지고 방문한 박정희의 모습과 공군이 헬기로 서해안 섬에 양곡을 공수하는 장면, 그리고 인천항에서 해군 LSD 함정을 이용해서 양곡을 하역하는 모습을 영상으로 담고 있다.

404-02 특급열차 재건호 탈선 사고

상영시간 | 00분 54초

영상요약 | 1963년 2월 14일 탈선 전복된 특급열차 재건호의 사고 현장과 이를 수습하는 과정을 영상으로 담고 있다.

404-03 국민은행 개업

상영시간 | 00분 39초

영상요약 | 1963년 2월 1일 개업한 국민은행 개업 기념 테이프 커팅 장면과 은행 내부에서 업무를 보는 시민과 직원들의 모습을 영상으로 담고 있다.

404-04 사회사업 종사자

상영시간 | 00분 48초

영상요약 | 보건사회부 국립사회사업지도자 훈련원에서 전국의 원장과 보모들이 사회사업과 관련한 교육을 받는 장면을 영상으로 담고 있다.

404-05 학생 낙하산 훈련

상영시간 | 00분 48초

영상요약 | 1963년 2월 8일 한국학생낙하산연맹 주관으로 실시한 전국대학생특수체육 낙하산 수료생 151명의 제1회 낙하산 점프 훈련 모습을 영상으로 담고 있는데, 여기에는 5명의 여대생이 참가했다.

404-06 예총회관 건립 기념 공연

상영시간 | 01분 37초

영상요약 | 남산에 건립할 한국예술문화단체총연합회 회관 조감도와 회관 건립을 위한 기금을 모집하기 위해 1963년 2월 11일 서울 시민회관에서 실시한 공연 모습을 영상으로 담고 있다.

404-07 스포츠

상영시간 | 01분 41초

영상요약 | 1963년 2월 10일 장충체육관에서 개최된 박정희 장군배 동남아 여자농구 경기대회 최종 결승전인 한국 상업은행 팀대 일본 니찌보히라노 팀과의 결승전과 시상식 장면을 영상으로 담고 있는데, 한국 상업은행 팀이 우승했다.

404-08 해사 17기생 원양훈련

상영시간 | 01분 35초

영상요약 | 1963년 1월 14일 진해기지를 출발한 제17기 해군사관학교 졸업생들의 원양훈련 장면과 베트남에 입항해서 한 교포들과의 만남, 군악대 연주 등의 활동 모습을 영상으로 담고 있다.

404-09 적십자 회비를 냅시다

상영시간 | 00분 22초

영상요약 | 적십자 회비 홍보를 위해 제작한 영상으로 1963년도 적십자 회비 납부 기간은 1월 15일부터 2월 28일까지였다.

박의장 중대성명 (1963년 2월 23일)

제작정보

출　　처 : 대한뉴스 405호
제 작 사 : 국립영화제작소
제작국가 : 대한민국

영상정보

제공언어 : 한국어
컬　　러 : 흑백
사 운 드 : 유

영상요약

1963년 2월 18일 민정 불참을 발표한 박정희의 기자회견 모습과 이 내용을 실은 한국일보, 서울신문, 동아일보, 경향신문 등의 신문을 영상으로 담고 있다. 다음으로 2월 19일 군인의 정치적 중립을 밝히는 박병권 국방부장관의 특별기자회견 모습이 영상으로 담겨 있는데, 이 자리에는 김종오 육군참모총장, 이맹기 해군참모총장, 장성환 공군참모총장, 김두찬 해병대사령관이 배석했다.

내레이션

지난 18일 12시 5분 최고회의 본 회의실에서 박정희 의장은 시국 수습을 위한 9개 방안을 제시했습니다. 박정희 의장은 5·16군사혁명의 직접적인 동기가 정치적 부패와 혼란에 있었음을 다시 상기시키면서 청신한 정치 도의를 확립하는 정치 체질 개선은 군사혁명의 중요 목표의 하나가 아닐 수 없으며 혁명과업을 다하지 못한 채 민정이양을 하게 된다면 국가 장래에 큰 불안을 가져 올 것이라고 말했는데 박정희 의장의 정국 수습안은(박정희 육성연설) 이러한 제안에 대해서 한국일보는 혼란한 정국을 수습키 위한 이와 같은 결단을 환영 지지하고 재야 정치인들의 현명한 행동 표시가 있길 바란다고 강조했습니다. 또한 동아일보를 비롯한 각 주요 신문이 그 논설을 통해서 환영의 뜻을 표했고, 미 국무성에서는 박정희 의장의 성명은 놀랍도록 애국적인 조치라고 논평했으며 국내 다대수의 정치인들도 즉각적으로 이 제안을 환영 지지했습니다. 한편 박병권 국방부 장관은 군은 정치적으로 엄정 중립을 지킬 것이며 계급과 직급 여하를 막론하고 정치에 관여해서는 안 된다고 말하고 만일 이 방침을 어기는 경우에는 가차 없이 처단하겠다고 경고했습니다.

화면묘사

00:00 자막 "박의장 중대성명"
00:02 "국가재건최고회의"라 써 있는 현판이 붙어 있는 최고회의 건물 입구
00:06 각종 방송 장비를 앞에 두고 라디오 방송을 하는 아나운서 등의 모습

00:10 카메라와 조명 등이 설치되어 있고 단상에는 박정희가 마이크를 앞에 두고 연설 중. 사진 찍는 기자도 있음

00:15 박정희의 연설 장면을 찍는 사진기자들

00:20 사진과 기사를 적고 있는 기자들

00:23 연설 중인 박정희를 측면에서 바라본 모습

00:28 박정희 연설을 받아 적는 방송 기자들

00:31 "京鄕(경향)"이라고 적힌 명패를 앞에 두고 기자회견 내용을 받아 적는 기자들. 뒤에 방송 촬영하는 모습도 보임

00:34 "KBS TV"라고 적힌 카메라가 보이고 박정희는 단상에서 연설 중

00:37 "HLKA", "HLKY" 등이 적힌 마이크 앞에서 연설하는 박정희(박정희 육성연설 : 방안 일. 군은 정치적 중립을 견지할 것이며 민의에 의해서 선출된 정부를 지지한다. 둘째 다음에 수립된 정부는 4·19정신과 5·16정신을 받들어서 혁명과업을 계승할 것을 확약한다. 셋째 혁명주체세력은 그들의 개인 의사에 따라서 군에 복귀하거나 또는 민정에 참여할 수 있다. 넷째 5·16혁명의 정당성을 인정하고 앞으로는 정치적 보복을 일체 하지 아니한다. 다섯째 혁명정부가 합법적으로 기용한 공무원에 대해서는 그 신분을 계속 보장한다. 여섯째 유능한 예비역 군인은 그들의 국가에 대한 공로를 인정하고 능력에 따라서 가급적 우선적으로 기용한다. 일곱째 모든 정당은 중상모략 등 구태의연한 정쟁을 지양하고 국민을 위해서 무엇을 하겠다는 뚜렷한 정책을 내세워 놓고 정책 대결의 신사적 경쟁으로써 국민의 신임을 묻는다. 여덟째 국민투표에 의해서 확정된 신헌법의 권위를 보증하고 앞으로 헌법 개정은 국민의 여론에 따라서 합법적인 절차를 밟아서 실시한다. 아홉째 한일문제에 대해서는 초당적 입장에서 정부방침에 협력한다. 열째 상기 제안이 모든 정당인들이나 정치지도자들에 의해서 수락이 된다면 첫째. 본인은 민정에 참여하지 아니한다)

02:33 "朴議長(박의장), 9個項(개항)의 政局收拾策(정국수습책) 提議(제의), 野(야)서 受諾(수락)하면 民政(민정)에 不參(불참), 23日(일)까지 各(각) 政黨(정당) 에 態度(태도) 明示(명시)토록 要求(요구)"라고 써 있는 서울신문과 "受諾(수락)되면 民政(민정)에 不參與(불참여), 23日(일)까지 政治指導者(정치지도자) 回答(회답) 要求(요구)"라고 써 있는 한국일보 1면

02:43 "美(미) 國務省(국무성), 朴議長(박의장) 聲明(성명)을 歡迎(환영), 名譽(명예)롭고 愛國的(애국적)인 措置(조치)"라고 써 있는 1963년 2월 19일 서울신문 1면

02:29 "朴議長(박의장) 聲明(성명)에 世界(세계)의 反響(반향)"과 "受諾(수락)할건 不可避(불가피)"를 제목으로 하는 신문 기사들

02:54 "社說(사설), 政權(정권)의 平和的(평화적) 交替(교체) 意慾(의욕)의 貴重(귀중)한 表現(표현) - 의 重大聲明(중대성명)을 읽고 -"라고 적힌 1963년 2월 19일자 경향신문 사설

03:04 소파에 앉아 특별 기자회견문을 읽고 있는 박병권 국방부장관

03:08 김종오 육군참모총장, 이맹기 해군참모총장, 장성환 공군참모총장이 박병권의 기자회견을 소파에 앉아 듣고 있음

03:14 기자회견을 하고 있는 박병권의 옆모습과 앉아서 이를 지켜보는 김두찬 해병대 사령관

03:17 기자 회견문을 손으로 들고 낭독하는 박병권

연구해제

이 영상은 5·16쿠데타의 주역인 국가재건최고회의 박정희 의장이 1963년 2월 18일 '민정불참'을 선언하는 장면을 담고 있다. 이 선언은 몇 차례 번복을 거듭하다가 박정희의 예편과 공화당 입당으로 결론지어졌다.

1961년 5월 16일 쿠데타를 일으킨 군사정부에 의해 발효된 계엄령이 1962년 12월 5일 해제되고, 12월 17일 새로 마련된 헌법안에 대한 국민투표가 실시되면서 민정이양을 위한 본격적 작업이 궤도에 들어섰다. 1963년 1월부터는 민간정치인들의 활동도 재개되었다. 그러나 정국은 큰 혼란에 빠져들었다. 김종필 중앙정보부장의 주도로 사전 조직된 민주공화당이 정식 발족하자 사전 창당 과정에서 배제된 국가재건최고회의 의원들이 거세게 반발한 것이다. 또한 공화당 사전창당자금과 관련한 '4대 의혹사건'이 폭로되었다. 쿠데타 주도세력의 민정참여 문제를 둘러싸고 군부집단 내에서도 찬반론이 분분했다. 현직에 머물며 군을 직접 통솔하던 참모총장과 일반 군 장교들의 의견은 대체로 민정불참을 선호했다. 김종오 육군참모총장은 1963년 2월 15일 "박 의장이 어떤 결정을 내리든 군이 지원할 것이나, 민정불참을 선언하는 것이 내부 분란이 적을 것"이라 발언했다.

박정희 의장은 1963년 초 정국의 동요 속에서 번의를 거듭했다. 1963년 2월 14일 박정희는 버거 주한미대사와의 회담에서 대통령 불출마 의사를 피력하기도 했다. 당시 버거 주한미국대사 역시 박정희의 대통령 불출마가 정치상황을 안정시키는 데 도움이 될 것이라 파악하고 있었다.

그 연장선상에서 박정희는 마침내 1963년 2월 18일, 이 대한뉴스 영상에서 보도하는 바와 같이 민간정치인이 '5 · 16혁명'의 정당성을 인정하고 정치보복을 하지 않겠다는 9개 항의 요구조건을 수락하면 자신은 대통령후보에 출마하지 않겠다는 '민정불참선언'을 했다.

하지만 그는 한 달도 안 되어 입장을 바꾸었다. 1963년 3월 15일 버거 주한미대사가 주최한 만찬에 참석한 박정희 의장은 기습적으로 버거 대사에게 최종 결정이라고 못을 박으며 군정연장을 위해 국민투표를 실시할 것이라고 통보했다. 그리고 곧바로 다음날인 3월 16일 4년간 군정을 연장하는 여부를 조만간 국민투표로 확정 짓겠다고 공표했다.

그러나 이를 용납할 수 없는 미국정부는 직접적으로 개입하여 압력을 행사했다. 미국은 대한원조를 중단하겠다고 했으며, 1963년 4월 2일 케네디 대통령은 민정이양을 위한 타협을 당부하는 친서를 박정희에게 전달했다.

그 결과 박정희는 다시금 4월 8일 군정 연장을 위한 국민투표를 보류한다는 성명서를 발표했고, 7월 27일 성명을 통해서는 연내 민정이양을 하겠다고 선언했다. 이후 8월 30일 군복을 벗고 예편한 박정희는 바로 그날 민주공화당에 정식 입당했으며, 다음날 공화당 대통령후보로 추대되었다.

참고문헌

홍석률, 「19060년대 한미관계와 박정희 군사정권」, 『역사와현실』 56, 2005.

해당호 전체 정보

405-01 박의장 중대성명

상영시간 | 03분 22초

영상요약 | 1963년 2월 18일 민정 불참을 발표한 박정희의 기자회견 모습과 이 내용을 실은 한국일보, 서울신문, 동아일보, 경향신문 등의 신문을 영상으로 담고 있다. 다음으로 2월 19일 군인의 정치적 중립을 밝히는 박병권 국방부장관의 특별기자회견 모습이 영상으로 담겨 있는데, 이 자리에는 김종오 육군참모총장, 이맹기 해군참모총장, 장성환 공군참모총장, 김두찬 해병대사령관이 배석했다.

405-02 미국 정부서 훈장 수여

상영시간 | 00분 21초

영상요약 | 1963년 2월 18일 1963년 1월 15일 유엔군사정전위원회 한국 측 대표로 활동했던 공훈을 인정받아 미국으로부터 훈장을 수여 받는 유흥수 소장, 김점곤 예비역 소장, 최덕빈 대령의 모습을 영상으로 담고 있다.

405-03 연초공장 기공

상영시간 | 00분 28초

영상요약 | 1963년 2월 8일 충청남도 신탄진에 새로 건설될 연초공장 기공식 모습을 영상으로 담고 있다.

405-04 위조지폐범 체포

상영시간 | 00분 43초

영상요약 | 1963년 1월 14일과 15일 검거된 500원 권 위조 지폐범을 경찰서로 수송한 장면과 이들이 범죄에 사용한 여러 도구들의 모습을 영상으로 담고 있다.

405-05 멋있고 값싼 간소복

상영시간 | 01분 10초

영상요약 | 간소복과 한복을 입고 부엌일과 집안 청소하는 모습을 대비시켜 간소복의 편

리성을 홍보하기 위해 제작한 영상이다.

405-06 어린이 소식

상영시간 | 01분 01초

영상요약 | 한국 농화학교의 교육 장면과 1963년 2월 15일 서울 국립극장에서 서울아동음악동인회 주최로 거행된 초등학교와 중학교 졸업생들의 연주회 모습을 영상으로 담고 있다.

405-07 미국 대학생의 "아가씨와 건달"

상영시간 | 01분 09초

영상요약 | 1963년 2월 19일 시민회관에서 있었던 미국 미네소타주 먼케이도 대학 연극반 학생들의 뮤지컬 '아가씨와 건달들'의 공연 모습을 영상으로 담고 있는데, 이들 대학생들은 주한 미군 위문차 한국을 방문했다.

405-08 스포츠

상영시간 | 01분 33초

영상요약 | 1963년 2월 20일과 21일 장충체육관에서 개최된 프로레슬링 국제선수선발대회의 개인전과 2인조 경기 장면을 영상으로 담고 있다.

405-09 농어촌에 라디오를 보냅시다

상영시간 | 00분 19초

영상요약 | 본 뉴스는 농어촌에 라디오 보내기 운동에 동참하기 위해 건일약품 주식회사에서 라디오 5대를 기증하는 모습을 영상으로 담고 있다.

반혁명 음모사건 (1963년 3월 16일)

1963年3月12日

金東河집서武器押收

쿠데타陰謀 立件範圍擴大

쿠데타計劃立案

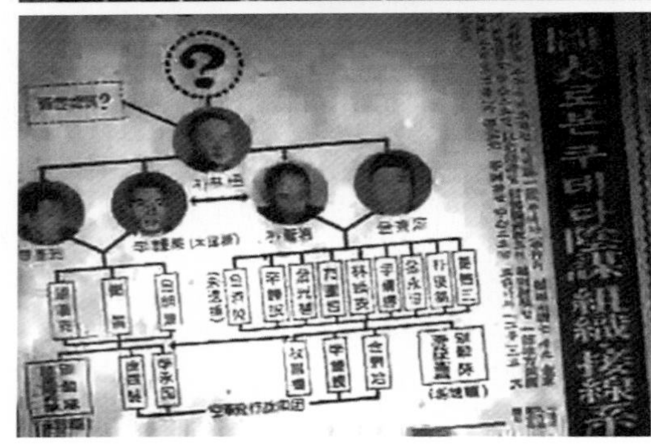

쿠데타陰謀組織

美國務省論評

쿠데타挫折은多幸

民政移讓節次中斷안되기

제작정보

출 처 : 대한뉴스 408호
제 작 사 : 국립영화제작소
제작국가 : 대한민국

영상정보

제공언어 : 한국어
컬 러 : 흑백
사 운 드 : 유

영상요약

이 뉴스는 1963년 3월 11일 발표된 김동하, 박임항 등의 반혁명 음모 사건에 대한 김재춘 중앙정보부장의 발표 회견장의 모습과 이를 기사화한 각 신문사의 기사들을 영상으로 담고 있다.

내레이션

혁명정부를 무력으로 전복하고 정부 요인과 구 정치인을 암살해서 장기집권을 꾀하려던 쿠데타 음모가 사전에 발각되었는데, 2월 21일 김재춘 중앙정보부장은 이 사건을 발표했습니다. 이 음모에는 전 건설부장관 박임항과 전 최고위원 김동하를 비롯해서 30여명이 관련된 것이 판명되어 검거되었다고 밝혔습니다. 또한 김동하 집에 감추어진 다량의 무기들이 발각, 압수 됨으로써 이들의 음모는 탄로되고 만 것이라고 합니다. 이 사실을 각 신문은 규탄했고, 미 국무성은 사전에 좌절된 것은 다행한 일이라고 논평했습니다.

영상내용(화면묘사)

00:00 자막 “반혁명 음모 사건”

00:03 반혁명 음모 사건을 발표하는 김재춘 중앙정보부장이 소파에 앉아 있고 그 뒤에 많은 기자들이 사건 내용을 적고 있는 모습

00:09 사건을 발표하는 김재춘 클로즈업

00:14 김재춘을 사진 촬영하는 기자들

00:17 발표하는 김재춘과 그 내용을 얻으려고 손을 뻗는 기자들의 손

00:24 녹음기가 돌아가는 모습

00:26 김재춘의 발표 내용을 전화로 알리는 기자들

00:30 “金東河(김동하)집서 武器押收(무기압수)”라고 써 있는 1963년 3월 12일자 경향신문 기사

00:34 “圖表(도표)로 본 쿠데타陰謀(음모) 組織(조직).接線系(접선계)”라는 제목의 신

문기사. 박임항 등의 인물 사진과 이름 등이 선으로 연결되어 있는 조직도도 있음

00:37 반혁명 사건에 대한 사설 기사들

00:44 "美國務省論評(미국무성논평)"이라는 제목의 신문기사

연구해제

이 영상은 김재춘 중앙정보부장이 군 일부에서 혁명에 반대하여 정권 전복을 꾀하였다는 사건을 발표하는 광경을 보여주고 있다. 당시 김재춘 중앙정보부장은 박임항과 김동하를 비롯한 30여 명이 정부를 전복하기 위해 쿠데타를 시도하였으며, 전 국가재건회의 최고위원 김동하의 집에서 총기류가 발견되었다고 발표하였다.

1963년 3월 만주군들이 주축이 되어 발생한 '반혁명음모사건'은, 민주공화당을 사전 창당하려던 김종필과 그의 독주를 견제하려던 만주군 출신들(김동하, 박임항, 박창암, 김윤근 등)이 대결하는 과정에서 5·16군사쿠데타의 주도세력들 중 한 축이었던 만주군 출신들이 제거된 사건이다. 1961년 5·16군사쿠데타 성공 직후부터 독주하던 중앙정보부장 김종필의 권한에 제동을 걸려하였던 만주군 출신들은 민주공화당 사전 창당 및 이원 조직과 '4대의혹사건' 등을 제시하며 국가재건최고회의 의장 겸 대통령 권한대행이던 박정희에게 김종필의 제거를 요구하였다. 결국 박정희 의장은 만주군 출신들의 요구대로 김종필을 중앙정보부장직에서 해임하고 외유를 보냈다. 그리고 민정이양을 앞둔 시점에서 예편한 만주군 출신들이 정치세력으로 결집하는 것을 염려한 박정희는 반김종필 계열이며 육사 5기 출신인 김재춘을 중앙정보부장에 앉혀 만주군 출신들을 제거하였다. 중앙정보부는 3월 9일 전 건설부장관 박임항 일파 반혁명사건과 전 최고위원 김동하 일파 반혁명사건 등으로 총 34명을 검거하였고, 김재춘 중앙정보부장이 3월 15일 이 사건을 '군일부반혁명사건'으로 발표한 것이다. 이들의 혐의는, 김종필을 비롯한 육사 8기 출신들이 장악하고 있던 중앙정보부의 제반 처사가 부당하다는 점을 지적하며 시정을 요구하였으나 시정될 가망성이 보이지 않고 민주공화당이 사전에 조직되자 여기에 반대하는 쿠데타를 기도하였다는 것이었다. 그러나 이들의 혐의를 확증할 만한 증거는 피의자들의 자백뿐이었고, 이 역시 공판 과정에서 중앙정보부의 고문이 있었다는 피고인들의 폭로가 뒤따랐다. 결과적으로 이 사건은 일찍이 정치 지향적이며 세력을 형

성한 만주군 출신들을 제거하기 위해 기획된 사건이었다. 군법회의에 회부된 만주군 출신들은 모두 실형을 선고받은 뒤 권력으로부터 멀어졌으나 국영기업체 등에 취직하였다. 그리고 만주군 출신들을 제거하는 데 앞장섰던 김재춘은 얼마 지나지 않아 중앙정보부장직에서 해임된 후 범국민정당 창당을 본격화 하였고, 민주공화당이 창당된 후 합류하지 않은 채 자민당으로 남았다.

참고문헌

「김동하 집서 무기압수」, 『경향신문』, 1963년 3월 12일.
「김동하 신당 동조자명단 입수」, 『경향신문』, 1963년 3월 13일.
「김동하·박창암 피고에 7년, 박준호 등 4명 긴 6년」, 『경향신문』, 1963년 9월 27일.
「김동하장군 사퇴에도 불구 예정대로 추진」, 『경향신문』, 1963년 1월 22일.
「김종필씨 김동하씨 사표를 반려」, 『동아일보』, 1963년 1월 28일.
한국군사혁명사편찬위원회 편, 『한국군사혁명사』, 1963.

해당호 전체 정보

408-01 박의장 지방 시찰

상영시간 | 00분 46초

영상요약 | 이 영상은 강원도를 시찰 중인 박정희가 방문한 곳 중 3월 6일에 찾아간 의암댐 수력발전소 공사현장과 3월 7일 제1군사령부의 시찰 장면을 담고 있다.

408-02 반혁명 음모 사건

상영시간 | 00분 48초

영상요약 | 이 영상은 1963년 3월 11일 발표된 김동하, 박임항 등의 반혁명 음모 사건에 대한 김재춘 중앙정보부장의 발표 회견장의 모습과 이를 기사화한 각 신문사의 기사들을 소개하고 있다.

408-03 안창호 선생을 추모

상영시간 | 00분 59초

영상요약 | 이 영상은 1963년 3월 10일 서울 국민회당에서 개최된 도산 안창호 선생 25주기 추모식 영상과 해방 이후 처음으로 한국을 방문한 안창호의 미망인 헬렌 안과 셋째 아들 안필영이 박정희와 만나는 장면을 보여주고 있다.

408-04 노동절

상영시간 | 00분 34초

영상요약 | 이 영상은 1963년 3월 10일 교통부 부흥회관에서 개최된 한국노총 주최의 제5회 노동절 기념식 모습을 소개하고 있다.

408-05 물가 동태

상영시간 | 00분 41초

영상요약 | 이 영상은 첫째, 내레이션으로 물가가 하락하고 있는 내용을 전달하고 있고, 영상으로는 시장에서 물건이 매매되는 모습을 담고 있고, 이와 더불어 1963년 3월 11일 경제기획원에서 개최된 한미경제회담의 모습도 소개하고 있다.

408-06 리버티 뉴스 500보 맞이

상영시간 | 00분 34초

영상요약 | 이 영상은 1963년 3월 7일 리버티뉴스 500호를 맞아 이원우 공보부장관이 헌팅톤 데이몬 주한 미국공보원장에게 감사장과 상패를 수여하고 대화하는 장면과 리버티뉴스의 자막 제작, 필름 현상과 편집 작업 모습을 담고 있다.

408-07 제2회 대종상 시상

상영시간 | 01분 10초

영상요약 | 이 영상은 1963년 3월 8일 중앙 국립극장에서 개최된 1962년도 제2회 대종상 시상식 장면을 소개하고 있다. 이 시상식에서는 '피어린 600리'가 문화영화상을, '열녀문'이 작품상을 받았다.

408-08 서독인의 쇼

상영시간 | 01분 23초

영상요약 | 이 영상은 서울시민회관에서 열린 서독출신 두 남녀의 서커스쇼를 담은 영상이다.

408-09 얼어붙은 호수

상영시간 | 00분 51초

영상요약 | 이 영상은 얼어붙은 네덜란드의 자이더제호수 위를 자동차와 스케이트를 타고 사람들이 이동하는 모습과 호수 위에 설치된 주유소의 모습, 그리고 야간에 네덜란드의 관습에 따라 횃불을 들고 사람들이 축제를 즐기는 장면을 보여주고 있다.

408-10 스포츠

상영시간 | 01분 32초

영상요약 | 이 영상은 빙상에서 펼쳐진 독일의 오토바이와 스포츠카 경주대회와 오스트리아의 경마대회 장면을 소개하고 있다.

408-11 농어촌에 라디오를 보냅시다

상영시간 | 00분 10초

영상요약 | 이 영상은 자막으로 농어촌에 라디오를 보냅시다라는 내용을 보여준다.

전염병을 예방합시다 (1963년 6월 8일)

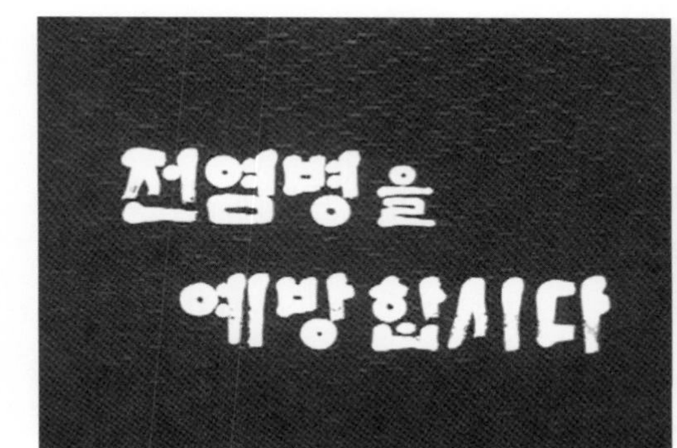

제작정보		**영상정보**	
출처	대한뉴스 420호	제공언어	한국어
제작사	국립영화제작소	컬러	흑백
제작국가	대한민국	사운드	유

영상요약

여름철의 발생하기 쉬운 전염병을 예방하기 위해서 집안의 청결과 개인위생 등을 잘 지키도록 계몽하기 위해 제작된 영상이다.

내레이션

해마다 여름이 되면 갖가지 전염병이 번져 우리들의 생명을 위협하고 있습니다. 전염병을 옮기는 모기를 비롯해서 파리라든가 또는 깨끗하지 못한 음료수를 어린이들이 함부로 먹지 말도록 해야 하겠습니다. 또 한 가지 서울의 한강 하류나 그밖에 더러운 곳에는 많은 대장균이 들끓고 있어 수영을 금해주기를 바라고 있습니다. 파리가 생기기 쉬운 변소나 하수구는 되도록 청결히 하고 소독약을 뿌리도록 할 것이며 쓰레기를 이렇게 함부로 버려서 이런 곳에서 해충이 생겨나지 않도록 합시다. 애기들이 밖에서 놀다 왔을 때에는 잊지 말고 손과 발을 깨끗이 씻어 줘야 하겠습니다. 우리는 다 같이 협조해서 올 여름도 전염병을 예방하는데 힘을 다해야 하겠습니다.

화면묘사

00:00 자막 “전염병을 예방합시다”
00:03 음식물 쓰레기가 모여 있는 곳에 모기와 파리 등의 벌레들이 있는 모습
00:07 남자 어린이들이 웅덩이의 물을 가지고 놀고 있음
00:09 물웅덩이에 있는 각종 벌레들
00:12 길거리에서 파는 냉차를 사 먹기 위해 서 있는 여자 어린이 2명. 통에 ‘냉차’라고 적혀 있고, 밀짚모자를 쓴 남성이 통에서 컵에 냉차를 담고 있음
00:13 냉차를 마시는 2명의 어린 여자아이
00:15 한강에서 뒤집어 진 배를 잡고 수영하는 3명의 어린 남자아이. 옆에 보트도 보임
00:18 여성이 손에 물이 든 시험관을 들고 있고, 뒤이어 그 물을 현미경으로 관찰한 사진이 겹쳐서 나타남
00:24 현미경으로 본 대장균으로 보이는 세균의 모습

00:29 재래식 변기의 나무로 만든 뚜껑을 열고 소독약을 넣고 있음
00:32 재래식 화장실에 소독약을 뿌려 놓았음
00:35 쓰레기 소각장 앞에 버려져 있는 쓰레기들
00:39 쓰레기통에 담겨진 연탄재 등의 쓰레기
00:42 수돗가에서 엄마가 남자 어린아이 2명의 손을 닦아주고 있음
00:45 보건소 직원이 흰색 가운과 소독약 통을 들고 집안을 소독하는 장면
00:47 소독차가 길거리에 흰 연기를 뿜으며 소독약을 살포하는 모습. 차량에 '춘하기 방역작업반'이라는 현수막이 걸려 있음

연구해제

1963년 초여름에 제작된 이 영상은 여름철 전염병 창궐을 방지하기 위한 방역활동을 소개하고 전염병을 예방하기 위한 계몽목적으로 상영되었다. 영상에서는 음식물에 파리가 모여 있는 장면, 모기 유충들이 물에 떠다니는 장면, 아이들이 강가에서 물놀이를 하는 장면, 각종 세균의 확대 사진, 변소 관리 및 아이들의 손을 씻기는 장면을 볼 수 있다. 더불어 "춘하기 방역작업 작업반"이라고 적혀있는 플래카드를 건 지프차가 소독작업을 하면서 이동하는 장면을 볼 수 있다. 내레이션을 통해서는 어린이들이 마시는 음료수에 주의하고 한강에서 수영을 하지 못하도록 해야 한다는 것, 외출 후 손발을 깨끗하게 씻어주어야 한다는 것, 변소 관리와 소독약 살포를 해야 한다는 것 등을 말하고 있다.

매년 춘하기 장티푸스, 파라티푸스, 이질, 뇌염 등의 전염병 방지를 위한 노력은 방역당국의 위생관리와 계몽활동을 통해서 반복되었다. 1963년 3월 1일부터 서울시는 봄, 여름철 방역대책으로 각 보건소와 방역사업소에 방역반을 두고 시내 일원에 걸쳐 대대적인 약품소독작업을 실시했다. 이 방역작업은 월평균 1,200여 명이 동원되어 공중변소 및 하수구, 재해지역, 우물, 전염병 발생지구, 쓰레기 처분장과 이밖에 유치장, 고아원 등에 각종 약품을 살포 소독하는 것이었다. 더불어 보사부는 같은 해 4월 3일부터 6월 말까지 매달 10일간씩 순회보건계몽사업을 실시하고 농어촌주민들을 상대로 전염병예방에 대한 교육을 실시하였다. 이 계몽사업은 방역영화, 강연회, 좌담회 등을 통해 이루어졌다.

참고문헌

「來月부터방역事業 月千2百여名動員」, 『경향신문』, 1963년 2월 19일.
「保社部서6月까지 巡回保健啓蒙事業」, 『동아일보』, 1963년 4월 2일.
「여름의 防疫」, 『경향신문』, 1963년 6월 26일.

해당호 전체 정보

420-01 제8회 현충일

상영시간 | 02분 03초

영상요약 | 1963년 6월 6일 동작동 국립묘지에서 거행된 제8회 현충일 추념식과 6월 5일 각 묘비에 꽃다발을 걸어주는 남녀 학생들의 모습, 그리고 광주광역시에서 전라남도 출신의 선열, 전몰군경, 4·19 혁명 학생 희생자를 추모하는 현충탑 제막식 모습을 영상으로 담고 있다.

420-02 외교강화

상영시간 | 00분 42초

영상요약 | 1963년 5월 31일 청와대에서 있는 초대 에콰도르 대사 구스타보 라레아 콜도바의 신임장 제정식과 다호메 공화국 주 UN상주대사 루이 그나시오 팽토의 훈장 수여식 장면을 영상으로 담고 있다.

420-03 활발한 경제 건설

상영시간 | 01분 30초

영상요약 | 영상을 통해 장성탄광의 석탄 생산 모습과 석탄 생산 실적을 도표를 통해 설명하고, 영등포에 건설된 만암철 생산시설의 화입식과 만암철 생산 모습을 상세하게 보여준다. 또한 내레이션은 이들의 생산실적이 5·16쿠데타 후 얼마나 늘었는지 설명하고 있다.

420-04 세계 재향군인의 달

상영시간 | 00분 26초

영상요약 | 세계재향군인연맹의 결정에 따라 1963년 6월의 재향군인의 달로 정한 대한민국 재향군인회가 사진 전시회와 헌혈운동을 전개하는 모습을 영상으로 담고 있다.

420-05 어린이 주산 경기

상영시간 | 00분 29초

영상요약 | 서울에서 개최된 제2회 전국 국민(초등)학교 여자 대항 주산 경기대회의 경기 모습을 영상으로 담고 있다. 단체우승은 전남 보성 북국민학교, 개인종합성적 일등은 전남 여산국민학교 박향숙이 받았다.

420-06 장미꽃 잔치

상영시간 | 00분 31초

영상요약 | 1963년 6월 1일부터 2일까지 중앙공보관 제1화랑에서 개최된 제1회 전국 장미전의 전시 모습을 영상으로 담고 있다.

420-07 전염병을 예방합시다

상영시간 | 00분 53초

영상요약 | 여름철의 발생하기 쉬운 전염병을 예방하기 위해서 집안의 청결과 개인위생 등을 잘 지키도록 계몽하기 위해 제작되었다.

420-08 스포츠

상영시간 | 00분 53초

영상요약 | 1963년 6월 1일 한국을 방문한 필리핀 이코 농구 팀과 한국의 중소기업은행 농구 팀과의 경기 모습을 영상으로 담고 있다.

420-09 우주비행 성공

상영시간 | 02분 29초

영상요약 | 미국 우주비행선 페이스 7호의 발사 장면과, 애니메이션으로 페이스 7호가 지구를 순회하는 모습을 보여주고 있으며, 페이스 7호의 착륙장면과 쿠퍼 소령의 환영 모습을 영상에 담고 있다.

박의장 예편 (1963년 8월 31일)

제작정보		영상정보	
출 처	: 대한뉴스 432호	제공언어	: 한국어
제 작 사	: 국립영화제작소	컬 러	: 흑백
제작국가	: 대한민국	사 운 드	: 유

영상요약

박정희 의장의 지난 날 업적을 정리하고 예편을 알리는 영상이다. 박정희와 혁명정부의 중농정책, 경제개발5개년계획, 도서방문, 충무공 제사 참석, 군 위문, 방일, 방미 외교활동을 갈무리한 뒤 전역식 영상을 통해 그의 활동을 전반적으로 칭송하는 내용을 다루고 있다.

내레이션

(내레이션 없음)

영상내용(화면묘사)

00:01 자막 "박 의장 예편"
00:02 광화문 앞 큰 길에서 분열행진을 하는 제복입은 군인들의 모습과 그 뒤에 박정희 의장의 모습이 겹쳐서 보여짐
00:07 제복을 입고 큰 길에서 분열행진을 하는 군인들의 모습
00:10 다양한 복장의 시민들이 박수를 치면서 분열행진을 구경하고 있음
00:12 분열행진의 옆으로 양복을 입은 남성과 마이크로 무언가 말하는 군인이 함께 걸어가고 있음
00:13 중앙청 앞에 도열한 군인들의 모습
00:17 쿠데타 당시 군복에 선글라스를 쓰고 중앙청 앞에 서있는 박정희의 모습
00:19 제복과 군복을 입은 병사들이 광장에서 만세를 외치고 있음
00:23 제복을 입은 박정희 의장이 귀빈들과 차례대로 악수를 나누고 있음
00:27 미국인 고위관료 부부와 박정희 의장 부부가 악수하며 인사를 나누고 있음
00:31 밀짚모자에 다리를 걷어부친 채 모내기를 하고 있는 박정희 의장의 모습
00:37 박정희 의장이 논두렁에서 농민에게 막걸리를 주전자로 따라주고 있음
00:41 선글라스를 낀 박정희 의장이 손짓을 하면서 농민들에게 이야기를 하고 있음
00:44 추수철이 되어 고개를 숙인 벼이삭의 모습

00:46 셔츠에 양복 바지를 입은 박정희 의장과 수행관료들이 낫을 들고 벼베기를 하고 있는 다양한 모습

00:53 박정희 의장이 농촌을 찾아 박정희 의장을 맞이하러 나온 마을 원로 및 노인들과 악수하거나 경례로 인사를 하고 있음

01:01 박정희 의장이 농촌 부녀자에게 선물을 전달하고 여자 아이에게는 머리를 쓰다듬어 주고 있음. 그 앞에는 녹화용 마이크가 있음

01:07 헬리콥터에서 내려 눈밭을 걸어 나가고 있는 박정희 의장과 수행원들의 모습

01:09 박정희 의장을 맞이하러 나온 마을 주민들과 반갑게 인사하고 있음

01:12 "朴議長閣下救護糧穀(박정희의장각하구호양곡)"이라 써있는 쌀가마니가 가득 쌓여 있음

01:15 공장시찰을 하기 위해 박정희 의장이 공장으로 걸어가고 있으며 주변으로 제복 입은 사람들이 뒤따르고 있음

01:19 공장담당자가 박정희 의장 일행에게 기계에 대하여 설명하고 있음

01:23 박정희 의장이 철로 건설현장에서 시범으로 망치질을 하고 있음

01:25 새로 개통한 기차가 철로의 상징물을 깨면서 진입하고 있음

01:28 바다에서 바라본 울릉도와 바다 위에 솟아 있는 바위의 모습

01:31 파도치는 울릉도에 작은 배를 타고 들어오는 박정희 의장의 일행

01:33 울릉도에 도착한 박정희 의장과 수행원들의 모습

01:36 울릉도 해안절벽과 해안폭포 앞으로 박정희 의장 일행이 걸어가고 있음

01:41 박정희 의장이 제단에 화환을 바치고 있음

01:45 충무공 이순신 제사가 열리는 현충사에 사람들이 모여있고 그 가운데로 박정희 의장 일행이 입장하고 있음

01:48 충무공 제사에 참석한 갓과 두루마기를 입은 노인이 박정희 의장과 악수하고 있음

01:51 "忠烈祠(충열사)" 안으로 들어가는 박정희 의장 일행

01:53 박정희 의장이 이순신 대검을 들고 자신의 키와 비교하면서 웃고 있음

01:58 박정희 의장 일행이 비행기에서 내리고 있음

02:03 "R.O.K AIR FORCE TA-858"라고 적힌 공군비행기에 시승한 박정희 의장의 모습

02:08 박정희 의장과 장성들이 전방 부대를 위문하여 병사들을 만나러 걸어가고 있음
02:11 박정희 의장이 장병들을 만나 악수하면서 위문품을 건내주고 있음. 박정희 의장 일행과 장병들 모두 겨울 피복을 입고 있음
02:15 간호사복을 입은 간호장교들을 만나 박정희 의장이 악수를 하면서 위문하고 있음. 박정희 의장은 여름용 군복을 입고 있음
02:19 제복을 입은 박정희 의장이 일본을 방문하여 비행기에서 내리고 있으며 그 옆으로 정복을 입은 군인들이 경례로 맞이하고 있음
02:22 재일교포들이 태극기를 흔들면서 박정희 의장의 방일을 환영하고 있음
02:24 선글라스를 낀 박정희 의장이 양손을 흔들며 환영에 화답하고 있음
02:26 이케다 하야토 일본수상과 박정희 의장이 만나 악수를 하고 있으며 기자들이 사진을 찍고 있음
02:31 미국 백악관 건물의 모습
02:34 케네디 미국대통령이 현관에 나와 박정희 의장 일행을 반기며 백악관 안으로 들어가고 있음
02:36 케네디 대통령이 먼저 백악관 안에서 자신의 의자에 앉음
02:40 박정희 의장과 케네디 대통령이 기자들 앞에서 서로 이야기를 나누고 있음. 그 사이에는 각각 통역들이 앉아 통역을 하는 다양한 모습
02:51 국제기자클럽(구락부) 모임이 열리는 넓은 홀의 모습을 전체적으로 보여줌
02:54 많은 마이크가 설치된 단상에서 박정희 의장이 발언을 하고 있음
02:58 다양한 외국인 기자들이 기립하여 박수를 치고 있는 모습
03:00 지포리 비행장에 많은 병사들이 전역식 참가를 위해 도열해 있음
03:04 박정희 의장이 행사용 군 차량에 탑승하여 전역식장으로 들어오고 있으며 단상 위에는 귀빈들이 일어서 박수를 치고 있음
03:06 단상과 도열한 병사들 사이에 지휘관이 서서 박정희 의장을 향해 경례하고 있음
03:09 전역식에 참석한 장병들이 정면 단상을 향해 경례를 하고 있음
03:12 다양한 모습의 기자들이 전역식장에서 취재를 하고 있음
03:15 정복을 입은 박정희 의장이 단상 앞에서 전역식 연설을 하고 있음. 그 뒤로 육영수 여사를 비롯한 귀빈들이 앉아 있음. (박정희 의장 육성 연설 : 앞세대 고

귀한 희생으로 민족중흥의 혁명과업을 기어코 완수하고 내일의 영광된 조국을 건설할 이 국민혁명의 대열은 여러분들에게 다시는 혁명이라는 고된 시련을 되풀이 하지 않게 할 것을 확신해마지 않습니다. 끝으로 국군 장병 여러분의 건강과 행복이 있기를 빌며 우리나라를 돕기 위해 멀리에서 와 있는 우방 전우들의 무운을 빌어 마지 않습니다. 오늘 혁명을 물려가는 이 군인을 그동안 키워주신 군의 선배, 전우 여러분 그리고 군사혁명의 2년 동안 혁명 아래라는 불편속에서도 참고 편달, 협조해주신 우리 모든 국민들에게 뜨거운 감사를 드리며 다음의 한 구절을 남기고 전역의 인사로 대신할까 합니다. 다시는 이 나라에 본인과 같은 불운한 군인이 없도록 합시다)

03:26 장병들이 전차와 병사로 구분하여 도열한 채 서서 박정희 의장의 연설을 듣고 있음

03:33 박정희 의장 연설이 진행되는 동안 이를 듣고 있는 단상 위 귀빈들의 모습

03:35 차량에 탑승한 채 서서 박정희 의장의 연설을 듣는 장병들의 모습

03:39 전역식에 참석한 미군 측 관계자들이 귀빈석에 앉아 연설을 듣고 있음

03:43 국군 기수들이 각 부대 깃발을 든 채 연설을 듣고 있음

03:47 완전군장을 한 채 비행장에 사열해 있는 군인들이 박정희 의장의 연설을 듣고 있음

03:57 기자 및 언론인들이 전역식 실황을 취재하거나 사진을 찍고, 또 영상장비를 통해 녹화, 녹음을 진행하는 다양한 모습들

04:06 단상 옆에 설치된 귀빈석에 앉아서 연설을 듣는 사람들의 모습

04:11 단상 위에서 전역식 연설을 마무리하는 박정희 의장의 모습(육성 연설 끝)

04:23 군악대가 악기를 연주하면서 행진을 하고 있음

04:27 일반 군인들이 단상을 향해 경례를 하면서 단상 앞을 지나가고 있음

04:28 단상 위 박정희 의장과 군인들이 경례로 이를 화답하고 있음

04:30 야전군 병사들의 분열 모습

04:41 박격포를 실은 차량이 단상 앞에서 분열을 하면서 지나가고 있음

04:44 군용 트럭에 대형포와 군인들이 함께 탑승하여 단상 앞을 지나면서 분열하고 있음

04:50 전차부대가 포신과 포를 단상 방향으로 한 채 경례를 하면서 단상 앞을 지나고

있고 그 위로 비행편대가 날아다니고 있음
05:01 분열식 후 참석한 귀빈들이 차례로 악수를 하면서 인사를 나누고 있음
05:05 지포리 비행장에 열맞춰 서있는 장병들의 모습
05:08 "70F" 부대깃발을 든 기수들이 서있음
05:11 박정희 의장 일행이 기수들과 그 뒤의 장병들이 서있는 앞으로 걸어 가고 있음

연구해제

보편적인 대한뉴스와는 달리 5분 16초에 달하는 비교적 긴 시간으로 편성된 이 영상은 1963년 민정이양을 앞두고 예편하는 국가재건최고회의 의장 박정희 대장의 예편식을 보도한 것이다. 또한 단순히 이날의 행사를 보도하는 것 보다는 민정이양을 앞둔 박정희 의장 겸 대통령 권한대행이 5 · 16군사쿠데타 이후 어떠한 역할을 담당하였는가를 보여주기 위한 목적에서 만들어진 것이다. 영상의 도입부는 5 · 16군사쿠데타를 지지하는 육군사관학교 생도들의 시위 광경으로부터 시작되어 그동안 최고회의 의장 및 대통령 권한대행을 맡았던 박정희가 어떠한 활동을 전개하였는가를 집약적으로 보여주고 있다. 전국의 농촌지역을 방문하고 모내기철에 농민들과 함께 모내기하고 새참을 먹는 모습, 산업시설 시찰, 충무공 이순신 장군을 가장 존경하여 해마다 참배를 빠지지 않았다는 점, 전방 부대와 공군기지를 시찰하며 제트기에 탑승하는 광경, 미국을 방문하여 케네디 미국 대통령과 회담하는 광경 등을 배치하여, 5 · 16군사쿠데타 이후 한국 사회의 변화를 위해 박정희 의장 겸 대통령권한대행이 얼마나 노력하여 왔는가를 부각시키고 있다. 전역식 장면은 박정희 대장의 전역사와 군의 분열식만을 제시함으로써 군 출신 보다는 민간의 지도자가 될 수 있는 지도자 박정희의 모습에 초점을 맞추고 있다. 이렇듯 이 영상은 박정희의 인간적인 면모를 통해 한국 사회에 필요한 지도자라는 점을 자연스럽게 부각시킴으로써 두 달 남짓 남겨둔 대통령선거에 대비한 영상이었음을 짐작케 한다.

1961년 5 · 16군사쿠데타를 통해 집권한 박정희 소장은 대한민국의 최고 집권자로 등장하였다. 국내외 여론은 1963년 들어서 군사정부의 종결과 민간정부로의 이양을 바라고 있었다. 그러자 박정희는 군복을 벗고 육군 대장으로 예편하여 1963년 대통령선거에 입후보를 준비하였다. 이 과정에서 박정희는 중장과 대장을 불과 2년여 만에 진급하고

이날 대통령선거 출마를 위해 전역하였다.

이날의 박정희 국가재건최고회의 의장의 예편식은 이러한 사정을 반영한 행사였다. 전역사의 마지막에서 박정희 의장 겸 육군대장은 "다시는 이 나라에 본인과 같은 불운한 군인이 없도록 합시다"라고 말하며 자신의 정치 개입을 불행한 일로 표현하였다. 이어 전역식의 마지막 행사로 군의 분열식이 거행되었다. 육군의 탱크와 공군의 전투기 등이 동원된 대규모 행사였다. 화면 속에는 나타나지 않으나 이날 전역식 직후 전역식 축하파티도 열렸다고 한다.

참고문헌

한국군사혁명사편찬위원회 편, 『한국군사혁명사』, 1963.

해당호 전체 정보

432-01 박의장 예편

상영시간 | 05분 16초

영상요약 | 박정희 의장의 지난 날 업적을 정리하고 예편을 알리는 영상이다. 박정희 의장과 혁명정부의 중농정책, 경제개발5개년계획, 도서방문, 충무공 제사 참석, 군 위문, 방일, 방미 외교활동을 갈무리한 뒤 전역식 영상을 통해 그의 활동을 전반적으로 칭송하는 내용을 다루고 있다.

432-02 건설의 새소식

상영시간 | 01분 04초

영상요약 | 군산에서 열린 옥구호의 진수식과 재향군인으로 이뤄진 향토개발 개척단의 집단이주를 알리는 영상이다. 우리 기술로 만든 옥구호는 작은 규모지만 서해 해상교통의 완화에 큰 역할을 할 것이다. 개척단은 부산에서 출정식을 갖고 양산군 신불산으로 이동하여 협업농장을 개척할 예정이다.

432-03 연예계 소식

상영시간 | 01분 20초

영상요약 | 미국과 유럽으로 진출하여 활동하게 될 가수 이춘희의 고별무대를 보여주는 영상이다.

432-04 동서 냉전의 완화

상영시간 | 00분 55초

영상요약 | 소련에서 열린 핵실험 금지협정의 모습과 여기에 참석한 러스크 미국 국무장관의 서독방문, 미 상원의회 보고를 알리는 영상이다.

432-05 스포츠

상영시간 | 01분 10초

영상요약 | 미국 시카고에서 열린 전국 남자수영대회를 알리는 영상이다. 수영경기에는

고등학생인 존 셜랜더가 우승을 차지했으며, 다이빙 대회에서는 공군 조종사 출신 톰 콤포가 우승을 차지했다.

10·15 대통령 선거 (1963년 10월 19일)

제작정보		영상정보	
출　　처	대한뉴스 439호	제공언어	한국어
제 작 사	국립영화제작소	컬　　러	흑백
제작국가	대한민국	사 운 드	유

영상요약

10월 15일 대통령 선거일과 투표결과를 알리는 영상이다. 박정희 후보가 윤보선 후보를 15만 6,028표차이로 누르고 470만 2,642표를 득표하여 제3공화국 대통령으로 당선되었다. 영상에서는 박정희, 윤보선, 오재영, 변영태 후보들의 투표장면과 투표하기 위해 몰려든 유권자들의 모습을 담고 있다.

내레이션

온 세계 이목이 집중된 가운데 실시된 10 · 15 대통령 선거는 17일 정오 완전히 개표를 보게 됐는데 민주공화당의 박정희 후보가 470만 2,642표를 얻음으로써 민정당의 윤보선 후보를 15만 6,028표 리드해서 영광의 제3공화국 첫 대통령으로 당선됐습니다. 그런데 제3공화국의 첫 대통령으로 당선된 박정희 씨는 앞으로 국민이 원하는 바에 따라서 더욱 국민을 위해서 봉사할 것이며 정국 안정과 자립 경제 달성, 그리고 지도체계 확립 등 선거 공약의 이행을 위해서 모든 힘을 바칠 것을 다짐했습니다. 그리고 박정희 씨는 자신의 당선이 확정되자 이번 선거에서 막상막하의 경쟁을 해온 민정당의 윤보선 씨에게 귀하의 선투에 경의를 표하며 새로운 정치기풍 조성에 협조와 편달이 있기를 바란다는 요지의 전문을 보냈습니다. 그리고 윤보선 씨는 박정희 씨에게 귀하의 당선을 축하하며 민의를 존중해서 이 나라 민주정치 발전에 노력해주길 바란다는 요지의 답전과 꽃다발을 보냈습니다. 돌이켜 10월 15일 대통령 선거 상황을 봅시다. 새로운 역사창조의 터전이 될 제3공화국 첫 대통령 선거의 투표일을 맞아 10월 15일 아침 7시 전국 7,392개 투표소에서 일제히 투표가 시작됐는데 투표는 우리나라 선거사상 유래 없는 정연한 질서와 평화스럽고 자유스러운 분위기 속에서 진행됐습니다. 이날따라 좋은 날씨를 보여서 전국 1,298만 5,015명의 유권자 중 1,078만 7,312명이 투표에 참가해서 83.1%의 투표율을 나타냈습니다. 대통령 입후보자들도 귀중한 한 표를 던졌는데 민주공화당 박정희 후보도 부인 육 여사와 함께 줄지어 선 동민들의 행렬에 마지막 자리에 서서 차례에 따라 투표를 마쳤습니다. 추풍회의 오재영 후보도 명랑한 표정으로 한 표를 던졌습니다. 또한 민정당의 윤보선 후보도 부인 공여사와 함께 투표장으로 나와서 투표를 했습니다. 또한 정민회의 변영태 후보도 부인과 함께 투표했습니다.

화면묘사

00:01 자막 "10 · 15 대통령선거"
00:03 많은 사람들이 운동장에 몰려들어 개표상황을 알리는 게시판을 보고 있음
00:11 각 후보와 지역명으로 도표가 구분된 게시판에는 득표현황이 숫자로 적혀 있음
00:15 한 여성이 무릎에 종이를 대고 무언가 적고 있음

00:17 한 남성이 게시판에 올라가 득표 숫자가 적혀있는 종이를 붙이고 있음
00:21 또 다른 남성이 쭈그려 앉아 분필로 바닥에 득표숫자를 적어가면서 계산하고 있음
00:24 다양한 모습의 군중이 몰려들어 개표숫자를 보고 있음
00:28 "東亞日報(동아일보)" 1면 헤드라인 "朴正熙씨 當選確定(박정희씨 당선확정)" 등 당선사실을 알리는 신문들의 모습
00:32 박정희 부부가 탄 기차가 어두운 시간에 기차역으로 들어오는 모습
00:37 양복을 입은 박정희 당선자와 한복을 입은 육영수가 기차에서 내리고 있음
00:41 박정희 부부가 밝은 표정으로 사람들에게 둘러싸여 기차역을 나오는 모습
00:47 박정희 당선자가 손을 흔들고 있으며, 주변의 남성들이 축하박수를 치고 있고 기자들은 셔터를 터뜨리며 사진을 찍고 있음
00:55 꽃목걸이를 한 박정희 당선자와 부인, 아들이 자동차에 올라타고 기차역을 떠나는 모습. 사진기자들이 자동차 주위를 둘러싸고 사진을 찍음
01:08 윤보선 후보가 기자회견을 하러 입장하는 모습
01:12 윤보선 후보가 기자들에게 둘러싸인 가운데 발언을 하고 있음
01:15 촬영을 하거나 녹음을 하고 있는 기자들의 모습
01:19 윤보선 후보가 기자들의 마이크에 둘러싸인 채 발언을 하고 있음
01:24 단층건물 투표장에 들어가기 위해 많은 유권자들이 건물 바깥으로 줄을 서있음
01:30 투표장 앞에서 확인을 하고, 사람들이 줄서있는 모습을 보여줌
01:33 기표소에서 투표를 하고 나와 투표함에 투표용지를 넣는 여성과 남성의 모습
01:42 투표를 하기 위해 섬의 주민들이 배를 타고 건너와 내리는 모습
01:46 도포에 갓을 쓴 노인들이 지팡이를 든 채 투표를 하러 걸어가고 있음
01:52 투표하기 위해 몰려 있는 사람들의 모습
01:55 한 남성이 투표하기 전에 자신의 신원을 확인하고 지장을 찍음
01:57 흰 한복을 입은 여성이 투표함에 자신의 투표용지를 넣고 있음
01:59 박정희 부부가 투표를 하러 와서 대기하고 있음
02:03 많은 카메라가 이 장면을 찍기 위해 투표소 내에서 기다리고 있음
02:05 박정희 부부가 나란히 기표소에서 나와 투표함에 자신들의 투표용지를 차례대로 넣음

02:12 양복을 입은 오재영 후보가 밝은 표정으로 투표용지를 받고 있음
02:16 오재영 후보가 자신의 투표용지를 넣는 모습
02:19 윤보선 후보 부부가 사람들에게 둘러싸여 투표장으로 들어오고 있음
02:22 많은 기자들이 이 장면을 찍거나 취재하는 모습
02:24 윤보선 후보와 부인 공덕귀가 함께 투표용지를 넣고 있음
02:30 변영태 후보가 투표를 하러 와서 언론과 인터뷰를 하고 있음
02:33 변영태 후보의 얼굴
02:36 변영태 부부가 기표소에서 투표를 하는 모습
02:40 양복을 입은 남성들이 투표가 완료된 투표함을 옮기고 있음
02:44 선거관리위원이 투표함의 자물쇠를 풀고 있는 모습
02:46 선거관리위원들이 투표함을 열어 투표용지들을 꺼내고 있음
02:49 넓은 개표장에서 개표작업을 하고 있는 사람들의 모습. 투표용지를 확인하고 모으고 숫자를 세고 있음
02:58 칠판에는 각 후보의 이름이 써있으며 한 남성이 올라가 분필로 득표숫자를 적고 있음
03:01 중앙선거관리위원회 건물의 바깥 모습
03:04 중앙선거관리위원회 사무실 내부의 모습
03:08 "忠南(충남)"지역 득표현황판에 한 남성이 득표숫자를 적고 있음
03:15 중앙선거관리위원회의 발표를 기자들이 받아 적고 있음
03:18 양복을 입은 남성들이 사무실의 각자 자리에 앉아 있고 단상 앞에 사회를 보는 남성이 서있음
03:21 양복입은 남성이 자리에 앉아 발언을 하고 있음
03:22 단상에 서있는 남성이 종이에 있는 것을 읽고 있음
03:25 자신의 자리에 앉아서 이야기를 듣고 있는 남성들의 모습

연구해제

이 영상은 1963년 10월 15일에 있었던 제3공화국 대통령선거와 관련된 내용이다. 이

선거에서 박정희는 윤보선을 156,028표 차이로 누르고 제3공화국 대통령으로 당선되었다. 영상에서는 박정희 내외를 비롯하여 윤보선, 오재영, 변영태 후보들의 투표장면과 투표를 하기 위해 몰려든 유권자들의 모습이 담겨 있다.

박정희를 위시한 군부세력은 5·16 군사쿠데타로 국가권력을 장악했지만, 혁명을 완수하면 군에 복귀하겠다고 공약했기 때문에 군정을 지속할 수는 없었다. 취약한 정통성을 확보하기 위해서는 반드시 민정이양과 선거라는 합헌적 방식으로 집권해야 했다. 민정이양을 앞둔 1963년 2월 18일 박정희는 9개 항의 요구를 제시하면서 그것이 실현되면 선거에 출마하지 않겠다고 선언했다. 9개 항은 군의 정치적 중립과 민간정부 지지, 5·16혁명의 정당성 인정, 한일 문제에 대한 정부 방침에의 협력 등이었다. 이 요구조건이 충족되면 자신은 민정에 불참하고, 정치활동정화법으로 활동을 규제했던 정치인을 전면 해금하겠으며, 1963년 5월 이전에 선거를 실시하겠다고 약속했다.

그러나 이는 제스처에 불과했다. 1963년 3월 7일 박정희는 원주 1군사령부에서 훈시를 하면서, "해악을 끼친 구정치인은 물러나야 하며 만약 정계가 혼란해지면 다시 민정에 참여하겠다"고 발언했다. 3월 16일 박정희는 마침내 국민투표에서 신임을 받게 된다면 향후 4년간 군정을 연장하겠다는 성명을 발표했다. 군정 연장안에 대한 항의가 확산되자 4월 8일 박정희는 국민투표를 보류하겠다고 선언했다. 그리고 최종적으로 8월 31일 공화당 총재직과 대선 후보를 수락하며 선거에 참여할 것이라고 밝혔다.

1963년 민정이양을 둘러싼 대선의 기본적인 대결 구도는 박정희의 민주공화당과 윤보선의 민주정의당(민정당)이 벌이는 2파전이었다. 박정희의 공화당은 신생 정당으로서의 참신성과 경제개발이라는 새로운 희망을 내걸고 지지를 호소했다. 민정당 등의 야권은 쿠데타 집권세력의 절차적 부당성과 군정이 노출한 폭력성과 부패 등을 부각시키면서 지지를 호소했다. 선거 막판이 되자 윤보선 진영에서는 박정희가 여순사건에 연루되었던 과거를 들추며 색깔 공세를 펼쳤다. 이 색깔 공세는 미묘한 파장을 불러일으켰다. 그때까지 상대적으로 혁신적 지향을 보이던 세력이 갑자기 박정희를 지지하기 시작한 것이다. 색깔 공세는 박정희 지지자의 일부를 돌아서게 했지만, 반대로 진보적 성향이 강한 지역에서는 박정희가 승리하는 결과를 낳게 하기도 했다.

결국 1963년 10월 15일 대선에서 박정희는 15만여 표 차로 신승했다. 박정희는 경상도와 전라도 등에서 많은 표를 얻었고, 윤보선은 서울, 경기 지역과 충청도, 강원도에서 많은 표를 얻었다. 뒤이은 11월 26일 총선에서도 공화당이 압도적으로 승리를 거뒀다.

총선 결과 공화당은 110석, 민정당은 41석, 민주당은 13석을 차지했다.

참고문헌

서중석, 『대한민국 선거이야기』, 역사비평사, 2008.

해당호 전체 정보

439-01 10 · 15 대통령 선거

상영시간 | 03분 32초

영상요약 | 10월 15일 대통령 선거일과 투표결과를 알리는 영상이다. 박정희 후보가 윤보선 후보를 15만 6,028표차이로 누르고 470만 2,642표를 득표하여 제3공화국 대통령으로 당선되었다. 영상에서는 박정희, 윤보선, 오재영, 변영태 후보들의 투표장면과 투표하기 위해 몰려든 유권자들의 모습을 담고 있다.

439-02 건설의 새소식

상영시간 | 01분 45초

영상요약 | 전국의 경제건설 현장을 알려주는 영상이다. 한국전력주식회사에서 30,000KW 출력의 삼척화력 제2호기가 준공되었다. 서울-춘천 간 75.3km 국도의 확장, 개량공사가 진척되고 있다. 대한잠사회에서는 서울 남대문로 잠사회관에 잠사류 상설전시장을 마련했다.

439-03 한 · 중 어린이 자매결연

상영시간 | 00분 41초

영상요약 | 10월 12일에 열린 자유중국 한성화교소학교와 한국 수송국민학교의 자매결연식을 알리는 영상이다. 유어만 주한중국대사와 이종우 문교부장관 등이 본 행사에 참석하여 서로 기념품을 교환하였다.

439-04 민속예술 경연대회

상영시간 | 00분 48초

영상요약 | 10월 7일부터 3일간 열린 전국민속예술경연을 알리는 영상이다. 첫날 세종로 행진을 시작으로 각 지역에서 360명이 참가했다. 대통령상에는 경상남도 농악팀, 내각수반상에는 서울 팀, 공보부장관상에는 전라북도 농악 팀, 경상남도 오광대놀이, 경상북도 놀이 팀이 각각 차지했다.

439-05 문화인 체육대회

상영시간 | 00분 49초

영상요약 | 10월 12일 효창운동장에서 열린 제3회 문화인 체육대회를 알리는 영상이다. 한국예술문화단체총연합회(예총)에서 주최한 이번 대회에는 10개 단체가 참가했으며 국악협회가 1위, 사진협회가 2위, 연예협회가 3위를 차지했다.

439-06 인구증가

상영시간 | 00분 55초

영상요약 | 미국의 인구증가에 대한 영상이다. 인구증가는 전세계적 문제인데 미국에서도 가파르게 인구가 증가하여 1억 9,000만 명 째 미국시민이 태어났다. 또한 7초에 한명씩 신생아가 태어난다. 그리고 핏셔 부부는 다섯쌍둥이를 낳는 기록을 세웠다.

439-07 '도오바'해렵에 텐넬 (영국~불란서)

상영시간 | 01분 11초

영상요약 | 영국과 프랑스 사이에 위치한 도버해협의 해저터널 공사가 재개될 것을 알리는 영상이다. 1880년에 시작되었던 공사는 양국 합의에 의해 다시 시작되고 있으며, 터널이 완성되면 해저선로를 통해 많은 이동이 있을 예정이다.

월남에 쿠데타 성공 (1963년 11월 9일)

제작정보		**영상정보**	
출　　처	대한뉴스 442호	제공언어	한국어
제 작 사	국립영화제작소	컬　　러	흑백
제작국가	대한민국	사 운 드	유

영상요약

자유월남(남베트남)에서 벌어진 혁명으로 고딘디엠 정부가 붕괴한 것을 알리는 영상이다. 혁명 이후 모습은 사진으로 대체했으며 뒷부분에는 고딘디엠 대통령과 그의 동생부부의 한때 모습을 담았다.

내레이션

무참한 불교도의 탄압 등 독재정치로 온 세계의 이목을 집중해오던 자유월남의 사태는 드디어 지난 11월 초하루 혁명을 불러 일으켰습니다. 9년 동안 계속되던 고딘디엠의 독재정권은 완전히 무너지고 즈엉반민 장군이 영도하는 혁명군은 온 국민의 지지 아래 혁명정부를 수립하고 차츰 질서를 회복하고 있습니다. 한편 지난날 월남의 정치를 주름잡던 고 대통령과 그의 동생 루 씨는 피살된 것으로 보도되고 있습니다.

화면묘사

00:01 자막 “월남에 구데타 성공”
00:03 혁명군들이 군용 차량에 기관포를 장착하고 시내 도로를 달리고 있는 모습
00:05 기관포를 장착한 차량에서 혁명군들이 서있음
00:06 대통령궁으로 추정되는 하얀 건물이 불타고 있음
00:09 군용 비행기가 시내 상공으로 날아다니고 있음
00:11 군복을 입은 혁명군들이 탱크를 타고 시내를 누비고 있는 모습
00:14 “한국일보” 1면 기사제목인 “越南(월남)에 쿠데타爆發(폭발). 市街戰(시가전) 끝에 首都(수도)掌握(장악)”을 보여줌
00:17 “서울신문” 1면 기사제목인 “「고」 大統領(대통령) 無條件降伏(무조건항복), 越南(월남)쿠데타 19時間(시간)만에 成功(성공)”을 보여줌
00:20 “東亞日報(동아일보)” 1면 기사제목인 “越南(월남) 쿠데타 完全(완전)成功(성공), 「고딘디엠」 大統領(대통령) 無條件降伏(무조건항복)”을 보여줌
00:23 혁명군을 이끈 즈엉반민 장군이 군복입고 있는 사진
00:27 시내에서 두팔 벌려 밝은 표정으로 혁명을 반기는 시민의 사진
00:30 즈엉반민 장군의 얼굴모양을 들고 환호하는 남베트남 시민들의 거리사진
00:34 남베트남 군대의 사열을 받는 고딘디엠 대통령의 예전 영상을 보여줌
00:38 고딘디엠 대통령 이름이 적혀있는 플래카드
00:40 고딘누 남베트남대통령고문 가족의 한때 모습
00:45 누 여사의 예전 기자회견 모습을 보여줌

연구해제

이 영상은 1963년 11월 1일 남베트남 고딘디엠 정부가 쿠데타에 의해 붕괴된 사건에 관한 것이다. 영상에는 혁명군이 탱크를 몰고 대통령궁으로 진입하는 모습, 이 사건을 알리는 국내 신문 기사들, 쿠데타를 지지하는 베트남 시민들의 사진, 고딘디엠 대통령의 재임 당시의 모습 등이 담겨 있다.

1945년 8월 제2차 세계대전이 끝나자 베트남 독립동맹을 중심으로 베트남민주공화국이 성립되었다. 그러나 제2차 세계대전 이전의 지배권을 되찾고자 하는 프랑스에 의해 1946년 말부터 베트남과 프랑스 사이에 전쟁이 발발하였다. 8년간 계속되던 전쟁은 1954년 5월 프랑스군의 거점인 디엔비엔푸가 함락되면서 같은 해 7월 제네바에서 휴전협정이 성립되게 되었다. 휴전협정 결과 베트남은 북위 17도선을 경계로 남과 북으로 분단되었다. 북베트남에는 호치민이 통치하게 되었고, 남베트남에는 고딘디엠 정권이 들어섰다. 제네바협정에서는 협정체결 2년 후 총선거를 규정하였다. 그러나 고딘디엠이 이 협정을 무시하고 남베트남 단독정부를 창출하자 이에 맞서서 남베트남 내의 공산주의자들은 1960년 12월 베트남 민족해방전선(베트콩)을 결성하였다.

미국은 디엔비엔푸 패배로 프랑스인들이 떠나자 새롭게 베트남에 개입하기 시작했다. 당시 미국 대통령 아이젠하워는 만일 베트남이 공산진영에 넘어가게 되면 인접 국가들이 차례로 무너지고 말 것이라는 판단을 갖고 있었다. 그래서 제네바 협정 이후 미국은 남베트남의 정권을 장악한 고딘디엠에 대해 강력한 후견인 역할을 했다.

고딘디엠은 베트콩뿐만 아니라 불교에 대해서도 탄압정책으로 일관하였다. 그는 9년간 남베트남을 통치하면서 자신의 일족들을 정부의 중요 요직에 앉히고 족벌정치를 행하기도 하였다. 이러한 억압정책에 맞서 농민을 중심으로 한 게릴라 저항운동이 시작되었다. 1963년 6월 불교 승려 틱꽝득의 분신자살은 쿠데타의 도화선이 되었다. 고딘디엠은 1963년 11월 즈엉반민 장군이 일으킨 군사 쿠데타에 의하여 정권은 무너진 후, 그의 동생 응오진누와 함께 형장의 이슬로 사라졌다.

참고문헌

윤충로, 『베트남과 한국의 반공독재국가 형성사』, 선인, 2005.

해당호 전체 정보

442-01 학생의 날

상영시간 | 00분 41초

영상요약 | 제34회 광주학생운동(사건) 기념일과 제11회 학생의 날을 맞이한 행사들을 알리고 있다. 광주서중학교에서는 기념식과 탑에 학생들이 헌화를 하는 행사를 가졌다.

442-02 국군소식

상영시간 | 00분 39초

영상요약 | 10월 31일 김포 성동나루에서 열린 입체도하작전을 알리는 영상이다. 해병 제1여단과 공공대대가 함께 한 작전은 실전을 방불케 했다.

442-03 건설의 새 소식

상영시간 | 01분 37초

영상요약 | 다양한 산업계 소식을 알리는 영상이다. 대한석탄공사 함백광업소에서는 고속도 굴진작업을 진행하여 세계기록을 갱신했다. 석탄증산을 통해 탄 가격은 안정될 예정이다. 또 김포－서울(영등포) 간 도로의 확장, 포장공사가 완료되어 준공식이 있었다. 끝으로 부산항 제1부두에 국내 최대 규모의 종합어시장 수산센터가 개장했다.

442-04 고분발굴

상영시간 | 00분 53초

영상요약 | 이화여자대학교 학생들은 10월 21일부터 경상북도 안동군 일직면 조탑에서 통일신라 이전의 것으로 추정되는 고분의 발굴작업을 진행했다. 이 작업을 통해 완형토기 15점을 발굴했다.

442-05 금주의 화제

상영시간 ǀ 02분 05초

영상요약 ǀ 10월 말~11월 첫째 주까지 일어났던 일들을 갈무리해주는 영상이다. 11월 초하루 김해에서는 가을 풍년에 감사하는 풍년제가 열렸다. 10월 30일에는 국제적십자창립 100주년, 한국적십자사 창립 14주년 기념식이 열려 원이길 여사에게 나이팅게일기장을 수여했다. 10월 28일에는 서울 종로에 위치한 YMCA회관에서 YMCA 창립60주년 기념식이 열렸다. 속초는 시로 승격되면서 경찰서가 이전하고 신청사를 건축해 낙성식이 열렸다. 중앙공보관에서는 한상수 수공예연구회 제2회 작품전이 열렸다.

442-06 스포츠

상영시간 ǀ 01분 34초

영상요약 ǀ 서울 장충체육관에서는 10월 27일부터 사흘간 국제프로레슬링대회가 있었다. 이 대회에서 장영철 선수는 아라쿠마 선수를 꺾었으며, 다음 날 조별경기에서도 한국 팀이 승리했다. 서울운동장에서는 11월 2일부터 나흘 동안 서울 금융선발팀, 일본 도에이 팀, 일본 다이요 팀의 한일친선야구경기가 있었다. 이 경기에서 도에이가 2승 1패로 승리했다.

442-07 월남에 쿠데타 성공

상영시간 ǀ 00분 47초

영상요약 ǀ 자유월남(남베트남)에서 벌어진 혁명으로 고딘디엠 정부가 붕괴한 것을 알리는 영상이다. 혁명 이후 모습은 사진으로 대체했으며 뒷부분에는 고딘디엠 대통령과 그의 동생부부의 한때 모습을 담았다.

442-08 자유중국 소식

상영시간 ǀ 00분 48초

영상요약 ǀ 자유중국(대만)의 건국 52주년 기념일을 알리는 영상이다. 장제스 총통과 여러 귀빈이 참석한 본 행사에서 공군 공중쇼를 비롯해서 정공간부학교 여학생, 사관생도, 해병, 기갑부대, 미사일 등이 참석한 거리행진을 벌여 군사력을 과시했다.

442-09 표어

상영시간 | 00분 04초

영상요약 | 선거를 앞두고 “공명선거 전통속에 자라나는 민주대한”이라는 표어를 보여주는 영상이다.

휴전선 총격사건 (1963년 11월 23일)

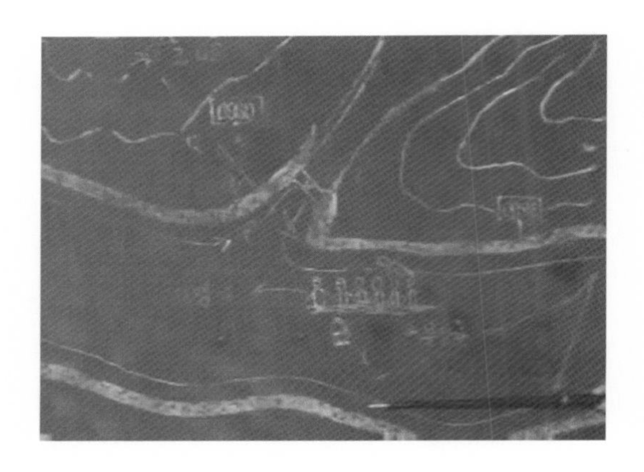

제작정보			영상정보		
출처	:	대한뉴스 444호	제공언어	:	한국어
제작사	:	국립영화제작소	컬러	:	흑백
제작국가	:	대한민국	사운드	:	유

영상요약

1963년 11월 13일 발생한 휴전선 총격사건을 알리는 영상이다. 비무장지대에서 8명의 유엔군 감시반이 총격을 받는 사건이 발생하자 제179차 군사정전위원회를 열어 이에 항의했으나 받아들여지지 않았다.

내레이션

11월 13일 화천 북방 북한강 상류 휴전선 비무장지대에서 여덟 명의 유엔군 감시반이 순찰을 마치고 돌아오는 도중 북한 괴뢰군의 불법 총격을 받아 사상당한 사건이 발생했습니다. 이를 말미암아 11월 16일 판문점에서는 유엔군 측 요구에 의해서 제179차 군사정전위원회가 열렸는데 이번 회의에서는 새로 취임한 유엔군 측 수석대표 시드럭 미 육군소장이 공산 측에 강경히 항의했으나 공산 측은 그 사실을 부인하고 토의를 거부했습니다. 이와 같이 호시탐탐 재침의 기회를 노리고 있는 공산군을 얼마 멀지 않은 휴전선 너머에 두고 우리는 보다 더 굳게 단합된 국민적 자세가 촉구되는 것입니다.

화면묘사

00:01 자막 "휴전선 총격사건"

00:02 정복을 입은 미군장교가 지도를 지휘봉으로 가리키면서 사고가 일어났던 것을 설명하고 있음

00:07 지휘봉으로 가리키고 있는 지도를 가까이에서 보여줌

00:10 칠판에 당시 지형과 상황을 알리는 지도가 그려져 있고, 이를 설명하는 동양인 장교와 옆에서 이를 듣고 있는 서양인 장교의 모습

00:22 제179차 군사정전위원회가 열리는 판문점 앞의 모습. 양측 군인들이 건물 앞에 있으며 사건당시 사용되었던 목선이 마당에 놓여 있음

00:26 군사정전위원회에 제출된 사진자료가 테이블 위에 놓여 있음

00:30 군사정전위원회 회의 모습. 여러 장교들이 정복을 입고 각자 자료를 보거나 회의에 임하고 있음

00:35 유엔 측과 공산 측 대표들이 마주 앉은 가운데 유엔 측 대표가 사진을 보여주면서 항의하고 있고 이를 지켜보는 공산 측 대표들의 모습

00:40 판문점 건물 내부를 촬영하거나 구경하기 위해 많은 사람들이 창가에 붙어 있음

00:43 회의석상에서 한 장교가 상황판을 가리키면서 사고당시 상황을 설명하고 있음

00:48 회의에 참석하여 자리에 앉아 있는 많은 장교들의 모습

연구해제

이 영상은 1963년 11월 13일 화천저수지 북방 15마일 지점 북한강 상류 비무장지대에서 미군 및 한국군 8명으로 이루어진 비무장 순찰대를 북한군이 공격한 사건에 관한 것이다. 이 사건으로 홍정의 대위가 피살되고 2명이 부상을 당하였다.

알프스 클라크 중령을 인솔자로 5명의 한국군 장병과 1명의 미군사병 및 민간인 통역 1명으로 이루어진 순찰대는 휴전협정에 따라 황색 완장을 찬 상태로 북한에 사전 통고한 상황에서 비무장으로 순찰을 나갔다. 그런데 순찰대가 북한강 상류 강변의 표지점검을 마치고 돌아오려 할 때 북한군이 자동화기로 순찰대를 싣고 온 보트에 공격을 가했다. 순찰대는 날이 저물 때까지 차가운 물속에 숨어 공격을 피했고, 이 와중에 실종된 홍정의 대위는 다음날 피살된 채로 발견되었다. 이 공격으로 미군사병 1명은 오른쪽 넓적다리에 관통상을 입었고 민간인 통역도 심한 쇼크를 받았다. 날이 어두워진 후 순찰대는 보트를 복구하여 철수했다.

유엔군 사령부 대변인 크릴 대령은 14일 기자회견을 통해 이 사건을 밝히고 군사정전위원회의 소집을 요구했다. 16일 판문점에서 소집된 군사정전위원회 제179차 본회의에서 신임 유엔 측 수석대표 로버트 시드럭 미 육군소장은 지난 13일 화천 북방 비무장지대 내에서 공산군이 공무수행 중인 유엔 측 정전위 감시소조 인원에 대한 불법적 공격을 감행한데 대해 강경한 항의를 하고, 공산 측에 이 사건을 철저히 조사하고 이와 같은 불법행위를 감행한 책임자를 처벌하고 다시는 이런 일이 재발하지 않도록 조처해줄 것을 요구했다.

이날 유엔 측에서는 13일 사건발생시 피격당한 상륙정을 회의 장소에 제시까지 했다. 그러나 북한대표 장정환은 "그런 사건이 우리 측에서 발생한 일이 없으므로 유엔 측 비난을 단호히 거부 한다"고 사건발생 자체를 부인했다.

참고문헌

『북괴 휴전선서 총격」, 『동아일보』, 1963년 11월 14일.
「홍정의 대위 피살」, 『동아일보』, 1963년 11월 15일.
「비무장지대 사건 불법적 공격」, 『경향신문』, 1963년 11월 16일.

해당호 전체 정보

444-01 휴전선 총격사건

상영시간 | 00분 54초

영상요약 | 11월 13일 발생한 휴전선 총격사건을 알리는 영상이다. 비무장지대에서 8명의 유엔군 감시반이 총격을 받는 사건이 발생하자 제179차 군사정전위원회를 열어 이에 항의했으나 받아들여지지 않았다.

444-02 설악산에 산불

상영시간 | 00분 32초

영상요약 | 설악산에서 일어난 산불을 알리고 산림보호를 하자는 뉴스이다.

444-03 4-H 구락부(클럽) 경진대회

상영시간 | 00분 53초

영상요약 | 4-H구락부(클럽) 경진대회가 수원 농촌진흥청에서 11월 15일~19일까지 개최되었다. 이번 경진대회를 거쳐 우수한 성적을 거둔 101명에게 시상이 있었다. 4-H경진대회는 경기도, 경상북도, 강원도 등 지역대회도 있다.

444-04 국군소식

상영시간 | 01분 29초

영상요약 | 육군의 육군의무교육기지사령부(육군메디컬센타) 준공식과 해군의 창설18주년 기념 서광작전을 알리는 영상이다. 대구시 효목동에 들어선 메디컬센타에는 의무교육기지사령부, 육군군의학교, 제1육군병원, 중앙치과기공소 등이 설치되었다. 해군은 11월 15일 진해만, 남형제도 인근에서 관함식과 많은 함대가 출동한 서광작전을 실시했다.

444-05 수출진흥

상영시간 | 01분 40초

영상요약 | 수출과 관련된 여러 소식을 갈무리하는 영상이다. 최근 국산악기가 해외시장

에 진출하고 있으며 삼익악기는 부산항을 통해 홍콩시장으로 수출되었다. 서울공예협동조합에서는 수출공예품 전시회를 가졌다. 한편 국산품 품질향상을 위한 정부시책에 호응하여 산업경제신문사에서는 제3회 전국 상품전 입상자 시상식이 있었다.

444-06 모의 유엔총회

상영시간 | 00분 36초

영상요약 | 한국 외국어대학(교)에서 열린 전국대학생 외국어 모의유엔총회를 알리는 영상이다. 45명의 학생이 참가한 행사에서 학생들은 유엔 공용어를 사용하여 국제문제에 대해 논의했다.

444-07 문화계소식

상영시간 | 01분 14초

영상요약 | 문화계 소식을 알리는 영상이다. 이관구 재건국민운동 본부장은 영화 '쌀'의 주인공인 충청남도 금산의 설병완에게 표창장과 공로훈장을 수여했다. 11월 12일 국립극장에서는 한국 오라토리오 합창단의 연주회가 열렸다.

444-08 스포츠

상영시간 | 00분 33초

영상요약 | 11월 18일부터 이틀간 장충체육관에서 열린 도쿄 올림픽 파견 체조선수 선발대회를 알리는 영상이다.

444-09 경찰쇼(이태리)

상영시간 | 00분 46초

영상요약 | 이태리 경찰들의 분열행진과 모터사이클 쇼를 보여주는 영상이다.

444-10 미국의 양계장

상영시간 | 01분 05초

영상요약 | 미국 캘리포니아주에 위치한 자동화된 양계장의 시설과 달걀 생산을 영상으로 보여준다.

444-11 표어

상영시간 | 00분 09초

영상요약 | 선거에 관련한 정치표어이다. “공명선거 다시하여 옳은일꾼 가려내자”, “역사적인 공명선거 협력하여 열매맺자”.

서독가는 젊은 광부들 (1963년 12월 26일)

제작정보		영상정보	
출 처	대한뉴스 449호	제공언어	한국어
제 작 사	국립영화제작소	컬 러	흑백
제작국가	대한민국	사 운 드	유

영상요약

서독으로 파견되는 광부들을 위한 결단식과 환송식을 알리는 영상이다. 253명의 광부들은 함부르크와 에치바일러 두 탄광에서 3년간 일하고 기술을 배울 예정이다. 이들의 출국은 21일과 27일로 나뉘어 두 번에 걸쳐 진행되었다.

내레이션

12월 20일 서부독일 탄전지대로 가는 광부 이백쉰세 명의 결단식과 환송식이 있었습니다. 심한 경쟁을 물리치고 합격한 이들 젊은 광부들은 앞으로 서부독일 광산에 가면은 국위를 선양하고 우수한 기술을 배워 오겠다고 선서했습니다. 그런데 이들은 21일과 27일, 두 번으로 나뉘어서 모국을 출발하는 장고에 올랐는데 앞으로 함부르크와 에치바일러 두 탄광에서 3년 동안 일하고 돌아올 것이며 이들은 매달 600마르크씩 받게 된다고 합니다. 우리는 3년 후 우수한 광산기술의 습득을 기대하면서 젊은 광부들의 앞날에 건강과 축복을 보내는 바입니다.

화면묘사

00:01 자막 "서독가는 젊은 광부들"

00:03 양복을 입은 젊은 광부들이 결단식 및 환송식에 참석하여 강당 안에 서있음

00:08 양복을 입은 외국인 남성이 단상 위에서 광부들에게 치사를 하고 있음

00:11 단상을 바라보면서 서있는 젊은 광부들의 모습

00:18 한국인 남성이 단상 위에서 광부 대표에게 선물을 전달하고 있으며, 광부 대표는 고개 숙이면서 두 손으로 선물을 받고 있음. 뒤에 서있는 광부들은 박수를 침

00:25 결단식 및 환송식이 끝난 뒤 어수선한 강당 내부의 모습

00:28 젊은 광부가 어린 아기를 껴안고 아기를 봤다가 카메라를 쳐다봄

00:30 "WELCOME! FOREIGN SPECIAL MISSION TO THE PRESIDENTIAL INAUGURATION CER.."라는 플래카드가 붙어 있는 공항건물에서 젊은 광부들이 비행기에 탑승하기 위해 나오고 있음

00:34 서독으로 가기 위해 비행기에 탑승하는 광부들의 뒷모습

00:37 광부들의 가족들이 공항 건물 난간에 기대어 비행기에 탑승하는 광부들을 배웅하고 있음

00:39 "AIR FRANCE" 가방을 맨 광부들이 비행기에 탑승하면서 가족들을 향해 밝은 표정으로 손을 흔들고 있음

00:43 공항 난간에 기대 광부들의 출국을 바라보고 있는 가족들의 모습
00:44 광부들을 태운 비행기가 활주로에서 이륙하기 위해 이동하고 있음

연구해제

이 영상은 1963년 12월에 열린 제1진 파독광부 253명의 결단식 및 환송회와 21일 공항에서 출발하는 파독광부들의 모습을 담고 있다. 내레이션에 따르면 이들은 치열한 경쟁을 뚫고 파독광부에 선발되었으며 결단식 및 환송회에서 "국위선양과 우수한 기술 습득"을 결의했다. 영상 속 이들은 시종 말끔한 차림의 검은 양복을 입고 밝은 표정을 짓고 있다. 이 같은 파독광부들의 모습은 여러 차례 영상 매체를 통해 재생산되었으며, 이들은 오늘날 한국사회에서 독일 라인강의 기적을 잇는 '한강의 기적', 또는 조국근대화의 역군으로 이미지화되었다.

이 같은 이미지는 서독 유학파 출신으로 1960년대 초 상공부장관 특별보좌관을 역임했고 1964년 박정희 대통령의 서독방문에 통역을 맡았던 백영훈의 글 「아우토반에 뿌린 눈물」(1997)에서 사실로 둔갑했다. 이 저서에서 백영훈은 진실과 반(半)진실, 비(非)사실을 엮어 파독광부의 임금을 담보로 한국정부가 상업차관을 얻어 경제개발의 토대가 되었다고 밝힌다. 그리고 이러한 사실은 김충배 전 육사교장의 편지(2003) 등에서 재유통되어 오늘날 마치 기정사실처럼 받아들여지고 있다. 결국 1960~70년대 파독광부에 대한 영상매체가 생산한 이미지는 백영훈 등의 '기억 재가공' 서술에 의하여 더 애절하게 각색되었다. 파독광부의 이미지에서 한발 벗어난 그들의 실제 모습은 1961년 체결된 '대한민국 정부와 독일연방공화국간의 경제 및 기술협조에 관한 의정서'에 대한 검토, 그리고 파독광부들의 인터뷰 등을 통해 확인해야 한다.

먼저 한국과 서독 사이 차관은 위 '의정서'에 의거하여 집행되었는데, 재정차관은 지불보증이 필요치 않은 차관이었고, 상업차관은 독일정부 산하의 Hermes 신용보험공사가 보증을 섰다. 또한 당시 독일 측 상업차관의 주체였던 독일재건은행 그룹(KfW)은 상업차관 지급보증과 파독광부들의 임금과 무관하다는 입장을 여러 차례 밝힌 바 있으며, 한국정부도 파독 노동자들의 임금을 특정은행에 예치시키지 않았다. 파독 광부들의 임금은 상업차관의 담보가 되었던 것이 아니라 그들에 의해 국내로 송금되거나 현지은행에서 관리되었다.

두 번째로 파독광부들이 어떠한 인식과 선택을 통해 서독으로 진출했냐는 점이다. 개인의 노동력 이주에 비하여 국가 간 협정에 의한 노동력 송출은 복잡한 절차와 보증이 생략되기 때문에 실제로 노동력 이동이 상대적으로 자유롭다. 그러나 국가 간 협정에 의한 노동력 송출은 노동자 개인에게 수용되는 과정을 거쳐 국가의 통제를 손쉽게 벗어난다. 파독광부들의 이주는 '선진서독–후진조국'의 간극과 빈곤에서 발생한 경제적 원인에서 기인한다. 이들은 처음부터 외화획득, 경제성장과 같은 국가의 의도에 부합하지 않았으며 의식하지도 않았다. 즉 파독과정에서 국가는 경제성장과 외화획득을 목적으로 하는 경제적 동원을 고려했지만 파독광부들은 이 과정을 통하여 자신들의 선택을 강화하고 살아나간 것이다. 영상 내레이션에서 강조하는 "국위선양"과 "기술습득"은 국가의 목소리였을 뿐이며, 영상에서 보이는 이들의 밝은 표정은 이것을 굴절시키는 개인의 "선택"을 의미한다.

참고문헌

윤용선, 「1960~70년대 파독 인력송출의 미시사 : 동원인가, 선택인가?」, 『사총』 81, 2014.
이영조 · 이옥남, 「1960년대 초 서독의 대한 상업차관에 대한 파독근로자의 임금 담보설의 진실」, 『한국정치외교사논총』 34-2, 2013.

해당호 전체 정보

449-01 대통령 일선시찰

상영시간 | 00분 48초

영상요약 | 박정희 대통령의 일선 군부대 방문 및 시찰을 알리는 영상이다. 박정희 대통령은 12월 20일부터 이틀간 시찰에서 각 군 지휘관에게 월동대책 마련, 사기 앙양, 자활체계 수립, 전투력 강화를 요청했다.

449-02 방송 톱씽거

상영시간 | 02분 17초

영상요약 | 각 방송사에서 열린 톱싱어 대회를 알리는 영상이다.

449-03 사랑의 선물

상영시간 | 02분 05초

영상요약 | 크리스마스를 맞이한 여러 풍경을 갈무리한 영상이다. 서부전선에서는 크리스마스를 맞아 북한을 향해 대형 확성기로 노래를 전했고 국군장병에게 위문품 전달식이 있었다. 이효상 국회의장은 병원, 영아원 등을 방문해 금일봉을 전달했다. 미8군 장교 부인들은 의용촌을 방문했다. 끝에는 크리스마스 만화를 삽입해 가난한 이와 국군장병에게 선물을 주라고 권하고 있다.

449-04 금주의 화제

상영시간 | 01분 21초

영상요약 | 한 주간 일어났던 사건들을 갈무리하는 영상이다. 부산에서는 최초로 선박 해난사고 원인을 캐내는 해난심판위원회가 열려 제2유성호 좌초사건을 다루었다. 12월 21일 세브란스 의과대학 강당에서는 소아재활원 어린이들의 동극 '크리스마스'가 시연되었다. 같은 날 서울–인천을 연결하는 한진특급버스가 개통되었다.

449-05 학생작품발표

상영시간 | 01분 16초

영상요약 | 학생들의 다양한 전시회를 보여주는 영상이다. 서울 신문회관에서는 인간생활 환경의 재편성과 창조라는 슬로건 아래 홍익대학 건축전이 열렸다. 이화여자대학교 미술대학 졸업반 학생들은 졸업전시회를 통해 동양화, 서양화, 생활미술 등을 시민들에게 공개했다. 한양중고등학교에서는 실습실 준공을 기념하여 제1회 교육전시회를 열었다.

449-06 유엔총회 한국문제토의

상영시간 | 00분 39초

영상요약 | 유엔총회에서 다뤄진 한국문제에 대한 보도영상이다. 유엔총회 정치위원회에서 김용식 전 외무부장관은 한국의 유엔가입 촉구를 위한 연설을 했으며, 유엔총회에서는 한국전 참전 16개국이 제출한 결의안이 가결되었다.

449-07 서독가는 젊은 광부들

상영시간 | 00분 48초

영상요약 | 서부독일(서독)으로 파견되는 광부들을 위한 결단식과 환송식을 알리는 영상이다. 253명의 광부들은 함부르크와 에치바일러 두 탄광에서 3년간 일하고 기술을 배울 예정이다. 이들의 출국은 21일과 27일로 나뉘어 두 번에 걸쳐 진행되었다.

경제시책 발표 (1964년 1월 23일)

제작정보		영상정보	
출처	대한뉴스 452호	제공언어	한국어
제작사	국립영화제작소	컬러	흑백
제작국가	대한민국	사운드	유

영상요약

정부는 1월 13일 주요경제시책을 발표했다. 주요경제시책은 물가대책, 소비절약, 수출진흥을 중심으로 구성되어 있으며 특히 생활필수품 9가지를 지정하여 관리하기로 했다. 또한 곡가조절과 식량의 안정적 수급을 위한 여러 정부 시책들을 뉴스영상을 통해 설명하고 있다.

내레이션

정부는 1월 13일 새 민정이 당면한 물가안정을 위해서 생활 필수품의 가격안정, 소비절약 그리고 수출진흥 등을 중심으로 한 주요경제시책을 발표했습니다. 이 주요경제시책은 특히 전국민의 관심을 끌고 있는 물가대책에 관해서 쌀, 보리쌀, 밀가루, 소금, 연탄, 면사, 면포, 고무신, 비누 그리고 등유 등 9개 항목을 생활필수품으로 정하고 정부는 이러한 물품을 원활히 공급해서 국민이 안정된 생활을 할 수 있도록 노력할 것이라고 다짐했습니다. 또한 정부에서는 곡가 조절을 위해서 쌀, 보리쌀에 한해서는 통제를 하지 않을 것이며 쌀값이 오를 때에는 정부양곡을 방출해서 값을 조절하게 될 것이므로 금년도 쌀값은 어느 때보다도 안정될 것이라고 합니다. 그런데 금년도 양곡 수급계획을 보면은 우리나라의 전체 식량 수요량은 연간 3,528만 2,000섬인데 이에 대한 공급량은 3,137만 6,000섬이 국내 생산으로 충당되고 그중 부족한 390만 6,000섬은 잉여농산물의 도입과 정부보유불, 구상무역, 소비절약 등으로 충당하게 된다고 합니다. 그리고 밀가루에 대해서는 통제가격과 시장가격과의 차이가 심하면은 다시 배급제도를 실시해서 싼값으로 모자라는 식량을 보태게 될 것이라고 덧붙였습니다. 또한 정부에서는 식량절약의 방법으로 잡곡을 많이 섞고 대용식을 권장하고 있는데 음식점, 여관에서는 국수를 많이 섞을 것이며 주요도시에는 원가봉사로 국수식당을 설치할 것이라고 합니다. 그리고 과자, 엿의 제조에는 쌀을 쓰지 못하며 결혼식에서의 과자나 떡의 선물은 금하고 정부나 국영기업체의 구내식당에서는 솔선해서 빵만을 팔기로 결정되었습니다.

화면묘사

00:01 자막 “경제시책 발표”

00:03 최두선 국무총리와 김유택 경제기획원장이 주요경제시책을 발표하고 있음. 둘 다 발표문을 들고 있지만 발표는 김유택 경제기획원장이 하고 있음(김유택 경제기획원장 육성 : “본 주요경제시책은 이를…”)

00:33 많은 기자들이 이를 취재하기 위해 몰려 앉아 있음

00:37 정부 발표를 계속하고 있는 김유택 경제기획원장과 최두선 국무총리의 모습(김유택 경제기획원장 육성 : 수출진흥책, 소비절약 방안. 이렇게 분류가 되서 그

안에 설명이 되어 있습니다.)

00:51 곡물시장의 전체적인 모습. 곡물 가마니가 가득 쌓여 있고 그 주변으로 많은 트럭들이 즐비하게 서있음

01:00 곡물시장에서 쌀의 품질을 확인하는 사람들의 모습

01:05 노동자들이 트럭으로 곡물 가마니를 옮기고 있음

01:11 "1964년 양곡 수급계획"을 보여주는 애니메이션. "수요량 35,282천석"에 비해 "공급량 31,376천석", 부족량 "3,906천석"이라는 것을 알려줌. 부족량은 "잉여농산물 도입, 정부보유불로 도입, 구상 무역, 소비 절약"으로 채우게 된다고 함

01:41 한 남성이 국수공장에서 밀가루 포대를 쌓아두고 있음

01:47 또 다른 남성이 밀가루를 국수 기계에 넣고 있음

01:52 기계를 따라서 생산된 국수들이 움직이고 있음

01:57 위생모와 위생가운을 입은 여성 노동자들이 기계에서 생산된 국수를 적당량씩 덜어내고 있음

02:03 컨베이어벨트를 따라서 생산된 국수를 포장하는 여성들의 모습

02:10 빵을 굽기 위해 기계에 밀가루를 퍼붓는 남성의 모습

02:15 오븐에서 구워진 빵을 꺼내 옮기는 여성 노동자의 모습

02:21 여성 노동자들이 테이블 위에 쌓여 있는 빵들을 포장하고 있음

연구해제

이 영상은 1963년 대통령선거로 수립된 박정희 정부가 신년을 맞아 발표한 경제시책을 소개하고 있다. 새 정부가 내세운 경제시책은 당면한 물가안정을 위한 생활필수품의 가격안정, 소비절약, 그리고 수출진흥 등을 내용으로 하고 있었다. 영상에서 중점적으로 소개된 것은 생활필수품의 가격안정에 대한 것이다. 정부는 쌀, 보리쌀, 밀가루, 소금, 연탄, 면사, 면포, 고무신, 비누 그리고 등유 등 9개 항목을 생활필수품으로 정하고 이 같은 물품의 공급을 원활히 할 것이라 선전하였다. 특히 이 중 식량과 관련된 시책을 강조하였는데, 이는 1963년 식량파동으로 인한 대중적 불안을 수습하기 위한 것이기도 했다.

구체적으로 정부는 곡가 조절을 위해서 쌀과 보리쌀에 한해서는 통제를 하지 않을 것

이며, 쌀값이 오를 때에는 정부양곡을 방출해서 값을 조절할 것이라 하였다. 특히 밀가루에 대해서는 통제가격과 시장가격과의 차이가 심할 경우 다시 배급제도를 실시해서 싼값으로 공급할 것이라 밝혔다. 이와 함께 주목할 점은 미곡의 소비를 줄이고, 혼분식을 장려했다는 것이다. 내레이션에서는 식량을 절약하기 위해 잡곡을 많이 섞을 것과 대용식을 권장하고, 구체적으로 과자, 엿의 제조에는 쌀을 쓰지 못하게 하였다. 뿐만 아니라 결혼식에서도 과자나 떡의 선물은 금지하고 정부나 국영기업체의 구내식당에서는 빵만 파는 솔선을 보인다며 선전하였다. 영상에서는 공장에서 인스턴트 국수를 제조하는 모습이나 빵을 굽는 모습을 보여주고 있다.

정부가 쌀의 소비를 줄이고, 혼분식을 장려한 데에는 두 가지 이유가 있었다. 첫째는 미가(米價)의 계속적인 등귀현상 때문이다. 1963년 식량파동으로 인해 쌀값이 계속 오르자 정부는 쌀의 소비를 줄여 미가를 떨어뜨리고자 했다. 둘째, 미국 잉여농산물의 도입으로 소맥과 밀가루의 도입이 증가되었기 때문이다. 1955년부터 PL480에 의해 도입되고 있었던 잉여농산물은 국내시장의 양곡 규모를 증대시켜 농산물 가격을 저하시키고 있었다. 이에 정부는 소맥 및 밀가루의 소비를 증진하여 농산물 시장가격의 균형을 잡고자 하였다.

그러나 혼분식 장려 및 소비절약과 같은 대중운동은 문제를 해결하는 실질적인 방법이 될 수 없었다. 첫째, 농업부문에 투자를 하지 않음으로써 국내 생산량이 확보될 수 없었다. 이는 식량공급의 외곡(外穀) 의존도를 향상시켜 농산물 가격의 불안전성을 확대시켰다. 실제로 정부는 양곡수급의 경로로서 잉여농산물 도입, 정부 보유불로 도입, 구상무역 등 외부로부터의 도입을 중점적으로 상정하고 있었다. 농촌 생산력 증대를 위한 투자를 시행하지 않은 것이다. 특히 1960년대 이후 2, 3차 산업이 확대되면서 농촌 노동력이 여자 및 노약자로 한정되고 있었고, 비료의 부족, 농기구 및 수리시설의 노후화 등은 개선되지 않았다. 이 같은 상황에서 국내 양곡 생산량은 국내 소비량을 뒷받침할 수 없었다.

둘째, 양곡 유통 상의 문제로 인한 시장가격 상승이 지속되었다. 즉 산지에서 곡물이 다단계의 유통경로를 거쳐 시장으로 출하되면서 가격이 상승되었던 것이다. 마지막으로 혼분식 장려에도 불구하고 쌀 소비의 증가를 막을 수 없었다. 미곡 중심의 생활습관도 있었지만, 미가가 상승하여도 고소득층은 계속 쌀을 소비하고 있었기 때문이다. 뿐만 아니라 밀가루 값 폭등, 대맥의 공급 부족 등 쌀을 대체할 수 있는 곡류가 안정적으로 공급되지 않은 상황에서 혼분식 장려는 근본적인 해결책이 될 수 없었던 것이다.

참고문헌

이철정, 「우리나라의 양곡정책에 관한 연구」, 『樂園誌』 10, 1975.

송인주, 「1960~70년대 국민 실생활에 대한 국가 개입의 양상」, 서울대학교 석사학위논문, 1999.

해당호 전체 정보

452-01 케네디 미 법무장관 내한

상영시간 | 01분 22초

영상요약 | 로버트 케네디 법무장관 부부의 방한 소식을 알리는 영상이다. 18일 밤 한국을 찾은 케네디 법무장관 부부는 서부전선을 방문하여 한미 일선장병을 만났고 19일 오후에는 청와대를 방문하여 박정희 대통령과 육영수 여사를 만났다.

452-02 경제시책 발표

상영시간 | 02분 25초

영상요약 | 정부는 1월 13일 주요경제시책을 발표했다. 주요경제시책은 물가대책, 소비절약, 수출진흥을 중심으로 구성되어 있으며 특히 생활필수품 9가지를 지정하여 관리하기로 했다. 또한 곡가조절과 식량의 안정적 수급을 위한 여러 정부 시책들을 뉴스영상을 통해 설명하고 있다.

452-03 김병노 선생 서거

상영시간 | 00분 54초

영상요약 | 가인 김병로의 사망 소식과 사회장 소식을 알리는 영상이다. 김병로는 1월 13일 오후 6시 10분 사망했다. 그리고 19일 서울 시청 앞 광장에서 유가족과 각계 인사가 참여한 가운데 사회장 영결식이 엄수되었다.

452-04 모범 운전사 표창

상영시간 | 01분 01초

영상요약 | 1월 16일 서울 시민회관에서는 30년을 무사고로 운전한 모범 운전사 25명에게 "제1회 전국 무사고 모범운전자 표창"이 있었다. 이들은 광화문 네거리에서 일일 교통순경을 하기도 했다.

452-05 금주의 화제

상영시간 | 00분 58초

영상요약 | 일주일간 있었던 일을 갈무리해주는 영상이다. 미8군 사령부 참모장을 대리한 스코트 장군과 일반참모단 일행이 재향군인회를 방문했으며 이성호 재향군인회 회장은 라이켄 미1군단 기지공병관에게 감사장을 수여했다. 1월 12일 부산항 중앙부두에서는 일본과 우리나라를 연결하는 최초의 국제여객선인 아리랑호의 취항 및 명명식이 있었다.

452-06 한일 탁구

상영시간 | 00분 47초

영상요약 | 1월 18일부터 26일까지 일본 대학교 탁구팀을 맞아 서울, 인천, 대구, 부산 등에서 한일친선 탁구대회가 열렸다. 영상에서는 서울 장충체육관에서 열린 서울 선발팀과 일본 대학교 팀의 경기를 보여준다. 경기결과 서울 선발팀이 5 대 2로 승리했다.

452-07 케니아 독립

상영시간 | 01분 06초

영상요약 | 아프리카의 신생국 케냐의 독립을 알리는 영상이다. 영국 엘리자베스 여왕의 부군인 필립 공이 참석하여 케냐 수상에게 독립문서를 전달하여 케냐의 정식 독립이 이루어졌다.

452-08 영국의 축구

상영시간 | 00분 50초

영상요약 | 영국 런던에서 열린 유럽 우승컵 쟁탈전 제2차전을 알리는 영상이다. 맨체스터 팀과 스퍼스팀의 경기가 열렸는데 결국 4 대 3으로 맨체스터 팀이 승리했다.

452-09 일선 장병에게 잡지를 보냅시다

상영시간 | 00분 34초

영상요약 | 일선 장병들을 위한 책 모으기 운동을 알리는 영상이다. 하우스 미8군 사령관을 비롯하여 여학생, 용산구민 등의 잡지 및 책 기증을 알리고 국민들에게 이에 동참할 것을 호소하는 영상이다.

노동쟁의 완화 (1964년 2월 29일)

제작정보		영상정보	
출 처	대한뉴스 457호	제공언어	한국어
제 작 사	국립영화제작소	컬 러	흑백
제작국가	대한민국	사 운 드	유

영상요약

2월 21일을 기준으로 철도노조, 체신노조, 전매노조 등 공무원 노조는 노임인상에 합의하고 노사 합의에 도달했다. 영상에서는 내레이션을 통해 노조 합의 이후 생산 증강을 강조한다.

내레이션

그동안 공정을 거듭해오던 전국 12만 근로자들의 노동쟁의는 새봄을 맞아 원만한 타협을 보게 되어 자츰 매듭을 지어가고 있습니다. 지난 2월 21일 현재 철도노조를 비롯한 체신, 전매 등 공무원 노조는 현 국가실정에 비추어서 최소한도의 노임인상이 실현되어 그 조인을 보았습니다. 한편 전매청은 전매노조 현업수당을 기본임금의 95퍼센트 인상과 체불야간수당 전액을 지불하기로 결정, 노사 간의 합의를 보아 그 조인을 맺었습니다. 이와 같이 공무원 노조의 쟁의는 모두 종결되었으며 이밖에 다른 노조에서도 거의 합의에 이르고 있어 전국 근로자들은 생산증강에 더욱 힘쓰고 있습니다.

화면묘사

00:01 자막 "노동쟁의 완화"
00:03 양복을 입은 노사 양측 대표들이 합의문에 도장을 찍고 있음
00:09 합의에 도달한 노사 양측 대표들이 악수를 나눔
00:13 철도 노동자들이 선로 부근에서 각자 일을 하고 있는 모습을 다양하게 보여줌
00:28 기차가 선로를 달리는 모습
00:31 전매청 사무실에서 노사 양측이 모여 회의를 하고 있음
00:36 노사 합의문에 사인을 하고 있음
00:41 합의문 작성 후 노사 양측 대표가 악수를 하고 있음(박수 소리 삽입)
00:45 전매청 사업장의 전체적인 모습
00:48 여성 노동자가 생산된 담배를 수작업으로 포장하고 있음
00:55 기계에서 담배가 생산되고 있으며 한 노동자가 이를 지켜보고 있음
00:58 생산 라인을 따라 완성된 담배가 이동하고 있음
01:00 많은 노동자들이 자신의 작업대 앞에 앉아 일을 하고 있음

연구해제

이 영상은 1964년 2월 철도노조, 체신노조, 전매노조 등 공무원 노조의 순조로운 노사

합의를 알리고 있다. 이 영상의 내레이션은 노동자들이 "국가실정에 비추어서 최소한도의 노임인상에 합의했다"고 알리면서도 임금인상, 체불임금 지불 등 노동자 입장에서 얻어낸 것을 함께 선전한다. 영상의 구성도 내레이션과 비슷하게 전개되어 철도 작업장에서 공동작업을 하는 노동자들의 모습, 담배공장에서 기계가 순조롭게 돌아가는 모습 등을 중점적으로 보여준다.

이 시기 노동운동과 노동조합을 바라보는 〈대한뉴스〉의 시각은 정부의 노동관을 일정 부분 반영하고 있다. 이 시기 박정희 정권의 노동정책은 표면적으로 '노동자 보호론'에 입각하고 있었으며 이러한 태도는 근로기준법 개정과 노동청 신설 등으로 잘 드러났다. 당시 보건사회부 관료들을 중심으로 개정된 근로기준법은 기업인 및 경제인단체의 반발을 살 정도의 내용을 가지고 있었다. 대신 정부는 근로기준법의 엄격한 적용을 요구하지 않았으며 그 정책도 단계적으로 추진했다. 즉 근로기준법의 개정/집행 과정에서 정부의 임기응변적 태도가 잘 드러난 것이다. 이 영상에서 공무원 노조를 바라보는 시각은 이러한 정부의 입장과 크게 차이가 없다. 영상은 공무원 노조를 다루고 있음에도 자율적 노사합의의 건전성만 부각될 뿐 노사갈등의 조정과정이나 정부의 직접적 개입은 드러나지 않는다.

이 영상은 자율적 노사합의의 긍정성과 공동협업 하는 노동자들의 이미지를 전달해주고 있기 때문에 1964년 상반기부터 노동쟁의는 완화된 것으로 인식할 수 있다. 그러나 현실은 정반대로 진행되었다. 1964년은 5·16군사쿠데타 이후 재조직된 각 노동조합 지도부의 임기가 끝나는 시점이었다. 집권세력과 연계되었던 노동조합 지도부들은 1964년 각종 대의원대회에서 강한 비판에 직면하게 되었다. 4월 체신노조 전국대의원대회에서는 조규동 체신노조 위원장이 권력층과 야합하여 조합의 자주성을 흐리게 하고 노동조합을 어용화 했다는 이유로 불신임안이 제기되었다. 조규동은 대의원대회를 거부했지만 대회는 속개되어 권중동 사무국장이 새로운 위원장으로 선출되었다. 본 영상이 체신노조의 건전한 노사합의를 선전한지 불과 3개월 이내에 일어난 사건이다.

다른 한편 철도노조도 1964년 9월 철도노조 전국대의원대회에서 한국노총 이규철 위원장 재신임 여부와 관련하여 격렬한 갈등을 보였다. 결국 철도노조는 이찬혁 파, 이규철 파로 분열된 두 개의 집행부가 구성되었고, 일부 지부에서는 조합비 납부거부사태로까지 이어졌다. 노동조합 내부의 이러한 갈등은 1950년대와 마찬가지로 파벌싸움의 양상을 보이면서도 권력기관이나 정치세력의 개입으로 인해 더욱 복잡해졌다. 1964년부터 심화된 한국노총 및 산하 노동조합들의 조직분규는 노동현장의 일일 뿐 아니라 노동조합의 조직/재조직/운영을 둘러싼 외부적 압력들의 결과물이기도 했다.

참고문헌

김준, 「1960년대 근로기준법 개정과 그 시행 실태」, 『사회와 역사』 101, 2014.
이원보, 『한국노동운동사』 5, 지식마당, 2004.

해당호 전체 정보

457-01 외교사절 신임장 제정

상영시간 | 00분 41초

영상요약 | 2월 21일 R.A.피치 주한호주대사와 안토니오 델 쥬디체 로마교황청공사는 각각 박정희 대통령을 예방하여 신임장을 제정했다.

457-02 한미 해병훈련

상영시간 | 00분 49초

영상요약 | 중부전선 일대에서는 미군 전차부대와 해병 포병부대가 함께 하는 한미 공지협동작전이 실시되었다. 또한 국회 국방분과위원들은 전선부대를 위문시찰했는데 특히 차지철 의원은 금일봉을 전달하고 막걸리 파티를 열었다.

457-03 전국 방첩 기관장 회의

상영시간 | 00분 28초

영상요약 | 육해공군, 해병대, 검찰, 경찰의 정보, 방첩 기관장들이 중앙정보부에 모여 전국 방첩 기관장 회의를 열었다. 회의에는 김형욱 중앙정보부장 등이 참석했다.

457-04 새 학사님들

상영시간 | 01분 14초

영상요약 | 서울대학교 제18회 졸업식과 중앙대학교 졸업식을 영상으로 보여주고 있다. 서울대학교에서는 박정희 대통령 등이 참석한 가운데 학사 2,900여 명, 석사 250여 명, 박사 45명이 졸업했고, 중앙대학교에서는 1,900여 명의 학사와 26명의 석사가 학위를 받았다.

457-05 노동쟁의 완화

상영시간 | 01분 03초

영상요약 | 2월 21일을 기준으로 철도노조, 체신노조, 전매노조 등 공무원 노조는 노임인

상에 합의하고 노사 합의에 도달했다. 영상에서는 내레이션을 통해 노조 합의 이후 생산 증강을 강조한다.

457-06 어려운 살림을 돕는 경찰

상영시간 | 00분 56초

영상요약 | 서울특별시 경찰국은 경사급 이상 직원들의 절미운동으로 쌀, 밀가루, 빨래비누, 고무신, 과자, 국수, 현금 등 구호품을 마련했다. 이 구호품은 300여 세대의 극빈자 가정에 전달되었다.

457-07 인기 영화상

상영시간 | 00분 45초

영상요약 | 국제영화뉴스사에서 주최한 제8회 국제영화 인기상 시상식을 알리는 영상이다. 최우수 남자주연상에 신영균, 최우수 여자주연상에 엄앵란, 최우수 여자조연상에는 최지희, 최우수 희극연기상에는 구봉서, 최우수 남자조연상은 이예춘, 최우수 여자신인상에는 최난경이 각각 차지했다.

457-08 구정 중국의 풍습

상영시간 | 01분 30초

영상요약 | 자유중국(대만)에서 붉은 글씨를 대문과 창에 붙이고 세배를 받으며 폭죽을 터뜨리며 정월 초하루를 맞이하는 장면을 담은 영상이다. 광동 사자춤 공연과 대만의 수도 대북(타이페이)에서 열린 미스터 중국 선발대회도 보여준다.

457-09 신형 폭격기 (영국)

상영시간 | 00분 43초

영상요약 | 영국의 신형 폭격기 '블루스틸'의 제원을 알리는 영상이다.

457-10 미국의 축제 (뉴우 올리안스)

상영시간 | 01분 00초

영상요약 | 뉴욕 뉴올리언스에서 열린 축제와 가장행렬을 보여주는 영상이다.

457-11 캠페인

상영시간 | 00분 12초

영상요약 | 가족계획과 저축을 장려하는 표어이다. “많이 낳아 고생말고 적게 낳아 잘 기르자”, “늘어나는 저축에 자라나는 새 나라”.

고 맥아더 장군을 추모 (1964년 4월 13일)

제작정보		
출　　처	:	대한뉴스 464호
제 작 사	:	국립영화제작소
제작국가	:	대한민국

영상정보		
제공언어	:	한국어
컬　　러	:	흑백
사 운 드	:	유

영상요약

맥아더 장군의 국내 추모행사들을 갈무리한 영상이다. 국제협교센터에서는 추모소를 설치하여 조객을 받았고, 4월 11일 중앙청 광장에서는 추도식이 엄수되었다. 그리고 서울 시민회관에서는 맥아더 장군 추모의 밤 행사가 있었다.

내레이션

한국민의 가슴 속에 영원한 벗으로 아로새겨진 맥아더 장군이 서거하자 온 국민들은 한국에 대한 그의 공로를 다시한번 추모하게 되었습니다. 서울의 중심부 신문회관에 마련된 추모소에는 그칠 사이 없는 조객들이 찾아들어 위대한 노병의 초상 앞에 경건히 머리 숙였는데 국제협교센터가 마련한 이 빈소의 조객록은 맥아더 장군 기념관에 보내는 것입니다. 그리고 4월 11일 중앙청 광장에서 엄수된 추도식에 앞서 신문회관의 빈소를 떠난 조화행렬은 맥아더 장군의 영정을 앞세웠으며 각계에서 보낸 수많은 조화가 뒤따라 경복궁에 있는 맥아더 장군 동상에까지 이르렀습니다. 이날 추도식에는 박정희 대통령을 비롯한 삼부요인과 군장성 그리고 수많은 학생과 시민들이 참석했는데 먼저 박 대통령을 비롯한 각계 대표들은 정중히 헌화를 했으며 박정희 대통령은 추도사를 통해서 우리는 누구보다도 우리 한국을 이해해주었고 한국의 기구한 운명에 동정을 아끼지 않았던 맥아더 장군이 그 전날 한국을 위해서 남긴 불멸의 업적을 추모한다고 말했습니다. 한편 이날 밤 시민회관에서는 맥아더 장군 추모의 밤이 있었는데 모든 한국 사람은 장군의 모습을 그려보며 그의 명복을 빌었습니다.

영상내용(화면묘사)

00:01 자막 “고 맥아더 장군을 추모”

00:03 맥아더 장군의 영정사진이 유엔기 위에 놓여있고 양쪽으로 조화가 세워져 있음

00:07 “故(고) 맥아더 元帥(원수) 追慕所(추모소), 國際協交(국제협교)센터” 옆에 조화들이 세워져있음

00:12 추모객들이 조객록에 이름을 쓰고 있음

00:16 조화를 영정 앞에 놓는 남성의 모습
00:21 많은 남성들이 줄지어 추모소 앞에 서있음
00:25 성인 남성, 여성, 여학생 등 다양한 사람들이 조객록을 남기는 다양한 모습
00:33 추모소에 방문한 여성과 남성의 모습
00:36 맥아더 장군 조화행렬의 전체적인 모습. 맥아더 장군의 영정 앞으로 태극기와 성조기를 든 기수들이 있고 행렬 뒤쪽으로 사람들이 줄지어 따라옴
00:41 맥아더 장군의 영정사진 뒤로 조화를 든 사람들이 따라 걷고 있음(2개 쇼트 통합)
00:51 조화행렬이 "故(고) 더글러스 맥아더 장군 追悼式(추도식)"이 열리는 중앙청으로 입장하고 있음
00:55 조화행렬이 맥아더 장군 동상이 있는 경복궁 안쪽으로 이동하고 있음
01:00 맥아더 장군 동상 앞에 조화를 놓고 양국의 국기를 든 기수들이 서있음
01:03 조화행렬이 맥아더 장군 동상 앞에 줄지어 서있음
01:08 추도식에 참석한 외국인, 학생, 성인 남녀, 군인 등이 정면을 바라보고 경례를 하는 여러 모습
01:14 박정희 대통령과 검은 한복을 입은 육영수 여사가 조화를 단상에 바치고 있음
01:21 박정희 대통령 부부가 향을 올리고 고개 숙여 예를 갖춤
01:28 추도식에 마련된 맥아더 장군의 영정과 단상의 모습
01:33 박정희 대통령 부부가 고개를 숙여 묵념을 함
01:35 군 장성과 외국인, 정부요인 등 다양한 사람들이 고개 숙여 묵념을 함
01:43 추모의 밤 행사에 마련된 맥아더 장군 흉상의 모습
01:45 "故(고) 다그라스 맥아더 장군" 추모의 밤이 열린 시민회관 무대의 전체적인 모습. 단상 가운데 대형 흉상이 있고 그 주변으로 합창단이 서있음
01:48 합창단이 무대 위에서 노래를 부르고 있음
01:52 오케스트라가 무대 위에서 함께 연주를 하고 있음

연구해제

이 영상은 맥아더 사망 후 그의 죽음에 대한 대한민국 분위기를 보도하고 있다. 1964

년 4월 11일 열린 추도식에 앞서 진행된 신문회관의 추모소로부터 경복궁 앞 맥아더 동상까지의 조화 행렬을 전반부에 배치하였고, 4월 11일 중앙청 앞에서 열린 추도식 및 이날 밤 시민회관에서 열린 추모의 밤 행사 광경을 후반부에 배치하였다. 전체적으로 구슬픈 배경음악을 깔아 추모 분위기를 강조하였다.

1950년 9월 15일 새벽, 유엔군은 유엔군 사령관 맥아더의 지휘 아래 인천상륙작전을 전개하였다. 250여 척의 함정과 70,000여 명의 병력(미 제10군단: 미 제7보병사단, 제1해병사단, 제5해병여단, 한국군 일부)이 동원되었다. 이 상륙작전의 성공은 일시에 전세를 역전시켜 유엔군이 북한군의 공세를 저지하였을 뿐 아니라 총반격작전을 전개할 수 있는 결정적 계기가 되었다. 인천상륙작전에 성공한 유엔군은 9월 28일 서울을 탈환하였고, 10월 1일 한국군이 처음으로 38도선을 돌파할 수 있었다. 이후 10월 하순 중국 지원군의 참전으로 북진하던 유엔군이 후퇴하였으나 인천상륙작전은 6·25전쟁의 초기 전황을 전환시키는 중요한 분수령이었다.

맥아더 장군의 공적을 기린다며 대한민국 정부는 1957년 9월 15일 서해안이 내려다보이는 인천의 '만국공원'에 맥아더 동상을 세우고 공원의 이름을 '자유공원'으로 개칭하였다. 맥아더 동상 건립취지서에는 맥아더를 "대한민국의 구국의 은인이며 자유 인류의 수호자"라고 평가하였다.

맥아더 장군은 1964년 4월 5일 미국의 워싱턴에 있는 육군병원에서 사망하였다. 이에 대한민국은 정부를 대표하여 최두선 국무총리를, 국회를 대표하여 장경순 국회 부회장을 사절단으로 미국에 파견하였다. 정부는 또 이와는 별도로 서울의 신문회관에 추모소를 설치하고 조문을 받았다. 4월 11일 오전 11시 박정희 대통령을 비롯한 삼부요인과 외교사절단, 군 장성, 학생, 시민 등 6,000여 명이 참석한 가운데 중앙청 광장에서 정부 주도의 추도식도 거행하였으며, 서울 시민회관에서는 맥아더 장군 추모의 밤 행사를 열었다. 또 정부는 맥아더의 죽음에 경의를 표한다는 뜻에서 조기를 게양하였다.

참고문헌

김진웅, 「맥아더 장군의 제2의 인천상륙작전 : 동상을 둘러싼 분쟁의 함의」, 『역사교육논집』 39, 2007.

해당호 전체 정보

464-01 고 맥아더 장군을 추모

상영시간 | 02분 00초

영상요약 | 맥아더 장군의 국내 추모행사들을 갈무리한 영상이다. 국제협교센터에서는 추모소를 설치하여 조객을 받았고, 4월 11일 중앙청 광장에서는 추도식이 엄수되었다. 그리고 서울 시민회관에서는 맥아더 장군 추모의 밤 행사가 있었다.

464-02 보건의 날

상영시간 | 00분 55초

영상요약 | 제13회 세계 보건의 날을 맞이하여 4월 7일 서울 시민회관에서는 기념식이 있었다. 기념식에서는 대한결핵협회 회장인 박병래 박사를 비롯한 여러 사람들이 표창장과 감사장을 받았다. 또한 전국 각지에서 무료 엑스레이 가두검진을 실시하고 있으며 결핵의 퇴치에 앞장서고 있다.

464-03 건설의 새소식

상영시간 | 01분 30초

영상요약 | 전라북도 진안군 금월천변에서는 200여 명의 재향군인들이 유휴지를 개간하기 위한 수로공사에 나섰다. 이 공사가 완료되면 가난한 재향군인 회원들과 수몰지구 이재민들이 이주하여 향군의 마을을 세울 계획이다. 한국스레트공업에서는 세계 수준의 석면 스레트를 생산하고 있으며 주한미군에도 납품하여 외화를 획득하고 있다.

464-04 드라마센타 개관 2주년

상영시간 | 00분 51초

영상요약 | 드라마센터의 개관 2주년을 맞아 열린 기념식에서 전남일보사는 제2회 연극상을 받았다. 그리고 서울연극학교 학생들은 학교 창설 기념공연으로 춘향전을 무대에 올렸다.

464-05　워커힐 돌잔치

상영시간 | 01분 16초

영상요약 | 국제관광공사 워커힐은 4월 8일 개관 1주년을 맞이했다. 올해부터는 외국인뿐 아니라 일반 시민의 출입도 허용이 된다. 영상에서는 워커힐 개관 1주년 쇼를 보여준다.

464-06　스포츠

상영시간 | 01분 02초

영상요약 | 신문의 날을 기념하여 4월 12일 서울 효창경기장에서는 제2회 전국언론인 체육대회가 열렸다. 대회에서 경향신문사가 우승, 서울신문이 2위, 무역통신이 3위를 각각 차지했다.

464-07　검은대륙을 나르는 최신형 여객기(영국)

상영시간 | 01분 13초

영상요약 | 영국 해외항공공사 소속 장거리 여객기가 가나 아크라 공항으로 취항하게 되었다.

464-08　봄놀이에서 공중도덕을 지킵시다

상영시간 | 00분 31초

영상요약 | 봄놀이 공중도덕을 지키자는 표어이다. 꽃나무를 꺾지 말고 자리를 잘 치우며 어린이를 보호하자는 내용이다.

반공의 횃불 (1964년 10월 23일)

제작정보		영상정보	
출 처	대한뉴스 491호	제공언어	한국어
제 작 사	국립영화제작소	컬 러	흑백
제작국가	대한민국	사 운 드	유

영상요약

1964년 10월 10일 북한 올림픽 선수단 소속 신금단 선수의 아버지 신문준이 월남 후 처음으로 딸 신금단 선수와 조선호텔에서 상봉한 소식과 그 후 가진 기자회견의 내용을 전하는 영상이다.

내레이션

세계평화의 상징, 올림픽기가 휘날리는 도쿄에서 빚어진 신금단 부녀의 비극은 온세계 자유민의 울분을 터뜨렸고, 이 슬픈 사연에 같이 울던 수많은 서울시민들은 시청 앞 광장에 모여 천륜을 모독한 북한괴뢰의 만행을 규탄했습니다. 이역만리 낯선 하늘 아래 꿈에도 그리던 딸을 만나긴 했으나 북한괴뢰의 만행으로 회포를 풀지 못한 채 눈물로 헤어져야 했던 아버지 신문준 씨는 그 소감을 묻는 기자 질문에 (이후 육성) “안 그럴 때 있느냐. 너무 좋다고 이렇게 됐습니다. 이런 것이 결국 저녁 때까지 갔습니다. 저녁 때 자기느 … 오라 하게 됐습니다. 그래 조선회관에 갔습니다. 거기 지금 … 있는데 거기니까. 그래 그때 이렇게 창문 다 닫아놓고 해서 세 사람 오라 해서 세 사람 저까지 들어가고, 그게 그 안에 들어가지 못했습니다. 그래 창문을 꼭 잠가놓고, 그러고서 들어가서 김종항 씨하고 어떻게 되어 왔습니까하는 뭐 말씀 나눴습니다. 손 내서 거기서 악수를 나누고, 저는 거기다 대답없고 딸이 이렇게 한 일, 일 메다 가까이 있습디다. 세와놓고 주위에는 여러 사람이 그 저 한 백여 명도 넘게 있습디다. … 이런 걸 봐서 공산주의는 근본에 뭔가 눈물도 없고, 피도 없고 이러한 감을 제가 느꼈습니다.”

화면묘사

00:00 자막 “반공의 횃불”

00:03 시청 광장에서 열린 북괴만행 성토대회 현장. 시청 정문 위에는 “북괴만행 성토 국민대회”라는 현판이 걸려 있고, 교복을 입은 학생들과 정장 차림의 시민들이 광장에 모여 있음

00:06 국민대회 참가자들이 현수막과 깃발, 태극기를 들고 시청 앞에 정렬해 있는 장면

00:09 왼쪽 가슴에 꽃을 단 연사가 시청 앞에 마련된 연단에서 연설하는 장면

00:12 한복 차림에 중절모와 선글라스를 착용한 노인이 쭈그려 앉아있는 장면. 그 뒤로 다른 참가자들도 쭈그려 앉아 있음

00:15 시청 앞 단상에서 대회 현장을 촬영한 장면. 단상 위 내빈석에는 관계자들이 앉아 있고, 단상 앞에는 참석자들이 플래카드와 현수막을 들고 모여 있음

00:20 신금단 선수의 아버지 신문준이 인터뷰하는 장면
00:45 신문준이 차에서 내려 북한 선수단 관계자들과 인사하는 장면
00:49 신문준이 관계자들이 취재진을 뚫고 조선회관으로 들어가는 장면
00:59 신문준과 신금단 선수의 부녀상봉을 보도하는 신문기사들
01:01 신문준 부녀를 촬영한 사진 클로즈업
01:04 신문준 부녀를 촬영한 사진 클로즈업
01:07 신문준이 관계자들의 안내를 받으며 빠져나오는 장면
01:11 열차에 타고 있는 신금단 선수의 얼굴 클로즈업
01:14 신금단 선수가 열차의 창문을 밀어 올려서 열고 있는 장면
01:19 신문준의 인터뷰 장면

연구해제

이 영상은 1964년 10월 9일 도쿄에서 있었던 '신금단 부녀상봉'과 관련한 모습, 즉 신금단의 아버지 신문준의 인터뷰와 부녀의 도쿄에서의 활동 모습, 부녀상봉 후 있었던 북한규탄대회의 장면이 포함되어 있다.

1964년 10월 9일, 분단의 아픔을 극명하게 보여주는 이산가족 상봉의 대표적인 예인 육상선수 신금단 부녀의 상봉 소식이 사회를 떠들썩하게 했다. 북한의 육상 대표선수로 도쿄 올림픽에 참가한 신금단과 남한에서 살고 있는 아버지 신문준이 남북 분단 후 처음 7분간 눈물의 상봉을 한 것이다. 이 사건은 대중들의 통일에 대한 관심과 직결되면서 당시에 통일논의가 확산되는 계기가 되었다.

지금도 그렇지만 당시 남과 북의 관계는 이산가족의 개인적인 상봉이 결코 허가되지 않는 상태였다. 그렇다면 이들의 상봉이 남북한 정권의 허가하에 성사된 것이라는 것은 별다른 설명이 필요 없는 주지의 사실이었다. 중앙정보부는 한일회담에 대한 반대가 고조되는 상황에서 육상선수로 세계정상의 위치에 있던 단거리 선수 신금단 부녀의 상봉으로 대중의 관심을 통일 쪽으로 전환시켜 박정희 정권의 민족적 성격을 부각시키려는 의도로 이 일을 추진하였다고 한다. 당시 북한도 남한에 적극적인 통일공세를 전개하고 있던 터라 신금단 부녀상봉을 거절할 이유가 없었고, 이후 혈육상봉 서신교류 등을 주장하며 더욱 적극적으로 남한에게 통일공세를 펼쳤다.

신금단 부녀상봉으로 국회에서는 국토통일원 설치와 남북가족면회소 설치 등이 논의되는 등 5·16 군사쿠데타로 억눌렀던 통일논의가 다시 활발하게 전개되었다. 그러나 그것도 잠깐, 황용주와 이영희 필화사건으로 통일논의는 다시 수면 아래로 내려가고 말았다.

참고문헌

이주봉, 「1960년대 정치세력의 통일논의 전개와 성격」, 고려대학교 석사학위논문, 2009.

해당호 전체 정보

491-01 반공의 횃불

상영시간 | 01분 27초

영상요약 | 1964년 10월 10일 북한 올림픽 선수단 소속 신금단 선수와 아버지 신문준이 월남 후 처음으로 조선호텔에서 상봉한 소식과 그 후 가진 기자회견의 내용을 전하는 영상이다.

491-02 국전

상영시간 | 01분 27초

영상요약 | 제13회 대한민국 미술전람회 출품작들이 1964년 10월 16일부터 경복궁과 덕수궁 미술관에서 일반에 공개된 소식과 그 수상작들을 소개하는 영상이다.

491-03 신문윤리위 심의실 발족

상영시간 | 01분 01초

영상요약 | 1964년 10월 20일 한국신문윤리위원회 산하 심의실이 발족되어 업무를 시작했음을 보도하는 영상이다.

491-04 경마와 투견

상영시간 | 01분 21초

영상요약 | 1964년 10월 18일 뚝섬경마장에서 열린 대통령배 하사 우승 경마대회와 동월 17, 18일 양일간 대한경비견협회 주최로 경복궁 특설링에서 열린 제13회 전국투견대회 겸 제4회 장군배쟁탈전에 대해 보도하는 영상이다.

491-05 올림픽 소식

상영시간 | 03분 11초

영상요약 | 도쿄올림픽에서 진행된 육상 남자 100미터, 여자 80미터, 장대높이뛰기, 그리고 한국의 장창선 선수와 일본의 요시다 선수가 대전한 레슬링 경기에 대한 영상이다.

도벌 방지 (1964년 11월 11일)

제작정보			**영상정보**		
출　처	:	대한뉴스 494호	제공언어	:	한국어
제 작 사	:	국립영화제작소	컬　러	:	흑백
제작국가	:	대한민국	사 운 드	:	유

영상요약

박정희 대통령의 특별지시로 지리산에서 성행하고 있는 도벌행위에 대해 대규모 단속이 진행된 소식을 전하는 영상이다.

내레이션

산림녹화운동이 범국민적으로 펼쳐지고 있는 이때, 울창한 수목으로 뒤덮인 지리산에서는 도벌행위가 성행해서 크게 비난을 받고 있습니다. 이것을 막기 위해 박 대통령의 특별지시를 받은 치안국에서는 전국에 걸쳐 강력한 단속을 실시, 인간송충이의 소탕전을 벌리고 있는데, 열흘 동안에 천오백예순일곱 명을 적발하고 무려 칠백오십 추럭 분의 부정임산물을 압수했습니다. 지리산의 경우를 보면은 도벌한 목재를 운반하기 위해서 산 속에 버젓이 길을 닦고, 목마루까지 만들어서 대규모로 도벌해 온 것입니다. 예로부터 치산치수는 나라살림의 근본이 된다고 했습니다. 한 그루의 수목이라도 아끼고 가꾸어서 금수강산의 아름다운 풍취를 지켜나가야 하겠습니다.

화면묘사

00:00 자막 "도벌 방지"
00:03 나무들이 울창하게 자라 있는 산림의 모습
00:08 도벌로 밑동만 남아 있는 나무를 클로즈업 한 장면
00:12 도벌되어 토막으로 잘린 나무들이 널려 있는 현장을 촬영한 장면
00:23 나무로 만든 임시 운반로의 모습
00:27 도벌되어 목재로 가공된 나무들이 쌓여있는 장면
00:30 목재들이 쌓여있는 장면
00:33 인부들이 썰매 위에 목재를 실어 임시 운반로로 수송하는 장면
00:38 임시 운반로를 따라 이동하는 모습을 촬영한 장면
00:43 치안국 대원들이 도벌 현장을 수색하는 장면
00:49 치안국 대원들의 지시에 따라 도벌된 목재를 운반하는 장면

00:53 치안국 대원들이 도벌 용의자로 보이는 남성들을 불러모으는 장면
00:57 치안국 대원들이 도벌된 나무의 밑동을 수색하는 장면
01:03 도벌된 나무의 밑동을 클로즈업한 장면
01:06 도벌된 목재들이 쌓여있는 장면
01:09 도벌된 목재들이 쌓여있는 현장을 원거리에서 촬영한 장면
01:13 도벌된 목재들이 이리저리 널려있는 현장의 모습

연구해제

이 영상은 1964년 10월 박정희 대통령의 특별지시로 지리산에서 성행한 도벌행위에 대한 대규모 단속 소식을 전하는 뉴스이다. 영상에서는 나무들이 울창하게 자라 있는 산림의 모습, 도벌되어 토막으로 잘린 나무들이 널려 있는 현장, 나무로 만든 임시 운반로의 모습, 인부들이 썰매 위에 목재를 실어 임시 운반로로 수송하는 장면, 치안국 대원들이 도벌 현장을 수색하는 장면, 도벌된 목재들이 쌓여있는 장면 등을 볼 수 있다. 내레이션에서는 "인간송충이"라는 표현을 쓰며 도벌꾼과 소탕전을 하고 있으며 대규모 도벌의 심각성에 대해서 전하고 있다.

당시 신문 기사에 따르면 치안국이 10월 29·30일 양일 동안 경찰항공기 4, 5대를 동원하여 지리산 일대를 정찰한 결과 90여 트럭의 도벌단이 적발되었다 한다. 이 도벌단에 관련된 사람은 220여 명에 이르고 있는데 경찰은 이들을 모두 잡아 그중 6명을 구속했다. 도벌단이 부산, 마산, 전주, 대전 등의 제재소와 손을 잡고 도벌행위를 해왔다는 것 또한 밝혀졌다. 도벌자들은 산정에서 기슭까지 벌목을 운반하는 케이블카를 설치하고 산기슭에는 이동식 제재소까지 설치해두는 등 본격적이고도 치밀하게 도벌을 자행하였는데, 구자유당 정권 때부터 현지 산림서 직원들의 묵인하에 진행된 것으로 알려졌다.

같은 해 11월 3일, 함양경찰서 마천지서에 수사본부를 둔 지리산지구 부정임산물 특별수사반도 삼성흥업회사 도벌업자를 입건했다. 원목 제재목 2,000여㎥를 압수하였고, 도벌배후에 대해 수사를 벌였다. 삼성회사가 대규모 도벌을 할 수 있었던 것 역시 공무원인 전 함양군수 엄형규의 협력이 있었기에 가능한 것이었다. 엄형규는 같은 해 3월 15일부터 5월 25일 사이 구호양곡 20석을 방출하고 삼성회사로부터 70만 원을 받아 마

천면민 3,500명을 도로를 건설한다는 명목으로 동원했다. 「산업관광도로」라는 이름으로 만들어진 이 도로는 실은 목재차량이 다니기 위해 건설된 것이었다. 더불어 삼성회사는 1963년 9월 4일 155만 원에 마천면 강청리 3개 지역의 국유림 내의 고사목 1,491㎥, 10,000벌을 벌목하기로 농림부와 계약했으나 이미 1억 원 상당의 원목제재목을 벌채하여 운반했고 수사 당시 생목 3,862그루도 도벌한 사실 또한 밝혀졌다.

11월 19일 지리산 대규모 도벌사건의 현지 수사지휘를 책임진 조태형 검사는 대규모 조직적 도벌의 배후에 국회의원이 관련되어 있을 수 있다고 보고 수사를 확대해나갔다. 당시 입수된 정보는 남선목재 및 서남흥업의 배후에 공화당 소속 서 · 민 · 장씨 3명의 국회의원과 정부고위층 박모가 농림부에 청탁과 압력을 내린 것으로 파악되어 배후를 조사하고 있었다. 하지만 신상묵 전 서남지구경찰전투사령관과 불구속 입건 관련자가 모두 숨어 수사에 곤란을 겪고 있었다. 이후 이 사건의 배후 깊숙이 조사가 이뤄지지 못한 것으로 보인다.

이 사건의 관련자에 대해서는 1965년 8월 19일 이심 재판이 진행되어 1심 때와 같은 양형이 구형되었다. 1심 구형은 최고 징역 3년, 최하 징역 8월이었고 1심 선고는 실형 10명, 집행유예 22명, 벌금형 1명, 무죄 5명이었다. 지리산 도벌 사건 이후에도 1966년까지 도벌단속은 지속되며 산림관리가 강화되었다가, 1972년 전후로 도벌단속은 신문기사에서 다시 많이 등장하기 시작한다.

한편 이 사건은 산림청 신설과 이에 따른 지방행정체계 변화의 계기가 되었다. 1964년 11월 17일 농림부 고위당국자는 산림자원의 효율적인 보호와 육성을 위해 산림행정기구를 대폭적으로 개편 강화하고 산림보호단속에 따르는 관계법령을 개정하도록 추진 중에 있다고 밝혔다. 제시된 대책은 산림청 설립, 각 도에 산림국, 각 군에 산림과 독립 설치, 현행 산림관계법령 보완개정, 산림보호공무원에게 즉결심판청구권 부여, 산림보호업무체계의 일원화를 위해 현재 내무부 산하의 산림보호공무원 248명을 농림부로 이관하고 모든 산림공무원의 인사권은 농림부가 장악, 산불과 도벌 방지를 위해 기동력 강화를 목적으로 '헬리콥터'를 중요지에 배치, 임야 9백만 평에 한 사람씩의 고정적인 산림공무원을 배치하기 위해 2,350명의 산림공무원 확보 등이 구상되었다.

또한 1966년 12월 20일 국무회의 결정으로 1967년 1월 1일 산림청 직제가 마련되었다. 이 직제에 따르면 청장 아래 기획관리과 총무과 임정국(임정과 · 조사통계과 · 보호과), 조림과(조림과 · 치산과 · 육림과), 영림국(관리과 · 영림과 · 사업과) 등 3국 10과를 두기로 되었다. 아울러 산림청 신설로 농림부의 산림국은 폐지되고 농림부 소관 474명이 산림청에 이관되었다.

참고문헌

「智異山에대규모盜伐團」, 『경향신문』, 1964년 10월 31일.
「古木먹는 人間松虫 郡守는 道路내주고 智異山盜伐」, 『동아일보』, 1964년 11월 4일.
「山林廳을 設置」, 『경향신문』, 1964년 11월 17일.
「智異山盜伐사건 차츰 드러나는 背後」, 『동아일보』, 1964년 11월 19일.
「一審刑量대로求刑 智異山盜伐抗訴審」, 『경향신문』, 1965년 8월 21일.
「山林庁職制決定 3局10課를新設」, 『매일경제』, 1966년 12월 21일.

해당호 전체 정보

494-01 국제식량농업기구 사무총장 내한

상영시간 | 00분 40초

영상요약 | 1964년 11월 2일 한국의 농촌실태를 시찰하기 위해 방한한 비네이 란잔 센 UN 국제식량농업기구 사무총장이 동월 5일 청와대로 박정희 대통령을 예방하고 같은 날 서울대학교 강당에서 명예법학박사 학위를 받은 것에 대해 보도하는 영상이다.

494-02 전국 이동조합 업적 경진대회

상영시간 | 00분 54초

영상요약 | 1964년 11월 3일 서울시민회관에서 열린 제3회 전국 리, 동 농업협동조합 업적경진대회와 전국 5개 공판장에서 개최된 농산물, 가내수공업품 전시회에 대해 보도하는 영상이다.

494-03 한·독 경제협력

상영시간 | 00분 32초

영상요약 | 한-독 경제협력에 따른 독일의 재정차관을 통해 시설의 확장을 추진하고 있는 호남비료에 대해 소개하는 영상이다.

494-04 도벌 방지

상영시간 | 01분 18초

영상요약 | 박정희 대통령의 특별지시로 지리산에서 성행하고 있는 도벌행위에 대해 대규모 단속이 진행된 소식을 전하는 영상이다.

494-05 전국 통신 경기대회

상영시간 | 00분 39초

영상요약 | 1964년 11월 5일 체신부 주최로 서울 흥국중학교와 흥국고등학교에서 열린 제9회 전국통신경기대회에 대한 영상이다.

494-06 수산개발

상영시간 | 00분 38초

영상요약 | 11월 1일 한국수산개발공사가 체결한 이-불 어업차관계약 부수 어획물 수출 대행협정의 수정계약과 그 내용에 대해 설명하는 영상이다.

494-07 금주의 화제

상영시간 | 00분 59초

영상요약 | 육영수 영부인이 국무위원 부인, 주한외교사절 부인들과 함께 거즈와 붕대를 제작하는 봉사활동에 참여한 소식과 11월 6일 반도호텔에서 열린 제일편물학원 주최 편물전시회에 대한 소식을 전하는 영상이다.

494-08 갸륵한 이야기

상영시간 | 01분 44초

영상요약 | 1964년 5월 박정희 대통령이 서울 용산구 서빙고동의 청명학원과 유치원에 천막을 기증한 소식과 신생활국민운동중앙회 지도부장 김덕진이 유치장 수감자들을 위해 공연을 마련한 소식, 그리고 서울특별시에서 일본인 나가마쓰 가즈 여사에게 명예시민증을 수여한 소식을 전하는 영상이다.

494-09 영국 총선거

상영시간 | 01분 15초

영상요약 | 1964년 10월 15일 거행된 영국 총선에서 해럴드 윌슨 당수가 이끄는 노동당이 승리했음을 전하는 영상이다.

494-10 농어촌에 스피커를 보냅시다

상영시간 | 00분 25초

영상요약 | 공보부 주관의 농촌에 보낼 스피커모집운동에 호응하여 한국슬레이트공업주식회사와 제일가스공업주식회사가 대한뉴스를 통해 스피커를 기증한 소식을 전하는 영상이다.

중공 핵실험 규탄 (1965년 3월 10일)

제작정보		**영상정보**	
출처	대한뉴스 510호	제공언어	한국어
제작사	국립영화제작소	컬러	흑백
제작국가	대한민국	사운드	유

영상요약

3월 10일 서울운동장에서 열린 중공의 핵실험 규탄 국민궐기대회 소식을 전하는 영상이다. 수많은 시민들이 모인 가운데 정일권 국무총리는 핵실험 금지조항의 조인을 거부한 중국의 행동을 비판하는 내용의 박정희 대통령의 연설문을 대독하였다. 원자력원의 박혁수 의원은 중국의 핵실험이 한국에 미칠 영향과 인체피해에 대해 설명했다.

내레이션

중공의 핵실험을 규탄하는 국민궐기대회가 삼부요인을 비롯한 주한외교사절, 화교와 시민, 그리고 학생들이 참가한 가운데 3월 10일 서울운동장에서 열렸습니다. 박정희 대통령은 정일권 국무총리가 대독하는 지사를 통해서 핵실험 금지조항의 조인을 거부한 중국의 침략적인 행동을 비난하고 그들의 핵폭발을 한 결 같이 규탄할 것을 전 세계에 호소한다고 말했습니다. 한편 원자력원의 박혁수 의원은, (육성연설) 또한 인접국가에 미치는 영향에 대해서 (육성연설).

화면묘사

00:00 자막 "중공 핵실험 규탄"

00:02 서울운동장에 운집한 수많은 인파들

00:12 연설하는 정일권 국무총리와 단상에 앉아있는 삼부요인 및 참석자들

00:24 연설을 듣고 있는 중국 전통의상 복장의 화교와 학생들. 현수막 "中共(중공)의 버섯구름 우리목숨 威脅(위협)한(다) 성동여자상업고등학교", "동덕여자중고등학교"

00:28 핵의 위협성을 설명하는 박혁수 의원과 인체 피해를 보여주는 사진과 중국과 인접한 국가들을 보여주는 지도. (박혁수 의원 육성) "핵실험으로 인한 방사능이 인체에 미치는 영향에 대해서 이러한 방사능은 몇 차로 없어지는 것도 있고 몇 년 몇 백 년 몇 천 년 가도 없어지지 않는 것이 있습니다. 이러한 물질들이 인체에 묻을 때에는 직접적인 폐를 받게 되는 것이고 또 물속이나 땅속에 …에 … 땅속에 들어간 이러한 물질을 흡수한 고기나 야채", "시기적으로나 기류의 동안으로 보아 가장 많은 피해를 받을 수 있는 것은 아시아 지역이고 특히 그 중에서도 우리나라가 많은 피해를 받을 수 있게 되어 있는 것이"

연구해제

이 영상은 1965년 3월 10일 서울운동장에서 열린 중국의 핵실험 규탄 국민궐기대회에 관한 것이다. 이날 대회는 3부 요인을 비롯하여 주한 외교사절, 화교, 시민, 학생들이 참가한 가운데 개최되었다. 박정희 대통령은 정일권 국무총리가 대독한 치사를 통해 핵실험 금지조항의 조인을 거부한 중국의 침략적인 행동을 비난하고 그들의 핵폭발을 규탄할 것을 전 세계에 호소한다고 말했다. 이날 참석자들은 결의문을 통해 “미국은 한국의 안전을 보장하고 국방력을 강화, 현대화 하며 한미조약을 더욱 강화하는 방향으로 고치는 한편 아세아지역 다변핵군(多邊核軍)을 즉각 구성하라”고 요구했다.

이 대회가 열린 이유는 이미 1차 핵실험에 성공한 중국이 곧 2차 핵실험을 단행할 것이라는 소식이 들려왔기 때문이다. 중국은 1964년 10월 16일 핵실험에 성공하여 미국, 소련, 영국, 프랑스에 이어 5번째 핵보유 국가가 되었다. 중국은 1차 핵실험을 성공한 후 공식성명을 통해 “미국의 핵무기 위협이 중국으로 하여금 핵탄을 개발시키지 않을 수 없게 하였다”고 말하고, “핵무기의 완전금지와 철저한 파괴문제를 토의하기 위해 전 세계 모든 나라들의 정상회담을 소집할 것을 세계제국 정부들에 제의 한다”고 밝혔다.

중국은 6·25전쟁에 참가하여 미국과 직접 교전하면서 핵 위협에 직면한 경험을 갖고 있었다. 그 경험으로 인해 중국은 1950년대부터 해외에 흩어져 있던 핵과 로켓 분야의 중국인 과학자들을 초빙하여 핵 개발에 착수했다. 핵 개발은 미국의 메카시즘을 피해 1955년 중국으로 귀국한 치엔쉬에싼(錢學森)의 주도로 추진되었는데, 개발 초기 중국은 인원, 장비, 원료 등 대다수의 부문을 소련의 원조에 의존했다. 그러나 1960년대 이후 중소관계가 악화되자 자력갱생의 원칙을 내세워 독자개발을 서두르게 되었다. 1960년 11월 5일, 중국은 소련제 로켓 R-2를 모방한 ‘똥펑(東風) 1호’ 시험발사에 성공하였고, 1964년 10월 16일 신강성에서 20,000톤 급의 원폭 시험에 성공하였다. 이후 덩샤오핑은 “만약 중국이 60년대 원자탄과 수소탄 그리고 인공위성을 개발하지 못했다면 중국은 국제사회에서 영향력 있는 대국으로 취급받지 못했을 것이고 지금의 국제적 지위도 없었을 것이다. 따라서 핵무기는 한 민족의 능력을 반영함과 동시에 한 국가의 발전정도를 나타내는 지표이다”라고 핵의 중요성을 지적한 바 있다.

참고문헌

「중공, 원폭실험 성공」, 『동아일보』, 1964년 10월 17일.

「“적화책동을 분쇄” 중공핵실험규탄궐기대회」, 『동아일보』, 1965년 3월 10일.

오규열, 「냉전 후 중국의 핵 전략」, 『중국학연구』 17, 중국학연구회, 1999.

해당호 전체 정보

510-01 중공 핵실험 규탄

상영시간 | 01분 19초

영상요약 | 3월 10일 서울운동장에서 열린 중공 핵실험 규탄 국민궐기대회 소식을 알리는 영상이다. 수많은 시민들이 모인 가운데 정일권 국무총리는 핵실험 금지조항의 조인을 거부한 중국의 행동을 비판하는 내용의 박정희 대통령의 연설문을 대독하였다. 원자력원의 박혁수 의원은 중국의 핵실험이 한국에 미칠 영향과 인체피해에 대해 설명했다.

510-02 한일 농상회담

상영시간 | 01분 09초

영상요약 | 3월 3일부터 일본 농림성에서 한일회담이 진행되고 있는 가운데 한일회담을 반대하기 위한 목적으로 침투한 북한 간첩단이 체포되었다. 이들은 총 6명인데, 모두 생포되었고 수백 점의 공작정비도 압수되었다.

510-03 대통령 지방시찰

상영시간 | 00분 51초

영상요약 | 3월 3일 박정희 대통령이 나주직업학교를 시찰하였다. 독일기사 호만이 설립한 나주직업학교에서 실시되는 실습교육을 둘러본 박정희 대통령은 호만의 노고를 치하했다. 이후 박정희 대통령은 전국 순시를 끝내고 농촌근대화를 위한 방안을 제시했다.

510-04 평화의 쌀

상영시간 | 01분 12초

영상요약 | 정부는 기근피해를 없애기 위해 미 공법 480으로 11만 톤의 양곡을 도입해서 영세민 보호사업을 확대할 계획을 발표했다. 그 사업종류로는 간척개간, 농경지정리, 토지개량, 강원도 종합개발 도로조림치수사업 등이 있다.

510-05 베렌트 키타 독주

상영시간 | 01분 16초

영상요약 | 3월 4일 서울 공립극장에서는 경향신문사 초청으로 내한한 독일의 세계적인 클래식 기타리스트 지그플리트 베렌트의 연주회가 열렸다. 베렌트의 연주는 연주회를 찾은 청중들을 매혹시켰다.

510-06 스포오츠

상영시간 | 01분 01초

영상요약 | 3월 6일 밤 서울 장충체육관에서 열린 김기수 선수와 일본의 후지야마 선수의 프로권투 시합에서 김기수 선수가 KO승을 했다. 김기수 선수는 처음부터 강한 펀치를 날려 경기를 주도했다.

510-07 월남소식

상영시간 | 01분 30초

영상요약 | 미국정부는 월맹이 월남 게릴라전을 지원하고 있다는 증거로 월남해안에 침몰된 배와 이동 병기고를 발견했다. 또한 파월 군인 김은섭 대위는 부상당한 미군을 수술해 주어 미군으로부터 훈장을 받았다.

510-08 비료공급원활

상영시간 | 01분 20초

영상요약 | 비료수요가 매년 증가하는 가운데 정부는 비료가격인상요인을 환율인상으로 인한 수입세 인상, 철도운임의 지속적인 인상으로 파악했다. 정부는 이를 억제하기 위한 방안으로서 철도운임 할인과 복합비료 수입세 면세조치를 취할 예정이다.

수출공단지 기공 (1965년 3월 16일)

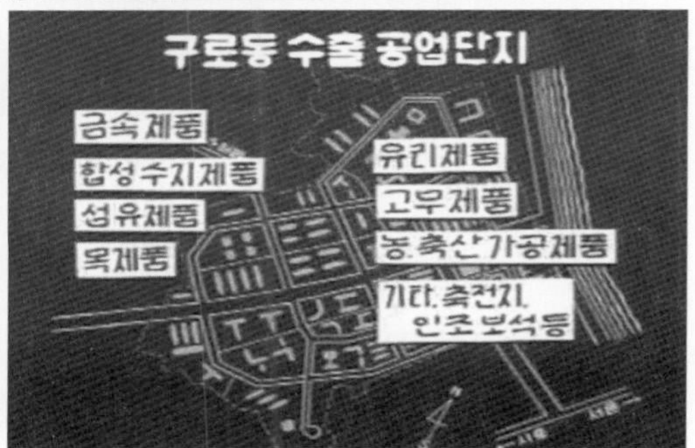

제작정보		**영상정보**	
출 처	대한뉴스 511호	제공언어	한국어
제 작 사	국립영화제작소	컬 러	흑백
제작국가	대한민국	사 운 드	유

영상요약

1963년부터 추진돼오던 수출산업공업단지 조성공사가 1966년 완공을 목표로 시작됐다. 이는 14만 평에 50개의 기업이 입주하여 1만 명의 고용인을 기대할 수 있는 규모로 계획되었다.

내레이션

1963년부터 추진돼오던 수출산업 공업단지조성공사가 3월 12일 영등포 구로동 현지에서 박정희 대통령을 비롯한 정부관계자와 실업인 다수가 참석한 가운데 성대히 거행됐습니다. 이날 박정희 대통령은 치사를 통해서 공업단지의 발족은 중소기업지대를 조성하려는 첫 시도로써 일하는데 3대목표의 하나인 수출증진을 위해 큰 의의를 지난 것이라고 말하고 이 기공식을 기점으로 더 많은 공업단지 개발에 힘을 기울여야 할 것이라고 강조했습니다. 이 공업단지가 완성되면은 금속제품, 합성수지제품, 섬유제품, 목제품, 유리제품, 고무제품, 농축산가공 제품 그밖에 축전지, 인조보석 등 50개 기업체를 입주시킬 계획인데 14만 평으로 예정된 이 공업단지는 1966년도까지 완료할 계획으로 1967년에 각종공장이 입주되면은 총 고용인원은 1만 명에 달할 것으로 예상되고 있습니다.

화면묘사

00:00 자막 "수출공단지 기공"
00:03 기공식이 진행되는 단상에 앉아있는 참석자들
00:11 연설하는 박정희 대통령과 이를 지켜보는 참석자들
00:22 이마에 흰 두건을 두르고 기공식에 참석한 인부들 및 줄을 맞춰 기공식을 보고 있는 참석자들
00:28 첫 삽을 뜨는 박정희 대통령
00:32 흙을 밀고 있는 공사차량 등 공사 장면
00:45 "구로동 수출공업단지" 입주 공장과 위치를 표시한 도면
01:03 생산될 물품을 살펴보고 있는 박정희 대통령

연구해제

이 영상은 1965년 3월 12일 영등포 구로동에서 진행된 수출산업공업단지의 기공식 영상이다. 박정희 대통령 이하 고위 관계자들이 축하연설을 하였고, 서울특별시 재향군인회 등 많은 이들이 기공식 현장에 참석하였다. 영상은 박정희 대통령이 첫 삽을 들어 흙을 뜨는 모습을 보여줌으로써, 이후 공사가 본격 개시되었음을 알 수 있게 해준다.

'수출산업공업단지'의 건설 구상은 1963년 3월부터 본격화되었다. 재일교포의 자본과 기술을 유치하여 공산품을 생산·수출하자는 한국경제인협회(현 전국경제인연합회) 소속 경제인들의 제안에 대해 당시 국가재건최고회의 박정희 의장을 비롯한 군사정부 세력이 적극 호응한 결과였다. 이후 주요 경제인들로 구성된 수출산업실태조사단이 일본에 파견되었고, 그 결과 재일교포들의 재산과 기술을 도입할 서울 근교의 경공업 중심 '수출산업단지'의 필요성이 건의되었다. 정부는 이를 제안한 경제인들과 협력하여 인천과 부평, 그리고 서울 구로동을 수출산업단지 후보지로 답사하였고, 1963년 말 최종적으로 구로동을 선택하였다. 그 이유는 국유지가 많아 금전적 부담이 적고, 전시효과 측면에서도 인천보다 서울이 유리하였기 때문이었다. 그 후 상공부 주도 아래 1964년 9월 14일 '수출산업공업단지개발조성법'이 공포되었고, 비영리단체인 공업단지개발공단이 설립되어 수출산업공업단지의 개발 및 운영을 담당하게 되었다.

제1단지로 불리게 되는 구로동 일대의 13만 6,566평은, 영상에서 보여주는 1965년 3월 12일의 기공식을 거쳐, 착공 2년만인 1967년 4월 1일 수출산업공업단지로서 준공을 보게 된다. 아울러 1966년 말부터 수출산업단지의 확장 방안이 정부에 의해 추진되어, 제2단지로 가리봉동 일대 12만 평이, 1968년부터는 가리봉동과 경기도 철산리 일대 36만 평을 대상으로 제3단지 건설이 이루어다.

한편 이 영상에서는 구로동 수출산업공단의 공사 도면과 함께 향후의 계획을 보여주고 있는데, 실제 결과는 어떠했을까? 구로동 공단의 준공 이후 기업체의 입주가 완료된 1967년 현황을 보면 31개 업체가 들어왔는데, 그중 18개가 재일교포 기업체, 10개가 국내 기업체였다. 업종별로는 섬유봉제, 전기전자, 완구류 등 주로 노동집약적 산업이 주를 이뤘다. 하지만 재일교포 중심의 단지 조성이라는 핵심 내용은 제2단지 수출산업공단의 조성과정에서부터 사라지게 된다. 또한 구로동 공단 준공 직후부터 입주기업 생산제품의 내수 판매를 허용함에 따라, 수출산업단지로서의 조성 취지 역시 흔들리게 된다. 이에 더하여 시간이 갈수록 수도권 규제가 본격화됨에 따라 소규모 도시형 내수기업들의 입주가 지속적으로 이루어져, 수출지향공업화라는 국가정책 목표에 따라 조성되었던 구로공단은 변모하게 된다.

참고문헌

「수출산업 기여토록」, 『경향신문』, 1965년 3월 12일.

「수출산업단지 부자」, 『동아일보』, 1965년 3월 12일.

이상철, 「수출산업단지의 형성과 변모-구로공단(1963~1987년)」, 『동향과 전망』 85, 2012.

문교행정 (1965년 3월 16일)

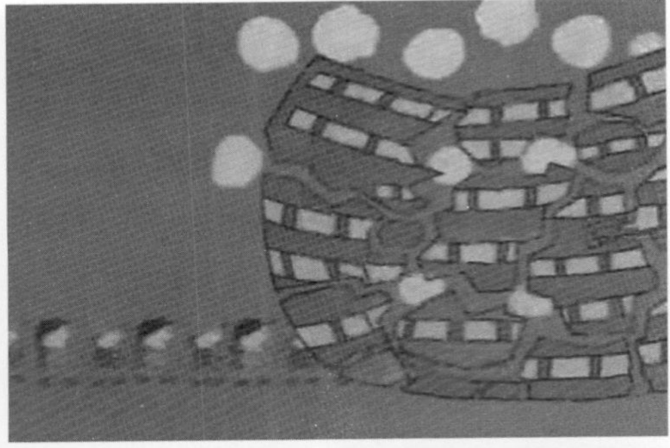

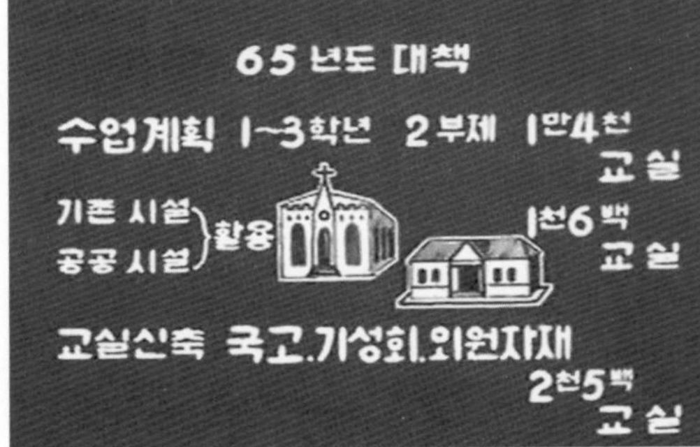

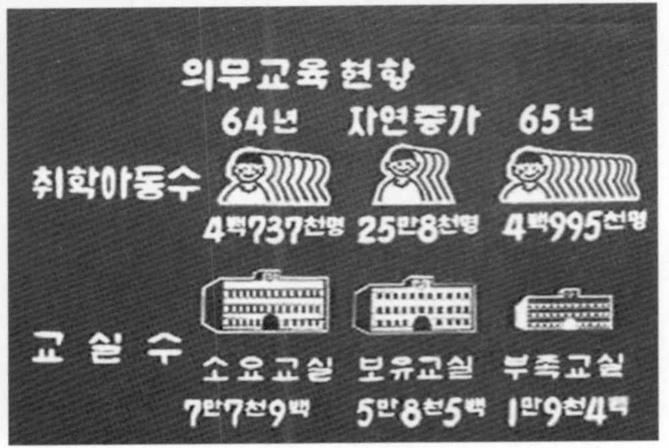

제작정보

출　　처 : 대한뉴스 511호
제 작 사 : 국립영화제작소
제작국가 : 대한민국

영상정보

제공언어 : 한국어
컬　　러 : 흑백
사 운 드 : 유

영상요약

취학아동이 해마다 늘어남에 따라 교실이 부족해져 신축, 기존시설 이용, 2부제 실시를 계획하고 있다는 영상이다. 그러나 근본적인 해결책은 가족계획을 통한 인구억제라며 국민들의 협조를 요구하고 있다.

내레이션

정부에서는 해마다 늘어나는 취학아동들을 위해서 온갖 힘을 기울이고 있는데, 금년에도 국고부담과 위원자재 등을 들여서 2,500여 개 교실을 건축할 계획이라고 합니다. 그런데 금년도 취학아동 수를 보면은 작년에 비해서 25만 8,000여 명이나 많은 499만 5,000여 명으로써 여기에 소요되는 교실 수는 약 77,900교실이나 교실 수는 약 58,500교실 밖에 안돼서 19,400교실이 부족하다고 합니다. 따라서 문교부에서는 1학년부터 3학년까지는 2부제를 실시해서 약 14,000교실을 해결하고 직원실, 강당, 공회당, 교회 등 기존 시설과 공공시설을 활용해서 약 1,600교실을 해결하며 국고부담과 기성회, 그리고 위원자재 등으로써 약 2,500교실을 신축할 계획입니다. 그러나 취학아동 수는 해마다 늘어나게 됨으로 가족계획을 통한 국민 여러분의 적극적인 협조 없이는 교실 난의 완전한 해결이란 어렵지 않겠습니까?

화면묘사

00:00 자막 “문교행정”

00:03 교실 건축 공사 현장

00:24 “의무교육현황” 64년 취학 아동 수와 증가 분, 교실 수 현황과 필요 교실수의 차이를 설명하는 그림

00:45 “65년도 대책” 2부제 실시, 기존시설 활용, 신축계획을 설명하는 그림

01:10 아이들이 줄을 지어서 학교에 들어감에 따라 학교가 커지다가 터질 것 같은 상황을 보여주는 애니메이션

연구해제

한국의 의무교육제도는 미군정기에 처음으로 제정되고 시행되었지만, 의무교육이 본 궤도에 오르게 된 것은 6 · 25전쟁 휴전 이후의 일이였다. 정부는 전란으로 인해 혼란을 겪은 사회를 안정시키기 위한 방안으로서 교육정책에 주목했고, 1953년 '의무교육완성 6개년계획'을 수립했다. 이 계획은 1954학년도에 시작하여 1959학년도에 끝나는 것으로서, 완성 년도인 1959년까지 6세에서 11세까지 학령아동의 96% 취학을 목표로 했다. 문교부에서는 1955년 교원의 수도 확충하고, 부족한 교실을 지을 수 있는 재정도 대폭 증가시켰으며, 초등학교 운영 경비도 인상했다. 또한 실제로 취학률 96%를 수월하게 달성하기도 했다. 문제는 넉넉하지 않은 국가 재정 상황이었다. 문교부는 문교예산의 70~80%를 의무교육을 완성하기 위해 투자했고, 정부 또한 1958년 교육세법을 제정하여 재정확충을 시도하였지만, 충분한 재정을 마련하기에는 역부족이었다.

이러한 상황은 1960년대에도 지속되었다. 1965년에 제작된 이 영상 역시 학생을 수용하기에 턱없이 부족한 학교시설에 대한 문제를 지적하고 있다. 정부에서는 해마다 늘어나는 취학아동들을 위해서 1965년에도 국고를 부담하여 2,500여 개 교실을 건축할 계획을 발표했지만 해마다 늘어나는 취학아동의 수를 감당하기에는 역부족이라는 것이다. 또한 문교부에서는 직원실, 강당, 공회당, 교회 등의 시설과 공공시설을 활용하여 교실부족문제를 해결한다거나, 2부제를 실시하는 등의 대안을 제시했지만, 이 역시도 늘어나는 취학 아동의 수를 감당하기에는 부족하다는 설명도 이어진다. 흥미로운 것은 이와 같은 교실문제를 해결하기 위한 방안으로 국민들이 가족계획을 통해 해마다 늘어나는 취학 아동의 수를 낮추어야 한다고 선전을 하고 있다는 점이다.

가족계획의 선전 때문인지 1971년부터는 취학아동의 수가 점차 줄게 되었고, 1960년대 이후 교육재정도 점차 증대되면서 의무교육의 조건들이 점차 나아지게 되었다. 특히 1970년대에는 국가가 필요로 하는 인력을 양성하기 위한 기초교육을 강조하면서 의무교육은 국가발전을 수행하는데 중요한 구실이 되었다. 한국사회에서 의무교육은 점차 확대되었는데, 1985년 이후부터는 중학교 의무교육을 점진적으로 실행하여 2004년부터는 전면적으로 시행하게 되었다.

참고문헌

강인철, 「한국전쟁과 사회의식 및 문화의 변화」, 『근대를 다시 읽는다』 1, 역사비평사, 2006.

김한종, 「입시제도와 평준화 논쟁」, 『논쟁으로 읽는 한국사』 2, 역사비평사, 2009.

손인수, 『한국교육 운동사』, 문음사, 1994.

해당호 전체 정보

511-01 수출공단지 기공

상영시간 | 01분 18초

영상요약 | 1963년부터 추진돼오던 수출산업공업단지 조성공사가 1966년 완공 목표로 시작됐다. 이는 14만 평에 50개의 기업이 입주하여 1만 명의 고용인을 기대할 수 있는 규모로 계획되었다. 이 공업단지가 마련되면 금속제품, 합성수지제품, 섬유제품 등 50개 기업체를 입주시킬 계획이다.

511-02 군납 유공자 표창

상영시간 | 01분 37초

영상요약 | 정일권 국무총리는 지난 1년 동안 주한미군에 각종 물품 및 용역을 납품해서 외화획득에 공헌한 업자들을 표창했다. 계란 등 각종 물품을 납품한 농업협동조합, 유도탄 기지 건설을 담당한 한양개발, 비행장 활주로를 건설한 현대건설, 각종 수송용역을 담당한 한진상사, 공예품 등을 납품한 경남기업이 표창을 받았다.

511-03 비둘기 부대 소식

상영시간 | 01분 00초

영상요약 | 3월 10일 베트남전에 파견될 비둘기부대가 시민들을 비롯한 국회의원 및 군참모총장 등의 환송을 받으며 인천항을 떠나 3월 16일 베트남 사이공에 도착해 환영을 받았다. 이날 환영식에는 자유월남의 부수상 겸 국방성인 쿠엔 반 티우 장군이 환영사를 발표했다.

511-04 증산의 역군

상영시간 | 01분 23초

영상요약 | 일하는 해를 맞아 식량을 생산할 토지를 개발하기 위한 목적으로 시행하는 객토사업을 소개하는 영상이다. 박정희 대통령은 토지개량조합연합회에 100만 원을 시사하여 토지를 확보하기 위해 개발할 야산을 측량하도록 하였다. 객토작

업은 각 지역별로 재향군인회, 토지개량조합연합회 등을 통해 시행되고 있다.

511-05 명랑한 화제

상영시간 | 01분 06초

영상요약 | 육영수 여사는 양지회를 대표해서 전라남도 강진군에 마을문고 설치를 위한 금일봉을 전달했다. 또한 부산에 들러 육군병원, 양로원, 고아원을 방문하고 자선의 밤 행사에 참석해 수익금을 부산시장에 전달했다. 캐나다 출신 신애덕은 한국에서 고아들을 돌보며 이를 기쁨으로 여기고 있다.

511-06 프랑스 발레단 내한공연

상영시간 | 00분 40초

영상요약 | 서울 시민회관에서 러시아 낭만주의 발레의 전통을 잇고 있는 프랑스 예술발레단의 발레공연이 개최되었다. 프랑스 예술발레단은 '사육제'를 선보여 관중들의 많은 갈채를 받았다.

511-07 뉴욕에서 꽃 전시

상영시간 | 01분 22초

영상요약 | 제48회 국제 꽃전시회가 뉴욕에서 열렸다. 이 전시회는 콜티문화협회의 후원으로 시행되었는데, 이날 사람들의 관심을 가장 많이 끈 것은 가난한 나라에 보낼 꽃씨를 판매하는 케어의 꽃씨 보내기 자선사업부였다. 또한 고인이 된 케네디 대통령의 추억의 장미꽃도 선보여 이목을 끌었다.

511-08 문교행정

상영시간 | 01분 27초

영상요약 | 취학아동이 해마다 늘어남에 따라 교실이 부족해져 신축, 기존시설 이용, 2부제 실시를 계획하고 있음을 알리는 영상이다. 그러나 근본적인 해결책은 가족계획을 통한 인구억제라며 국민들의 협조를 독려하고 있다.

정 총리 기자회견, 소위 특혜금융에 대하여 (1965년 3월 23일)

제작정보		영상정보	
출　　처	대한뉴스 512호	제공언어	한국어
제 작 사	국립영화제작소	컬　　러	흑백
제작국가	대한민국	사 운 드	유

영상요약

정일권 총리가 3월 22일 국립영화제작소에서 기자회견을 통해 특혜 금융에 대한 논란에 대해 '과도했던 부분은 시정하겠으나 정부시책에 따라 효과적으로 쓰이고 있다'고 발표했음을 알리는 영상이다.

내레이션

지난 3월 22일 정일권 국무총리는 공보부 국립영화제작소의 스튜디오에서 기자회견을 가졌는데 소위 특혜 금융에 대해서 다음과 같이 말했습니다. 이어 정총리는 이 해 목표인 정상수출 건설 3대 과업을 성공적으로 달성하기 위해 정부는 모든 노력을 이에 집중하고 있으며 금융정책도 이와 같은 관점에서 수행되고 있다고 말했습니다.

화면묘사

00:00 자막 "정 총리 기자회견(소위 특혜금융에 대하여)"

00:02 연설하는 정일권 총리와 이를 받아 적는 기자들 (정일권 총리 육성연설) "은행에서 대출해준 자금은 분명히 정부 계획에 따라"

00:18 연기를 내뿜으며 생산활동을 하고 있는 각종 공장들의 내부, 외부 모습 (정일권 총리 육성연설 : "목적 사업에 사용되고 있으며 그 결과는 지금 전국 각처에서 건설됐거나 건설되고 있는 공장들이 이를 입증하고 있습니다. 다만 이 같은 금융지원에 있어서 의욕이 컸던 나머지 추가대출들 일부 삼삼한 과실이 있었습니다. 이 점에 대해서는 즉시 그 시정을 강력히 단행 하고자 합니다. 또 소위 특혜 금융이라고 불리우는 것 중")

00:57 "1965年度(년도)는 일 하는 해, 增産, 輸出, 建設(증산, 수출, 건설)"이라고 적힌 포스터

01:00 기자회견 전경

연구해제

이 영상은 1965년 3월 22일 정일권 국무총리가 공보부 국립영화제작소 스튜디오에서 가진 기자회견의 내용을 담고 있다. 정일권은 기업에 대한 정부 대출이 목적사업을 추진하는 데 성과를 이룩하고 있다는 점을 설명하며 소위 '특혜금융'이라고 불리는 추가 금융지원이 있었던 것에 대해 사과를 전했다. 또한 이에 대해 실형을 단행할 것이라고 덧붙이며, 증산 · 수출 · 건설의 3대과업을 이룰 것을 당부했다.

정일권이 언급한 특혜금융은 1960년대의 국가주도적인 금융체계로 말미암은 현상이었다. 5 · 16쿠데타 직후 군사정부는 '금융기관에 대한 임시조치법'(1961.6.20)과 같은 법적 장치와 부정축재처리와 같은 행정 강제적 조치 등을 통해 은행을 국유화시켰다. 이와 더불어 부정축재처리를 통해 사적 대자본이 소유하고 있던 은행주식을 몰수했다. 또한 1962년 5월 은행법 및 한국은행법을 개정하여 금융통화위원회의 권한을 축소하고 금융권에 대한 행정권을 강화했다.

이 같은 제도적 구축을 통해 정부는 통화신용정책의 수립과 집행과정에서 그 최종 책임을 정부에 귀속시켰으며, 일반 시중은행의 경영에 직접 참여하는 등 금융권을 장악했다. 이로써 국가주도적 발전을 위한 금융제도기반이 마련되었다. 정부가 단순히 통화량 조절 또는 가격기구를 통한 화폐의 관리자로서 뿐만 아니라 자본축적에 필요한 화폐자본의 흐름을 직접적으로 통제 · 조정할 수 있게 된 것이다. 정부는 금융부문에 대한 실질적인 지배권을 장악함으로써 사적 자본에 대한 금융적인 통제 및 지원수단을 확보했다.

정부는 당시 불균형성장론에 입각, 고성장을 위해 특정 전략산업을 선정하고 이 부문에 자원을 집중하는 전략을 세웠다. 산업의 경쟁체제가 불비한 상태에서 특정산업 육성 전략은 곧 특정기업 육성 전략과 다름없었는데, 자기자본이 미약하고 직접금융시장이 발달하지 못한 상황에서 기업은 금융자금에 의존할 수밖에 없었다. 또한 국가의 보호주의 정책, 기업 혹은 수출 등의 규모 확대를 지향한 고성장정책 등은 재벌의 규모를 확대시키는 요인으로 작용했으며, 재벌은 규모를 확대시키기 위해 가능한 한 최대한 금융자금을 획득하려고 했다. 은행 또한 국가소유였고, 경영의 책임을 국가가 갖고 있었기 때문에 상대적으로 퇴출 가능성이 적은 재벌에 금융자금을 지원하려 했다. 결국 이러한 3자의 관계 속에서 재벌의 부채 의존적 경영구조가 탄생한 것이다.

실제로 정책금융 이율은 사채금리에 비해 매우 낮았으며, 점차 그 비중이 증대되어 갔다. 정부는 재정투융자를 통해 특정 전략산업의 육성을 위한 정책적 수요를 제공하고, 사적 자본에 융자하는 경우 대출금리를 금융기관의 일반금융금리나 사채금리보다 낮게 책정하였다. 이는 정부가 추진하는 특정산업의 육성뿐만 아니라 특정 개별 자본도 함께 육성시켜 한국형 재벌 독점을 형성하게 되는 계기가 되었다.

참고문헌

박동철, 「1960년대 기업집단의 형성과 구조–기업집단 형성 메커니즘의 구축을 중심으로–」, 김낙년 외, 『1960년대 한국의 공업화와 경제구조』, 백산서당, 1999.

해당호 전체 정보

512-01 정 총리 기자회견, 소위 특혜금융에 대하여

상영시간 | 01분 09초

영상요약 | 정일권 총리가 3월 22일 국립영화제작소에서 기자회견을 통해 특혜 금융에 대한 논란에 대해 '과도했던 부분은 시정하겠으나 정부시책에 따라 효과적으로 쓰이고 있다'고 발표했음을 알리는 영상이다.

512-02 각계 인사 건설상 시찰

상영시간 | 00분 56초

영상요약 | 공보부에서 초청한 국내 저명인사 53명이 3월 12일부터 1주일 동안 각 호 건설현황을 시찰한 후 소감을 나누었다. 시찰단 중 한 명은 소감을 통해 직접 보지 않으면 국민들이 정부가 경제개발을 위해 노력한다는 것을 실감하지 못할 것이라고 밝혔다.

512-03 서울시 문화상

상영시간 | 00분 28초

영상요약 | 3월 18일 서울 시민회관에서 열린 서울시 문화상 시상식을 담은 영상이다. 인문학을 비롯한 14개 부문에서 14명이 선발되어 수상했다. 수상자들은 메달을 수여받았고, 이들의 수상을 축하하는 연주단들의 연주도 있었다.

512-04 독일파견 광부

상영시간 | 01분 38초

영상요약 | 3월 18일부터 28일까지 독일파견광부 제4진 140명이 출국했다. 6월 파견예정 규모까지 합하면 총 412명이 파견된다. 이들은 독일광부와 동등한 대우를 받으며 선진기술습득을 하게 된다. 월급은 월 평균 100달러 정도라고 한다.

512-05 내 고장을 푸르게

상영시간 | 01분 18초

영상요약 | 한국일보사와 한국포플러센터에서 농촌 돕기 포플러 조림운동을 벌리고 있다. 포플러 나무는 성장력이 빠르고 우리나라 기후에도 맞아 재배에 적합하다. 포플러나무 심기 운동은 범국민운동으로 확대되어 농민의 소득증대뿐 아니라 지역사회발전에도 이바지 할 것으로 기대되고 있다.

512-06 지게 지는 공무원

상영시간 | 00분 37초

영상요약 | 3월 13일 경상남도 김해읍 삼정동 논밭에는 100여 명의 도청직원이 객토작업에 솔선하여 농민들의 일손을 도왔다. 이들은 손수레를 끌거나 지게를 지어서 1,800평의 논에 18,000번의 객토를 운반하였다.

512-07 비둘기 부대 소식

상영시간 | 02분 36초

영상요약 | 3월 10일 미국의 수송함을 타고 인천항을 떠난 비둘기부대가 15일 사이공 만에 도착해 한국의 엘레스티 함에 옮겨 탄 후 베트남의 정글을 거쳐 16일 사이공 부두에 도착했다. 이들은 티우 장군과 신상철 주월 한국대사 및 환영인사들, 베트남 시민들의 환영을 받았다.

512-08 길러주는 엄마되고 선도하는 사회되자

상영시간 | 01분 13초

영상요약 | 청소년 범죄의 증가에 따라 3월 한 달을 청소년 선도의 달로 설정해 범국민적 사업을 추진하고 있음을 알리는 영상이다. 청소년 범죄 증가의 원인으로 사회적 풍기문란, 저속한 내용의 매스미디어, 출판물, 선전물 등을 들면서, 청소년 범죄를 일차적으로 예방할 수 있는 것은 화목한 가정을 이루는 것이라고 강조한다.

어민보호 (1965년 4월 27일)

제작정보		영상정보	
출 처	대한뉴스 517호	제공언어	한국어
제 작 사	국립영화제작소	컬 러	흑백
제작국가	대한민국	사 운 드	유

영상요약

어촌의 시설 및 기술 등의 근대화가 요구되는 가운데 한일회담이 수립되어 어획구역은 보장받을 수 있을 것으로 보인다. 전관수역은 한국어선 만이 포획할 수 있는 구역으로 기저선으로부터 12마일 내에 설정되어 있는데, 인천 85해리, 목포 95해리, 여수 42해리로서 우리나라의 황금어장의 대부분이 포함되어 있다.

내레이션

한일국교정상화에 따라 우리나라 어업근대화의 길을 터놓을 어업협력이 무르익어가는 이즈음 목포 어업조합 한 간부는 현재 우리나라 어업실태에 관해서. (육성인터뷰) 여기서 한일 간에 합의된 우리나라와 일본의 전관수역을 비교해보면은 평화선은 엄연히 어족보호선으로 존재한 것이며 일본의 전관수역은 연안 기저선으로부터 3마일 내에 곡선으로 돼있으나 우리나라의 전관수역은 연안 기저선로부터 12마일로 돼있습니다. 그런데 특히 인천지점은 85해리이며 목포지점은 95해리, 여수지점은 42해리로 돼있어서 사실상 황금어장의 대부분이 전관수역 안에 들어와 있는 것입니다.

화면묘사

00:00 자막 "어민보호"

00:03 어업준비를 하는 어선. 어촌의 풍경

00:14 인터뷰 중인 목포 어업조합 간부 (육성) "우리 동네선만 하더라도 뭐 거의 한 30프로는 지금 완전하다고 봐야 합니다만 아닌 것은 전부가 다 지금 노후가 됐고, 또 어구가 전부 다 부패가 됐으며, 지금 무동선이 많습니다. 그리고 나서 앞으로 제 생각으로는요, 하루속히 한일회담이 성립돼서 에… 그 협력자금 와 가지고 (네) 이 우리 어부들도 이 현대화 시설을 갖춰가지고 마 일본 어선 같이 한번 경쟁을 해서 (예) 많이 마 잡도록 노력해봤으면(…). (네)"

00:22 어촌의 모습

00:26 그물 짜는 어부의 모습

00:33 물고기를 삽이나 바구니로 퍼서 지게로 운반하는 모습

00:49 한일 간에 합의된 평화선과 일본과 한국의 전관수역을 표시한 지도

연구해제

이 영상은 한일회담이 진행되고 있던 1965년 4월에 제작되었다. 목포의 한 어촌 마을의 작업풍경을 담고 있는데, 나무로 만들어진 고기잡이배, 잡은 물고기를 지게로 이송

하는 모습 등 현대화되지 않은 어업환경을 보여주고 있다. 이와 함께 목포 어업조합의 한 간부의 인터뷰를 통해 현재 어업을 진단하고 앞으로 개선되어야 할 점을 함께 제시하고 있다. 인터뷰에서는 낡은 어선, 부패한 어구 등 당시의 어업환경에서 개선되어야 할 점들이 지적되고 있다. 이를 개선하기 위한 방안으로서 한일협정에 따른 협력자금이 기대되고 있다는 점도 알 수 있다.

1965년은 1951년부터 시작된 한일회담이 막바지로 다가가던 시점이었다. 한일협정 체결을 위한 회담은 1952년 샌프란시스코 대일강화조약의 체결을 근거로 시작되었는데, 최종적으로 조인될 때까지 14년이 걸렸으며, 1,500여회를 넘는 각종 회담이 개최되었다. 또한 타결을 이루기까지 미국이 지속적으로 관여하며 한 · 미 · 일 3자회담의 성격을 띠었다. 이는 냉전기 대공산진영 봉쇄정책의 일환으로 한일관계를 수립하고자 했던 미국의 대동아시아 정책에서 비롯된 것이었다. 한일회담은 기본관계, 청구권문제, 어업－평화선 문제, 재일교포의 법적 지위문제 등 관련 중대현안들이 동시에 다뤄졌다는 특징을 갖는다. 그중 어업문제와 관련한 ' 평화선' 문제는 한일 간 첨예한 갈등요인이었다. 평화선은 전관수역을 지칭하는 것이었으며, 일본에서는 이승만이 설정한 한국의 전관수역이라는 의미에서 '李라인'이라고 부르기도 했다. 영상에도 제시되듯이 평화선은 한국 연안에서 12마일로 설정되었다. 영상에서는 이를 두고 인천에서부터 85마일, 목포로부터 95마일, 여수로부터 42마일 떨어진 해역으로 사실상 '황금어장'의 대부분이 전관수역 안에 포함되었다고 평가하였다. 그러나 애초 한국 측이 주장했던 범위는 한국 연안의 50~200해리에 이르는 보다 광범위한 수역이었다.

한국이 1952년 1월 18일 평화선을 선포한 이후 한일 간의 갈등은 심화되었고, 1953년 3차회담 이후 회담이 중단되기도 했다. 일본은 지속적으로 평화선 철폐를 주장했으며 한국의 수산물 수입을 제한하는 등 보복조치를 취하기도 했다. 미국도 한일회담의 재개를 위한 적극적인 개입을 시사하였지만 한일 양국의 입장은 여전히 평행선을 달렸다. 한일회담이 재개된 것은 1957년 4월 시점이었다. 1961년 제6차 본회의에서 일본은 한국 측이 제기하는 모든 요구사안에 대해 평화선 철폐를 조건으로 내세웠다. 이에 1963년 7월 한국정부는 평화선 40해리를 포기하고 일본 측이 제안한 12해리를 사실상 수용하였다. 이 같은 결정은 어민들의 반발을 야기하였고, 1964년 1월 부산 어민들은 '평화선 사수'를 외치며 투쟁을 하기도 했다.

한일 간 평화선 문제가 합의된 이후 한일어업회담은 각 수역별 어획규제와 어업협력의 문제에 대한 논의를 중심으로 진행되었다. 어업회담 안건들도 시급한 문제들이었다. 어업은 한국 수출의 70%를 차지하고 있을 만큼 경제적 이익과 밀접한 관련이 있었고, 일본 측에서도 예민한 반응을 보였기 때문이다. 따라서 어획규제에 대한 문제는 한일어업회담 가조인 이후까지 추가로 논의되었다. 최종적으로 일본과 한국이 동등하게 최대 16만 5,000 톤의 어획량을 확보하여 성어기의 출어척수와 평화선 내 기존의 추정 어획량에 가까운 어획고를 보장하기로 타결하였다.

이밖에 한일어업협력 사안도 합의되었다. 어업협력은 크게 두 가지로 나누어 볼 수 있다. 첫 번째는 소형 무동력선이 90%에 이르는 한국의 영세한 어업에 대하여 일본이 어업차관을 제공하는 문제였고, 두 번째는 한국수산물의 대일수출과 일본어선·어구의 대한 수출을 막는 규제를 푸는 일이었다. 이 두 가지 문제에 대하여 한일 양국은 원칙적으로 동의하였다.

한일협정은 최종적으로 1965년 6월 22일 조인되었는데, 어업회담의 과정과 결과는 한일 양국정권 모두에게 정치적 부담을 주었다. 한국의 경우 국회의 비준동의까지 일방적으로 처리하고 국민들을 억압하면서 한일협정 체결을 성사시켜야 했다. 어업협정 체결의 후과는 다른 사안보다 빠르고 직접적으로 다가왔다. 어민들은 격하게 저항하였으며, 국민들의 비판여론은 극에 달했다. 또한 한일어업협정 이후에도 일본어선이 한국 연안을 침범하는 사례가 발생하는 등 한일 양국의 분쟁도 해결해 주지 못했다. 결국 한일어업협정은 1998년 1월 일본의 일방적인 통고로 파기되었다.

참고문헌

김민석, 「박정희 정권의 한일어업회담」, 충남대학교 석사학위논문, 2009.

이원덕, 「박정희와 한일회담 : 회고와 전망」, 명지대학교 국제한국학연구소 주최 학술대회 자료집, 2007.

해당호 전체 정보

517-01 외교강화

상영시간 | 02분 03초

영상요약 | 4월 28일 라만 말레이시아 수상이 한국을 방문하여 훈장을 교환하였고, 문화협정을 체결하였다. 이 자리에서 양국은 정치 · 경제 · 문화 등 유대를 더욱 공고히 할 것을 다짐했다. 4월 27일과 29일 각각 러취와 마샬이 청와대를 방문하여 공산침략 대비를 다짐하고, 한일회담 촉구 및 한미행정협정의 조속한 체결 등을 논의했다.

517-02 저축의 보람

상영시간 | 02분 26초

영상요약 | 대한교육보험에서는 수입보험료를 지하자원개발에 투자했다. 동원탄저는 우리나라 최대의 민간 탄저로써 약 1억만 톤의 매장량이 추산되는데, 채굴에 4억원을 투자했다. 또한 태백산종합개발에 부응하는 철도공사도 지원하고 있으며, 간척사업에도 투자하여 증산정책에 부응하고 있다.

517-03 문맹퇴치

상영시간 | 00분 41초

영상요약 | 유네스코 한국위원회에서는 범세계적인 문맹퇴치운동의 일환으로 제주도를 시범지역으로 선정하여 한글교육을 했다. 연 4,430명에 달하는 문맹자들을 밤마다 돌아가면서 교육한 결과 만 3달 만에 4,200명의 문맹자를 깨우쳤다.

517-04 스포오츠

상영시간 | 02분 35초

영상요약 | 제1회 아시아 여자농구선수권 대회에서 한국 팀이 일본 팀에 승리하며 우승했다. 4월 17일 밤에 열린 한일 권투시합에서도 한국의 김기수 선수가 일본의 곤도 마키 선수에 승리했다. 이 경기에는 이효상 국회의장도 참관하였다. 미국에서는 어린이 권투 시합이 열렸는데, 열띤 경기를 펼쳐 관중들의 이목을

끌었다.

517-05 낙하산 쑈

상영시간 | 00분 58초

영상요약 | '붉은악마' 영국공군과 '황금기사' 미국공군이 합동훈련을 마치고 에어쇼를 준비하기 위한 낙하훈련을 펼쳤다. 노스캐롤라이나 주에서 치러진 합동훈련에서는 연막신호탄을 터뜨리며 내려오는 낙하산들이 장관을 이루었다.

517-06 어민보호

상영시간 | 01분 25초

영상요약 | 어촌의 시설 및 기술 등의 근대화가 요구되는 가운데 한일회담이 수립되어 어획구역은 보장받을 수 있을 것으로 보인다. 전관수역은 한국어선 만이 포획할 수 있는 구역으로 기저선으로부터 12마일 내에 설정되어 있는데, 인천 85해리, 목포 95해리, 여수 42해리로서 우리나라의 황금어장의 대부분이 포함되어 있는 것이다.

정부미 무제한 방출 (1965년 6월 9일)

제작정보		영상정보	
출처	대한뉴스 523호	제공언어	한국어
제작사	국립영화제작소	컬러	흑백
제작국가	대한민국	사운드	유

영상요약

가뭄으로 인해 오른 쌀값을 제어하기 위해 정부미를 무제한으로 방출할 것이라는 소식을 전하는 영상이다. 박정희 대통령은 6월 13일 긴급 곡가대책 관계관 회의를 열고 이 같은 결정을 하였으며 서울시내 공판장을 늘려 수요자들에게 편의를 제공하고자 하였다.

내레이션

가뭄에 자극되어 쌀값이 갑자기 오르기 시작하자 정부는 6월 13일 청와대에서 박정희 대통령 임석아래 긴급 곡가 대책 관계관 회의를 열고 정부 보유미의 방출을 결정, 현재 가마당 3,450원으로 무제한 방출하고 있습니다. 그래서 시중가격 보다 싼 정부 방출미는 첫날에만도 용산역도 농업공판장에서 10,362가마나 팔려 한때 3,950원을 호가하던 서울 시중 쌀값은 3,650원으로 다시 떨어졌는데 정부는 서울을 비롯한 지방미 가격을 3,500원선에서 안정시킬 방침으로 계속 정부미를 방출할 것입니다. 이와 같이 신속하게 정부미를 방출해서 곡가를 안정시킨 것은 금년도 양곡 총 수요량이 4,384만 3,000석인데 국내생산량 3,534만 6,000석으로 80.6%를 충당할 것이고 전년도 이월 양곡인 정부국고미 등 570만 1,000석으로 13%를 충당하며 또한 도입양곡 279만 6,000석으로 6.4%를 충당해서 금년도 양곡의 전체 수요를 원활하게 공급할 수 있기 때문이며 따라서 내년도에 이월하게 될 441만 7,000석이 남게 된 것입니다. 이와 같이 정부의 보유미는 충분하므로 앞으로의 곡가는 오를 요인이 없는 것으로 전망되며 한편 농림부에서는 서울시내 각호마다 하나씩 총 12개소의 공판장을 더 늘려 가격조절미의 원활한 방출을 기하고 소량 수요자들이 편리하게 이용할 수 있도록 조처했습니다.

화면묘사

00:00 자막 “정부미 무제한 방출”

00:03 “정부미 무제한 방출”, “쌀값 상승에 브레이크”와 같은 헤드라인의 기사들

00:14 곡간에서 쌀가마를 운반하는 인부들. 쌓여있는 쌀가마들. 수레나 자전거에 쌀가마니를 실어 구입해가는 소비자들. 트럭으로 운반되는 쌀가마니. “농업협동조합중앙회” 간판

00:54 “1965년도 전체 양곡 수급계획”을 나타내는 원형 그래프

01:24 시장의 쌀 상회에 쌓여있는 쌀가마니와 쌀. 쌀을 소비자의 가마니에 부어주는 판매자. 쌀을 사고파는 모습. 지게로 쌀가마니를 운반하는 사람들

연구해제

이 영상은 1965년 6월, 정부가 가뭄에 따른 쌀값 상승 대책으로 정부보유미를 방출한다는 소식을 전하고 있다. 대통령 박정희는 6월 13일 긴급곡가대책관계관회의를 개최하여 정부보유미 방출을 결정하였으며 그 가격은 3,450원으로 책정되었다. 그러나 이는 곧 3,950원을 호가하며 비판의 대상이 되었다.

양곡문제는 이전에도 계속적으로 지적되어 오고 있었다. 양곡문제의 양상 중 하나는 공급부족인데, 국내수요량이 충분치 않은 상황에서 정부의 미곡수출이 지속되고 있다는 것이 문제로 지적되었다. 당시 쌀 수출은 비료 도입에 대한 대가로서 행해지는 것이기 때문에 부득이한 것이라고 볼 수도 있었지만 결과적으로는 국내 쌀값 인상의 요인이 되었다. 정부는 쌀 수출로 인한 식량 부족사태를 막기 위해 2만여 톤의 대맥도입을 계획하고 혼분식 장려 정책을 전개하였다. 그러나 외곡을 도입하는 과정에서 소수 업자에게만 특혜를 주어 적기에 수입되지 못한 것이 문제로 지적되었다.

다른 문제는 농협 판매나 정부 방출미의 가격이 시중가격 보다 비싸거나 많이 낮지 않다는 것이었다. 농협공판장에서 판매하는 도입대맥의 값은 시가에 비해 5%밖에 낮지 않았는데, 이는 수입원가의 2배반이나 되는 가격이었다. 정부 역시 방출미를 매상가보다 비싸게 판매한 적이 있으며 민간도입 대맥 역시 원가보다 훨씬 비싸게 팔게 한 바 있었다. 한 예로 1964년 당시 시장에는 정부가 소맥분에 대한 고시가격을 대당 240원 대폭인상, 한 부대에 470원 하던 것을 710원으로 올릴 것을 계획하고 있다는 소문이 돌기도 했는데, 이 같은 소문만으로도 실제 곡가 상승에 영향을 미쳤다.

1964년 당시 양곡도입실적은 약 19만 톤에 불과했으며 미 도착량이 95만 톤이나 되어 극히 부진상태를 보이고 있었다. 정부방출미 배급에도 문제가 있어, 지역별 수배량 및 배급방법이 효율적으로 전개되지 않고 있다는 지적이 제기되었다. 이 같은 문제는 1965년 6.12쌀값파동으로 이어졌다. 쌀값은 전체 물가 수준의 기준이 된다는 점에서 중요하게 다뤄졌다. 이에 정부에서도 3,300원대를 유지하기 위한 정책을 전개하였는데, 6월 12일 3,900원까지 인상되며 때마침 닥친 가뭄과 함께 서민생활에 위협을 가하기 시작한 것이다. 이에 정부는 6월 13일 회의를 거쳐 14일부터 정부미를 방출하기 시작했다. 영상에서 제시된 바와 같이 애초 방출미 가격은 3,450원이었다. 그러나 농림부에서 방출미의 가격을 3,908원으로 주장했고, 농협에서는 3,900원으로 공매를 지시하였다. 농림부는 이 같은 가격 책정에 대해 생산비를 보전하기 위한 대책이었다고 하였지만 사실은 50억에 달하는 세입부족분을 메우려는 것과 추곡매입가를 높게 책정하기 위한 것이 알려지자 조작미, 앙등미라는 비난이 제기되었다.

영상에서는 정부 방출미의 가격이 3,650원으로 다시 떨어졌으며, 정부가 서울을 비롯한 지방미 가격을 3,500원 선에서 안정시킬 방침을 세웠다고 설명하고 있다. 6월 14일 방출한 정부미는 용상 20,000가마, 방산 6,000가마, 중앙에서 500가마씩 방출되었다. 영상에 따르면 이날 하루 용산 농협공판장에서만 10,362가마가 팔렸다는 것을 알 수 있다. 또한 농림부는 정부방출미의 원활한 방출과 소량 수요자들의 편의를 위하여 서울시내 각 호마다 하나씩 총 12개소의 공판장을 더 늘릴 계획을 발표하기도 했다.

참고문헌

「양곡문제에 관한 정부의 태도는 이해하기 곤란하다」, 『경향신문』, 1964년 5월 25일.
「受配者를 재조정」, 『경향신문』, 1964년 6월 12일.
「방출쌀값 파동」, 『동아일보』, 1965년 6월 14일.
「오늘부터 조절미 방출」, 『동아일보』, 1965년 6월 14일.

해당호 전체 정보

523-01 한발대책

상영시간 | 02분 58초

영상요약 | 60년 내 처음 보는 극심한 가뭄으로 농작물이 말라가고, 농민들이 고통을 겪는 가운데 정부 요인 및 군부들이 양수 작업, 등에 인력 및 작업 지원을 하고 있다고 홍보하는 영상이다. 박정희 대통령은 6월 11일 긴급장관회의를 소집하여 대책을 논의했는데, 회의를 마친 후에는 모심기를 하고, 농민들을 격려했다. 군인들 및 중앙청 공무원들은 직접 논으로 나와 흙 퍼내기, 우물파기 등을 돕고 있다. 박정희 대통령은 번농일을 맞아 삼부요인들과 함께 모심기에 나섰다.

523-02 정부미 무제한 방출

상영시간 | 02분 04초

영상요약 | 가뭄으로 인해 오른 쌀값을 제어하기 위해 정부미를 무제한으로 방출할 것을 계획하였다고 알리는 영상이다. 박정희 대통령은 6월 13일 긴급 곡가대책 관계관 회의를 열고 이 같은 결정을 하였으며 서울시내 공판장을 늘려 수요자들에게 편의를 제공하고자 하였다.

523-03 정총리 지방 시찰

상영시간 | 00분 26초

영상요약 | 정일권 국무총리가 지방의 한해지부를 시찰한 후 광주의 대강연회에 참석해 한일회담의 국익에 대해 설명했다. 이 자리에 함께 참석한 홍종철 공보부장관은 박 대통령의 미국 방문이 세계에 한국의 새 모습을 알리는 성과가 있었다고 설명했다.

523-04 내가 본 건설상

상영시간 | 01분 14초

영상요약 | 공보부가 주관한 전국의 건설상을 시찰한 각계인사 대표들이 6월 9일 코리아

하우스에 모여 간담회를 가졌다. 문예계를 대표해서는 정총량 교수가 정유공장, 섬진강댐, 신탄진 연초공장 등을 둘러본 소감에 대해 창의적인 면모를 발견했다고 밝혔다.

523-05 아름다운 이야기

상영시간 | 00분 53초

영상요약 | 전라남도 나주의 호남비료공장에서는 기술고문이자 독일기사인 호안 허만이 직업학교를 설립하고 기술교육 및 이론 교육과 독일어를 가르치고 있다. 이후 독일 원조가 확정되면 정규 직업학교로 운영하게 될 것이다.

523-06 토막 뉴우스

상영시간 | 01분 26초

영상요약 | 한주간 있었던 다양한 문화행사를 알리는 영상이다. 한국일보사가 주최한 제1회 중고등학교 브라스밴드 경연대회에서 글란디아를 연주한 성남고등학교가 우승을 차지했다. 선교 80주년을 맞은 기독교가 전국 복음화운동을 벌였는데 서울 배제고등학교에서 열린 복음회에는 조세광 박사가 참석했다. 단오절을 맞아 3대 악성 중 한 분인 난계선생을 추모하는 예술제가 개최되었다.

523-07 결핵 실태조사

상영시간 | 00분 43초

영상요약 | 대한결핵협회에서는 결핵환자 예방을 위해 전국에서 54개 규범지역을 뽑아 유니세프, WHO, 보건사회부 등의 지원을 받아 실태조사에 나섰다. 우리나라 결핵감염자는 총 인구의 70%에 달하며 이 중 80만 명이 결핵환자이다. 이 중 사망자는 매년 4만 명에 달한다.

523-08 표어

상영시간 | 00분 05초

영상요약 | 우리의 정성으로 결핵을 없앱시다.

민중당 창당 (1965년 6월 15일)

제작정보

출 처	:	대한뉴스 524호
제 작 사	:	국립영화제작소
제작국가	:	대한민국

영상정보

제공언어	:	한국어
컬 러	:	흑백
사 운 드	:	유

영상요약

6월 14일 시민회관에서 열린 민중당 창당대회 소식을 전하는 영상이다. 대표최고위원에 박순천, 최고위원에 허정, 서민호가 선출되었고, 윤보선은 고문으로 추대되었다.

내레이션

지난 14일 시민회관에서 열린 민중당 창당대회에서는 대표최고위원에 박순천 씨를 선출한 한편 허정 씨와 서민호 씨를 각각 최고위원으로 선출하고, 윤보선 씨를 고문으로 추대했습니다.

화면묘사

00:00 자막 "민중당 창당"
00:03 '民衆黨全國代*員大會(민중당전국대*원대회)'라고 쓰인 현수막 아래 걸린 태극기. 그 앞에 마련된 단상
00:07 연설하는 박순천. '라디오 서울'이라는 이름표를 단 마이크. 박수를 치는 참석자들
00:14 허정 최고위원의 연설 장면과 박수치는 참석자들(박수소리)
00:18 단상 앞에서 손을 잡고 인사하는 박순천 대표최고위원, 허정 최고위원, 서민호 최고위원(박수소리)

연구해제

1965년 6월 14일 서울 시민회관에서 개최된 민중당 창당대회의 모습을 담고 있는 21초의 짧은 영상이다. 이날 창당대회에서 민중당은 집단지도체제의 당헌을 채택하고 대표최고위원에 박순천, 최고위원에 허정, 서민호를 선출했다.

당시 대표적 야당인 민정당의 창당배경은 다음과 같다.

1963년 제5대 대통령선거와 제6대 국회의원선거에서 야당은 민정당, 민주당, 국민의당, 자유민주당 등으로 나뉘며 선거에서 패배하였다. 이에 조직의 통합이 급선무라 여긴 야당은 민주당과 국민의 당이 통합되고 민정당이 자유민주당을 흡수 합당하여 민주당과 민정당의 양대 조직으로 재편되었다.

1965년, 한일회담이 본격화되고 이에 대한 시민사회의 반대투쟁이 격화되자 야당통합에 대한 사회적 압력 역시 커져갔다. 특히 한일협정의 조인이 임박한 가운데 이 조약의

국회 비준을 효과적으로 저지하려면 양당의 통합이 절실하다는 상황 인식에서 5월 3일 민정 민주 양당이 통합선언대회를 가짐으로써 민중당이 창당되었다.

1965년 6월 22일, 야당과 국민들의 격렬한 반대 투쟁에도 불구하고 한일협정은 정식으로 조인되었다. 그러자 민중당 내에서는 이에 대처한 방식을 둘러싸고 강경파와 온건파가 정면으로 대립했다. 윤보선이 이끄는 강경파는 의원직 총사퇴와 당의 해체를 주장했으며, 박순천 중심의 온건파는 국회의원 신분을 유지한 채 원내투쟁을 전개하자는 입장을 고수했다. 그러는 사이 8월 11일, 공화당 단독으로 한일기본조약 비준동의안이 통과되자 민중당은 긴급 의원총회를 열어 의원직 총사퇴를 결의했다. 그러나 당권을 쥐고 있던 온건파는 원내복귀를 선언하고 국회에 복귀했고, 윤보선이 이끄는 강경파는 탈당을 결행하고 신당 창당을 선언했다. 이들에 의해 창당된 신한당은 1966년 윤보선을 총재 겸 차기 대통령 후보로 옹립하고 정식 창당하였고, 야당은 다시 분당되었다.

참고문헌

김수진, 「박정희 시대의 야당 연구」, 『한국과 국제정치』 24-4, 2008.
유숙란, 「제4장 야당의 활동공간과 역할」, 『한국현대정치론』 2, 오름, 1999.

해당호 전체 정보

524-01 한발극복

상영시간 | 02분 27초

영상요약 | 계속되는 가뭄의 대책으로 박정희 대통령을 비롯한 중앙상임위원, 공화당원, 군인들이 양수작업, 물푸기 작업 등에 나섰다. 정부는 한해대책으로 예비비 및 농협 특별회계, 미국 차관 등을 이용해 못자리확보, 불도저 구입, 양수작업, 유류구입, 대파종자 확보 등을 계획했다.

524-02 보리 · 배증산

상영시간 | 01분 25초

영상요약 | 경상남도에서 전개한 보리 배 증산 계획이 기준년도 1960년 보다 100만 섬을 더 생산하는 결실을 거두었다. 박정희 대통령은 이에 대해 농경법의 혁명을 이룬 것이라 치하하면서 이계순 경남도지사에게 표창을 내렸다.

524-03 민중당 창당

상영시간 | 00분 21초

영상요약 | 6월 14일 시민회관에서 열린 민중당 창당대회 소식을 전하는 영상이다. 대표최고위원에 박순천, 최고위원에 허정, 서민호가 선출되었고, 윤보선은 고문으로 추대되었다.

524-04 수출진흥

상영시간 | 01분 03초

영상요약 | 6월 21일 박정희 대통령은 무역회의를 열고 수출진흥책에 대해 협의했는데, 동방흥업의 양송이버섯 재배가 인공재배에 성공하여 큰 이익을 낼 수 있는 농가부업으로 꼽혔다. 또한 대량재배로 미국과 독일 등지에 수출하는 등 외화획득에도 도움이 되고 있다.

524-05 토막소식

상영시간 | 02분 17초

영상요약 | 1월 22일 화재로 피해를 입었던 경상북도 영일군 중단동에 새마을주택이 완공되었다. 강원도 철원군 봉성면에 정착한 화전민 부락의 국민학교 교사가 건축되었다. 6월 18일에는 미스코리아 대회가 열려 김은지가 미스코리아 진에 선발되었다.

524-06 제미니4호 우주여행

상영시간 | 02분 29초

영상요약 | 지난 2월 3일 미국의 존슨 대통령이 텔레비전 중계를 통해 발사장면을 지켜보는 가운데 제미니 4호가 발사되었다. 제미니 4호는 4일 동안 지구를 62번 도는데 성공했다.

무역진흥 (1962년 7월 26일)

제작정보		
출　　처	:	대한뉴스 529호
제 작 사	:	국립영화제작소
제작국가	:	대한민국

영상정보		
제공언어	:	한국어
컬　　러	:	흑백
사 운 드	:	유

영상요약

정부투자에 의해 설립된 대한무역진흥공사가 국제수지의 개선과 수출진흥의 역군으로 활약하고 있음을 알리는 홍보영상이다. 무역 거래실적은 1963년도부터 해마다 늘고 있는데, 1965년 6월말의 수치는 1965년도 목표치의 118%를 초과달성하였다.

내레이션

정부투자에 의해 설립된 대한무역진흥공사는 그동안 광범위한 해외조직망을 펼치고 국제수지의 개선과 수출진흥의 역군으로 활약하고 있습니다. 그런데 그 주요사업과 연도별 실적을 보면은 1963년에는 거래알선 1,183건의 거래성립이 1,085만 달라였고, 1964년에는 거래알선 2,143건에 거래성립이 1,823만 달라였으며 금년도 6월 말 현재 거래알선이 830건에 거래성립이 2,600만 달라라는 놀라운 실적을 올려서 금년도 목표액인 2,230만 달라를 118%나 초과 달성했던 것입니다.

화면묘사

00:00 자막 "무역진흥"
00:03 'KOTRA'라고 적혀있는 간판의 건물. '수출하여 자립하자'라는 표어가 달린 대한무역진흥공사 건물 앞으로 분주하게 지나다니는 사람들
00:06 'KOTRA'라는 표지가 붙어있는 장식장
00:16 대한무역진흥공사의 직원들
00:25 항구에 선박된 대형 선박
00:29 '년도별 실적'이라는 제목으로 1963년부터 1965년 6월말의 거래알선과 거래성립실적을 나타내는 표들을 계속 써 나감

연구해제

이 영상은 대한무역진흥공사(KOTRA)의 실적과 활동 내용을 담고 있다. 대한무역진흥공사가 1962년 설립된 이후 1963년 거래알선 1,183건 성립, 1,085만 달러 달성, 1964년 2,143건 성립, 1,823만 달러 달성의 실적을 기록하였으며, 1965년 6월말까지 830건의 거래알선, 2,600만 달러를 벌어들임으로써 1965년 목표금액 2,230만 달러의 118%를 달성했다고 홍보한다.

대한무역진흥공사는 수출진흥을 위한 특수법에 의하여 1962년 자본금 2억 원으로 발족하였다. 1962년 4월 '무역진흥공사법'이 통과되었을 당시에는 자본금 20억 환을 정부

에서 전액출자하기로 되어 있었으나, 실제적으로 설립된 6월 화폐개혁으로 2억 원으로 변경되었고 정부출자금은 1억 원이었다. 이 법은 대한무역공사가 수출진흥을 위한 해외 시장의 조사연구, 수출입거래의 알선 등 제반사업을 효과적으로 수행하게하며 국제수지의 개선과 자립경제의 확립에 이바지할 것을 목적으로 설립된다고 제시하고 있다.

대한무역진흥공사의 구체적인 업무로는 ①해외시장의 조사개척과 그 성과를 국내에 보급시키는 사업, ②국내산업과 상품을 해외에 소개 및 선전하는 사업, ③무역거래의 알선, ④무역에 관한 박람회 및 전시회 개최 또는 이에 참가하거나 그의 알선, ⑤재외무역관의 운영 및 지도에 관한 사항, ⑥이러한 사업에 부대되는 사업이 있었다. 이와 함께 대한무역진흥공사는 매사업연도의 사업계획서와 자금계획서 및 수지예산서를 작성하여 당해 사업연도 개시 6개월 전에 상공장관에 제출하여 그 승인을 얻어야 했고, 정부가 지정하는 물품의 종류를 각령으로 따로 정하도록 되어 있었다. 공사로서의 특혜도 있었는데, 우선 국가 또는 지방자치단체의 조세를 면제받았으며, 결산결과 공사에 손실이 생겼을 경우에는 정부로부터 보전을 받을 수 있었다.

참고문헌

「수출진흥공사 구체화」, 『동아일보』, 1962년 2월 20일.
「최고의상위 무역진흥공사법통과」, 『동아일보』, 1962년 4월 14일.
「무역진흥공사 정식으로 발족」, 『동아일보』, 1962년 6월 22일.

해당호 전체 정보

529-01 이승만 박사 서거

상영시간 | 02분 57초

영상요약 | 이승만 전 대통령의 서거를 알리는 영상이다. 하와이에서 사망, 한국으로 환국하였는데, 시신은 이화장으로 운구되어 장례가 치러졌으며 시신은 국립묘지에 안장될 것으로 결정되었다.

529-02 중부지방에 폭우

상영시간 | 03분 27초

영상요약 | 중부지방에 폭우가 내려 재산 및 인명피해가 막심하였다. 이에 정부는 국무회의를 열어 대책을 강구하였고, 의연금품 모집운동을 벌려 수재민 돕기에 나섰다. 이번 피해로 내려앉았던 광장교는 복구되어 자동차 운행이 시작되었다.

529-03 산림녹화

상영시간 | 01분 08초

영상요약 | 전라남도 광양군 도사리의 김호천이 36년 동안 6만 그루의 밤나무, 300그루의 매실나무, 200그루의 감나무, 100그루의 자두나무를 심어 농가소득 증대 및 산림녹화에 기여한 공로로 전남도지사로부터 독농가 표창을 받았다.

529-04 간첩생포하려다 순직한 경찰관의 장례식

상영시간 | 00분 51초

영상요약 | 경기도 양주군에 나타난 무장간첩을 생포하려다 순직한 계용훈 경감과 진덕수 경위의 장례식이 7월 20일 경찰국장으로 치러졌다. 한일협정 반대와 반미선동을 목적으로 파견된 간첩은 총 4명인데 이들 중 두 명은 생포되었다.

529-05 무역진흥

상영시간 | 01분 08초

영상요약 | 정부투자에 의해 설립된 대한무역진흥공사가 국제수지의 개선과 수출진흥의

역군으로 활약하고 있다는 홍보영상이다. 무역 거래실적은 1963년도부터 해마다 늘어, 1965년 6월말의 수치는 1965년도 목표치의 118%를 초과달성하였다.

529-06 자막

상영시간 | 00분 03초

영상요약 | "수재민을 도웁시다."

자활개척단 (1965년 9월 18일)

제작정보

출 처	:	대한뉴스 537호
제 작 사	:	국립영화제작소
제작국가	:	대한민국

영상정보

제공언어	:	한국어
컬 러	:	흑백
사 운 드	:	유

영상요약

거지왕으로 알려진 김춘삼이 이끌고 있는 대한자활개척단이 간서지 개간을 위해 전라남도 광양군으로 떠나는 모습을 보여주는 영상이다. 이들은 300여 명으로 구성되어 있으며 무급으로 일을 하는 대신 나중에 토지를 부여받는다고 한다.

내레이션

사회의 그늘에서 욕된 삶을 이어오던 걸인과 실업자 300여 명이 각계 성원 속에 땅을 갈며 새로운 삶을 되찾기 위해 지난 8월 9일 서울을 떠났습니다. 거지왕으로 알려진 대한자활개척단 단장 김춘삼씨의 인솔로 전라남도 광양군에 간서지를 개간하고 있는 개척단원들은 이제 모든 과거를 흙 속에서 새 삶을 파헤치고 있습니다. 이곳 간서지 공사에 투입된 개척단원들은 5년 동안 무료로 노력을 제공하고 있는데 공사가 끝나면 안정농가를 형성할 농토를 배당 받게 되리라고 합니다. 그런데 현재 자활개척단이 일하고 있는 장소는 전라남도 광양군 백수면 근수리에 간서지로서 제방공사의 총 길이는 4킬로메타 총 면적은 300여 정보에 완성 실제 면적이 240정보가 될 것이고 연간 식량생산계획량은 쌀은 1,000섬 보리가 1,500섬이 될 것입니다.

화면묘사

00:00 자막 “자활개척단”

00:03 운동장에 옷을 맞춰 입고 줄을 맞춰 서 있는 재활개척단원들

00:08 ‘빈곤한 우리나라 개척으로 부흥하자! 대한자활개척단’이라는 현수막을 들고 있는 개척단원들

00:10 대열의 앞에서 연설문을 읽는 김춘삼

00:12 운동장에 서 있는 개척단원 대열

00:16 드레스를 입은 여성이 김춘삼에게 꽃목걸이를 걸어주는 장면

00:19 현수막과 깃발을 들고 줄을 맞추어 동대문을 지나가는 개척단원들

00:21 서울역에 도착한 개척단원들

00:26 드넓은 토지의 전경

00:29 윗옷을 벗고 바지만 입은 채 삽을 어깨에 메고 걸어가는 단원들. 줄을 맞추어 땅을 파는 단원들

01:17 '대한자활 개척단 공사'라는 제목의 지도. 단원들이 일하고 있는 지역과 면적, 공사하는 제방의 길이 및 예상 생산량을 나타내는 애니메이션 표

연구해제

이 영상은 1965년 8월 9일 '거지왕'으로 알려졌던 김춘삼이 이끄는 대한자활개척단의 의장행사가 서울시청 광장에서 진행되는 장면을 보여준다. 김춘삼의 연설 장면과 연설을 듣는 카키색의 제복을 입은 개척단원들을 볼 수 있다. 이들이 들고 있는 "빈곤한 우리나라 개척으로 부흥하자" 팻말이 한눈에 들어온다. 걸인과 실업자로 구성된 300여 명의 개척단은 새로운 삶을 찾기 위해 남대문을 지나 서울역에 집결하여 전남 영광군 백수면 구수리로 떠났다. 이어서 이들이 웃통을 벗고 삽으로 흙을 파내며 개간하는 장면을 볼 수 있다. 마지막으로 이들이 개간할 지역의 정보를 애니메이션을 통해서 설명한다. 이들은 5년 동안 무급으로 노동하는 대신 토지를 부여받아 안정농가를 형성할 것이라고 내레이션은 전한다.

개척단은 1950년대에 그 자료를 찾아볼 수 없는 것으로 볼 때, 제2공화국 시기부터 시작된 것으로 보인다. 이 당시 국토건설 및 개발사업과 실업자 구제를 위한 정책이 추진되는 가운데 '부랑아 정착 사업'이 본격적으로 시작되었다. 정부의 입장에서는 이러한 자들을 거리에서 없애고 한 지역에 수용하는 동시에 개간에도 이용할 수 있는 일석이조의 대책으로 정착사업을 진행했다. 김춘삼이라는 인물은 이 사업의 중심에서 지속적으로 역할을 수행했던 것으로 보이는데, 1961년 5월 1일 한국합심자활개척단의 대관령 개간사업에 단장으로 이름을 올리기 시작했다.

이듬해 1962년 5월 7일에는 서울·경기 일대 무의무탁 부랑아와 부랑인, 연장 고아 150여 명이 재건개척단 중앙단부 단장 김춘삼의 인솔하에 경기도 포천군 영북면으로 출발했다. 하지만 이들은 도착 직후인 9일, 음식과 개간할 토지가 준비되어 있지 않아 서울로 돌아오게 된다. 1963년에는 부산시 괴정동 합심원자활개척단에서 탈퇴한 25명의 원생을 단장과 동대장이 불법감금하여 사회적 물의를 일으키기도 했다.

한편, 서산자활정착사업장에서는 1961년에 정착한 3년 이후 토지 개간과 개척촌의 일시적 부흥을 보게 되었다. 100만 평의 토지를 일구고, 1963년 5월 현재 개척촌에는 1,000명에 육박하는 인구가 거주하게 된 것이었다. 하지만 그것도 잠시, 1966년 10월 조선일보 기사에 따르면 개척단원, 개척단원과 결혼하는 여성은 외부와 격리되었고, 합동결혼을 했던 350쌍 중 45쌍은 결혼에 실패하였으며 130여 쌍은 부부생활에 불안정도가 높은 상태였다. 결국 서산정착사업장의 개척단과 그의 가족은 다시 구호대상자로 전락했다. 원인을 정확하게 파악하기 어렵지만 정부에 의한 통제생활 속에서 거주민들이 점차 줄어가게 되어 폐촌이 된 것으로 추측된다. 더불어 정부의 토지불하도 이뤄지지 않아 이들의 기대를 꺾어버린 것이 가장 큰 이유가 되었을 것으로 보인다.

1965년 대한자활개척단의 결단식과 이들의 개간활동을 보여주는 이 영상은 박정희 정권시기 개척단 활동과 정부의 사회정책에 대해서 살펴볼 수 있는 자료로서 의미를 지닌다.

참고문헌

「自活하는 浮浪兒」, 『경향신문』, 1961년 5월 1일.
「浮浪孤兒들=荒蕪地에 새 삶」, 『경향신문』, 1962년 5월 7일.
「'浮浪의 마감'또 속아」, 『경향신문』, 1962년 5월 10일.
「딴 園生 25名 監禁」, 『동아일보』, 1963년 8월 24일.
「피땀 흘려 살쪄간다」, 『동아일보』, 1964년 6월 15일.
「增産의 새 役軍」, 『경향신문』, 1965년 8월 9일.
김아람, 「5 · 16군정기 사회정책 : 아동복지와 부랑아 대책의 성격」, 『역사와 현실』 82, 2011.

해당호 전체 정보

537-01 박정희 대통령 성묘

상영시간 | 00분 59초

영상요약 | 박정희 대통령 내외와 자녀들이 추석을 맞아 경상북도 선산군 구미읍 상모리에 있는 선영을 찾아 성묘하는 것을 보여주는 영상이다. 이들은 상모리 마을에서 1.5km의 언덕길을 올라 묘소에 이르렀으며 술을 따르고 향을 피워 제사를 올렸다.

537-02 영월 제2화력발전소 준공

상영시간 | 01분 50초

영상요약 | 9월 15일 제2 영월 화력발전소의 준공식이 열렸다. 한독 기술 협조로 완공된 이 발전소는 국내에서 두 번째로 큰 발전소이며 현대식 자동식 시설을 갖추었다. 원가가 낮은 발전을 할 수 있으며 5·16이후 발전량의 두 배로 증가시키는데 기여할 것으로 예측된다고 한다.

537-03 제11회 과학전

상영시간 | 01분 29초

영상요약 | 제11회 전국 과학전람회가 9월 11일 경복궁 미술관에서 개막했다. 이 전람회는 전국에서 출품된 260점 중에서 입선된 46점이 전시되었다. 다색알락명 나방에 대해 연구한 충주 농업고등학교의 이병승 교사가 최고상인 대통령상을 수상했다. 전람회를 찾은 어린이들은 우주인의 사진을 보고 그림을 그렸다.

537-04 자활개척단

상영시간 | 01분 35초

영상요약 | 거지왕으로 알려진 김춘삼이 이끌고 있는 대한자활개척단이 간서지 개간을 위해 전라남도 광양군으로 떠나는 모습을 보여주는 영상이다. 이들은 300여 명으로 구성되어 있으며 무급으로 일을 하는 대신 나중에 토지를 부여받는다고 한다.

537-05 퇴비증산

상영시간 | 00분 49초

영상요약 | 정부는 식량증산계획의 일환으로 퇴비증산운동을 강력히 시행하고 있는데, 전북 임실군에서는 부락공동으로 퇴비를 증산하기도 했다. 퇴비증산은 지력을 향상시켜 식량증산의 근간이 되어 중요하게 여겨졌으며, 정부는 금년도 목표를 2,200만 톤으로 잡았다. 이는 300만 섬의 식량을 증산할 수 있는 양이다.

537-06 스포츠

상영시간 | 03분 00초

영상요약 | 장충체육관에서 열린 아시아 아마추어 복싱 선수권 대회에서 한국의 김성원, 김원만, 김덕팔 선수가 금메달을 땄다. 중국, 남한, 일본, 남베트남, 필리핀, 태국의 아시아 6개국의 41명이 출전한 이번 대회에서는 박정희 대통령의 주최자로서 개회사를 발표했다.

저축의 날 (1965년 9월 24일)

제작정보		영상정보	
출　　처	대한뉴스 538호	제공언어	한국어
제 작 사	국립영화제작소	컬　　러	흑백
제작국가	대한민국	사 운 드	유

영상요약

박정희 대통령은 범국민저축운동 기간에 즈음하여 국민들의 적극적인 협조를 바라는 담화를 발표했다. 이는 소비를 줄여 저축을 함으로써 산업기반을 마련하자는 내용으로서 적은 돈이라도 아껴서 저금을 할 것을 강조하였다. 또한 제2회 저축의 날 기념식에서는 국민은행장과 부산시장 등이 대통령상을, 대한교육보험 조진호 사장 등이 총리상을 받았다.

내레이션

박정희 대통령은 범국민저축운동의 즈음해서 국민들의 적극적인 협조를 바라는 담화를 발표했는데 박 대통령은 조국근대화와 경제자립을 위해서 구국적으로 추진할 첫 번째 과제가 검소와 저축으로 경제성장을 이룩하는 것이라고 강조하면서(박정희 육성연설) 한편 저축의 날을 맞아 9월 21일 정일권 국무총리는 시민회관에서 저축유공자를 표창했는데 대통령상은 부산시장과 국민은행장 등 네 사람에게 수여됐으며 총리상은 대한교육보험 조진호 부사장을 비롯한 세 사람에게 수여됐습니다.

화면묘사

00:00 자막 "저축의 날"
00:02 '저축하는 국민되고 자립하는 나라되자', '저축증강기간'이라는 표어가 걸린 거리 전경
00:06 담화문을 발표하기 위해 회의장으로 들어서는 박정희 대통령.(육성연설 : 경제개발 계획을 수행함에 있어서 몇 가지 어려운 문제가 없지는 않았으나 우리의 꾸준한 노력은 명백한 전진을 기록하였습니다. 즉 급진적인 수출 증대와 아울러 전력 석탄, 유류 등 동력원의 확보, 그리고 기간산업의 눈부신 발전을 보아 경제 개발의 기초를 마련하였으며 이 계획으로써 우리나라의 모든 경제정책과 활동이 처음으로 뚜렷한 지표를 가지게 되고 발전을 위한 노력이 꽃이 되었습니다. 저축은 반드시 소득이 나아야만 이루어지는 것은 아니고 적은 소득이라도 소비를 절약하면 저축이 되는 것이며 또한 적은 돈이라도 한푼 두푼 모으고 쌓으면 거대한 산업자금을 이루어 투자를 확대할 수 있게 되는 것입니다. 그리하여 이는 다시 소득의 증가를 가져오게 도는 것이므로 근검과 절약은 저축의 근원이고, 시발인 것입니다) 이를 촬영하는 모습. 단상 위에서 담화를 발표하는 박정희 대통령
00:36 수출품이 선박에 실리는 모습
00:44 공장에서 기계 돌아가는 장면. 공장에서 일하는 노동자의 모습
00:51 탄광에서 석탄을 채취하는 장면

01:05 구두를 닦는 소년들
01:11 구두 닦던 어린이가 은행으로 저금을 하러 들어가는 장면
01:17 어린이들이 줄을 서서 저금을 하는 장면
01:27 연설하는 박정희 대통령
01:39 '제2회 저축의 날 기념식'이라는 현수막과 아래 걸린 대형 태극기. 시민회관의 좌석을 메운 참석자들과 무대 위에 앉아있는 사람들
01:43 저축 유공자들에게 표창장을 건네는 정일권 국무총리
01:51 상을 받아든 부산시장과 국민은행장
01:57 이를 지켜보는 관중들 (박수소리)

연구해제

이 영상은 1965년 9월 21일 저축의 날을 기념하여 박정희 대통령이 대국민 담화를 전달하는 내용과 저축의 날 기념행사로 '저축유공자'에 표창하는 행사의 내용을 담고 있다. 이날 박정희 대통령은 조국근대화와 경제자립을 위한 범국민저축운동에 적극적으로 협조해 달라는 내용의 담화를 전달하면서 경제개발계획을 수행하여 수출증대뿐만 아니라 전력, 석탄, 유류 등 기간산업 육성을 이루어 경제개발의 기초를 마련하였다고 자평했다. 이는 박정희 정권이 국민들의 저축운동을 통해 산업자금을 마련하고자 했던 목적을 선전하기 위한 것이라 할 수 있다.

저축의 날은 박정희 정부가 추진하고 있던 경제개발5개년계획의 시행 자금을 동원하기 위해 1964년에 처음 제정되었다. 박정희 정부가 경제개발계획 시행에 있어 부딪친 가장 큰 난제는 자금동원 문제였는데, 미국의 원조가 감축되는 상황 속에서 내자동원이 대안으로 제시되었다. 이에 5·16군사정부는 출범 이후 화폐개혁을 시행하고, 증권시장 활성화를 위한 조치를 마련하는 등 내자동원을 위한 제도를 시행했으나 성과를 거두지 못했다.

가계자금 동원도 내자동원을 위한 방안 중 하나로 시행되었다. 5·16군사정부 수립 이후 1964년까지는 보다 제도적인 차원에서 저축운동이 전개되었는데, 자발적인 민간저축운동과 병행하여 국민저축조합제도와 같은 강제저축이 실시된 것이다. 이 시기는 제1차 경제개발5개년계획 실시를 위한 투자재원 조달이 가장 중요한 목표였기 때문에 재

건국민운동의 일환으로 내핍저축장려운동이 전개되었다. 또한 재무부 이재국에 저축과가 신설되어 국가주도의 저축운동이 제도화되었다. 이 같은 관제 저축운동의 일환으로 저축의 날도 신설되었던 것이다. 이후 '저축의 날'은 1973년 3월 30일 '각종 기념일 등에 관한 규정'을 통해 증권의 날, 보험의 날을 포괄하였고, 9월 25일로 제정되었다.

참고문헌

「저축의 날 9월 21일로」, 『경향신문』, 1964년 6월 10일.

김도균, 『한국의 자산기반 생활보장체계의 형성과 변형에 관한 연구－개발국가의 저축동원과 조세정치를 중심으로－』, 서울대학교 박사학위논문, 2013.

해당호 전체 정보

538-01 저축의 날

상영시간 | 02분 00초

영상요약 | 박정희 대통령은 범국민저축운동 기간에 즈음하여 국민들의 적극적인 협조를 바라는 담화를 발표했다. 이는 소비를 줄여 저축을 함으로써 산업기반을 마련하자는 내용으로서 적은 돈이라도 아껴서 저금을 할 것을 강조하였다. 또한 제2회 저축의날 기념식에서는 국민은행장과 부산시장 등이 대통령상을, 대한교육보험 조진호 사장 등이 총리상을 받았다.

538-02 경인복선 개통

상영시간 | 01분 09초

영상요약 | 철도가 개설된 지 66년이 되는 9월 18일 경인선 복선 개통식이 열렸다. 박정희 대통령은 영등포－노량진 간 교차로에서 테이프를 끊었으며, 직접 침목과 레일을 연결하였다. 복선개통에 따라 복잡한 여객소통의 개선과 경인지역 경제발전에 이바지 할 것이 기대되었다.

538-03 파월 청룡부대 결단

상영시간 | 01분 37초

영상요약 | 9월 20일 동해안 공군기지에서는 월남에 파견될 한국군 전투부대 청룡부대 해병 제2여단의 결단식이 성대히 거행되었다. 이날 장병들의 가족들이 참석해 장병들의 무훈을 빌었으며, 박정희 대통령, 김성은 국방장관 등이 참석하여 장군들을 격려했다.

538-04 세계보건기구회의

상영시간 | 00분 36초

영상요약 | 9월 16일부터 6일 동안 제16차 세계보건기구 서태평양 지역회의가 열렸다. 정일권 국무총리는 개회식에 참석해 세계보건기구의 공로를 치하했다. 본회의는 중앙 공무원 교육원에서 열렸는데, 15개국 대표 80여 명이 참가했다. 이 회

의에서는 각종 질병에 대한 사업보고가 있었으며, 인구조절, 천연두 박멸대책, 소아마비 접종문제 등이 3대 사업으로 선정됐다.

538-05 2군 북삼 건설단

상영시간 | 00분 53초

영상요약 | 낙동강 기슭 경상북도 칠곡군 북삼면 경호천 일대에서는 2군의 군 수감자들이 방대한 농촌 종합개발사업에 투입되어 개간작업을 벌이고 있다. 이는 김용대 장군이 2군 사령관으로 있을 때 고안한 것이며, 이미 8km의 제방과 13정보의 산지개간이 완성됐다.

538-06 어린이 사생대회

상영시간 | 00분 37초

영상요약 | 9월 19일 창경원 뜰에서는 대신중고등학교의 주최로 어린이 사생대회가 열렸다. 이번 대회에는 128개 국민학교에서 2만여 명의 어린이들이 참가했다. 어린이들은 창경원 동물원의 동물들, 연못의 보트, 창경원에 모인 사람들 등을 보며 그림으로 표현했다.

538-07 토막소식

상영시간 | 01분 16초

영상요약 | 토지개량 조합연합회는 상업차관을 통해 200대의 불도저 도입을 추진하였는데, 그중 80대가 부산항에 도착했다. 이는 식량증산계획에 기여할 것으로 기대되었다. 해풍기업은 왕겨를 연료로 한 와사 발동기가 실험에 성공했다. 육군 3사단 장병들은 지난번 물난리에 무너진 경기도 포천의 이동교를 복구하여 준공식을 가졌다.

538-08 안익태씨 서거

상영시간 | 00분 57초

영상요약 | 애국가를 작곡한 작곡가이자 지휘자인 안익태가 9월 16일 스페인 바르셀로나에서 사망했다. 안익태는 생전에 한국을 방문하여 수많은 사람들 속에서 애국가의 연주를 지휘하기도 했다.

538-09 표어

상영시간 | 00분 03초

영상요약 | 산업자금을 조성하기 위한 국민저축을 장려하는 캠페인. “저축하는 국민되고 자립하는 나라되자.”

금리 현실화 (1965년 10월 9일)

제작정보

출 처 : 대한뉴스 540호
제 작 사 : 국립영화제작소
제작국가 : 대한민국

영상정보

제공언어 : 한국어
컬 러 : 흑백
사 운 드 : 유

영상요약

10월 초하루를 기해 정부가 금리 현실화를 단행했음을 알리는 영상이다. 이는 예금금리를 시중 사채이자에 가깝게 인상해서 예금자의 이익을 보장하고, 국가의 산업자금화 하려는 의도에서 시행됐다. 금리 현실화로 닷새 동안 9억 원의 예금증가라는 성과를 이루었다.

내레이션

경제개발5개년계획을 뒷받침하고 국민들의 이익을 보장하기 위해서 정부는 지난 10월 초하루를 기해서 금리 현실화를 단행할 방침을 세워 금리 체계의 개편을 봤습니다. 그런데 금리 현실화란 예금 금리를 시중 사채이자에 가깝게 인상해서 예금자의 이익을 보장함으로써 저축을 장려하고 축적된 예금을 산업자금화해서 국가이익을 꾀할 수 있는 것입니다. 새로이 인상된 이자율을 살펴보면은 3개월 정기예금은 연 9%에서 연 18%로 100% 인상, 6개월 정기예금은 12%에서 24%로 100% 인상 1년 정기예금은 연 15%에서 연 2%로 76% 인상, 기타 예금도 40%에서 100%로 인상됐습니다. 예를 들면은 1년 6개월 만기 정기예금을 10만 원 한다면은 매월 2,500원씩 이자를 받을 수 있게 되는 것입니다. 이렇게 됨으로써 예금자는 많은 이익을 얻을 수 있고 국가에서는 산업자금으로 투자해서 국가의 번영을 꾀할 수 있게 되는 것입니다. 금리 현실화가 된 이후 7월 5일 현재 불과 닷새 동안의 예금현황을 보면은 9억 원 증가해서 좋은 현상을 보여주고 있습니다.

화면묘사

00:00 자막 “고귀한 희생”
00:03 국민은행의 간판
00:06 국민은행 입구 모습. 사람들이 왔다갔다 하는 모습
00:09 은행 내부의 모습. 업무를 보는 직원들과 순서를 기다리는 예금자들
00:13 입금을 위해 돈을 맡기는 예금자와 이를 처리하는 직원의 모습
00:18 돈을 세고 통장을 정리하는 직원들의 모습
00:21 예금을 확인하는 직원과 예금자
00:25 입금이 된 통장을 확인하는 예금자
00:28 업무처리를 기다리는 예금자들과 업무를 처리하는 직원들
00:32 ‘신 · 구 금리비율’이라는 제목하에 금리 인상비율을 보여주는 애니메이션 표
00:51 ‘1년 6개월 정기예금’이라는 제목의 애니메이션. 입금을 했을 때 발생한 이자와 사용처, 이득을 나타내는 애니메이션
01:15 ‘금리 현실화된 후 10월 5일 현재’이라는 제목의 애니메이션. 5일 동안 9억 원

의 예금이 증가했다는 내용을 묘사하는 애니메이션

연구해제

이 영상은 1965년 시행된 금리현실화 정책에 대한 내용을 담고 있다. 1965년 9월 30일 박정희 정부는 사채시장의 이자율을 고려해 예금과 대출 이자율을 대폭 인상하는 금리현실화 조치를 단행했다. 당시 금리현실화는 경제개발계획을 시행하는데 필요한 자금을 국내에서 동원하기 위한 방안으로, 은행 문턱을 넘기 힘들었던 서민들의 방대한 사금융 영역이 그 대상으로 주목되었던 것이다. 영상에서는 금리현실화 정책을 통해 3개월 정기예금 이율은 연 9%에서 18%로, 6개월 정기예금 이율은 연 12%에서 24%로 100% 인상되었다는 점을 강조하고, 금리현실화 이후 5일 만에 예금이 9억 원이 증가했다는 결과를 전했다. 실제로 금리현실화 조치 이후 고리대 자본의 은행저축성예금으로의 이동이 뚜렷이 드러났다.

금리현실화는 내자동원의 목적 외에도 재정안정을 위한 금융개혁의 일환이었다. 1962년 화폐개혁의 실패, 미국원조의 감소, 1963년 식량파동 등으로 인한 고인플레이션과 생산감소 상황에서 경제개발5개년계획은 수정이 불가피했다. 1963년 들어 개발계획의 한계가 뚜렷해지자 정부는 본격적으로 외자 유치를 위한 방안을 고려하기 시작했고, 미국의 안정화 계획 요구를 받아들여 1963년 재정안정계획을 부활시켰다. 영상에서 소개된 1965년 재정안정계획과 같은 해 실시된 금리현실화를 비롯한 한국의 금융개혁 역시 미국의 원조제공의 조건이었다.

금리현실화의 특징은 다섯 가지로 정리할 수 있다. 첫째, 물가상승률을 상회하는 예대금리체계가 확립되었다는 것이다. 둘째, 선별적 금리상승이 이루어졌다. 금리상승의 선별성에 관해서는 두 가지 내용이 주목된다. 우선 예금이 장기화되고 은행의 신용창조능력이 확대되었다는 것이다. 이는 저축성예금 위주의 수신금리 인상이 이루어졌고, 1년 6개월 이상 만기정기예금에는 연 30% 최고금리가 적용된 것에서 확인할 수 있다. 다음으로는 특혜금융자금과 일반대출자금 간 금리격차가 확대되었다는 것을 들 수 있다. 즉 금리현실화 이후에도 수출어음, 외화표시 군납어음, 미곡담보 및 미곡담보선대어음에 대한 대출금리는 종전 수준으로 유지되며 특혜적 성격을 유지했다. 셋째, 여수신 금리격차가 확대되었다. 즉 예금금리가 높아짐에 따라 은행의 수익성이 떨어진 것이다. 이 특징은 1965년 금리현실화 조치의 가장 중요한 내용인데, 금융자본의 수익성보다 산업자본을 위한 지원제도의 성격을 갖게 되었기 때문이다. 넷째, 은행의 산업별 대출금 구성 및 대출용도가 변화되었다. 마지막으로 실질이자율이 다시 하락하기 시작한 1967년부터 투자가 본격적으로 증가하기 때문에 금리현실화 자체는 투자와 성장에 직접 기여한 것이 아니었음이 분명하다 하겠다.

참고문헌

유철규, 「1965년 금리현실화 : 재평가와 이론적 쟁점」, 『1950~1960년대 한국형 발전모델의 원형과 그 변용과정』, 한울아카데미, 2005.

해당호 전체 정보

540-01 제46회 전국 체육대회

상영시간 | 01분 34초

영상요약 | 10월 5일 제46회 전국체육대회가 전라남도 광주에서 개최되었다. 강화를 거쳐 온 성화가 점화되는 것을 시작으로 개회된 체육대회에는 재일교포 선수단을 비롯, 13,000여 명의 선수들이 참여했다. 조선대부속고등학교 학생들의 매스게임이 좋은 반응을 얻었으며, 광주시내 주부 여성단체가 민속무용을 선보였다. 박정희 대통령도 참석하여 체육의 발전은 국가적 과제라고 치사했다.

540-02 정일권 총리 동남아 순방

상영시간 | 01분 49초

영상요약 | 9월 29일 말레이시아에 도착한 정일권 국무총리는 라만 수상과 회담을 갖고 말레이시아 국왕과 접견을 했다. 이후 말레이시아 국립묘지를 방문하여 헌화하였으며, 라만 수상과 한말 문화협정을 체결했다. 말레이시아 순방은 12일 동안 계속되었으며 정일권 총리는 10월 6일 귀국했다.

540-03 청룡부대 향월

상영시간 | 00분 52초

영상요약 | 10월 3일 월남파견전투부대의 제1진 청룡부대가 베트남으로 출발했다. 김종필 의원을 비롯해서 김성은 국방장관, 함명수 해군참모총장, 공정식 해병대 사령관을 비롯하여 수많은 배웅 인파가 몰려 장병들을 환송했다.

540-04 고귀한 희생

상영시간 | 01분 19초

영상요약 | 전투 중에 목숨을 잃은 고 강재구 소령의 장례식이 10월 8일 육군본부 광장에서 육군장으로 치러졌다. 이날 장례식에는 삼부요인을 비롯한 한미고위장성들, 전우 및 유족들이 모여 그의 죽음을 슬퍼했다. 특히 미망인과 어린 아들의 모습은 보는 이들을 더욱 슬프게 했다.

540-05 금리 현실화

상영시간 | 01분 25초

영상요약 | 10월 초하루를 기해서 정부는 금리 현실화를 단행했다. 이는 예금금리를 시중 사채이자에 가깝게 인상해서 예금자의 이익을 보장하고, 국가의 산업자금화 하려는 의도에서 시행됐다. 금리 현실화로 닷새 동안 9억 원의 예금증가라는 성과를 이루었다.

540-06 심농법

상영시간 | 00분 51초

영상요약 | 식량증산문제가 지상과제로 되어 있는 우리나라에 심농법이라는 특수재배법이 성공함으로써 정부의 식량증산계획을 크게 뒷받침하게 되었다. 김포군의 이인택은 심농법으로 벼를 재배한 성공사례로 꼽혔다. 그는 보통 때보다 2배~2배반의 수확을 거둘 수 있을 것이라고 말했다.

540-07 세종호 입항

상영시간 | 00분 45초

영상요약 | 대한해운공사는 1965년 들어 두 번째로 1,3000톤급 화물선 세종호를 도입했다. 10월 5일 입항한 세종호는 130만 달러로 스웨덴에서 구매됐으며, 13,000톤, 150m 크기에 10온 와트의 속력을 낼 수 있다. 대한해운공사는 앞으로 미덕호와 진덕호를 도입할 계획이다.

540-08 신라문화제

상영시간 | 00분 53초

영상요약 | 10월 2일 경주에서 제4회 신라문화제가 열렸다. 이효상 국회의장을 비롯한 많은 인사들과 3만여 명의 관중들이 모여 성황을 이루었다. 신라문화제에는 20여종의 갖가지 행사들이 열렸는데 이틀째 열린 가장행렬은 옛 신라의 황금시대를 방불케 했다.

540-09 간첩을 잡아내자

상영시간 | 00분 33초

영상요약 | 김형욱 중앙정보부장은 10월 5일 제9차 정보위원회를 소집하는 자리에서 기자회견을 갖고, 한일협정과 월남파병을 계기로 남파간첩의 수가 늘어났다고 밝혔다.

540-10 표어

상영시간 | 00분 09초

영상요약 | 간첩은 살인을 하니 합심하여 잡아내자는 캠페인과, 불온문서(삐라)를 주우면 즉시 신고하자는 캠페인. "간첩은 살인한다 합심하여 잡아내자."

내고장 소식 (1965년 10월 16일)

제작정보		영상정보	
출　처	대한뉴스 541호	제공언어	한국어
제작사	국립영화제작소	컬　러	흑백
제작국가	대한민국	사운드	유

영상요약

10월 10일 부여에서 열린 제11회 백제문화제에 박정희 대통령을 비롯한 김종필 의원 및 도민 12만 명이 참석하여 성황을 이루었다. 삼충사에서 열린 삼충제, 삼천궁녀의 가장 행렬 등 다채로운 행사가 열렸으며 박정희 대통령은 민족문화의 발전을 이룩하는 새로

운 계기가 되길 바란다고 당부하였다. 10월 9일에는 육영수 여사가 경남 밀양에서 열린 제9회 밀양문화제에 참석했다. 육 여사는 아랑사당 준공식에 참석하여 여성들이 아랑의 정신을 본받을 것을 당부하였고, 가장행렬 등을 관람하였다.

내레이션

제11회 백제문화제가 박 대통령을 비롯한 국회 김종필 의원과 12만 도민들이 모인 가운데 10월 10일 유서 깊은 백제의 고도 부여에서 열렸습니다. 박 대통령은 축사를 통해 이 문화제가 우리의 고유한 문화를 되찾고 민족문화의 발전을 이룩하는 새로운 계기가 되기를 바란다고 당부했습니다. 부소산 기슭 삼충사에서는 백제말기의 충신 계백, 성충, 홍수공의 삼충제가 있었으며, 백제왕이 거느린 삼천궁녀의 가장행렬 등 갖가지 행사는 백제 700년의 찬란했던 옛모습을 되새기게 했습니다. 한편 10월 9일에는 경상남도 밀양에서 제9회 밀양문화제가 대통령 부인 육영수 여사를 비롯한 수많은 주민이 모인 가운데 성대히 베풀어졌습니다. 남천강변에 아랑사당 준공식에서 육 여사는 우리 여성들은 아랑의 정신을 본받자고 말했습니다. 이어서 다채로운 행사가 베풀어졌는데 진행되는 동안 밀양읍은 온통 축제의 분위기에 들떠있었습니다.

화면묘사

00:00 자막 "내고장 소식"

00:04 백제문화제의 전경. 문화제에 참석하기 위해 모인 사람들. 풍선이 하늘로 날아가는 모습을 구경하는 사람들

00:12 백제문화제에 참석하여 연단위로 올라가는 박정희 대통령과 일행들

00:18 문화제에 참석한 수많은 인파들

00:21 연단 위에 마련된 단상 앞에서 연설하는 박정희 대통령. 'KBS', 'MBC', '충남공보'라고 쓰여있는 이름표를 단 마이크들. 박정희 대통령의 연설을 들으며 연단 위에 앉아있는 사람들과 연단 앞에 서 있는 시민들

00:29 삼충사에서 계백, 성충, 홍수공을 위한 삼충제 장면.

00:47 삼천궁녀의 가장행렬 장면

01:01 사당 주변에 모여 있는 사람들
01:06 아랑사당에서 제를 올리는 육영수 여사
01:12 준공식을 보기 위해 모여든 인파
01:22 연설문을 읽는 육영수 여사
01:26 모여든 사람들
01:29 행사장면. 횃불이 타오르는 모습. '보리 배 증산'을 상징하는 모형물의 행렬
01:40 연단 위에 앉아 행렬을 보며 박수를 치는 육영수 여사. 어린이들의 행렬

연구해제

이 영상은 1965년 10월 제11회 백제문화제와 이를 방문한 박정희 대통령 일행의 모습을 담고 있다. 부소산성 앞 광장을 가득 매우고 있는 인파가 인상적이다.

백제문화제는 1955년 '백제대제'라는 명칭으로 처음 시작되었다. 신맹선(辛孟善)씨 등 부여지역 유지들의 발기에 의하여 '백제대제 집행위원회'가 구성되었고, 부여 지역 주민들이 자발적으로 성금을 모아 부소산 기슭에 백제 말기의 삼충신(성충, 흥수, 계백)을 모신 '삼충사'를 건립하고 제향을 올린 것이 시작이었다. 아울러 부여 도성 함락의 와중에 백마강에 몸을 던진 백제 여인들의 넋을 위무하는 '수륙제'를 봉행하였는데, 이 백제대제가 백제문화제의 전신이라고 할 수 있다. 당시 백제대제가 거행될 때는 전국에서 보기 드문 행사였기 때문에 부여읍민은 물론 군민들과 더불어 전국에서 몰려든 사람들로 인산인해를 이루었다고 한다.

이처럼 초기 백제문화제는 백제 망국의 원혼을 위로하는 제의에서 시작되었으나 해를 거듭하며 지역의 종합문화 행사의 성격을 더하여 행사 종목도 늘어나고 사람들의 관심도 커지면서 변화발전하게 된다. 그리고 여느 행사들처럼 초기 행사는 순수한 민간주도로 진행되었지만, 1960년대 들어서는 관주도의 문화제로서 행사의 주체가 변화하게 된다. 관주관으로의 전환은 당시의 상황에서 행사의 치밀도를 높이고 소요되는 예산, 인력 등의 지원을 원활하게 할 수 있었다는 점에서 문화제로의 발전을 촉진하는 큰 계기가 되었고, 이때 자연스럽게 백제대제에서 백제문화제로 명칭이 바뀐 것으로 보인다. 규모도 커져 1966년 제12회 문화제부터는 백제 문화권이었던 공주와 부여에서 동시에 행사를 진행하게 된다.

1970년대는 백제문화제의 정착기라고 할 수 있다. 문화제의 규모가 크게 확대되었으며, 다양한 문화행사들이 개최되었다. 1974년에는 행사지역이 공주와 부여에서 대전까지 확대되면서 '충남의 대제전'이란 대의 아래 충남도내 전 지역으로 백제문화제의 열기를 고조시켰다. 이후 공주 · 부여 두 지역에서 동시에 개최되던 백제문화제는 비슷한 성격의 문화제를 양 지역에서 동시에 실시하는 것이 예산낭비라는 문제점이 지적되면서 제27회부터 짝수의 해에는 부여에서, 홀수의 해에는 공주에서 번갈아 열리게 되었고, 격년제로 개최되면서 주관하는 곳에서는 대제를 다른 곳에서는 소규모로 소제를 지내게 되었다. 현재까지도 백제문화제는 지역의 특징적인 역사 문화적 기반위에서 이루어지는 지방 문화제로서 이어지고 있다.

참고문헌

김지은, 『백제문화제의 역사문화적 특성 강화 방안 연구』, 공주대학교 석사학위논문, 2006.

해당호 전체 정보

541-01 맹호부대 환송

상영시간 | 03분 23초

영상요약 | 월남에 파병되는 맹호부대의 파월 환송식이 10월 10일 여의도 공항에서 성대히 거행되었다. 이 자리에는 박정희 대통령, 육영수 여사를 비롯 삼부요인, 외교사절단 및 시민들이 참석했다. 이날 박정희 대통령은 사령부기를 전달하고 당부사를 발표했으며, 장병들의 가족 및 시민들은 장병들에게 꽃목걸이를 전달했다. 또한 서울신문사와 한국연예인협회가 주관한 환송공연이 열렸는데 이 자리에 참석한 장병들은 각종 공연을 즐겼다.

541-02 박정희대통령 지방시찰

상영시간 | 01분 03초

영상요약 | 10월 9일 박정희 대통령은 전예용 건설부장관을 대동하고 충청남도 비인지구를 시찰했다. 이곳에서 건설부 관계자로부터 비인지구 공업단지 조성에 대해 브리핑을 청취한 다음 임해공업단지 조성을 위한 기술조사를 시작하라고 지시했다. 또한 11일에는 고양군의 풍작기념 벼 베기에 참석했다.

541-03 야당의원 원내복귀

상영시간 | 01분 03초

영상요약 | 10월 11일 민정당의 32명의 의원들이 원내 복귀를 선언하면서 만2개월여 간 변칙적인 상태에 빠졌던 국회가 정상화 됐다. 민정당의 박순천 대표최고위원은 본회에서 특별연설을 통해 국정에 임하는 자세와 진로를 밝혔다. 민정당 의원들은 한일협정에 반대하며 국회의원직 사퇴서를 제출하였었다.

541-04 내고장 소식

상영시간 | 01분 44초

영상요약 | 10월 10일 부여에서 열린 제11회 백제문화제에 박정희 대통령을 비롯한 김종필 의원 및 도민 12만 명이 참석하여 성황을 이루었다. 삼충사에서 열린 삼충

제, 삼천궁녀의 가장행렬 등 다채로운 행사가 열렸으며 박정희 대통령은 민족 문화의 발전을 이룩하는 새로운 계기가 되길 바란다고 당부하였다. 10월 9일에는 육영수 여사가 경남 밀양에서 열린 제9회 밀양문화제에 참석했다. 육 여사는 아랑사당 준공식에 참석하여 여성들이 아랑의 정신을 본받을 것을 당부하였고, 가장행렬 등을 관람하였다.

541-05 가을의 향연

상영시간 | 01분 08초

영상요약 | 10월 13일 프랑스 대사관에서는 국제부인회가 마련한 의상전시회가 열렸다. 이 의상전시회는 자선을 목적으로 개최되었는데, 주한외교사절부인들과 육영수여사가 참석하였다. 배우 최은희와 미스코리아 김은지가 모델로 등장했으며, 이날 모금된 돈은 불우한 학생들에게 장학금로 전달할 예정이다. 한편 10월 9일에는 반도호텔에서 조세핀 조 여사의 가을옷 전시회가 열렸다. 이날 전시회에는 한국에 거주하는 외국인 여성들이 모델로 등장해 관람객들의 절찬을 받았다.

541-06 스포츠

상영시간 | 02분 11초

영상요약 | 제46회 전국 체육대회의 절정을 이룬 마라톤 경기가 10월 7일 정오에 열렸다. 광주 종합운동장을 출발하여 경복국민학교 앞을 반환점으로 총 42.195km를 달리는 이번 마라톤에는 106명의 선수 중 40명이 완주했으며, 강원도 대표 김봉래 선수가 1위를 차지하며 대회신기록을 세웠다. 이번 전국 체육대회는 종합성적 서울 1위, 전남 2위, 경기 3위로 막을 내렸다.

541-07 표어

상영시간 | 00분 04초

영상요약 | 베트남으로 파병된 장병들과 그들의 가족들을 동포애로 돕자는 캠페인. "파월 장병과 가족을 동포애로 도우라."

제2회 수출의 날 (1965년 12월 6일)

제작정보

출 처 : 대한뉴스 548호
제 작 사 : 국립영화제작소
제작국가 : 대한민국

영상정보

제공언어 : 한국어
컬 러 : 흑백
사 운 드 : 유

영상요약

제2회 수출의 날 기념식이 서울 시민회관에서 열렸다. 이날 박정희 대통령은 500만 달러 이상 수출실적을 낸 무역업자에게 동탑산업훈장을 수여했으며 예고 없이 반도조선 아케이드와 백화점을 시찰했다. 1965년도 현재 수출 총 실적은 1961년 5 · 16 당시의 3배이며 구성비율에서 공업생산품이 64%로 증가했는데, 이로써 공업발전 수준이 성장했다고 평가되었다.

내레이션

제2회 수출의 날 기념식이 박정희 대통령을 비롯한 (…)과 (…)가 참석한 가운데 지난 (…)일 서울시민회관에서 있었습니다. 이날 박정희 대통령은 금년도에 5,000,000달러 이상 수출실적을 올린 무역업자에게 동탑산업훈장을 달아주었으며 이밖에 유공자를 표창했습니다. 기념식이 끝난 다음 박정희 대통령은 예고 없이 반도조선 아케이트와 백화점을 시찰하고 진열된 각종 국산품을 관심 깊게 보면서 판매원들과 다정하게 얘기를 나누기도 했습니다. 그런데 이날 박정희 대통령은 공업제품 수출이 5 · 16 당시보다 35배나 증가된 것은 참으로 기쁘다고 말하고 신용을 권위로 하는 수출업자는 국제 상도의를 확립해서 국익을 손상시키는 일이 없도록 할 것을 당부했다. 그런데 5 · 16 당시인 1961년에 총 수출액은 4,290만 달러에 불과했으며 구성비율은 농산물 19%, 수산물 17%, 광산물 42%, 공업생산품은 불과 22%였는데, 금년은 10월 말 현재 1억 2,900만 달러의 수출실적을 올렸는데 농산물 6.1%, 수산물 12.7%, 광산물 16.8%, 공업생산품은 64.4%로서 단연 수위를 차지했습니다. 금년도 수출액은 5 · 16 당시의 3배이며 공업생산품은 22%에서 64.4%로 증가 우리나라의 공업발전을 여실히 보여주고 있습니다.

화면묘사

00:00 자막 "수출진흥"

00:04 "경축 第2回 輸出(제2회 수출)의 날 記念式典(기념식전)"이라고 쓰인 현수막. 벽면에 걸려있는 대형 태극기와 무대 위에 마련된 단상

00:08 훈장을 달아주는 박정희 대통령

00:15 상장을 건네받는 수상자

00:19 연설하는 박정희 대통령

00:22 기념식에 참석한 관계인사 및 생산직원들

00:30 백화점과 반도조선 아케이드를 시찰하는 박정희 대통령 일행

00:34 진열된 국산품을 살펴보는 박정희 대통령. 뒤따르는 일행들. 업자들을 만나 이야기를 나누는 박정희 대통령

01:10 1961년도의 총 수출액과 구성비율을 나타내는 애니메이션 표

01:25　1965년도 10월 말 현재의 총 수출액과 구성비율을 나타내는 애니메이션 표
01:41　1961년과 1965년도의 표를 비교하며 공업발전을 설명하는 장면

연구해제

이 영상은 1965년 11월 30일 시민회관에서 개최된 제2회 수출의 날 기념행사와 이후 박정희 대통령의 일정을 담고 있다. 수출의 날은 1964년 제1차 경제개발5개년계획의 수정보완 결정으로 수출지향형 공업화 정책에 관한 합의가 형성되면서 제정되었다. 정부는 수출지향형 공업화 정책을 전개하기 위해 환율개혁 및 금리현실화와 같은 정책을 시행하며 제반 조건을 정비하였다. 이 같은 조치는 금리를 시장의 결정에 맡기는 자유화 조치로 볼 수 있지만 실제로는 정부의 개입을 지속시키면서 그 개입효과를 극대화시키는 효과를 가져왔다. 뿐만 아니라 보다 직접적으로 수출을 진흥시킬 수 있는 정책이 필요했던 정부는 기업에게 수출하지 못하면 살아남을 수 없다는 인식을 심어주려고 노력하였다. 이에 따라 정부는 종전까지 단편적으로 실시되었던 수출진흥정책을 본격적으로 추진하기로 했으며, 1964년 6월 24일에는 상공부 주관하에 수출진흥종합시책을 만들어 발표하기도 했다.

수출의 날 역시 이 같은 정부의 수출지향 공업화정책을 대중들에게 선전하고 무역업자들의 사기를 증진시키기 위한 목적에서 제정된 것이었다. 영상에서 제2회 수출의 날 기념식에는 정부각료 및 무역업자들은 물론 작업복을 입은 공원들도 참석했음을 알 수 있다. 또한 500만 달러 이상의 실적을 올린 무역업자들에게 동탑산업훈장을 수여하였으며, 이들을 유공자로 칭하며 표창하였는데, 모두 정부의 수출지향 공업화정책을 주지시키기 위한 것이었다. 1961년 군사정부하 수출실적 및 수출품목 구성비와 비교해서 1965년 현재 수출실적이 3배 이상 증가하고 공업제품 수출이 35% 증가했다고 강조하고 있는 것도 1964년의 수출지향형 공업화 정책 수립과 그 성과를 선전하기 위한 것이었다. 이날 기념행사가 끝난 후 백화점을 방문하여 진열된 국산품을 시찰하고 판매원과 이야기를 나누는 박정희 대통령의 모습 또한 같은 맥락이라고 볼 수 있다.

참고문헌

기미야 다다시, 『박정희 정부의 선택』, 후마니타스, 2008.

해당호 전체 정보

548-01 제2회 수출의 날

상영시간 | 01분 52초

영상요약 | 제2회 수출의 날 기념식이 서울 시민회관에서 열렸다. 이날 박정희 대통령은 500만 달러 이상 수출실적을 낸 무역업자에게 동탑산업훈장을 수여했으며 예고 없이 반도조선아케이드와 백화점을 시찰했다. 1965년도 현재 수출 총 실적은 1961년 5·16 당시의 3배이며 구성비율에서 공업생산품이 64%로 증가했는데, 이로써 공업발전 수준이 성장했다고 평가되었다.

548-02 건설의 새소식

상영시간 | 00분 35초

영상요약 | 경상남도가 앞장 서온 농지개발단 발단식이 11월 22일 창녕군 현장에서 열렸다. 이날 발단식에는 신영주 의원과 주민다수가 참석했으며 불도저 10대가 투입되어 공사를 시작하였다. 이 공사는 5개년계획으로 시작되었는데, 안정농가를 조성하는 데에 그 목적이 있다.

548-03 이필은 대위 환영

상영시간 | 00분 39초

영상요약 | 월남한 이필은 전 북한 해군 대위를 환영하는 시민대회가 서울시청 앞 광장에서 열렸다. 이날 대한민국에 충성을 선서한 이필은 대위는 해군대위에 임명되었으며 계급장을 수여받았다. 또한 각계에서 전달한 선물 및 정착자금을 받았다.

548-04 국위를 떨친 여학생들

상영시간 | 01분 00초

영상요약 | 일본에서 열린 한일 친선 학생주산경기 대회에서 서울여자상업고등학교 정인숙, 김문경, 김은심 등 일곱 학생이 우승을 차지했다. 일본 도쿄에서 11월 7일부터 18일까지 열린 대회는 총 238명의 학생이 참가했는데 이들은 1, 2, 3등

개인상은 물론 단체경기에서도 우승을 차지하였다.

548-05 제3회 청룡상 시상식

상영시간 | 00분 44초

영상요약 | 11월 30일 서울 시민회관에서 제3회 청룡상 시상식이 열렸다. 남우조연상에는 박노식, 여우조연상에는 황정순, 남우주연상에는 최무룡, 여우주연상에 엄앵란, 감독상에는 김수용, 최우수 비극영화 작품상에는 한호기 감독의 '홍도', 최우수 극영화작품은 '저 하늘에도 슬픔이'가 차지했다.

548-06 내고장 소식

상영시간 | 01분 45초

영상요약 | 11월 25일 경상북도 김천에 문화원이 신축되었다. 이 문화원에는 전시실, 도서실, 회의실, 극장 등 각종 문화시설이 마련되어 있어 이 지방 지역사회개발은 물론 문화예술 진흥에 크게 이바지 하고 있다. 11월 23일에는 한국극빈아동선도회에서 극빈아동들에게 장학금을 전달했다. 대전 공군기술교육단에서는 자전거타기운동을 벌여 김진형 단장 이하 250명의 장병들이 출퇴근을 비롯하여 역내 업무에 자전거를 이용하고 있다.

548-07 월남소식

상영시간 | 01분 35초

영상요약 | 주월 한국군 통합사령관 채명신 장군이 주월 미군사령관 웨스트 모레드 대장을 만나 한미합동작전에 대해 토의를 했다. 또한 11월 30일 채명신 장군은 주월 맹호부대, 청룡부대의 성과를 발표했다. 한편 LST812함이 12월 1일 진해항에 도착하여 큰 환영을 받았다. 8개월의 임무를 마치고 돌아온 장병들은 가족들과 재회하는 기쁨을 얻었다.

548-08 스포츠

상영시간 | 02분 03초

영상요약 | 11월 25일부터 사흘 동안 서울 장충체육관에서 5개국 친선 국제프로레슬링대회가 열렸다. 우리나라의 김일, 장영철, 천규덕 선수가 참가한 가운데, 미국의

모또, 스웨덴의 칼슨, 덴마크의 한센, 터키의 유스터키, 일본의 오쿠마 선수 등이 출전했다. 김일-모또 조와 칼슨-한센 조의 테크매치가 제일대경기였고, 김일-칼슨의 싱글매치도 관중들의 이목을 끌었다.

548-09 표어

상영시간 | 00분 03초

영상요약 | 크리스마스에 파월장병과 일선장병에 위문 선물을 보내자는 캠페인. "파월장병과 일선장병에게 크리스마스 선물을 보냅시다."

서울시 교통난 완화 (1966년 4월 23일)

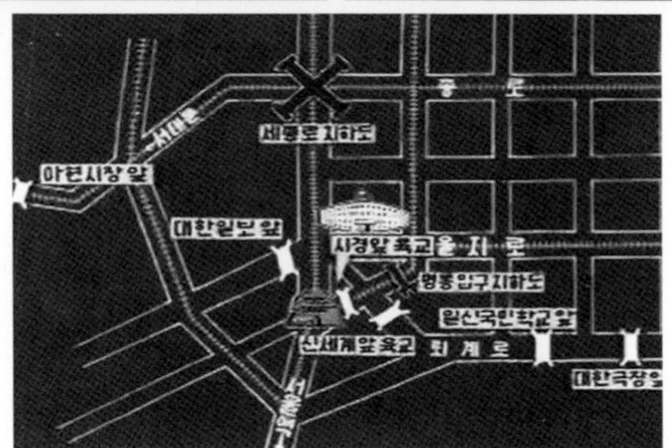

제작정보		**영상정보**	
출　　처	대한뉴스 567호	제공언어	한국어
제 작 사	국립영화제작소	컬　　러	흑백
제작국가	대한민국	사 운 드	유

영상요약

서울시는 교통사고에 대비해서 직장별 교통안전대를 결성했고 도로확장공사와 지하도 및 육교 설치공사를 하고 있다.

내레이션

날로 늘어나는 교통사고에 대비해서 서울시 용산 관내 각 직장 대표들은 직장 별로 교통안전대를 결성하고 교통사고를 막는데 앞장섰습니다. 특히 이날 인기영화배우 태현실 양의 교통정리는 운전사와 시민들의 인기를 모았습니다. 그런데 서울시에서는 날로 더해가는 교통난을 완화하기 위해 이미 곳곳에 좁은 도로를 확장 정리하고 있으며 입체교차로와 육교를 건설하는 등 온갖 힘을 기울이고 있습니다. 특히 지난 4월 19일을 기해 다시 서울시내 8개소에서 대대적인 도로공사를 일제히 착공했는데 1억 8천여만 원의 공사비를 들여 세종로와 명동입구에 마련될 지하도는 10월 3일까지 준공할 예정이라고 합니다. 그런데 세종로와 명동입구의 지하도 준공에 앞서 대한일보사, 신세계백화점 앞, 시청 앞, 일신국민학교 앞, 대한극장 앞, 아현시장 앞 등 6군데 육교가 8월 15일 완공을 보게 될 것입니다.

화면묘사

00:00 자막 "서울시 교통난 완화"
00:04 용산지구 직장 교통안정 지도대 발대식장 전경
00:08 "상명국민학교, 어린이교통경찰대" 깃발 아래 서있는 어린이들
00:11 발대식에 참석한 직장인들
00:14 발대식에 착석한 헌병들, 여성경찰들
00:18 밝은 표정으로 교통정리는 하는 태현실양의 모습
00:24 붐비는 시내 거리의 차량들의 통행 장면
00:27 도로 확장 공사를 하는 불도저 작업 장면
00:41 육교 건설 장면

00:45 육교 아래에서 기계를 작동시키는 모습
00:49 시민들이 광화문 주변 공사계획표를 보고 있는 모습
00:55 기공을 알리는 삽을 뜨는 정일권 국무총리 외 관계 정부인사들
00:59 기존 도로 제거 작업을 함께 하는 김현옥 서울시장
01:05 기존 도로를 제거하는 노동자들
01:12 광화문 일대 도로공사계획 그림
01:16 광화문, 시청, 남대문, 아현동 등의 지하도 및 육교 설치 계획을 보여주는 애니메이션

연구해제

이 영상은 서울시 교통난을 완화하기 위한 캠페인 활동과 도로건설공사 소식을 전하고 있다. 교통사고를 막기 위해서 용산 관내 각 직장 대표들이 교통안전대를 결성하는 장면과 영화배우 태현실이 교통정리를 하는 모습을 볼 수 있다. 이어서 영상은 서울시에서 진행되고 있는 도로건설공사 현황에 대해서 설명한다.

1966년 2월 24일, 서울시는 인접 도시 간 경제소통을 원활하게 하고 도심지와 부도심지 사이 교통 편리를 목적으로 서울시도시계획 골격교통망을 확정했다. 이것은 교통사고 등 교통 전쟁을 치러온 서울시민과 함께 서울시가 문제를 해결하기 위해 교통구조와 교통문화를 바꾸기 위한 계획으로서 진행되었다. 교통난 완화를 위한 서울시의 주요계획은 육교, 지하도 등을 새로이 만들고 버스노선 재조정, 버스 증차와 더불어 시차제를 실시하는 것이었다. 더불어 검찰과 법원은 교통사고의 예방책으로 폭력운전사를 엄벌키로 했다. 서울시는 이같은 계획이 일단락되는 같은 해 8월 15일에는 교통난이 31% 감소할 것으로 예상하였다.

교통난 완화를 위한 종합계획을 완수하기 위해 서울시는 공사의 속도를 높이기로 하였고 김현옥 서울시장은 야간공사, 24시간 5교대 운영을 통해 공사의 기일을 맞추기로 했다. 아울러 공사에 소요되는 예산을 유연하게 집행하겠다고 발표하였다. 또한 서울시경 교통전략기구 교통관제 센터를 설치하여 교통정보에 대한 수집과 통제를 실시할 것을 결정했다.

1966년이 서울시의 종합적이고 장기적인 도시계획이 이뤄지는 시점이라는 배경 속에

서, 이 영상은 도시 교통난을 해결하기 위한 서울시의 노력을 볼 수 있는 자료로서 의미를 가진다.

참고문헌

「骨格道路交通網계획안 確定 21個의 環狀·放射線」, 『동아일보』, 1966년 2월 25일.
「最悪의 交通戰爭에 官民合同작전」, 『동아일보』, 1966년 4월 8일.
「急「피치」道路공사」, 『경향신문』, 1966년 4월 8일.
「交通難解消에 새 作戰」, 『경향신문』, 1966년 4월 23일.

해당호 전체 정보

567-01 청와대 소식

상영시간 | 01분 10초

영상요약 | 4월 18일 박정희 대통령은 제주도를 방문해 정우식 지사에게 도정 보고를 받고 제주 현안에 대한 의견을 밝혔다. 4월 20일 육영수 여사는 청와대에서 독립운동가 미망인들을 만났다.

567-02 4·19의거 여섯돌

상영시간 | 01분 14초

영상요약 | 4·19 6주년을 맞아 기념행사가 서대문 희생자 유형 봉안소, 수유리 4·19묘지 등에서 진행되었다.

567-03 금주의 외국손님

상영시간 | 01분 29초

영상요약 | 4월 14일 워싱턴 주지사 에반스를 비롯한 워싱턴주 무역사절단이 방한했다. 해랄드 K. 존슨 미 육군참모총장은 한국군 26사단을 방문했다. 일본신문협회단 대표들이 한국신문편집인협회 초청으로 내한했다.

567-04 서울시 교통난 완화

상영시간 | 01분 33초

영상요약 | 서울시는 교통사고에 대비해서 직장별 교통안전대의 결성했고 도로확장공사와 지하도 및 육교 설치공사를 하고 있다.

567-05 월남소식

상영시간 | 02분 45초

영상요약 | 4월 16일 부산에서 출항한 혜산진부대 장병들은 퀴논에 상륙했다. 합동참모본부 의장 장창국 대장은 월남의 한국군부대를 시찰했다. 21일 민주공화당 김종필 의장은 서울 답십리에 있는 해군병원을 방문하고 환자들을 위문했다. 이화

여자대학교 미술대학 학생들은 월남병사들을 위해 바자회를 열기로 했다.

567-06 스포츠

상영시간 | 01분 08초

영상요약 | 4월 16일부터 사흘 동안 장충체육관에서 춘계여자농구연맹전이 열렸다. 결승전에서 숙명여대가 경기여대를 누르고 우승했다.

민족문화선양 (1966년 5월 7일)

제작정보		영상정보	
출처	대한뉴스 569호	제공언어	한국어
제작사	국립영화제작소	컬러	흑백
제작국가	대한민국	사운드	유

영상요약

4월 28일 정일권 국무총리 주재로 종합민족문화센터 건립추진위원회 회의로 센터 건설 지역을 결정했다.

내레이션

박정희 대통령의 연두교서에 밝힌 공약에 따라 4월 28일 정일권 국무총리 주재하에 정부와 문화예술계 인사들로 구성된 종합민족문화센터 건립추진위원회에서 서울시내 성동구 응봉공원에 종합민족문화센터를 짓기로 결정했습니다. 한편, 우리나라 민족음악의 현대화를 다짐하는 예그린 악단의 5월 2일 다시 부활해서 조선호텔에서 발단식을 가졌습니다. 이들은 앞으로 대중이 향유할 수 있는 민족적 종합예술의 새 영역을 개척하고 이를 해외에 널리 소개할 것을 다짐했습니다.

화면묘사

00:00 자막 "민족문화선양"
00:04 종합민족문화센터 건립추진위원회 회의 진행 모습, 회의에 참석한 정일권 국무총리
00:08 센터 건설 지역을 설명하는 관계자
00:12 보고를 듣는 회의 참석자들
00:16 자리에 일어나서 이야기하는 건립추진위원의 모습
00:19 회의를 진행하는 모습
00:23 예그린 악단의 춤공연 모습
00:30 바이올린을 연주하는 악단원들
00:33 박수치는 공연 청중들
00:36 가야금을 연주하는 악단원들
00:46 고전무용을 추는 여성들의 모습

연구해제

이 영상은 1965년 공화당 전당대회에서 문화정책으로 채택되면서 처음 제기되어 이듬해부터 논의가 구체화된 종합민족문화센터 건립추진위원회의 회의 장면을 담고 있다. 종합민족문화센터 건립계획은 1966년 연두교서에서 공식적으로 발표되었고, 이에

따라 1월 18일 정일권 국무총리를 비롯한, 부총리, 문교부장관, 공보부장관, 재무부장관 및 국회의원 최영두, 이해돈, 유청, 역사학계의 이병도, 최현배, 이순근, 박총화 등이 건립추진위원회 위원으로 위촉되었다. 2월 7일에는 법제처장, 공보부기획관리실장, 서울시부시장, 건축미술 등을 담당할 서울대학 교수 등의 실무자회의도 구성되었다. 이후 21차례의 실무자회의와 5차에 걸친 추진 위원회 회의 결과 10월 11일 서울 한남동 운봉공원에 대지 20만 평 규모의 종합민족문화센터를 건립한다는 구체적인 계획이 세워졌다. 1967년 4월 25일 종합민족문화센터 기공식이 장충단 공원에서 열렸다. 총예산은 20억으로 결정되었으며, 5개년 계획도 발표되었다.

박정희 정부는 이 사업을 통해 한국의 고유한 민족문화를 발굴, 정리, 보존, 육성하고 이것을 바탕으로 새로운 민족문화를 건설하고자 했다. 또한 센터를 건립하여 한국의 문화예술적 역량을 종합할 수 있는 대단지 센터를 운영함으로써 국민들이 선조들의 민족혼을 계승하고 민족적 주체의식을 확립할 수 있기를 기대했다. 그렇지만 이 사업은 진행 초기부터 진통을 겪게 된다. 애초에 충분한 보조금 확보하지 못한 정부가 당시의 국립극장, 국립도서관, 예총회관 건물을 판매하여 그 금액을 기금으로 활용하겠다는 방안을 가지고 있었지만 뜻대로 건물이 매각되지 않아 기본계획에 차질이 빚어지게 된 것이다.

우여곡절 끝에 결국 1969년 일차적으로 국립극장과 세종대왕기념관을 완공한다는 결정이 내려지고, 원래 계획되었던 예총회관, 국립공보관, 학술원, 예술원, 국립중앙도서관, 국사편찬위원회, 근대미술관 등의 문화예술 관련 건물들의 건립계획의 시행은 연기되었다. 따라서 국립극장의 경우 예정대로 1973년 10월 장충단공원 안에 설립되었지만, 사업 초기 대규모 민족문화단지를 조성한다는 계획은 예정대로 진행되지 못했다. 다만, 국립중앙도서관은 남산의 어린이회관에, 국립중앙박물관은 경복궁에 새로이 건립되었다.

이처럼 전체 문화예술계 인사와 지식인 사회에서 큰 환영을 받으면서 시작된 박정희 정권의 종합민족문화센터 건설 사업은 예산확보의 문제 등으로 인해 난항을 거듭하다 결국 정부의 전시효과에 급급한 행정의 시행착오를 보여준 사례라는 오명만을 남긴 채 1977년 4월 2일 『종합민족문화센터건립추진위원회규정등폐지령』이 대통령령 제8529호로 발표되면서 종결되었다. 종합민족문화센터 건립사업은 정부가 종합적인 문화정책을 수립하고자 했던 하나의 시도로서 의의를 가질 수는 있으나, 국무총리 및 문화부나 공보부 등의 각 처 장관 등이 건립위원으로 이 사업에 결합하면서, 민족문화 확립과정에 국가주의적 관점이 강하게 투영되어 내용적인 한계도 가지고 있었다.

참고문헌

「매머드 민족문화종합센터」, 『매일경제』, 1966년 12월 30일.
「66년도 대통령 연두교서 요지」, 『동아일보』, 1966년 1월 18일.
「무산돼버린 종합민족문화센터 건립」, 『경향신문』, 1969년 6월 4일.
「새 국립극장과 무대예술」, 『동아일보』, 1973년 10월 16일.
최석영, 『한국 박물관 100년 역사, 진단&대안』, 민속원, 2008.

해당호 전체 정보

569-01 박정희 대통령 지방시찰

상영시간 | 01분 49초

영상요약 | 박정희 대통령은 충무공 탄신 421주년을 맞아 아산 현충사를 방문했다. 이어서 논산훈련소를 시찰했다.

569-02 건설의 메아리

상영시간 | 02분 30초

영상요약 | 4월 29일 비인 공업지구 조성 사업과 서천-비인 간 철도 기공식에 정일권 국무총리와 전예용 건설부장관 등이 참석했다. 울산 여천에 한국비료공장, 인천에 화학공장이 건설되고 있다.

569-03 민족문화선양

상영시간 | 00분 51초

영상요약 | 4월 28일 정일권 국무총리 주재로 종합민족문화센터 건립추진위원회 회의로 센터 건설 지역을 결정했다.

569-04 토막소식

상영시간 | 01분 08초

영상요약 | 파주군 율곡리에서 화석정이 낙성되었다. 공주 금강 상류에서 선사유적이 발굴되었다.

569-05 월남소식

상영시간 | 01분 27초

영상요약 | 4월 21일 비둘기 부대에서 제5진 환송, 환영식이 있었고 권형달 중령 등에게 훈장이 수여됐다. 4월 10일부터 3일간 봉원사에서 파월장병의 무운을 비는 기도회가 있었다.

569-06 스포츠

상영시간 | 00분 51초

영상요약 | 4월 30일 프로복싱 동양미들급 챔피언 김기수 선수가 일본의 다나카 선수의 도전을 물리쳐 챔피언 방어전에 성공했다.

569-07 재해구호의 달

상영시간 | 01분 44초

영상요약 | 이재민을 돕기 위해 구호물자와 의연금을 모으고 있다는 설명과 국민들의 협조를 촉구한다.

569-08 표어

상영시간 | 00분 04초

영상요약 | 이재민 구호 표어. "재난에 우는 겨레 동포애로 보호하자."

돌아온 문화재 (1966년 6월 3일)

제작정보		
출 처	:	대한뉴스 573호
제 작 사	:	국립영화제작소
제작국가	:	대한민국

영상정보		
제공언어	:	한국어
컬 러	:	흑백
사 운 드	:	유

영상요약

1966년 5월 28일 덕수궁 국립박물관에서 일본 측과 협정이 이루어져 문화재들이 반환되었다.

내레이션

일제 치하에서 망국의 치욕을 안고 일본 땅에 갇혀있던 우리의 문화재가 5월 28일 덕수궁 국립박물관에서 이동원 외무부장관과 권오병 문교부장관이 참석한 가운데 일본 측으로부터 우리나라에 인도됨으로써 61년 만에 고국에 돌아왔습니다. 그동안 우리 문화재는 한일 간의 문화재와 문화협력에 관한 협정 제2조에 의해 협정 효력 발생 이후, 6개월 이내 인도한다는 내용에 따라 지난 25일 한일회담 문화재 대표 이홍식 씨와 국립박물관 미술과장 최순우 씨의 세밀한 감정을 받고 운반 점검을 끝마쳤습니다. 그래서 우리의 얼이 깃들은 선조의 유품은 5월 27일 김포공항에 무사히 도착했는데 최순우 씨는 (최순우 육성 인터뷰). 한편 박 대통령은 6월 2일 이번 일본에서 돌아온 문화재를 두루 관람했는데 이번 고국에 돌아온 문화재는 대부분이 신라, 고려시대 유물로써 총 1,324점이며 고고미술품 가운데는 일급품으로 국보급에 속하는 것들이 많이 있었습니다.

화면묘사

00:00 자막 "돌아온 문화재"
00:04 한국의 이동원 외무부장관과 협정문을 교환하고 악수하는 일본 대표
00:14 권오병 문교부장관의 발표 장면
00:17 한국 측에 착석한 정부인사들
00:20 일본 측에 착석해있는 인사들
00:23 테이블에 놓여있는 반환된 문화재를 두고 둘러앉아 이야기하고 있는 관계자 및 전문가들
00:28 문화재를 살펴보는 장면
00:38 반환된 문화재들의 모습
00:53 도착한 "JAL YOSHINO" 일본항공기
00:59 (국립박물관 미술과장 최순우의 인터뷰 육성) 이번에 일본에 가서 실제로 물건을 확인하면서 보니까 예상했던 것 보다는 고고학자들 중에 중요한 것이 많았습니다. 그리고 국권으로 이번에 우리 문화재를 찾아온다는 의의가 매우 큰 만큼 앞으로 다시는 우리 후손들이 이러한 전철을 밟게 되지 않게 되기를 전 염

원하고 있습니다.

00:57 도착한 비행기에서 내려지는 문화재 화물들
01:05 지게차를 통해 운반하는 문화재들
01:10 창고에 쌓여있는 문화재 상자
01:17 문화재 상자를 개봉하는 관계자들
01:22 반환된 문화재들을 살펴보는 박정희 대통령
01:34 전시된 문화재들의 모습

연구해제

1966년 5월 28일 덕수궁 내 국립박물관에서 열린 한국 문화재 인수식 장면을 보여주는 영상이다. 1965년 6월 22일 한일협정이 맺어지면서 그 부속협정으로 "문화재 및 문화협력에 관한 협정"(이하 문화재 협정)이 체결된다. 이에 따라 일본은 식민지기 동안 일본 한국으로부터 반출한 문화재들을 한국에 돌려보내게 되었고, 일 여년의 준비기간을 거친 뒤에 문화재 인수식을 개최하게 된 것이다. 영상에는 5월 27일 NWAJAL기 편으로 한국에 문화재를 들여오는 장면과 함께 당시 국립박물관 소속으로 문화재 인수에 참여했던 최순우의 육성인터뷰가 담겨 있어 인상적이다. 또한 인수식에서 이동원 외무부장관, 권오병 문교부장관, 일본 공사 등이 문서를 교환하며 악수를 나누는 장면도 상세히 보여준다.

1951년에서 1965년까지 총 14년 동안 7차에 걸쳐 성사된 한일회담에서 문화재 반환협상은 다음과 같이 진행되었다. 우선 제1차부터 3차까지 문화재 반환논의는 청구권 문제 속에서 다루어지고 있었다. 청구권 문제 중 현물배상의 한 요소로서 문화재 문제가 다루어졌지만 별다른 진전을 보이지 못했다. 이후 제4에서 제6차까지는 문화재 반환협상이 문화재 소위원회를 통해 이루어졌으며, 전문가회의 등을 통해 구체화되었다. 이 시기는 본격적으로 문화재 반환을 논의한 시기인 동시에, 일본 측의 의도적인 지연 등에도 불구하고 반환의 원칙을 결정하고, 세부사항을 점검하면서 반환받을 문화재 목록을 작성한 시기였다. 마지막으로 제7차 회담이 열리고, 조약이 체결되면서 문화재 반환이 최종 결정된다.

그렇지만 한일회담을 통해 결정된 문화재 반환은 성공적이라고 평가하기 어렵다. 한일협정 체결 당시 언론에서도 이와 관련된 비판기사들을 찾아 볼 수 있다. 동아일보의 한 기사에서는 "한국정부는 한일협정이 잘되었다고 스스로 내세우고 있지만, 사실상 조약의 내용에는 '한국으로부터 반출해나간 문화재 '얼마'량을 '인도'한다'는 구체적인 내용이 없다"며 조약의 허점을 지적한다. 또한 일본정부가 반환이라는 말을 의도적으로 피하고 인도라는 중립적 용어를 사용하는데, 이것 역시 납득하기 어렵다고 주장한다. 해방 이후 한국과 일본 양국이 국교회복을 맺는 수교임에도 불구하고 일본정부의 식민지배에 대한 과거사 반성의 의지를 찾아 볼 수 없었기 때문이다. 미술사학자 진홍섭 역시 일본정부가 작성한 반환 문화재 리스트는 결국 "알맹이는 다 빼돌리고 작성된 것으로 이것을 한국정부가 무비판적으로 수용하였다"고 꼬집는다.

요컨대 문화재 협정은 일본 측의 반환원칙에 근거하여 이루어졌으며, 문화재의 반환 역시 질적, 양적으로 충분치 못했다고 정리할 수 있다. 문제는 또 있었는데, 문화재 협정이 체결됨과 동시에 더 이상의 공식적인 문화재 반환논의를 할 수 없게 된 것이다. 한일협정을 체결하면서 한일 양국의 청구권 문제가 완전히 소멸된다는 조항이 공식적으로 확정되었는데, 이것이 문화재 협정에도 동일하게 적용되었기 때문이었다.

이 영상에서는 문화재 반환과 관련된 상세한 내용들을 보여주지만, 내레이션과 영상 어디에서도 한일협정과 관련된 내용은 다루어지지 않고 있다. 아울러 박정희 대통령이 직접 반환 문화재를 시찰하는 장면을 삽입함으로서, 일본 정부로부터 한국 정부가 문화재를 돌려받으며 과거의 회환을 설욕하게 되었다는 것을 암시하고자 하는 의도를 찾아 볼 수 있다. 당시 한일협정에 대한 사회의 비판을 의식한 제작자의 시선이 반영된 결과라고 볼 수 있다.

참고문헌

「풀어본 한일합의요강 〈6〉선심으로 그친 문화재 · 선박 반환」, 『동아일보』, 1965년 4월 12일.

「빼어간 문화재 돌려준다지만」, 『경향신문』, 1965년 6월 26일.

국성하, 「한일회담 문화재 반환협상 연구」, 『한국독립운동사연구』 25, 2005.

해당호 전체 정보

573-01 새로운 고향

상영시간 | 01분 44초

영상요약 | 전라남도 장흥군 대덕간척지에서 농지의 분배식이 진행됐다. 이 행사에 박정희 대통령이 참석했다.

573-02 "스카우트" 전진대회

상영시간 | 01분 29초

영상요약 | 5월 29일 스카우트 전진대회가 전국의 5천 스카우트 단원들이 참석한 가운데 서울운동장에서 열렸다.

573-03 돌아온 문화재

상영시간 | 01분 43초

영상요약 | 5월 28일 덕수궁 국립박물관에서 일본 측과 협정이 이루어져 문화재들이 반환되었다.

573-04 제4비료공장 건설 활발

상영시간 | 00분 52초

영상요약 | 진해화학 제4비료공장을 건설하고 있는 모습을 보여주는 영상.

573-05 석가세존 성탄

상영시간 | 00분 46초

영상요약 | 제2992회 초파일을 맞아 조계사에서 법요식을 올렸다.

573-06 내고장 소식

상영시간 | 01분 44초

영상요약 | 오정근 수산청장은 조기잡이 철을 맞아 연평도 주변 어로현장을 시찰했다. 농업중앙회 신명순 회장은 농협 저축에 협조적인 5군단 유근창 중장 및 사단장,

장병들에게 감사장을 전달했다. 남원에서는 5월 27일 10만 인파가 모인 가운데 춘향제가 열렸다.

573-07 원호의 달

상영시간 | 01분 30초

영상요약 | 6월 1일부터 보름은 원호의 달로 주변 원호대상자들에게 도움을 주도록 하자.

573-08 표어

상영시간 | 00분 03초

영상요약 | 원호사업 관심 촉구. "아빠없는 유자녀 키워주자 내손으로."

고 장면 박사 국민장 (1966년 6월 14일)

제작정보		영상정보	
출처	대한뉴스 575호	제공언어	한국어
제작사	국립영화제작소	컬러	흑백
제작국가	대한민국	사운드	유

영상요약

1966년 6월 4일 장면 박사가 사망해 12일 치른 국민장을 보여주는 영상이다.

내레이션

이 나라 민주주의의 발전을 위해 일해 온 운석 장면 박사가 6월 4일 세상을 떠났습니다. 정부는 고인의 장례를 국민장으로 결정, 6월 12일 이효상 국회의장과 정일권 국무총리를 비롯한 각계인사들과 수많은 학생, 시민이 참석한 가운데 서울운동장에서 영결식을 베풀고 고인의 업적을 추앙하며 명복을 빌었습니다. 식에 이어 200여만 장을 앞세운 장엄한 영구행렬은 장지인 천주교 묘지를 향했는데 종교인으로써, 교육자로써, 정치가로써 그가 남긴 사회적 공헌은 길이 빛날 것입니다.

화면묘사

00:00 자막 "고 장면 박사 국민장" 장송곡 연주
00:04 장면 국민장으로 서울운동장에 모인 시민들
00:08 장면 박사의 영정 사진
00:11 천주교 신부들의 추도 모습
00:14 수녀들과 시민들이 침울한 표정으로 착석해있는 모습
00:16 참석한 외국인들의 모습
00:18 서울운동장을 가득 메운 시민들, 서울운동장 전경
00:22 정일권 국무총리가 헌화하는 장면
00:27 장면 박사의 영정사진
00:30 2백여 개의 만장을 앞세운 영구행렬의 이동 모습
00:37 영구차량이 거리에서 이동하는 장면

연구해제

1960년 12년 독재의 자유당과 이승만 정권을 무너뜨린 4월혁명 이후 치루어진 7월총선에서 승리한 민주당 정부의 국무총리였던 장면이 1966년 6월 4일 오후 4시 50분 명륜동 자택에서 숙환이던 간염이 악화되어 향년 67세를 일기로 서거했다.

5 · 16쿠데타 세력에게 정권을 내놓은 뒤 장면은 계속 자택에 은거해 왔는데, 1966년 들어 병세가 악화하여 병원에서 장기치료를 받아왔다. 그는 박정희 정부의 정치정화법 대상으로 오랫동안 묶여 있다가 병세가 위독해진 것을 계기로 전달인 5월 16일에야 해금되었다.

이 영상에서 보듯 장례는 국민장으로 치러졌다. 장면의 유해는 6월 12일 상오 8시 25분 서울 명륜동 빈소를 떠나 가톨릭 재단에서 운영하는 성신중학교정에서 노기남 대주교의 집전으로 영결미사를 올리고 서울운동장에 도착, 국민장 의식을 거행했다. 국민장 영결식에서 이효상 국회의장은 "한국동란이 터졌을 때 유엔군의 빠른 지원을 얻어 국가를 위기에서 건진 장 박사의 공은 청사에 빛날 것이다"라고 고인의 업적을 추모했고, 여러 지인들의 애도가 이어졌다.

장지로 떠나는 영구는 낮 12시 반 서울운동장에서 도보로 출발, 800여 미터에 이르는 긴 의장행렬을 이끌고 안암동 로터리에 이르러 차량으로 옮겨져 장지인 포천으로 운구되었다.

장면은 1946년 천주교 대표로 미군정 자문기관인 민주의원과 입법의원의 의원으로 지명된 이후 1948년 서울 종로구에서 무소속으로 출마해 제헌국회 의원이 됨으로써 정치무대에 등장하였다. 같은 해 9월 제3차 UN총회 파견 한국대표단의 수석대표로 파견되어 신생 대한민국의 국제적 승인을 얻어냈고, 12월에는 초대 주미대사로 임명되어 다음해 발발한 6 · 25전쟁에 미군과 UN군의 참전을 이끌어 내는 외교역량을 발휘하였다. 이승만에 의해 국무총리로 지명된 그는 1951년 2월 3일부터 제2대 국무총리로 약 1년 2개월간 재임하였다. 이후 그는 1955년 민주당 창당의 주역이 되었으며, 1956년에는 부통령에 당선되었으나 대통령인 이승만과는 불협화음을 이어갔다. 4 · 19혁명 직후인 1960년 7월 총선에서 제5대 민의원에 당선되었고 8월 19일 내각책임제 제2공화국의 국무총리로 인준되어 다음해 5월 16일 군사쿠데타로 실각하기까지 약 9개월간을 재임하였다.

장면에 대해서는 수동적이고 무능한 정치인이었다는 평과 민주주의와 자율에 기반한 사회를 추구한 정치인이라는 긍정적 평가가 공존한다. 특히 후자의 입장에서는 장면의 정치가로서의 자질 시비의 주된 요인은 5 · 16군사쿠데타 진압 실패였고, 이는 당시 한국 사회 자체의 후진성에서 기인하는 것으로 한 사람의 정치가에게 그 책임을 묻는다는 것은 무의미한 일이라고 주장한다. 오히려 그는 정치적으로 자유당 일당 독재에 맞선 민주투사요, 제2공화국의 내각수반으로서 다원적 민주사회의 확립을 도모하였으며, '경제제일주의'를 표방해 장기적 경제개발 계획을 입안하였으며, 민간 자율 방식의 국민소득 증대를 추진하려고 하였다는 점에서 재조명 되어야 한다는 것이다. 실제 장면과 제2공화국에 대해서는 군부세력의 정치적 의도에 의해 부패하고 무능한 정치가이자 정권으로 부각되고 선전되었다는 점은 분명하나, 현 수준의 양 극단적 시각 중의 하나를 선택하기보다, 그에 대한 역사적 평가를 계속 지속시켜야 할 것이다.

참고문헌

「장면박사 서거」, 『동아일보』, 1966년 6월 5일.

「장면박사 국민장 엄수 어제 서울운동장서」, 『경향신문』, 1966년 6월 13일.

허동현, 「장면(1899~1966)의 정치사상과 리더십에 관한 연구」, 『비교문화연구』 9-1, 2005.

해당호 전체 정보

575-01 아시아 태평양지역 각료회의

상영시간 | 02분 19초

영상요약 | 6월 14일 아시아 태평양지역 각료회의가 10개국 대표가 참석하여 개막했다.

575-02 권농일

상영시간 | 02분 00초

영상요약 | 권농일을 맞아 수원농촌진흥청에서 열린 기념식에 박정희 대통령이 참석했고 이어서 기념 모심기행사에 참가했다. 부여군 남면지구 양수장이 준공되었다.

575-03 고 장면 박사 국민장

상영시간 | 00분 41초

영상요약 | 6월 4일 장면 박사가 사망해 12일 국민장을 치렀다.

575-04 정 총리 지방 시찰

상영시간 | 00분 41초

영상요약 | 정일권 국무총리는 각 지방의 파월장병가족돕기와 원호사업을 시찰하고 지시를 내렸다.

575-05 건설의 메아리

상영시간 | 01분 48초

영상요약 | 팔당수력발전소 건설 기공식에 박정희 대통령이 참석했다. 6월 11일에는 성산포 어업전진기지 기공식이 진행되었다.

575-06 토막소식

상영시간 | 01분 30초

영상요약 | 신인예술상의 제5회 시상식이 국립극장에서 열렸다. 2월 9일 고공침투훈련 중 순직한 고 이원등 상사의 동상 제막식이 한강에서 진행되었다. 산업간선도로

를 잇는 영중교 가설공사 기공식이 진행되었다.

575-07 월남소식

상영시간 | 01분 28초

영상요약 | 5월 25일 청룡 제2중대는 투이호아 서남방에서 베트콩 수색작전을 해서 베트콩들을 완전 섬멸했다. 6월 2일 장경순 국회부의장과 한명수 해군참모총장 맹호고아원을 방문했다. 주한유엔군사령관 비치대장은 한국군의 태권도 시범을 관람했다.

아시아 태평양지역 각료회의 폐막 (1966년 6월 25일)

제작정보		영상정보	
출　　처	대한뉴스 576호	제공언어	한국어
제 작 사	국립영화제작소	컬　　러	흑백
제작국가	대한민국	사 운 드	유

영상요약

6월 14일부터 사흘 동안 아시아태평양지역 각료회의는 4차례 회의로 진행되었다. 16일 "유엔 결의에 의한 통한 방안을 지지", "대공 투쟁에 임한 월남 국민을 지지", "핵 실험 규탄", "각료회의의 정기적 개최", "상호협조를 위한 각종 기구 설립 등 13개 항목에 합의" 등 13개 항목의 공동성명에 합의하였다.

내레이션

서울에서 역사적으로 개최된 아시아태평양지역 각료회의는 6월 14일부터 사흘 동안 워커힐에서 4차례에 걸친 회의를 가졌습니다. 회의를 통해 각국 대표들은 아시아태평양지역의 모든 나라들은 공동운명에 처해있음을 인식하고 평화와 안전 그리고 번영은 국가 상호 간의 이해 증진과 긴밀한 협조정신에서만이 달성될 수 있다고 강조했으며 아시아의 당면한 여러 가지 문제점에 대해 냉철한 분석과 평가를 가했습니다. 그런데 이 각료회의는 정례적으로 개최하되 내년회의는 다음에 태국에서 열기로 결정했고 또한 이번 회의에 참석하지 않은 다른 나라에 대해서도 문호를 개방할 것에 대해 의견을 모았습니다. 6월 16일 오후 6시 15분 드디어 13개 항목으로 돼있는 공동성명에 각국 대표들이 서명했는데 한국의 유엔결의에 의한 통한 방안을 공식적으로 지지했으며, 대공투쟁에 임한 월남국민에 대한 지원을 지지하고 아시아태평양 지역에서의 핵실험을 규탄하며, 각료회의를 정기적으로 개최할 것을 결의함으로써 회의의 지속성을 인정하고 각 분야에서 보다 긴밀한 협조관계를 맺기 위해 각종 기구를 설립하자는 등 13개 항목에 합의함으로써 이번 회의는 획기적인 성공을 가져왔습니다. 이러한 사실은 우리나라 역사상 길이 기록될 것이며 세계평화의 기수로써 국위를 떨치고 우리나라의 국제적 지위를 확고히 했다는 사실은 세계로 뻗는 한국의 표상을 실현하려는 우리나라 외교의 새로운 이정표를 마련한 것이라고 하겠습니다.

화면묘사

00:00 자막 "아시아 태평양지역 각료회의 폐막"
00:04 중앙청 건물 클로즈업
00:12 바람에 날리는 각료회의 참가국 국기들
00:15 워커힐 호텔 주차장의 모습
00:19 "CONFERENCE HALL" 팻말
00:22 회의장 전경
00:26 회의를 진행하는 회의장(Chairman)의 모습
00:30 발언하는 회의 참가국 대표들

00:33 여성 속기사들의 모습
00:36 말하는 회의 참가국 대표의 모습
00:40 회의 참관인들의 모습
00:48 회의가 진행 중인 회의장 전경
00:52 자막 "유엔 결의에 의한 통한 방안을 지지", 공동성명에 서명하는 참가국 대표들
01:03 자막 "대공 투쟁에 임한 월남 국민을 지지"
01:06 자막 "핵 실험 규탄"
01:10 자막 "각료회의의 정기적 개최"
01:16 자막 "상호협조를 위한 각종 기구 설립 등 13개 항목에 합의"
01:20 이동원 외무부장관이 의사봉을 치는 모습
01:24 박수치는 회의 참가국 대표들
01:28 휘날리는 참가국 국기들
01:42 워커힐 호텔을 주차장에서 빠져나가는 고급차량들

연구해제

이 영상은 1966년 6월 14~16일까지 서울에서 개최된 아시아태평양이사회(ASPAC: Asian and Pacific Council) 제1차 회의 모습을 담고 있고, 자막으로 주요한 공동성명 내용을 보여주고 있다. 〈대한뉴스〉에서는 이 외에도 '제631-02호 아시아 태평양 지역 각료회의(ASPEC)'에서는 태국에서 개최된 2차 회의 모습을, '제729-03호 우호적인 국제회의'와 대한뉴스KC '제692-09호 아스팍 문화센타 집행위원회 제1차 회의'에서는 1969년 한국에서 개최된 ASPAC 산하 사회문화센터 집행위원회 장면을, 마지막으로 '제884-01호 평화와 발전(아스팍 각료회의)'에서는 1972년 서울에서 개최된 ASPAC 제7차 회의 모습을 상영함으로써 이 회의의 중요성을 알 수 있게 해 준다.

1960년대 중반 아시아에서는 지역주의 움직임이 활발하여 일련의 정부 간 협력체가 출현했는데, 그중 하나가 한국정부의 주도로 창설된 ASPAC이다. 박정희 정권은 1964년부터 1961년에 개최된 아시아 4개국 외상회의를 계승하는 '아시아 정상회담' 개최를 추진하였는데, 그 기초 작업으로서 외상회담을 열고자 했다. 그리고 이를 위해 아시아 각국과 교섭하는 한편 미국에 협력을 요청했다. 미국은 초기에는 회의적인 시각을 갖고

있었으나 한국 전투부대의 베트남 파병을 독려하게 되면서 상황이 변하자 태국, 필리핀, 오스트레일리아, 뉴질랜드 등을 독려해서 적극 참여토록 했다.

이에 ASPAC은 1965년 3월 11~14일에 제1차 예비회담을, 1966년 4월 18~20일에 진행된 제2차 예비회담을 갖고 1966년 6월 14~16일까지 서울에서 ASPAC 본회의를 개최하는데 성공하였다. 이 회의에는 한국, 일본, 대만, 말레이시아, 필리핀, 태국, 베트남(당시 월남), 오스트레일리아, 뉴질랜드의 9개국과 라오스가 옵저버로 참석했다.

ASPAC 산하에는 과학기술 등록처, 사회 문화 센터, 경제 협력 센터, 식량 비료 기술센터 등의 기구를 두었다. 그 후 ASPAC은 1967년 제2차 방콕회의를 거쳐 1972년 서울회의까지 총 7차례 개최되었다. 그러나 1960년대 접어들어 미국과 중국의 화해무드와 대만의 유엔 의석 상실 등 국제정세의 급변 속에서 ASPAC의 존재 의의가 줄어들면서 자연 소멸되었다.

참고문헌

박태균, 「박정희의 동아시아인식과 아시아·태평양 공동사회 구상」, 『역사비평』 76, 2006.

조양현, 「냉전기 한국의 지역주의 외교 : 아스팍(ASPAC) 설립의 역사적 분석」, 『한국정치학회보』 42-1, 2008.

해당호 전체 정보

576-01 아시아 태평양지역 각료회의 폐막

상영시간 | 01분 55초

영상요약 | 6월 14일부터 사흘 동안 아시아태평양지역 각료회의는 4차례 회의로 진행되었다. 16일 "유엔 결의에 의한 통한방안을 지지", "대공 투쟁에 임한 월남 국민을 지지", "핵 실험 규탄", "각료회의의 정기적 개최", "상호협조를 위한 각종 기구 설립 등 13개 항목에 합의" 등 13개 항목의 공동성명에 합의하였다.

576-02 외화획득

상영시간 | 01분 26초

영상요약 | 호남비료 나주공장에서는 잉여 방출되는 탄산가스 불순물로 드라이아이스를 만들어 외화를 벌고 있다. 전매청에서는 잎담배의 수출에 적극적으로 나서고 있다.

576-03 미스코리아 선발

상영시간 | 00분 52초

영상요약 | 6월 15일 경복궁 특설무대에서 미스코리아 선발대회가 개최되었다.

576-04 토막소식

상영시간 | 02분 38초

영상요약 | 6월 23일 제5회 향토문화공로상 시상식이 중앙청 홀에서 홍종철 공보부장관이 참석한 가운데 열렸다. 수상자들은 25일 청와대에서 박정희 대통령을 예방했다. 6월 19일부터 25일까지 온양온천호텔에서 아세아문제연구소의 "아세아에서의 공산주의의 문제"라는 국제학술대회가 열렸다.

576-05 6·25의 잿더미에서 오늘의 부강을

상영시간 | 03분 18초

영상요약 | 6·25전쟁의 수많은 피해 속에서, 5·16혁명 이후 경제개발5개년계획을 추진

하면서 도시 건설 및 경제 각 산업의 부문을 건설을 이룩하고 있다는 것을 알리는 영상이다.

증산을 위하여 (1966년 9월 25일)

제작정보		**영상정보**	
출 처	대한뉴스 589호	제공언어	한국어
제 작 사	국립영화제작소	컬 러	흑백
제작국가	대한민국	사 운 드	유

영상요약

경기도 화성농장에서는 식량증산을 위해 간척사업을 진행하고 있다. 전라북도에서는 식량증산에 기여하기 위해 퇴비증산에 나서고 있다. 또한 전라북도에서는 정부의 잠업 증산계획에 호응해서 생산 증산에 주력하고 있다.

내레이션

식량증산을 위해서 바다를 메워 새로운 농토를 마련하는 이곳 경기도 화성농장, 미래의 낙원을 향해 2킬로메타의 논둑을 쌓아 올리는 이 간척사업을 1964년 11월에 착공, 1969년 말에는 완공할 예정인데 화성군과 평택군 등 2개 군 6개 면에 펼쳐지는 이 공사가 완공되면 750만 평의 새로운 농토와 양어장, 목장 등이 만들어지게 될 것이며 3천여 세대가 입주해서 신흥도시가 꾸며지게 될 것입니다. 이 사업은 화성농장의 이기창씨가 사재를 털어 벌여놓은 사업으로 현재 방조제 축조공사가 활발히 진척되고 있는데 특히 미국 농무성으로부터 종합개발 양곡 9,700톤을 보내겠다는 통고를 받고 더욱 활기를 띠고 있습니다. 그런데 이곳 경기도 화성군 현향만에 펼쳐지는 간척공사는 제1방조제, 제2방조제, 제3방조제 등 총 1,913미터의 돌섬을 쌓아 올리게 되면은 총 1,095만 평의 새로운 땅이 생기며 연간 10만 섬의 쌀을 생산하게 될 것입니다. 퇴비증산. 이것이야말로 식량증산을 위한 또 하나의 길입니다. 전라북도에서는 190만 톤을 금년도 생산목표로 삼고 범국민운동을 전개, 퇴비증산에 힘을 기울이고 있는데 그동안 아침, 저녁 풀베기운동이나 유휴노동력을 활용, 지난 9월 초에 160만 톤의 실적을 올렸습니다. 또한 지난 9월 7~8일에는 장수군과 임실군에서도 퇴비증산대회를 개최하고 퇴비증산의욕을 북돋아주었는데 증산의 보람과 함께 지게와 우마차 그리고 트럭까지 동원해서 목표량을 모두 초과달성했습니다. 이와 같은 농민들의 보람찬 의욕은 토양의 산성화를 방지하고 금비 사용의 절감으로 농촌경제 발전의 큰 도움을 줄 것입니다. 한편, 전라북도에서는 정부의 잠업증산계획의 적극 호응해서 1,328톤을 생산목표로 박차를 가하고 있습니다. 양잠으로 이름난 이곳 남원군 입암리에서는 부락민 스스로가 개발위원회를 조직하고 1964년에 23만주의 뽕나무를 심어 양잠 주산지를 조성했으며 182호의 농가가 단합해서 만 2년 만에 추잠 100상자를 소잠, 현재 100만 원의 수익을 보고 있는데 68년부터는 매년 690상자를 소잠해서 800만 원의 농가소득을 올릴 계획으로 있어 남원군은 일약 잠업공업군으로 발전해나가고 있습니다. 그런데 정부는 1962년부터 66년까지 3,900만 달러어치의 생사수출 실적으로 올리고 있어 앞으로도 양잠경영을 개선해서 농가소득을 향상시키는데 더욱 힘을 기울일 것입니다.

화면묘사

00:00 자막 "증산을 위하여"

00:04 경기도 화성 간척사업 현장 전경

00:17 방조제에서 궤도열차를 밀고 있는 노동자와 방조제 측면에서 석재작업을 하는 노동자들의 모습

00:21 방조제 주변에 쌓은 돌을 정으로 다듬는 노동자들

00:26 궤도열차로 운반한 돌을 노동자들이 붇는 장면

00:32 궤도열차 위에 노동자들이 올라가 돌을 바다에 던져 넣는 장면

00:40 바다에 돌이 던져져 물이 튀어오르는 장면

00:50 방조제 주변 바다 모습

00:54 남양 간척지구를 설명하는 애니메이션

01:12 "퇴비 건초 배가 증산운동, 장수군"이라고 써있는 현수막이 나무에 걸려있고 그 아래로 지나가는 지게꾼들의 모습

01:17 농부들이 산 중턱에서 풀을 베는 장면

01:22 퇴비증산에 공이 있는 농부에게 상을 수여하는 장면

01:26 낫으로 풀을 베는 청년들

01:35 지게에 풀을 가득 싣고 산을 내려오는 사람들

01:41 소가 풀을 가득 올린 마차를 끌고 가는 장면

01:46 이동하는 우마차들이 시골길을 길게 늘어선 장면

01:51 퇴비를 한 군데에 쌓는 사람들과 주변에서 보는 관계자들

01:56 작두로 풀을 자르는 협업 장면

02:05 넓은 뽕나무 밭의 모습

02:09 여성농민이 뽕나무 잎을 따는 장면

02:16 뽕나무 잎을 따는 장면 클로즈업

02:20 양잠 판을 꺼내어 뽕잎을 올리는 장면

02:25 뽕잎을 올려주는 장면 클로즈업

02:30 누에고치 정리작업을 하는 전체 장면

02:35 누에고치를 고르는 모습

02:39 돈다발을 들고 돈을 세는 장면
02:42 누에고치로부터 생사를 만드는 공장 내부 전경
02:46 생사 만드는 공정 모습
02:52 생산된 생사의 문제를 확인해보는 장면
02:57 완성된 생사를 쌓아놓은 모습

연구해제

이 영상은 1960년대에 식량증산을 목표로 각 지역별로 진행되고 있는 각종 사업들을 소개하고 있다. 1960년대 농정은 '완전한 식량자급'이라는 증산계획의 소박성을 특징으로 했다. 모든 곡종에 걸쳐 완전한 자급, 나아가 수출까지 표방하는 것이었으며 '식량자급－자립경제'라는 강력한 정책 이데올로기에 기초했다고 할 수 있다. 이는 1960년대 국가주도 공업화정책을 뒷받침 할 수 있도록 농촌을 저임금노동력의 공급원이자 값싼 식량의 공급지로서 기능하게 하는 정책과도 연관된다. 특히 박정희 정부는 농산물 가격을 낮은 수준으로 유지하기 위한 방안으로서 농산물의 증산을 강조하였다. 영상에서는 박정희 정부가 증산을 강조하며 전개하였던 세 가지 사업을 소개하고 있는데, 간척사업, 퇴비증산운동, 잠업증산이 그것이다.

우선 간척사업으로는 화성군과 평택군 2개 군의 6개 면에서 전개되고 있는 사업을 소개하고 있다. 1960년대 간척사업은 도시로 집중되는 인구를 분산하고, 농토를 확장하여 농민들의 이농을 방지하기 위한 목적도 갖고 있었다. 즉 대도시 인구밀집으로 파생된 교통, 위생, 복지 등 사회문제를 해결할 방안으로 신도시를 건설하고자 한 것이었다. 영상에서는 화성과 평택에서 전개되었던 간척사업에 대해 새로운 농토를 확장하여 농산물 증산에 기여할 것을 목표로 하고 있다고 소개하였다. 구체적으로는 1,095만 평의 농토를 확보하고, 양어장 및 목장을 건설하며 연간 10만 석의 쌀을 생산하는 것이었다. 또한 3,000여 세대를 수용할 신흥도시를 건설할 것을 목표로 하였다. 이 사업은 1964년 11월에 착공하였으며 1969년 말 완공예정이라는 계획을 갖고 있었다. 돌을 바다에 던져 넣어 2km의 돌둑을 쌓아올리는 방식으로 전개된 간척사업은 제1방조제, 제2방조제, 제3방조제 등 총 1,913m의 돌성을 축조하여 바다를 메우게 될 것이었다.

증산을 위한 다른 방안으로는 퇴비증산이 있었다. 퇴비증산은 화학비료 사용으로 인

한 토양의 산성화를 방지하고 농가 경비의 절감을 목적으로 선전되었다. 1965년 농림부는 퇴비증산을 장려하기 위해 퇴비생산목표량을 돌파한 부락과 농가에 대해서 화학비료를 별도로 공급하는 퇴비증산대책을 마련하기도 했다. 또 목표량을 달성한 농가에 대해서는 비료별도공급이외에 농가지붕개량자금, 지력증진용기재 등을 우선 지급하는 특혜도 베풀기도 했다. 다른 측면에서 퇴비증산운동은 농촌의 유휴노동력을 흡수하는 경로가 되었다. 영상에서는 전라북도의 사례를 소개하고 있는데, 1966년도에 190만 톤의 퇴비생산을 목표로 범국민운동을 전개하고 있다는 것이었다. 전라북도에서는 '아침저녁 풀베기운동'을 시작해 영상이 제작된 시기까지 160만 톤의 실적을 올렸다고 홍보한다.

이밖에 특용작물의 증산도 중요시되었다. 일반적으로 특용작물이 일반 곡물보다 농가수익성이 크기 때문이다. 이에 1965년 농림부는 특용작물의 주산지 조성계획을 수립하였고, 잠업, 연초, 저마, 유해, 과수고구마, 옥수수, 박하 등 8개 종목의 농산물 주산지 조성계획을 세우기도 했다. 이 중 영상에서 강조된 부분은 잠업이었다. 영상에서 사례로 제시된 남원군의 경우 개발위원회를 조직하여 182호 농가가 집중적으로 작업하고 있었다. 1963년 23만 수의 뽕나무를 심은 이래 1966년까지 만 2년 만에 100만 원의 농가소득을 올렸으며, 앞으로 800만 원의 소득목표를 삼고 있다고 소개되었다. 잠업은 생사 생산의 측면에서 더욱 중요했다. 생사는 수출을 목표로 한 대표적인 경공업으로서 견방직 사업의 주요 원료이자 그 자체로도 수출상품이었기 때문이다. 1962년부터 1966년까지 총 3,900만 달러어치의 생사수출을 달성했다.

참고문헌

「도시영세민에 특별배려 중지」, 『동아일보』, 1964년 9월 23일.
「무모한 개간허가」, 『동아일보』, 1964년 9월 28일.
「아산만에 거창한 개발계획」, 『경향신문』, 1963년 7월 18일.
「퇴비를 증산키로」, 『경향신문』, 1965년 7월 8일.
「특용작물 주산지 조성계획 시군에 단지농업육성 지시」, 『경향신문』, 1965년 3월 18일.
「농협에 대하 잠업자금 5천만원」, 『매일경제』, 1966년 6월 17일.
한도현, 「1960년대 농촌사회의 구조와 변화」, 한국정신문화연구원 편, 『1960년대 사회변화연구 : 1963~1970』, 백산서당, 1999.

황병주, 「새마을 운동을 통한 농업 생산과정의 변화와 농민 포섭」, 『사회와 역사』 90, 2011.

해당호 전체 정보

589-01 유엔 식량농업기구 회의

상영시간 | 02분 03초

영상요약 | 9월 15일 국제연합 식량농업기구 아시아 및 극동지역회의 제8차 회의가 한국에서 개최했다.

589-02 한산대첩 기념제

상영시간 | 00분 41초

영상요약 | 9월 16일 제5회 한산대첩 기념제전에 박정희 대통령이 참석했다.

589-03 증산을 위하여

상영시간 | 03분 00초

영상요약 | 경기도 화성농장에서는 식량증산을 위해 간척사업을 진행하고 있다. 전라북도에서는 식량증산에 기여하기 위해 퇴비증산에 나서고 있다. 또한 전라북도에서는 정부의 잠업증산계획에 호응해서 생산 증산에 주력하고 있다.

589-04 토막소식

상영시간 | 02분 48초

영상요약 | 9월 20일 박정희 대통령은 수출진흥에 이바지한 동아일보 고재욱 사장에게 표창장을 수여했다. 9월 15일 김현옥 서울시장은 이웃돕기운동으로 영세민들을 위해 재봉틀 100대를 전달했다. 김형욱 중앙정보부장은 김성은 국방부장관과 함께 간첩색출에 공로가 많은 육군방첩부대장 윤필용 준장에게 표창장을 수여했다. 보라매 공군 제10전투비행단원들은 지난 9월 16일 무사고비행 3만 시간을 돌파했다.

589-05 백마는 월남으로

상영시간 | 01분 15초

영상요약 | 9월 21일 백마부대장 이소동 장군은 박정희 대통령을 예방하고 다음날 22일 미군 수송기 편으로 참모들을 대동하고 월남으로 떠났다.

경제개발5개년계획 종합전시관 (1966년 10월 8일)

제작정보		영상정보	
출처	대한뉴스 591호	제공언어	한국어
제작사	국립영화제작소	컬러	흑백
제작국가	대한민국	사운드	유

영상요약

10월 3일 박정희 대통령을 비롯한 내외귀빈들이 경제개발5개년계획 종합전시관 개관식에 참석했다.

내레이션

공보부가 주관해서 덕수궁에 마련한 경제개발5개년계획 종합전시관이 지난 10월 3일 박정희 대통령을 비롯한 각계 내외귀빈 다수가 참석한 가운데 문을 열었습니다. 제1차 경제개발5개년계획의 성과와 제2차 5개년계획의 내용을 국민에게 널리 소개하기 위해 마련한 이 종합전시관은 내년 4월까지 개관해서 각종 기간산업공장의 모형과 각 부문의 현황사진 그리고 차트를 전시하고 있습니다. 이 종합전시장은 4개관으로 돼있는데 각 관 별로 기간산업 부문, 국토건설 부문, 제조수출 부문 등이 일목요연하게 전시돼있습니다. 전국민은 이를 손쉽게 이해함으로써 조국건설을 위한 국가경제계획의 자발적인 협조를 아끼지 말아야겠습니다.

화면묘사

00:00 자막 "경제개발5개년계획 종합 전시관"
00:04 덕수궁 전시장 앞 거리의 모습
00:08 톱니바퀴 모양의 조형물
00:11 전시관 테이프 커팅을 하는 박정희 대통령 내외 및 정부 관계자들
00:15 전시장에 들어서는 박정희 대통령과 홍종철 공보부장관, 정일권 총리, 박충훈 상공부장관 등의 모습
00:22 댐 모형물의 모습
00:25 선박 모형과 대어를 낚는 어부의 사진 전시물
00:36 "국토종합개발"이라는 제목의 각종 산업시설 축소모형물
00:40 전시된 모형물 지역 클로즈업
00:44 "해외방송망"이라는 제목의 현황판
00:47 설명을 듣고 질문을 하는 박정희 대통령의 얼굴 클로즈업
00:51 360도 회전하는 산업단지 모형물
00:59 전시장으로 입구가 인산인해인 모습

연구해제

이 영상은 1966년 10월 3일 덕수궁에서 열린 경제개발5개년계획 종합전시관 개막일의 모습을 담고 있다. 공보부 주관하에 개최된 이날 개막전에는 박정희 대통령과 육영수 여사를 비롯한 삼부요인, 외교사절과 각계 대표인사들이 참석하였다. 이 전시는 1962년을 기점으로 1966년까지 달성한 제1차 경제개발5개년계획의 성과를 자찬하고, 1967년부터 1971년까지 실행할 제2차 경제개발5개년계획의 내용을 홍보하고 있다. 정부는 이 전시를 통해 경제개발5개년계획 전반에 대한 국민의 이해를 도모하고, 각 개인들로 하여금 '조국건설을 위한 국가경제계획'을 위한 자발적인 협조를 동원하고자 하는 의도를 가지고 있었다. 이를 위해 전시실은 4개로 구성되어 있는데 1관 기간산업부문, 2관 국토건설부문, 3관 제조수출부문, 4관 제2차 경제개발5개년계획의 총괄성과 및 도시미래상, 농촌미래상이 그것이다. 전시는 4월까지 계속되었다.

제1차 경제개발5개년계획 시기에는 화폐개혁, 금리현실화 등 내자동원을 위한 제도들이 마련되고, 생산확충을 위한 경제기반을 마련하기 위해 기간산업을 중심으로 한 전략산업이 증진되었다. 특히 1964년 계획이 보완되어 수출지향 공업화 방향이 확정되면서 수출진흥을 위한 정책들이 적극적으로 제시되었고, 실질적인 수출규모 증대로 이어졌다.

제2차 경제개발5개년계획은 1965년부터 준비하여 1966년 중반에 발표되었다. 2차계획은 1981년까지의 장기전망을 먼저 수립하고, 이를 단계적으로 실행하는 세 차례의 중기계획 중 첫 번째 단계의 계획으로 수립되었다. 이는 1차 개발계획과 근본적인 차이를 드러내고 있는 지점이다. 그러나 이 같은 장기계획은 국제 및 국내 환경의 변화에 기민하게 대응할 수 없다는 한계가 있었고, 실제로 두 번째, 세 번째 단계는 두 차례의 석유파동 등 예상치 못한 외부적 요인에 의해 좌초되었다.

제2차 경제개발계획의 기본목표는 산업구조를 근대화하고, 자립경제의 확립을 더욱 촉진하는 데 놓여졌다. 중점계획으로는 식량 자급, 공업고도화의 기틀 확립, 7억 달러의 수출 달성, 고용증대, 국민소득 증가, 기술수준 및 생산성 제고 등을 제시하고 있다. 이 때 주목할 점은 "7억 달러 수출의 달성"이 포함되어 있다는 점이다. 도달 목표가 아닌 중점 계획에 구체적인 수치가 포함되어 있다는 것은 다른 어떤 중점계획보다 수출증대를 가장 중시하고 있었다는 점을 드러내는 것이라 할 수 있기 때문이다. 이는 1964년을 기점으로 수출제일주의를 내세운 박정희 정부의 경제정책 기조를 가장 잘 반영하고 있는 지점이라 하겠다.

참고문헌

「10년 발전상」, 『경향신문』, 1966년 10월 3일.
강광하, 「경제개발5개년계획」, 『경제논집』 36-1, 1997.

해당호 전체 정보

591-01 국군의 날

상영시간 | 05분 06초

영상요약 | 1966년 10월 1일 건군 18주년을 맞아 세종로에서 건군 이후 가장 큰 분열식이 진행되었다. 이날 행사에는 박정희 대통령과 참전국 사절, 내외 귀빈 및 수많은 시민들이 참가했다. 10월 2일 한강 백사장에서는 공군의 에어쇼가 진행되었다.

591-02 국제 군인 체육대회

상영시간 | 01분 30초

영상요약 | 9월 29일 국제군인체육대회인 씨즘(CISM) 제21차 총회에 26개국 대표들이 참석했다.

591-03 경제개발5개년계획 종합전시관

상영시간 | 01분 03초

영상요약 | 10월 3일 박정희 대통령을 비롯한 내외귀빈들이 경제개발5개년계획 종합전시관 개관식에 참석했다.

591-04 토막소식

상영시간 | 02분 27초

영상요약 | 9월 30일 세종로 지하도 준공식에 박정희 대통령 내외 등이 참석했다. 이어 10월 3일 명동 지하도 준공식에 정일권 총리와 김현옥 서울시장이 참석했다. 10월 2일에는 제3회 방송의 날 기념식이 시민회관에서 개최되었다. 10월 2일에는 월남군 총사령관 비엔 중장은 수도육군병원을 방문해서 부상병들을 위로했다. 한편, 악성난계선생의 추모예술제가 10월 2일부터 사흘 동안 충청북도 영동에 진행되었다.

존슨 미국대통령 방한(대한뉴우스 특보) (1966년 11월 7일)

제작정보		영상정보	
출 처	대한뉴스 595호	제공언어	한국어
제 작 사	국립영화제작소	컬 러	흑백
제작국가	대한민국	사 운 드	무

영상요약

1966년 10월 31일부터 11월 2일까지 한국을 방문한 존슨 미국 대통령의 일정을 담은 영상이다.

내레이션

(내레이션 없음)

화면묘사

00:00 자막 "존슨 대통령 방한(대한뉴우스 특보)"
00:05 공항에 걸린 박정희 대통령과 존슨의 사진이 걸린 김포공항의 모습
00:14 박정희 대통령이 공항에서 걸어가는 장면
00:18 존슨 대통령 내외가 비행기에서 내려오는 장면
00:34 존슨 대통령 내외가 박정희 대통령 내외와 악수하는 장면, 주변에 많은 카메라 기자들의 모습
00:41 박정희 대통령이 존슨 대통령에게 정부인사들을 소개시켜주는 장면, 이효상 국회의장, 정일권 국무총리, 장기영 경제부총리 등의 모습
00:51 예포를 발사하는 장면
00:57 단상에서 경례를 하는 박정희 대통령, 육영수 여사, 존슨 대통령 내외의 모습
01:01 8대의 비행기가 4대씩 다이아몬드 모양으로 2차례 김포공항 위로 편대기념비행을 하는 장면
01:09 김종필 공화당의장과 박영옥 여사 등 태극기를 흔들며 환영하는 인파들의 모습
01:14 지프차를 탄 박정희 대통령과 존슨 대통령이 의장대 사열을 하는 장면
01:26 육영수 여사와 버드 여사의 모습
01:29 존슨 대통령이 환영인파들 앞으로 가서 사람들과 악수하는 장면
01:38 태극기와 성조기가 앞에 달린 의전용 차량을 타고 이동하는 장면
01:44 거리에 세워진 박정희 대통령과 존슨 대통령의 대형 사진과 환영인파들의 모습
01:50 거리의 환영인파들을 이동하는 차량행렬에서 촬영한 장면
01:58 논으로 내려와 익은 벼를 만져보는 존슨 대통령의 모습
02:14 존슨 대통령의 차량행렬이 운집한 환영인파들에 의해 막히는 장면
02:22 존슨 대통령 차량 앞에 태극기, 성조기를 흔드는 시민들이 모여있는 장면
02:27 존슨 대통령이 환영 인파 사이에서 손을 흔들려 화답하는 장면

02:40 이동하는 차량에서 거리에 쏟아져 나온 환영인파들을 촬영한 장면, 서울역의 모습
02:48 존슨 대통령의 차량이 남대문을 지나 시청 방향으로 향하는 장면
03:03 태극기와 성조기를 흔드는 여학생들의 모습
03:05 존슨 대통령의 차량이 시청 정문으로 이동하는 장면
03:16 한복을 입는 여성들이 태극기와 성조기를 흔드는 장면
03:19 존슨 대통령과 버스 여사, 박정희 대통령이 시청 환영식장으로 올라가는 장면
03:34 시청광장에 모인 시민들의 모습
03:39 존슨 대통령과 버드 여사가 카펫 위에서 손을 흔드는 장면
03:43 태극기, 성조기, 풍선을 들고 흔드는 시민들의 모습
03:47 존슨 대통령 내외가 시민들에게 손을 흔드는 장면
03:52 시청 광장에 운집한 수많은 시민들의 모습
03:56 박정희 대통령이 환영사를 낭독하는 장면
04:27 연설하는 박정희 대통령의 뒷모습과 광장에 수많은 시민들의 모습
04:33 박정희 대통령이 연설하는 모습과 뒤에 서있는 존슨 대통령 내외의 모습
04:41 수많은 시민들의 모습
04:45 존슨 대통령 내외의 모습
04:49 태극기와 성조기를 흔드는 학생들의 모습
04:53 존슨 대통령이 연설하는 장면
05:00 태극기, 성조기, 박정희 대통령과 존슨 대통령의 사진팻말을 들고 서있는 시민들의 모습
05:05 존슨 대통령이 연설하는 장면
05:21 연설하는 존슨 대통령의 뒷모습과 시청광장 앞에 모인 수많은 시민들의 모습
05:25 존슨 대통령의 연설이 끝나자 양 옆에 앉아있던 육영수 여사와 버드 여사가 일어나 박수치는 장면
05:30 태극기, 성조기를 흔드는 시민들의 모습
05:36 김현옥 서울시장으로부터 행운의 열쇠를 받은 존슨 대통령의 모습
05:41 여학생들이 태극기와 성조기를 흔드는 모습
05:44 환영식장에서 내려오는 박정희 대통령과 존슨 대통령의 모습

05:55 환영식장에서 내려오는 양국 대통령의 모습을 시청광장이 보이도록 멀리서 촬영한 장면
06:02 존슨 대통령의 차량이 이동하는 장면
06:06 꽃목걸이를 목에 거는 존슨 대통령의 모습
06:11 차에 타고 시민들에게 손을 흔드는 존슨 대통령의 모습
06:33 시민들의 태극기와 성조기를 흔드는 장면
06:37 존슨 대통령이 손을 흔드는 장면
06:40 박정희 대통령과 존슨 대통령의 사진이 빛나는 야간의 시내 모습
06:44 존슨 대통령이 탑승한 차량이 중앙청 입구에서 정지하는 장면
06:57 중앙청 홀로 걸어가는 존슨 대통령 내외와 육영수 여사의 모습
07:14 존슨 대통령이 박정희 대통령에게 금속 백마조각상을 선물하는 장면
07:20 버드 여사가 육영수 여사에게 보석상자를 선물하면서 대화하는 장면
07:25 버드 여사가 육영수 여사에게 선물한 순금 보스턴 식기를 살펴보는 박정희 대통령의 모습
07:35 순금 보스턴 식기에 대해서 육영수 여사에게 설명하는 버드 여사의 모습
07:41 박정희 대통령이 자개문갑과 자수정 넥타이핀을 탑례로 선물하는 장면
08:00 양국 대통령 내외가 기념사진 촬영을 하는 장면
08:06 박정희 대통령과 존슨 대통령의 대형 사진이 걸려있는 모습
08:10 양국 국기를 든 의장대가 앞장 서고 그 뒤로 양국 대통령이 따라 이동하는 장면
08:10 중앙청 제1회의실에서 진행된 만찬회 전경
08:23 존슨 대통령이 연설하는 장면
08:29 존슨 대통령과 박정희 대통령이 건배하고 자리에 앉는 장면
08:43 만찬회장 참석자들의 모습
08:46 존슨 대통령이 연설하는 장면
08:51 존슨 대통령과 박정희 대통령 뒤로 설치된 네온사인의 모습
08:59 존슨 대통령이 탑승한 차량이 시민회관 입구에서 정지하는 장면
09:05 존슨 대통령과 다시 인사하는 박정희 대통령 내외의 모습
09:16 공연장으로 들어가는 육영수 여사와 버드 여사의 모습

09:19 가야금 공연 장면
09:24 공연을 관람하는 존슨 대통령의 모습
09:30 가야금 공연 장면
10:04 공연자 일동이 무대로 나와 피날레 인사를 하는 장면
10:11 많은 차량들이 오가는 서울의 거리 모습
10:17 하늘에서 폭죽이 터지는 장면
10:33 태극기와 성조기가 걸려있는 청와대 입구의 모습
10:36 정부 건물 입구로 이동하는 차량들의 모습
10:39 박정희 대통령과 존슨 대통령이 회의실에 들어오는 장면
10:47 존슨 대통령이 말하는 장면
10:50 박정희 대통령과 정일권 국무총리의 모습
10:54 양국 대통령을 중심으로 양국 정부인사들이 마주보고 회의를 하는 장면
11:05 정부 건물 외관
11:08 존슨 대통령이 탑승한 열차가 이동하는 장면
11:15 존슨 대통령이 밖을 바라보며 사람들에게 손을 흔드는 장면
11:26 부대깃발을 든 기수단의 모습
11:29 열차에서 존슨 대통령, 박정희 대통령 등 수행원들이 내리는 장면
11:40 야포발사훈련을 하는 장면
11:45 총을 세로로 잡고 도열해있는 병사들의 모습
11:47 경례자세의 양국 대통령의 모습
11:51 단상을 중심으로 도열해있는 병사들의 모습
11:54 박정희 대통령과 존슨 대통령이 병사들이 도열해있는 모습을 보는 장면
12:03 단상 앞에서 태권도 시범을 하는 병사들의 모습
12:07 존슨 대통령과 박정희 대통령이 박수치는 장면
12:09 격파시범을 하는 태권도 병사의 모습
12:13 박수치는 박정희 대통령과 존슨 대통령의 모습
12:16 존슨 대통령이 군 장교에게 훈장을 수여하는 장면
12:28 헬리콥터를 타고 이동하는 존슨 대통령의 모습
12:32 지프차를 탄 존슨 대통령이 환영인파들과 악수하는 장면

12:56 마을 전경 그림을 선물한 갓을 쓴 할아버지와 악수하는 존슨 대통령의 모습
13:03 선물받은 한복을 입어보는 존슨 대통령의 모습
13:08 존슨 대통령이 탄 지프차가 이동하고 그 주변에 태극기, 성조기를 흔드는 주민들의 모습
13:11 버드 여사가 탑승한 차량이 청와대 입구로 들어오는 장면
13:17 버드 여사와 육영수 여사가 응접실에서 담소를 나누는 장면
13:35 경복궁 경회루를 지나는 버드 여사와 육영수 여사의 모습
13:39 경회루 앞에서 한복을 입고 전통무용공연을 하는 여성들의 모습
13:48 육영수 여사와 버드 여사가 박수치는 장면
13:49 경회루의 모습
13:54 경회루를 뒤로 하고 걸어가는 육영수 여사와 버드 여사의 모습
13:56 버드 여사를 환영하는 시민들의 모습
13:58 환영식장에 올라 발언하는 버드 여사의 모습
14:10 버드 여사가 탑승한 차량이 이동하는 장면
14:18 "한국의 집"이라고 써있는 현판의 모습
14:21 버드 여사가 한국의 집을 방문해서 관계자들과 인사하는 장면
14:40 한국 여성들과 대화하는 버드 여사의 모습
14:44 그림을 선물로 받은 버드 여사의 모습
14:48 "WELCOME"라고 써있는 입구를 지나는 차량들의 모습
14:54 사람으로 띠를 만들어 "WELCOME"라고 쓴 모습
15:00 버드 여사가 선물을 받는 모습
15:03 행사에 초청받은 내외빈들의 모습
15:07 버드 여사가 연설하는 장면
15:11 존슨 대통령이 탑승한 차량이 경제발전전시관 입구로 들어오는 장면
15:16 존슨 대통령과 수행원들의 모습
15:19 존슨 대통령과 홍종철 공보부장관의 모습
15:23 각종 산업시설 모형을 둘러보는 존슨 대통령의 모습
15:34 건물 외관, 존슨 대통령의 환영하는 네온사인의 모습
15:38 박정희 대통령과 존슨 대통령이 건물 내로 들어오는 장면

15:49 화랑대에서 생도들의 도열해있는 모습
15:53 총을 세로로 잡고 서있는 의장대의 모습
15:56 동작동 국립묘지를 찾아 조화를 바치는 존슨 대통령의 모습
16:10 향을 태우고 묵념하는 존슨 대통령의 모습
16:17 나팔을 부는 병사의 모습
16:19 존슨 대통령 내외와 수행원들의 모습
16:22 동작동 국립묘지의 전경
16:26 세종로를 지나는 존슨 대통령의 차량의 모습
16:39 차량이 국회 입구에서 정지하고 존슨 대통령이 내리면서 이효상 국회의장과 악수하는 장면
16:52 태극기와 성조기를 흔드는 여성들의 모습
16:55 손을 들어 화답하는 존슨 대통령의 모습
16:59 김종필 공화당의장을 비롯한 국회의원들과 인사하는 존슨 대통령의 모습
17:12 응접실에 앉아 대화하는 존슨 대통령과 국회의원들의 모습
17:20 이효상 국회의장이 존슨 대통령에게 그림에 대해서 설명하고 악수하는 장면
17:24 존슨 대통령 내외와 국회의원들이 선물을 교환하는 장면
17:42 국회 회의장으로 들어오는 존슨 대통령 내외의 모습
17:55 단상 좌석에 앉는 존슨 대통령 내외의 모습
18:00 국회의원들의 모습
18:03 존슨 대통령이 연단에서 연설하는 장면
18:15 국회 회의장을 빠져나가는 존슨 대통령 내외의 모습
18:24 존슨 대통령이 탑승한 차량이 다시 세종로를 따라 이동하는 장면
18:41 청와대 입구로 들어오는 존슨 대통령이 탑승한 차량의 모습
18:48 박정희 대통령과 존슨 대통령이 인사하고 대화하는 장면
19:11 청와대를 나서는 존슨 대통령 내외의 모습
19:26 "환영 죤슨 미합중국대통령 각하 내외분 내한"이라고 써있는 공항과 시민들이 태극기와 성조기를 흔드는 장면
19:28 박정희 대통령과 존슨 미국대통령이 걸어가는 장면
19:37 박정희 대통령과 존슨 미국대통령이 단상에 올라가는 장면

19:40 예포를 발사하는 장면
19:45 박정희 대통령과 존슨 미국대통령이 경례를 하는 장면
19:49 정일권 국무총리와 장기영 경제부총리 등 수행원들이 경례하는 장면
19:52 단산에서 박정희 대통령이 환송사를 하는 장면
20:03 존슨 대통령이 답례사를 하는 장면
20:11 어린이들이 존슨 대통령 내외에게 꽃다발을 증정하는 장면
20:28 태극기와 성조기를 흔들며 노래를 부르는 여학생들의 모습
20:32 양 손에 태극기와 성조기를 흔드는 존슨 미국대통령과 환송인파들의 모습
20:36 박정희 대통령과 존슨 대통령이 악수하는 장면
20:42 존슨 대통령 내외가 비행기에 타기 직전에 손을 흔드는 장면
20:54 박정희 대통령과 육영수 여사가 손을 흔드는 장면
20:57 존슨 대통령 내외가 탑승한 비행기가 활주로로 이동하는 장면

연구해제

이 영상은 '대한뉴스 특보'로 상영된 것으로, 미국 존슨(Lyndon B. Johnson) 대통령의 방한일정을 담고 있다. 1966년 10월 31일, 워싱턴의 고위정책 수립가들로 구성된 18명의 공식 수행원을 대동하고 내한한 존슨 일행은 11월 2일 미국으로 출국할 때까지 3일 동안 한국의 산업시설과 농촌 및 군부대를 시찰하고, 국립묘지를 방문하였으며, 국회에 참석하여 연설을 하기도 했다. 또 축하공연에 참석했으며, 박정희 대통령 내외와 선물을 교환하는 등 한미 간 우호를 확인했다. 존슨 일행의 방한을 환영하기 위해 거리에는 수백만의 인파가 동원되어 성조기와 태극기를 흔들며 환영의사를 표명했다.

존슨 대통령의 방한일정이 끝날 무렵 한·미양국 대통령은 양국의 기본정책, 아시아 태평양지역의 문제, 베트남 문제, 한국의 국제활동과 방위, 경제개발문제, 통상과 그 밖의 모든 분야에서의 교류와 과학발전, 한국통일에 대한 문제 등 광범위한 의제가 담긴 공동성명을 발표했다. 12개 항목에 걸쳐 발표된 공동성명은 크게 다섯 개로 구분할 수 있다. 첫째, 아시아태평양지역의 영속적인 평화확보와 한·미양국의 전통적인 우의 다짐, 둘째, 미국이 한국의 2차 경제개발5개년계획을 계속 지원, 셋째, 한국에 주둔하는 미군을 감축하지 않을 뿐 아니라 한국이 만일 공산군으로부터 침략을 받게 되면 미국은

한국을 지원하는 즉각적인 행동을 취할 것, 넷째, 유엔원칙에 의한 한국의 통일방안 적극 지지, 다섯째, 베트남 문제에 있어서 공동으로 노력할 것이 그것이다.

이 중 국내에서 가장 환영받았던 조항은 경제원조에 대한 약속과 월남문제에 관한 것이었다. 경제원조는 구체적인 규모 및 시기 등이 언급되지 않았지만 경제개발계획을 추진하고 있던 박정희 정부에게 중요한 항목이었다. 제1차 경제개발계획 시기 시행자금을 마련하기 위해 전개했던 내자동원 정책들이 큰 성과를 거두지 못하고 있던 상황에서 미국의 원조 및 자금지원의 중요성은 점차 확대되었기 때문이다.

박정희 정부는 1963년 한미회담을 시작으로 미국의 요구를 수용하며 재정안정계획을 수립하기 시작하였고, 미국은 이를 기반으로 원조와 개발차관 공여에 관해 관용적인 자세를 취하기 시작했다. 한국군의 베트남 파병결정은 물론 미국정부의 요청에 의한 것이었지만 이를 조건으로 군사 및 경제원조를 확보하기 위한 것이었다. 미국은 1965년 존슨-박정희 회담에서 한국군 파병을 정식으로 요청하였고, 이후 박정희의 방미 일정 동안 공동선언문을 통해 합의안이 발표되었다. 박정희 정부는 한국군을 파병하는 대신 한미상호방위조약에 기초한 주한미군 병력 유지, 한미행정협정의 조기 타결, 군원이관계획의 재검토 등 군사적인 합의안뿐 아니라 한일수교 이후의 대한경제원조강화, 1억 5천만 달러의 개발차관 제공, 수출지향 공업화 정책에 대한 지원과 협력, 미국의 원조 계획자금에 의한 물자 구입에 있어서의 한국의 지속적인 참가 기회 제공 등의 경제적인 지원을 약속받을 수 있었다. 이 영상에서 보여주는 1966년 존슨 일행의 방한 일정 후 발표된 선언문은 이 시기 합의에 대한 재확인이었던 것이다.

참고문헌

「존슨 대통령 입경」, 『경향신문』, 1966년 10월 31일.
「존슨은 무엇을 남기고 갔나?」, 『동아일보』, 1966년 11월 2일.
기미야 다다시, 『박정희 정부의 선택』, 후마니타스, 2008.
장준갑, 「존슨 행정부 초지의 한미관계(1964~66) : 베트남 파병 협상을 중심으로」, 『역사와 담론』 52, 2009.

해당호 전체 정보

595-01 존슨 미국 대통령 방한(대한뉴우스 특보)

상영시간 | 21분 03초

영상요약 | 1966년 10월 31일부터 11월 2일까지 한국에서 존슨 미국 대통령의 일정을 담은 영상이다.

제12차 아시아민족 반공연맹대회 (1966년 11월 14일)

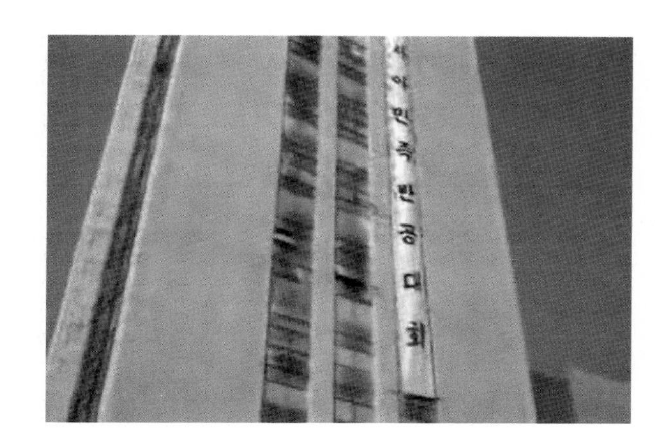

제작정보			영상정보		
출처	:	대한뉴스 596호	제공언어	:	한국어
제작사	:	국립영화제작소	컬러	:	흑백
제작국가	:	대한민국	사운드	:	유

영상요약

1966년 11월 3일 아시아 민족 반공연맹 제12차 총회가 서울시민회관에서 개최되었다. 박정희 대통령은 치사를 통해 자유민의 반공전선이 전 세계로 뻗어가야 하며 소극적인 자유방위로부터 적극적인 자유의 확대로 발전해야 한다고 주장했다. 이 자리에는 24개 회원국과 23개 옵저버국 그리고 16개 반공단체 대표 약 200명이 참석했다. 한편 서울자유센터에서는 반공청년 궐기대회가 열렸고 부산공설운동장에서는 세계반공지도자 환영 및 반공궐기대회가 열렸다.

내레이션

아시아 민족 반공 연맹 제12차 총회가 지난 3일 서울시민회관에서 그 막을 올렸습니다. 박 대통령은 치사를 통해 이제 자유민의 반공전선은 아시아로부터 전 세계로 뻗어가야 하며 우리의 대공 투쟁도 소극적인 자유방위로부터 적극적인 자유의 확대로 발전해야 한다고 주장했습니다. 이 자리에는 24개 회원국과 23개 옵저버국 그리고 16개 반공단체 대표 약 200명이 참석했습니다. 한편 이번 총회에 참석한 각국 대표들은 홍종철 공보부 장관의 안내로 박 대통령을 예방, 환담했습니다. 제5차 본회의까지 닷새 동안 계속된 이번 대회에서는 자유영역 확장을 위한 자유민의 단결과 아시아의 번영을 위한 자유기수의 진군이라는 주제로 세계 반공 운동 강화에 관한 문제, 공산주의의 전략 전술에 관한 정보 교환, 경제문화 활동의 교류, 월남전 지원과 공산 침략 저지를 위한 방안의 모색 등 공산 침략과 대결하기 위한 여러 가지 현안 문제가 토의됐습니다. 또한 이번 총회에서는 아시아민족반공연맹을 내년부터 세계반공연맹으로 확대시키기 위해 우리나라가 제의한 세계반공연맹 헌장을 만장일치로 채택하는 한편 미국, 영국, 불란서, 스웨덴, 그리고 서부독일 등이 제출한 가입 신청을 받아들였습니다. 한편 서울자유센터에서는 반공청년 궐기대회가 열렸는데 이 자리에서는 한결같이 공산주의의 잔악성을 폭로, 규탄했으며 세계 자유청년들의 굳은 결속을 다짐했습니다. 또 부산공설운동장에서는 세계반공지도자 환영 및 반공궐기대회가 열렸습니다. 이 자리에서 각국 대표들은 공산주의자들의 야만적 침략 근성을 신랄하게 규탄하고 공산 치하에서 허덕이는 피압박 민족의 해방을 위해서 전 자유민이 굳게 단합할 것을 호소했습니다. 또 각국 대표들은 울산공업지구를 두루 살폈는데 동양에서는 제일 큰 비료공장의 건설 현황을 보고 비약적인 경제 발전상에 찬사를 아끼지 않았습니다. 이어 각국 대표들은 반공 최일선에서 자유의 교두보 역할을 맡고 있는 우리 국군 제26사단을 방문, 철통 같은 방비 태세와 승공통일을 다짐하는 예리한 기백에 놀라움을 금치 못했습니다. 휴전선이 가로 걸친 판문점을 둘러본 이들 일행은 악랄한 공산 침략이 빚어낸 국토 분단의 비극을 실감하고 자유민들의 보다 굳은 결속을 다시 한 번 다짐했습니다.

화면묘사

00:00 자막 "제12차 아세아 민족 반공 연맹대회"
00:04 서울시민회관에 가로로 "아시아 민족 반공대회"라고 플래카드가 걸려있고 입구에 "제12차 아시아 민족 반공연맹 총회 ***"이라고 써있는 모습
00:11 "자유영역확장을 위한 세계자유민의 단결"이라고 무대 상단에 써있음
00:15 박정희 대통령이 연설하는 장면
00:20 아시아 민족 반공대회에 참석한 해외 참가자들의 모습
00:24 연설하는 관계자의 모습
00:28 단상 위의 참석한 내외빈들의 모습
00:31 시민들의 및 해외참가자들이 박수치는 모습
00:33 "THE 12TH APACL CONFERENCE"라고 써있는 마크의 모습
00:37 총회에 참석한 각국 대표들이 박정희 대통령과 악수하는 장면, 옆에 서있는 홍종철 공보부장관의 모습
00:42 박정희 대통령과 악수하는 해외 인사들의 모습
00:50 대화하는 박정희 대통령, 그 뒤의 박종규 경호실장의 모습
00:53 아시아 민족 반공 연맹대회 본회의장 전경
00:56 "CHAIRMAN"명패 뒤의 회의의장의 모습
01:00 회의 석상의 해외 인사들의 모습
01:04 연설하는 해외 각국 대표의 모습
01:08 회의에 참석한 해외 인사들의 모습
01:11 연설하는 해외 대표의 모습
01:16 "HONGKONG", "INDIA"라고 써있는 명패 들과 각국 대표들의 모습
01:21 아시아 민족 반공 연맹대회가 진행되는 회의장 전경
01:25 박수치는 회의 참가자들의 모습
01:30 각국 대표들이 반공연맹 헌장에 사인하는 장면
01:42 박수치는 각국 대표들의 모습
01:45 "아시아 **** 기수의 진군"이라고 써있는 서울자유센터와 많은 시민들의 모여있는 모습

01:48 반공청년궐기대회에 참석한 한국, 일본 청년들의 모습
01:52 홍종철 공보부장관이 연설하는 장면
01:56 학생들이 플래카드를 들고 반공청년궐기대회에 참가한 모습
01:58 참가한 학생들의 모습
02:00 김종필 공화당의장이 연설하는 장면
02:03 "在日僑胞團(재일교포단)", "大韓少年團(대한소년단)"이라고 써있는 팻말과 뒤에 서있는 학생들, 교포들의 모습
02:06 해외 참가자 대표가 연설하는 장면
02:10 단상의 해외 참가자들의 박수치는 장면
02:14 부산공설운동장에서 진행된 세계반공지도자 환영 및 반공궐기대회의 모습
02:18 해외에서 참가한 반공지도자들의 모습
02:22 "2차 아세아 민족 반공대회, 부산해양고등학교"라고 써있는 플래카드와 학생들, 군인들의 모습
02:26 해외 반공지도자가 연설하는 장면
02:30 성조기 등 각국 깃발이 나부끼는 장면
02:34 각국 반공지도자들이 연설하는 장면
02:44 세계반공지도자 환영 및 반공궐기대회의에 참석한 수많은 시민들이 박수치는 장면
02:48 각국 대표들이 버스를 타고 울산 공업지구를 돌아보는 모습
02:54 버스 내부의 각국 대표들의 모습
02:58 울산 비료공장 건설현장의 모습
03:10 "환영 WELCOME"라고 단상에 써있고 병사들이 재식훈련 시범을 하는 장면
03:18 단상의 각국 대표들의 모습
03:21 태권도복을 입고 격파를 하는 병사의 모습
03:27 단상에서 박수치는 각국 대표들의 모습
03:32 태권도복을 입은 병사들이 발차기로 머리로 격파시범을 보이는 장면
03:37 해외 대표와 대화를 나누는 군인의 모습
03:40 판문점 자유의 집 건물 모습
03:45 자유의 집에 올라간 각국 대표들의 모습

03:49 동상 옆에서 각국 대표들이 군인의 설명을 듣는 장면
03:52 남북회담이 이뤄지는 건물로 들어가는 각국 대표의 모습
03:55 회의장 회의테이블 앞에서 각국 대표들이 군인의 설명을 듣는 장면
03:58 돌아오지 않는 다리를 바라보는 각국 대표들의 모습

연구해제

이 영상은 1966년 11월 3일 서울시민회관에서 개최된 제12차 아시아민족반공연맹대회에 관한 내용이다. 이 행사에 참석한 박정희 대통령은 치사를 통해 "이제 자유민의 반공전선은 아시아로부터 전 세계로 뻗어가야 하며 우리의 대공투쟁도 소극적인 자유방위로부터 적극적인 자유의 확대로 발전해야 한다"고 주장했다. 이 행사에는 24개 회원국과 23개 옵저버국 그리고 16개 반공단체 대표 약 200여 명이 참석했다. 총회가 끝난 이후 각국 대표들은 박정희 대통령을 예방하고 환담을 나누었다.

5일 동안 개최된 이 대회에서는 "자유영역 확장을 위한 자유민의 단결과 아시아의 번영을 위한 자유기수의 진군"이라는 주제로, 세계 반공운동 강화에 관한 문제, 공산주의의 전략 전술에 관한 정보 교환, 경제문화 활동의 교류, 월남전 지원과 공산침략 저지를 위한 방안의 모색 등 여러 가지 현안 문제가 토의되었다. 또한 1967년부터 아시아민족반공연맹을 세계반공연맹으로 확대시키기로 결의하였다.

이 행사에 맞춰서 서울자유센터에서는 반공청년궐기대회가 있었는데, 대회 참석자들은 공산주의의 잔악성을 폭로 규탄했으며 세계 자유청년들의 굳은 결속을 다짐했다. 부산공설운동장에서도 세계반공지도자 환영 및 반공궐기대회가 열렸다. 이 자리에서 각국 대표들은 공산주의자들의 야만적 침략 근성을 규탄하고 공산치하에서 허덕이는 피압박 민족의 해방을 위해서 전 자유민이 굳게 단합할 것을 호소했다. 이후 각국 대표들은 울산공업지구, 육군 제26사단, 판문점 등을 방문했다.

아시아반공연맹은 6·25전쟁 이후 냉전체제하에서 자본주의 국가들이 군사적인 반공블록을 형성해야 한다는 이승만의 구상에서 비롯되었다. 이를 위해서 이승만은 1953년 11월 27일 타이완을 방문하여 장개석과 반공투쟁을 위해 협력한다는 공동성명을 발표하고 반공전선 조직을 천명하였다. 이후 이승만은 동남아에 세 차례에 걸친 사절단을 파견하여 각국의 참여 의사를 타진하였다. 이를 바탕으로 1954년 6월 15일 진해에서 아

시아민족반공대회 1차 총회가 개최 되었다. 아시아민족반공연맹과 세계반공연맹 모두 한국이 주도하여 창설한 국제기구였다. 이 두 기구 모두 상임 사무국을 서울의 자유센터에 두고 그 재정을 거의 한국정부가 담당했다. 박정희 정권은 베트남전쟁 이후 미군이 한국에서 단계적인 철수의 움직임을 보이자 이 기구를 활용해 미군철수 반대 결의안 등을 내면서 미군철수를 저지하려고 하기도 했다.

참고문헌

유상수, 「한국반공연맹의 설립과 활동」, 『한국민족운동사연구』 58, 2009.

해당호 전체 정보

596-01 제12차 아시아민족 반공연맹대회

상영시간 | 04분 04초

영상요약 | 1966년 11월 3일 아시아 민족 반공연맹 제12차 총회가 서울시민회관에서 개최되었다. 박정희 대통령은 치사를 통해 자유민의 반공전선이 전 세계로 뻗어가야 하며 소극적인 자유방위로부터 적극적인 자유의 확대로 발전해야 한다고 주장했다. 이 자리에는 24개 회원국과 23개 옵저버국 그리고 16개 반공단체 대표 약 200명이 참석했습니다. 한편 서울자유센터에서는 반공청년 궐기대회가 열렸고 부산공설운동장에서는 세계반공지도자 환영 및 반공궐기대회가 열렸다.

596-02 경북선 개통

상영시간 | 00분 56초

영상요약 | 경북선 개통식에 박정희 대통령이 참석했다.

596-03 국제 마라톤 대회

상영시간 | 01분 47초

영상요약 | 10월 30일 9.28 수복기념 제3회 국제마라톤대회가 개최되었다. 에티오피아의 아베베 선수가 우승했다.

596-04 토막소식

상영시간 | 01분 50초

영상요약 | 한국에서는 처음으로 전국기능경기대회가 11월 4일부터 서울공업고등학교에서 개최되었다. 10월 25일 제5회 대종상 시상식이 시민회관에서 열렸다.

596-05 월남소식

상영시간 | 01분 22초

영상요약 | 월남 정부수립기념일행사가 1일 수도 사이공에서 진행되었다.

596-06 불조심

상영시간 | 00분 20초

영상요약 | 불조심 촉구. "한 번 볼 때 꺼진 불 두 번 볼 때 살아난다.", "내 살림 나라살림 삼천만이 불조심."

찾 아 보 기

ㄱ

ㄴ

ㄷ

ㄹ

ㅁ

ㅂ

ㅅ

ㅇ

ㅈ

ㅊ

ㅋ

ㅌ

ㅍ

ㅎ

'한국 근현대 영상자료 수집 및 DB구축' 과제 참여자

연구책임자

허은 (고려대학교 한국사학과 교수)

공동연구원

강명구 (서울대학교 언론정보학과 교수)
김려실 (부산대학교 국어국문학과 교수)
조준형 (한국영상자료원 한국영화사연구소장)
최덕수 (고려대학교 한국사학과 교수)
지우지 피자노(Giusy Pisano) (프랑스 루이-뤼미에르 고등영상원 교수)

전임연구원

박선영 (현 고려대학교 한국사연구소 연구교수)
박희태 (현 성균관대학교 CORE사업단 연구교수)
양정심 (현 대진대학교 인문학연구소 연구교수)
장숙경 (전 고려대학교 한국사연구소 연구교수)

연구보조원

공영민, 금보운, 김명선, 김성태, 김재원, 김진혁, 마스타니 유이치(舛谷祐一), 문민기, 문수진, 서홍석, 손지은, 심혜경, 예대열, 유정환, 윤정수, 이동현, 이상규, 이설, 이수연, 이정은, 이주봉, 이주호, 이진희, 임광순, 장인모, 정유진